D1666165

Karl Heinz Mehler

# Der Weg bis
# zum bitteren Ende

1933 – 1945

Mannheimer Zeitzeugen berichten

Impressum

Wellhöfer Verlag
Ulrich Wellhöfer
Weinbergstraße 26
68259 Mannheim
Tel. 0621-7188167
info@wellhoefer-verlag.de
www.wellhoefer-verlag.de

Titelgestaltung, Layout und Satz: Fa. Pixelhall, Mühlhausen

ISBN-Nr. 978-3-95428-124-4

# Inhalt

**Dieses Buch wird allen weiterführenden Schulen Mannheims in Klassensätzen kostenfrei zur Verfügung gestellt.**

**Der Autor und der Verlag danken den zahlreichen Buchpaten sehr herzlich, die diese Aktion ermöglicht haben.**

---

Gisela und Rudi Bieller

Dr. Udo Bieller

Elfriede und Hans-Jörg Bindner

Oskar Bischoff

Holger Braunweiler

Werner Brehm

Prof. Norbert Fritz

Wilma Gilbert-Winnes

Ruth und Erich Gottschlich

Doris und Helmut Graf

Sascha und Richard Grimminger

Dr. Hans-Günther Haaß

Irmgard und Dr. Ernst Helmstädter

Waldemar Hildebrand

Gisela Jolly

Erika und Jürgen Kayser

Dr. Walter Kohler

Dr. Peter Koppenhöfer

Irmgard und Siegfried Laux

Brigitte und Dieter Lehmann

Anne und Fritz Ludwig

Gertrud Martin

Dr. Ulrich Nieß

Heidemarie und Dr. Wolfgang Prox

Horst Reitz

Marianne und Dr. Hans-Lothar Rettig

Günter Rill

Karlheinz Rödel

Doris und Klaus Schmeckenbecher

Monika und Claus Schönbucher

Edda und Josef Schramm

Frauke und Dr. Claus Schröder

Lydia und Hans Uehlein

Heinz Ullrich

Karin und Alfred Ullrich

Ursula und Helmut Wetzel

Gerhard Widder

Rudolf Will

Ludwig Wirthwein

Trude Wittemann

- AGgegenEXTREMISMEN der Integrierten Gesamtschule Kandel
- Deutsch-Französische Gesellschaft Ludwigshafen am Rhein und Mannheim e.V.
- Förderverein für jüdisches Gedenken, Frankenthal
- Geschwister-Scholl-Gymnasium, Ludwigshafen
- Heinrich-Vetter-Stiftung, Mannheim
- Karin und Carl-Heinrich Esser Stiftung, Mannheim
- Mannheimer Altertumsverein von 1859

---

# Zum Geleit

Karl Heinz Mehler hat in bisher zwei Bänden Erinnerungen von Zeitzeugen aus der Zeit des Dritten Reiches und der Nachkriegszeit in Mannheim gesammelt. Beide Bände haben in der Öffentlichkeit eine sehr gute Resonanz gefunden. Dadurch fühlte sich der Autor ermutigt, einen dritten Band vorzulegen. Im dritten Band verfolgt Mehler eine chronologische Ordnung, beginnend im Jahr 1933 bis zum totalen Zusammenbruch 1945. Die Zeitzeugen illustrieren in beeindruckender Weise die Entwicklung Deutschlands in der zunehmenden Entfaltung eines totalitären, diktatorischen Regimes.

Herr Mehler setzt sein eigenes Erleben dieser Zeit parallel zu den Erlebnissen von Altersgenossen, die aus unterschiedlicher Perspektive ihre Erfahrungen mit einer totalitären Diktatur berichten.

Im Rahmen des Konzepts einer „Oral-History" wird so lebendig, wie in unserer Stadt Zeitzeugen das Geschehen erlebten. Die Unmittelbarkeit des Berichteten lässt weit mehr als ein bloßer historischer Bericht erkennen und spüren, wie Menschen die Ereignisse wahrgenommen haben, Ereignisse, die in ihr Leben einschneidend eingriffen und die Geschichte Mannheims noch in der Nachkriegszeit nachhaltig bestimmten. Vor allem für junge Menschen, denen die Zeit des Nationalsozialismus schon fern gerückt ist, kann so ein lebendiges Bild einer Zeit entstehen, die ihre Großeltern noch erlebt haben. Zugleich wird damit ein wesentlicher Beitrag gegen das Vergessen geleistet und die Erinnerung an die Vorkriegs- und Kriegszeit wachgehalten und damit einer bloßen Historisierung entgegengewirkt. Für seine Mühe ist Herrn Mehler herzlich zu danken. Dass der Verlag die Veröffentlichung vor allem auch für junge Menschen bestimmt, ist außerordentlich zu begrüßen. Dies kommt darin zum Ausdruck, dass der Band in einer gemeinsamen, von zahlreichen Buchpaten, dem Wellhöfer Verlag und dem Mannheimer Altertumsverein getragenen Aktion in 20 Klassensätzen den weiterführenden Schulen Mannheims kostenfrei zur Verfügung gestellt wird.

Unser Dank gilt allen an dem Projekt Beteiligten, besonders aber dem Wellhöfer Verlag für die Übernahme des verlegerischen Risikos.

Der Altertumsverein, dem es ein besonderes Anliegen ist, das Lernen aus der Vergangenheit zu fördern, wünscht dem Band eine gute Aufnahme und weite Verbreitung.

Mannheim, im Juni 2013

Prof. Dr. Hermann Wiegand
Vorsitzender Mannheimer Altertumsverein von 1859

# Widmung

*Diese Veröffentlichung ist allen gewidmet,*
*die sich für Toleranz*
*und gegen Fremdenfeindlichkeit*
*und Rassenhass einsetzen.*

*Ich rede mit dem Papier wie mit dem nächsten Besten,*
*den ich am Rockknopf fasse.*
*Wenn's nur wahr ist, darauf kommt's an.*

*Michel de Montaigne, Essais*

# Vorwort

Das Ende des Zweiten Weltkriegs und damit auch der Zeit des Nationalsozialismus liegt inzwischen lange zurück. Am 8.5.45 hat Deutschland bedingungslos kapituliert, womit nicht nur das schreckliche Kriegsgeschehen, sondern auch die Handlungen eines zynischen, menschenverachtenden Systems ein Ende fanden. Nicht ganz zwölf Jahre lang hat der Spuk gedauert. Was damals im Namen des deutschen Volkes den Juden, Sinti, Roma, Systemgegnern, Gefangenen und auch Zwangsarbeitern angetan wurde, ist unglaublich, und es ist vielen schwergefallen, zu begreifen, in welchem Maße sie selbst und die Mehrheit der Deutschen an dem Geschehen beteiligt waren. Opfer und Täter waren nach dem Kriegsende gezwungen, mit ihren Erinnerungen zu leben.

Nach der Veröffentlichung meines Buch „Davongekommen"[1], in dem ich über meine Jugendzeit in Mannheim, in der Kinderlandverschickung, im Kriegseinsatz, in der Gefangenschaft und in den ersten Nachkriegsjahren berichtete, hat mich das Interesse an dem Geschehen in der Zeit des Nationalsozialismus nicht mehr losgelassen. Die Veröffentlichung „Meisterruderer im Krieg", die Beteiligung an einer Rundfunksendung und an zwei Dokumentarfilmen, Gespräche mit Zeitzeugen sowie Vorträge an Schulen in Deutschland und in Frankreich, auch in einer Jugendstrafanstalt, führten zu neuen Erkenntnissen und dazu, Beiträge zur Geschichte des privaten Lebens zu sammeln. Sie sollen Einblicke vermitteln, die nicht in den Geschichtsbüchern zu finden sind.

Die Fragen im Anschluss an meine Vorträge haben mir gezeigt, wie insbesondere junge Menschen auf die Schilderungen über das schreckliche Geschehen reagieren, was sie interessiert, und was sie zum Nachdenken bringt. Diese Erfahrung hat mich veranlasst, aus einer Vielzahl zum Teil umfangreicher Schilderungen in Veröffentlichungen von Mannheimer Zeitzeugen[2,3] das herauszustellen, was der Beantwortung von Fragen dienen kann, interessierte Menschen, vor allem Jugendliche, zum Denken anregt und vielleicht auch Geschichtsbewusstsein erzeugt.

Den **Weg bis zum bitteren Ende** sind außer denen, die auf dem Weg zurückgeblieben sind, alle anderen gegangen, allerdings auf unterschiedliche Weise.

Bei allen Schilderungen stand stets das Bemühen um Wahrheit im Vordergrund. Dass es unter denen, die bereit waren zu erzählen, keine strammen Parteigenossen gab, ist nicht erstaunlich, denn nach dem Krieg hat sich kaum jemand zu seiner Mitgliedschaft in der Nationalsozialistischen Deutschen Arbeiterpartei (NSDAP) und schon gar nicht zu Untaten bekannt. Viele der Aktivisten und der mehr oder weniger überzeugten Mitläufer taten so, als ob sie niemals Anhänger Hitlers gewesen wären. Schuld wurde von vielen verdrängt, und man stellte sich ungeniert gegenseitig Freibriefe aus. Die Entnazifizierungsbehörden hatten es nicht leicht, Schuldige ausfindig zu machen.

Neben den Hauptschuldigen und den direkt an Untaten Beteiligten gab es viele, die sich indirekt schuldig gemacht haben. Alle, die damals an Hitler, seine Ideologie und das dazugehörige politische System glaubten, haben die Konzentrationslager und den Krieg mit den entsetzlichen Grausamkeiten ermöglicht und sind daher mitschuldig; darin besteht auch meine Schuld.

Die viel gehörte Aufforderung, dass man endlich mit den Schilderungen der Nazi-Zeit aufhören möge, kann ich nicht verstehen. Die Erinnerung an die Barbarei in unserem zivilisierten Land muss aufrechterhalten werden. Was im Namen des deutschen Volkes geschehen ist, darf nicht in Vergessenheit geraten und nie wieder geschehen. Mahnend seien hier die Worte von Primo Levi angefügt: „Es ist geschehen, und folglich kann es wieder geschehen." Jeder, der Willens und dazu in der Lage ist, sollte dafür Sorge tragen, dass es nicht wieder geschieht.

Wenn diese Veröffentlichung zum Nachdenken führt und Interesse an Geschichte und auch an Politik erweckt, dann hat sie ihren Zweck erfüllt. Nur die Freiheit des Denkens, die freie Meinungsäußerung und die Pressefreiheit garantieren, dass es nicht noch einmal zu dem kommt, was von 1933 bis 1945 angerichtet wurde.

Mannheim, im Sommer 2013
Karl Heinz Mehler

# Die Vorkriegszeit

## Die Lebensumstände

Aus der Zeit vor Beginn des Krieges habe ich viele Erinnerungen an die Lebensumstände und an das Leben in unserer Familie, an Kontakte mit Verwandten, Bekannten, Mitschülern und auch Kindern, die ich auf der Straße mitunter täglich traf. Auch an die Kinderschule und an den Unterricht in der Volksschule in dem Mannheimer Vorort Neckarau, wo wir wohnten, erinnere ich mich sehr gut. Demgegenüber ist die Erinnerung an politische Ereignisse in der Zeit vor dem Krieg nicht allzu groß. Den meisten Jugendlichen, die ab Mitte der zwanziger Jahre geboren sind und in der Innenstadt oder den Vororten von Mannheim ihre Jugendzeit verbrachten, geht es ähnlich.

Die meisten meiner Freunde und Klassenkameraden stammten wie ich aus Arbeiterfamilien, in denen zwar nicht gehungert wurde, jedoch von Wohlstand nicht zu reden war. Gespräche mit ihnen bestätigten mir viele meiner Erinnerungen. Die meisten von ihnen hatten wie ich eine sorglose, wohlbehütete Kindheit. Unsere Eltern erzogen uns in der Weise, wie es damals üblich war, liebevoll zwar, jedoch nicht ohne eine gewisse Strenge. Widerspruch wurde nicht geduldet. Pünktlichkeit war geboten. Höflichkeit und Rücksichtnahme wurden verlangt. Wir hatten ehrlich zu sein und hatten selbstverständlich den Eltern zu gehorchen. Wir mussten „parieren", so drückte man das in Mannheim aus. Jemand, der so erzogen war, der passte nach ihrer Auffassung in die Welt.

„Du sollst es einmal besser haben als wir." Diesen Spruch hörten viele von uns wiederholt. Ein Zeichen dafür, dass sich unsere Eltern ein besseres Leben wünschten. Was sie sich wünschten, war sicher nichts Außergewöhnliches, eigentlich nur einen bescheidenen Wohlstand, was damals hieß: eine etwas größere Wohnung, bessere Kleidung, häufiger ein Fleischgericht, öfter einmal ein Bier, nicht ständig sparen müssen, und vielleicht auch einmal in Urlaub fahren zu können. Es waren wirklich bescheidene Wünsche, die sie gelegentlich äußerten. Trotz solcher Wünsche waren sie jedoch keineswegs unzufrieden. Sie akzeptierten die vorhandenen Unzulänglichkeiten, was ihnen deshalb nicht allzu schwerfiel, weil sie von ihrer Kindheit an daran gewöhnt waren.

9

Als mir einer meiner ehemaligen Mitschüler erzählte, dass ihn sein Vater wiederholt mit einem Krug in die nahe gelegene Wirtschaft schickte, damit er dort für einige Pfennige „Tropf-Bier" holt, konnte ich das zunächst nicht glauben. Aber er versicherte mir, dass das so gewesen ist, und ich glaubte ihm, denn so etwas kann man nicht erfinden. Im Vergleich zu seiner Familie muss es uns besser gegangen sein, denn auch ich wurde mitunter in die nahe gelegene Wirtschaft „Zum Fliegenden Holländer" geschickt, um dort einen Krug Bier zu holen, allerdings frisch gezapftes von der Eichbaum-Brauerei.

Bis kurz vor Kriegsbeginn wohnten wir in einer kleinen, äußerst bescheidenen Zwei-Zimmer-Wohnung, die höchstens 30 Quadratmeter groß war. Das Haus in der Adlerstraße 54 war wie viele der damaligen Häuser zweistöckig und hatte eine große Einfahrt, um mit einem Bauernwagen hineinfahren zu können. Und es hatte Dachgauben. Es sah etwa so aus wie das nebenstehende Haus. Unsere Wohnung im Dachgeschoss war im Grunde genommen ein ausgebauter Speicher. Von der

Mitte der Hauseinfahrt gelangte man über Steinstufen in den Keller und über eine stark ansteigende Holztreppe in die Wohnung. Die Ausstattung war dürftig, jedoch funktionsgerecht. Die Toilette lag außerhalb der Mansardenwohnung und wurde zusammen mit den Nachbarn genutzt, die auf der gleichen Etage wohnten. Dies war nicht ungewöhnlich. Die Wasserleitung endete im Treppenhaus auf dem Gang vor unserer Küche. Dort befand sich der Spülstein, auch von beiden Familien genutzt. Die hygienischen Verhältnisse entsprachen durchaus dem damaligen Standard.

In der Küche waren nur ein Herd sowie ein Tisch mit drei Stühlen unterzubringen. Der Küchenschrank fand mit einem Sofa und einer Nähmaschine im Wohnzimmer Platz. Im Schlafzimmer stand außer dem Doppelbett meiner Eltern und meinem Kinderbett ein Kleiderschrank. Im Sommer war es unter dem Dach, das in keiner Weise isoliert war, sehr heiß, im Winter bitterkalt. Beheizt werden konnte nur die Küche. Beim Aufenthalt in dem daneben liegenden Wohnzimmer musste man im Winter warm angezogen sein.

Mein Vater arbeitete seit 1928 als Steindrucker in der „Anilin", der Badischen Anilin- und Sodafabrik in Ludwigshafen. Mit dem Fahrrad legte er außer sonntags täglich den Weg dorthin zurück, auch im Winter. Er war nie arbeitslos. Die Näharbeiten meiner Mutter dienten der Aufbesserung unseres Familieneinkommens.

Gelegentlich kam es vor, dass für das Abendessen am Freitag noch etwas eingekauft werden musste, und dies erst nach Ankunft meines Vaters mit dessen Wochenlohn geschehen konnte. Keiner von uns musste jemals hungern, aber das Geld konnte nur reichen, wenn entsprechend eingeteilt wurde. Ein kleiner gepachteter Garten im Niederfeld verbesserte die Situation zumindest in den Sommermonaten. Gemüse und Obst wurden eingemacht. Marmelade war der gängige Brotaufstrich, ohne Butter, versteht sich. Für zwei Wochen Aufenthalt im Bayerischen Wald bei Verwandten meiner Mutter musste gespart werden, denn die Bahnfahrt dorthin war teuer. Eine solche Reise war bereits ein Privileg, das für uns nur dadurch bestand, weil die Patin meiner Mutter uns Unterkunft und Verpflegung kostenlos zur Verfügung stellte. Meine Mutter revanchierte sich während des Urlaubsaufenthalts mit Näharbeiten.

Die Wohnverhältnisse der meisten Arbeiterfamilien entsprachen den unseren. Es gab damals noch sehr viele kleine Wohnungen ähnlich wie unsere, davon viele in den Hinterhäusern. Wir Kinder konnten ungehindert auf der Straße spielen.

In fast jeder Straße gab es eine „Kipp" mit einem Anführer, der bestimmte, wann es an der Zeit war, die „Kipp" einer Nachbarstraße zu bekämpfen oder mit ihr Freundschaft zu schließen. Die größte Strafe bestand für uns Kinder darin, nicht auf die Straße zu dürfen.

*Die Kipp der Neckarauer Adlerstraße*

Die Lebensbedingungen waren für meine Eltern und für mich, das einzige Kind, zweifellos besser als für viele andere, die bis Mitte der dreißiger Jahre arbeitslos waren.

**Anneliese Volle** schreibt: *Meine Eltern hatten es schwer, mit dem kargen Lohn meines Vaters durchzukommen. Haushalten und sparsam wirtschaften war angesagt. Wir waren vier Kinder, gesund und immer hungrig, die in der viel zu kleinen Wohnung ohne ein Bad in U 5, 21 mit den Eltern lebten. Das Familienleben spielte sich in der kleinen Küche ab, dem einzigen Raum, der im Winter beheizt war. Es gab kein elektrisches Licht. Eine Gaslampe an der Küchendecke war die einzige Beleuchtung in der Wohnung. Wechselweise musste im Winter jeder Mieter abends ein Petroleumlämpchen ins Treppenhaus hängen, das um 22 Uhr gelöscht wurde. Wer später heimkam, musste* *sich im stockdunklen Treppenhaus zurechtfinden. Spielplatz war für uns die Straße, was bei dem geringen Autoverkehr kein Problem war.*

*Trotz der knappen Kasse schaffte es meine Mutter immer, uns satt zu bekommen. Bei aller Sparsamkeit litten wir keinen Mangel. Ihre Suppen, Gemüse und Mehl-speisen waren köstlich. Mit einem halben Pfund Suppenfleisch zauberte sie Suppen und Soßen, und fürsorglich achtete sie darauf, dass Vater das größte Stückchen von dem wenigen Fleisch bekam, denn als Schreiner hatte er körperlich schwere Arbeit zu verrichten.*

*Meine Eltern waren ein Vorbild an Bescheidenheit. Meine Mutter trug zwanzig Jahre lang ihr Sonntagskleid, und mein Vater konnte sich weder ein Bier noch eine Zigarre leisten. Trotzdem waren sie zufrieden, und das spürten wir Kinder auch. Schulgeld und Geld für Bücher konnten unsere Eltern für uns Kinder nicht aufbringen, also gingen wir vier alle in die Volksschule.*[4]

Von **Ilse Wolf** gibt es nachstehende Schilderung der Lebensumstände, unter denen ihre Familie lebte.

*Meine Kindheit verbrachte ich in der westlichen Neckarstadt, einem Stadtteil, der überwiegend von Arbeiter- und Handwerkerfamilien bewohnt war, die von der Hand in den Mund lebten. Geld war knapp und die Bäcker und Metzger kannten ihre Kund-schaft, von der viele anschreiben ließen, was „uff die Hack kaafe" hieß. Besonders bei jüdischen Geschäften, ich erinnere mich an Herzberg und Ehrlich, war Anschreiben und Ratenkauf üblich, obwohl fanatische Nazis den Einkauf anprangerten, indem sie die Kunden fotografierten und deren Konterfei in einem Schaukasten an der Neckar-schule zur Schau stellten. Das hielt aber kaum jemanden davon ab, bei Juden günstig einzukaufen.*

*Einen Kindergarten besuchte ich nicht, das wäre zu teuer gewesen. Wenn meine Mutter durch Aushilfsarbeit das Familiengeld aufbesserte, gab sie mich in die Obhut von Verwandten oder Bekannten. An Ostern 1934 freute ich mich auf den ersten Schultag in der Hildaschule. Da meine Mutter zwar stricken, aber nicht schneidern konnte, nähte eine Bekannte für mich ein neues Kleidchen zum Schulanfang, und ich bekam zwei bunte Schleifen für die Zöpfe. Ein Nachbarskind hatte eine bunte Schultüte, sie war die Einzige der Klasse und fiel damit auf.*

*Zu der Zeit war mein Vater monatelang arbeitslos und fuhr mit dem Fahrrad nach Feudenheim, um in der Landwirtschaft seiner Eltern zu helfen. Geld erhielt er dafür nicht, aber sein Essen und Trinken. Manchmal brachte er auch Kartoffeln und Gemüse mit nach Hause, seltener Eier oder Speck.*

*Vater war in keiner Partei, doch dass die Hitlerregierung viel für die kleinen Leute tat, sagten meine Eltern oft. Als vor dem Krieg überall gebaut wurde, verdiente er als Elektromonteur so gut, dass jeder in der Familie sein eigenes Fahrrad bekam. Mein großer Bruder begann eine Schlosserlehre, durfte dem Radsportverein „Endspurt" beitreten und hatte bald ein Rennrad und einen Hometrainer. Wenn er bei einem*

*Jugendrennen mitfuhr, standen meist nur Vater und ich unter den Zuschauern. Mutter blieb zu Hause, da sie Angst hatte, ihren Sprössling stürzen zu sehen, was einmal beim Rennen „Rund um den Wasserturm" passiert war.[5]*

Die Kontakte zwischen den Erwachsenen im Umfeld unserer Familie fanden, bedingt durch die beengten Wohnverhältnisse, auf der Straße, beim Einkaufen in den Läden oder in den vielen Wirtschaften statt, die es damals gab. Mehr als einhundert Wirtschaften gab es in den dreißiger Jahren allein in Neckarau. Sie waren die damaligen Kommunikationszentren.

Hausbesitzer, Ladeninhaber und Kleinunternehmer zählten für uns zu den Begüterten. Auch unser Hausherr, der Lokomotivführer Adam Schmidt, wurde so eingestuft. Wirklich reiche Familien, solche, die in den dreißiger Jahren bereits ein Auto hatten, waren in unserer unmittelbaren Umgebung nicht anzutreffen, was vielleicht der Grund dafür war, dass es kaum Neid gab. Ich meine, dass die meisten Leute, sofern sie Arbeit hatten, damals recht zufrieden gewesen sind. Die Erwartungen waren nicht allzu groß. Die Menschen, die ich kannte, waren durchweg bescheiden. Das galt auch für alle unsere Verwandten.

Von **Erwin Haag**, dessen Vater ein Friseurgeschäft auf der Rheinau hatte, gibt es nachstehende Schilderung.

*Das Leben in unserer Familie wurde in meiner Kindheit sehr stark von den geringen Einnahmen des väterlichen Geschäfts bestimmt. Da wir kein eigenes Haus besaßen, verschlang die Miete einen großen Teil des Einkommens. Die Käufe von Lebensmitteln waren oft von dem abhängig, was täglich eingenommen wurde. Kulinarischer Höhepunkt war samstags mitunter der Tee mit einem Mettwurstbrot. Oft gab es Eintopf. Die Hühnerhaltung im Casterfeld ermöglichte am Wochenende gelegentlich ein etwas größeres Fleischgericht. Eier waren immer vorhanden. Manchmal hatte ich welche zu Leuten zu bringen, von denen jedoch keine Zahlung verlangt werden durfte, da sie mein Vater als Kunden behalten wollte.*

*Bei den Einkäufen galt es alle Kunden, die ein Geschäft hatten, zu berücksichtigen. Wenn von meinem Opa aus Spandowerhagen an der Ostsee ein Holzfass mit eingesalzenen Heringen ankam, dann war das zunächst immer ein besonderes Ereignis in unserer Familie. Die Fische stammten aus seinem eigenen Fang und das Holzfass aus seiner zweiten gewerblichen Tätigkeit. Er war nämlich Fischer und auch Küfer. Dass danach die allzu häufige Einplanung der gesalzenen Fische auf unserem Speisezettel nicht immer auf meine Zustimmung stieß, ist verständlich.*

*Größere Anschaffungen wurden nach reiflicher Überlegung getätigt, und meist wurde gegen Kredit gekauft. Ich erinnere mich gut an einen jüdischen Kaufmann, Herrn Bodenheimer, von dem die Wäsche gekauft wurde. Er kam einmal monatlich zu uns, um seine Ware anzubieten und die vereinbarte Rate in Empfang zu nehmen. Probleme gab es damit nie, da das nötige Vertrauen auf beiden Seiten vorhanden war.*

*Wir hatten kein eigenes Telefon. Kundinnen, welche einen Termin vereinbaren wollten, riefen im benachbarten Milchgeschäft an. Meine Mutter musste dann ihre Arbeit im Geschäft unterbrechen, um die Terminabsprache zu treffen.*[6]

Von **Irmgard Helmstädter,** die in Friedrichsfeld wohnte, gibt es eine ausführliche Schilderung der Lebensumstände, unter denen ihre Familie lebte. Ihre Eltern zählten sich zwar, wie sie berichtete, zu den „besseren Leuten", anscheinend weil der Vater wie unser Hausherr Lokomotivführer war, die Familie über eine Drei-Zimmer-Wohnung verfügte und ihr außerdem der Garten mit einem Hof und zwei Ställen zur Verfügung stand. Dass sie nicht über ein Klosett mit Wasserspülung verfügten, sondern nur über ein Plumpsklosett, tat der Einschätzung keinen Abbruch.[7]

Familien, die zum Mittelstand zählten, hatten meist Wohnungen mit größeren Wohnflächen. Sie hatten mitunter nicht nur ein Wohnzimmer und ein Kinderzimmer, sondern auch ein sogenanntes Herrenzimmer, in welchem neben der Bibliothek oder dem Bücherschrank auch einige Sessel und der Schreibtisch des Familienoberhauptes standen. Bei ihnen war auch ein Bad vorhanden, meist mit Warmwasserbereitung durch einen Kohleofen. Zentralheizung gab es nur in wenigen Häusern. Ein Telefon oder einen Kühlschrank, der mit Kunsteis bestückt werden musste, hatten nur einige wenige Wohlhabende. Wer ein Auto hatte, der zählte für meine Eltern und für mich zu den ganz Reichen. Als eines Tages Verwandte unseres Hausherrn mit einem Auto ankamen, das gerade so in der ausgeräumten Einfahrt Platz fand, war das in der Adlerstraße eine Sensation.

Wie es in der Familie eines Bankangestellten mit den Finanzen bestellt war, und wie das Einkaufsverhalten und die Bevorratung für den Winter war, darüber berichtet **Hubert Güthlein** Folgendes:

*Im Gegensatz zu den Arbeitern, bei denen der Lohn wöchentlich ausbezahlt wurde, erhielt mein Vater als Bankangestellter sein Gehalt stets am Monatsende. Gezahlt wurde damals von den Firmen ausschließlich in bar. Wenn mein Vater am Zahltag nach Hause kam, oblag meiner Mutter die Einteilung des Geldes, was wir Kinder immer mit Interesse verfolgten. Allerdings weiß ich nicht mehr, wie hoch der Betrag war, den sie in die bereitgehaltenen 30 bzw. 31 Tüten packte, und wie viel Geld stets für die größeren*

14

*Anschaffungen beiseitegelegt wurde, um am nächsten Tag auf ein Sparbuch einzuzahlt zu werden.*

*Wegen der Gehbehinderung meiner Mutter wurde ich mit den täglichen Einkäufen der Lebensmittel betraut. Ich erhielt den von ihr für die jeweiligen Einkäufe abgeschätzten Betrag, und wenn der letzte Einkauf des Tages getätigt war, wurde das noch verbliebene Bargeld in die Tüte des folgenden Tages gegeben. Der Überschuss kam am Monatsende ebenfalls aufs Sparbuch. Die dort angesammelten Beträge dienten überwiegend für die Anschaffung von Wäsche, Kleidern, Schuhen und auch für die Geburtstags- und Weihnachtsgeschenke. Ob meine Eltern etwas auf die hohe Kante legen konnten, so war die Bezeichnung für den nicht dem Konsum dienenden Vermögenszuwachs, weiß ich nicht.*

*Wir zählten als Haus- und Grundstücksbesitzer zu den etwas begüterten Neckarauer Bürgern, die keine wirtschaftlichen Schwierigkeiten hatten. Ich kann mich nicht erinnern, dass das Monatsbudget jemals überschritten wurde. Allerdings erinnere ich mich daran, dass es Leute gab, die ihre täglichen Einkäufe nicht sofort bezahlen konnten. Sie ließen anschreiben, so nannte man das. Am Freitagabend, wenn der Ehemann mit dem Wochenlohn von der Arbeit nach Hause kam, zahlten sie dann ihre Schulden. Auch in den Wirtshäusern, die es damals in großer Zahl in Neckarau gab, soll angeschrieben worden sein. Kreditwürdig waren anscheinend die meisten Familien, die in unserer Gegend wohnten, denn ich hörte nie etwas, das dagegen gesprochen hätte.*[8]

1939 sind wir von der Adlerstraße 54 in die Neckarauer Straße 42 umgezogen. Anlass war der Schneidereibetrieb meiner Mutter. Ihre Arbeit war gefragt, und sie benötigte mehr Platz für die Anproben ihrer Kundschaft. Ihr Gewerbe hatte sie kurz zuvor angemeldet, und sie beschäftigte schon bald eine Hilfskraft. Für unsere Familie war das eine deutliche Verbesserung der Lebensqualität. Die neue größere Wohnung ermöglichte es, dass mein Großvater zu uns zog. Mit ihm, einem waschechten Bayern, teilte ich ein kleines Schlafzimmer. Ich mochte ihn sehr. Dass meine Mutter nach unserem Einzug in die neue Wohnung als Erstes darum bemüht war, die Wanzen zu bekämpfen, welche die Vormieter hinterlassen hatten, ist mir in Erinnerung geblieben. Es wurde mir eingeschärft, darüber mit niemandem zu reden.

15

# Die Einflussnahme des Nationalsozialismus
## auf das tägliche Leben

Über die Zeit vor der Machtübernahme durch die Nationalsozialisten gibt es eine Reihe von Zeitzeugenerzählungen, die über teilweise chaotische Verhältnisse berichten, auch über Straßenschlachten, die sich die Anhänger der verschiedenen Parteien lieferten, mit Verletzten und eingeworfenen Fensterscheiben. Der Ruf nach „Ordnung" war immer wieder zu hören. Geschäftsinhaber fürchteten die Krawalle am meisten, da sie durch die eingeworfenen Schaufensterscheiben mitunter die Leidtragenden waren.

**Richard Grimminger** schreibt: *Vor 1933 waren Schlägereien zwischen Kommunisten und Nationalsozialisten in der Neckarstadt an der Tagesordnung. Austragungsort war oft der in unserer unmittelbaren Nähe gelegene Clignetplatz. Sieger waren meist die Kommunisten, da sie in der Überzahl waren. Mein Vater war Zentrums-Anhänger und wollte von beiden Parteien nichts wissen. Als Geschäftsmann äußerte er sich nicht zur Politik. Als aber dann Hitler an der Macht war, gestand er ein, dass damit Ordnung eingekehrt war.*[9]

Von **Kurt Oppitz** gibt es nachstehende Schilderung: *Zu meinen ersten Kindheiterinnerungen zählen die Straßenkeilereien zwischen den verschiedenen politischen Parteien, denen ich vom Fenster unserer Wohnung aus mit Interesse zuschaute. An politische Gespräche in unserer Familie kann ich mich nicht erinnern, wohl aber später an die Teilnahme an allen möglichen militärischen Veranstaltungen in Mannheim, zu denen auch der Zapfenstreich der 110er gehörte.*[10]

**Werner Amend** berichtet: *Bei der Machtübernahme von Hitler war ich noch nicht ganz zwölf Jahre alt. Mit meinem Bruder, der fünf Jahre jünger war als ich, ging ich sonntags oft zu den Fußballspielen des SV Waldhof und des VfR Mannheim. Wir gerieten dabei mitunter in Menschengruppen, die auf dem Weg zum Fußballplatz mit ihren Fahnen und ihrem Gruß ihre Parteizugehörigkeit zum Ausdruck brachten. Es ging dabei oft sehr laut zu, und es war nicht ratsam, zwischen die Fronten zu geraten. Die einen schrien „Rot Front", die anderen „Freiheit", und zunehmend war „Heil Hitler" zu hören. Zu den roten Fahnen der Kommunisten und den Fahnen mit den drei Pfeilen kam die Hakenkreuzfahne. Wenn mein Bruder und ich in eine dieser Gruppen gerieten, dann riefen wir laut ihren Gruß mit, denn wir wollten nicht auffallen.*[11]

**Anneliese Volle** erinnert sich: *„Politisch ging an uns Kindern vieles vorbei. Wir bekamen natürlich mit, was sich auf der Straße ereignete, wo sich Kommunisten und Sozialdemokraten bekämpften, sich Straßenschlachten lieferten. Wir merkten auch, dass mit der Machtübernahme eine wesentlich sicherere und geordnetere Zeit begann. Es gab weniger Arbeitslose.*[12]

Ich selbst habe keine Erinnerungen an die Zeit vor und kurz nach der Macht-übernahme. Dass einige meiner Altersgenossen, mit denen ich in die Kinderschule ging oder auf der Straße spielte, nicht ganz so gut wie ich gekleidet waren, und dass es welche gab, die nicht so viele Spielsachen hatten wie ich, habe ich bestimmt nicht registriert. Wäre es mir aufgefallen, dann hätte ich nicht gewusst, dass dies etwas damit zu tun hatte, dass ihre Väter arbeitslos waren.

Wozu die Arbeitslosigkeit führen konnte, darüber berichtet **Waldemar Hilde-brand:** *„Mein Vater, seit 1929 arbeitslos, trat 1932 in die SA ein, in der Hoffnung, schneller eine Arbeit zu finden. Leider ist das Foto nicht mehr vorhanden, bei dem Ernst Röhm, der damalige Chef der SA, meinen Vater rügte, weil an seinem Uniformhemd ein Knopf fehlte. Auf dem Foto war nicht nur mein Vater deutlich zu erkennen, sondern auch Röhm mit seiner Narbe auf der Backe.*

*Mein Vater war ein unpolitischer Mensch, deshalb trat er, weil er immer noch keine Arbeit hatte, Ende 1933 aus der SA wieder aus, was für ihn in der Folge zwangsläufig mit erheblichen Nachteilen verbunden war. Mit Gelegenheitsarbeiten, Hausschlach-tungen und Unterhaltungsmusik ernährte er die inzwischen auf sechs Personen ange-wachsene Familie. Er bekam erst Anfang 1937 mit Beginn der Aufrüstung Arbeit.*[13]

Der Vater von **Egon Reiter** litt unter den Verletzungen, die er im Ersten Weltkrieg erlitten hatte. Dadurch bedingt war er sieben Jahre lang arbeitslos. *Zeitweise war er als Wanderarbeiter unterwegs und nahm alle möglichen Arbeiten an, die er noch in der Lage war auszuführen. Ich erinnere mich, dass er kurzzeitig auch im Mannheimer Krematorium tätig war. Durch die Näharbeiten meiner Mutter konnte das Famili-enbudget etwas aufgebessert werden. Hinzu kamen ein paar Mark durch den Verkauf von Stallhasen, die wir im Hof unseres Miethauses halten durften. Über einhundert Hasen waren ständig zu füttern. Das Futter kam vom Neckardamm, wo mein Vater die Erlaubnis hatte, Gras zu mähen, das er mit einem Karren nach Hause transportierte. Es versteht sich von selbst, dass es bei unserem Reichtum an schlachtreifen Hasen sonntags fast immer Hasenbraten gab. Oft war ich mit meinem Vater zum Sammeln von Pilzen unterwegs.*

*Kurze Zeit hatte mein Vater beim Autobahnbau in der Nähe von Karlsruhe Beschäf-tigung gefunden. Wie er mir erzählte, lebte er mit den dort Eingesetzten unter primi-tiven Verhältnissen in einem Barackenlager. Krankheitsbedingt musste er diese Arbeit aufgeben. Danach kam für unsere Familie eine Wende zum Besseren, denn mein Vater konnte durch den Verkauf von Brezeln ein ständiges Einkommen erzielen.*[14]

Ein Nachbar der Familie Martus war lange Zeit arbeitslos, und seine Eltern legten oft Gemüse aus ihrem Schrebergarten vor seine Tür, ohne davon Aufhe-bens zu machen. Kurz nachdem er endlich Arbeit gefunden hatte, erschien er in NS-Uniform. **Karlheinz Martus** berichtet: *Meinem Vater erzählte er, dass er das dem Führer verdanke, der endlich den Deutschen Arbeit und Brot verschaffe. Der Kommentar meines Vaters lautete: „Für so einen Verbrecher laufen Sie Reklame!"*

*Herr W. erwiderte darauf: „Sagen Sie mir doch nicht solche Sachen, sonst muss ich Sie melden." Obgleich er von meinem Vater auch danach abfällige Kommentare zu hören bekam, erstattete er keine Meldung. Er war nach wie vor ein guter Nachbar, mehr oder weniger ein Mitläufer, bedingt durch die schwierigen Verhältnisse, in der die Familie zuvor gelebt hatte.*[15]

Viele, die nach der Machtübernahme wieder Arbeit gefunden hatten, waren unter dem Einfluss der Propaganda schnell bereit, ihre besseren Lebensbedingungen als Erfolg des neuen Systems anzuerkennen. Hier eine der damaligen Stimmen: *Mein Vater war sieben Jahre lang arbeitslos gewesen, sechs Mark Stempelgeld die Woche, und er bekam wieder im Dritten Reich Arbeit. Er konnte etwas auf seinem Beruf, war Werkzeugmacher, und da kam er dann zu Bopp & Reuther nach Mannheim-Waldhof und hat sich hochgearbeitet bis zum Meister. Meine Mutter arbeitete in einer Schuhfabrik. Da Doppelverdienertum im Dritten Reich verpönt war – die Frau sollte zurück an den Herd und Kinder gebären – musste sie natürlich aufhören ... Trotzdem, uns ging's gut im Dritten Reich.*[16]

Bei der Frage, in welchem Maße Jugendliche meines Jahrgangs vom Nationalsozialismus beeindruckt waren und beeinflusst wurden, spielte das Elternhaus zweifellos eine große Rolle.

Mein Vater stand der SPD nahe, ohne jedoch jemals Mitglied dieser Partei gewesen zu sein. Ich meine, dass er unpolitisch war. Opposition zu betreiben, lag ihm fern. Aber er war sicher kein Anhänger des Nationalsozialismus. Nachts hörte er mitunter im Radio ausländische Sender, was streng verboten war. Mein Großvater mütterlicherseits dagegen war von Hitler sehr angetan. Auch er war kein Mitglied der NSDAP, aber zweifellos war er ein Sympathisant des Naziregimes. An politische Diskussionen zwischen ihm und meinem Vater kann ich mich nicht erinnern. Wenn es sie gab, und ich vermute es, dann fanden sie nicht in meiner Anwesenheit statt.

Im Gegensatz zu meinem Vater waren alle seine Geschwister Mitglied der NSDAP oder einer der angeschlossenen Verbände. Heinrich, der älteste Bruder meines Vaters, der eine Zahnarztpraxis hatte, schien mir nicht sonderlich an Politik interessiert zu sein. Vermutlich war es Opportunismus, der ihn zum Eintritt in die Partei veranlasst hat. Er hatte nach dem Krieg keine Schwierigkeiten mit der Entnazifizierung. Dagegen war mein Taufpate Ludwig mit Sicherheit ein begeisterter Nationalsozialist. Er hatte einen Frisiersalon in der Mainzer Innenstadt und war 1933 in die Reiterstaffel des „Stahlhelm – Bund der Frontsoldaten"

eingetreten, erstaunlicherweise ohne je Kriegsteilnehmer gewesen zu sein. Durch seine Mitgliedschaft im Mainzer Reiterverein kam er vermutlich zwangsweise zur SS, jedoch sicher nicht ungern. 1940 trat er in die NSDAP ein.

Ich erinnere mich daran, dass er stolz wie ein Pfau mit dem Parteiabzeichen am Revers herumlief. Einmal sah ich ihn bei einem Besuch in Mainz in Breecheshosen. Ich weiß allerdings nicht mehr, was für eine Uniform das war, die er damals trug. Im Krieg ist er zum „Block-leiter" aufgestiegen und war somit Hoheitsträger der Partei. Seinen Beruf durfte er nach dem Krieg nicht mehr ausüben, was darauf hindeutet, dass er bei der Entnazifizierung als Aktivist eingestuft wurde. Wie überzeugt und stramm er wirklich war, und in welchem Maße er das System unterstützte, weiß ich nicht.

Meine Großmutter väterlicherseits war kein Parteimitglied. Sie war jedoch wie damals alle Frauen, welche sechs Kinder geboren hatten, von der Partei mit dem silbernen Mutterkreuz ausgezeichnet worden. Ich bezweifle, dass sie darauf stolz gewesen ist.

Verstehen kann ich, dass eine der Schwestern meines Vaters in die Partei eintrat. Sie war nach einem längeren Aufenthalt in Holland eine Zeit lang als Köchin bei der Familie von Richard Wagner in Bayreuth tätig gewesen. Bei Familienfeiern berichtete sie stolz, dass sie mehrmals die Ehre hatte, für den Führer zu kochen. Sie bestätigte, dass er Vegetarier war. Ob es stimmt, was in der Familie erzählt wurde, dass sie ihm auch Pfefferminztee zubereitete, muss nicht unbedingt der Wahrheit entsprechen. Es wurde jedoch in der Familie wiederholt kolportiert. Die beiden anderen Schwestern meines Vaters waren als Mitglieder der „NS-Frauenschaft" sicher nur Mitläuferinnen. Von den fünf Geschwistern meiner Mutter war niemand in der Partei.

Eine meiner Cousinen hat in der Nazizeit Karriere gemacht Sie war 1937 in die Partei eingetreten. Ausgehend von ihrer frühen Mitgliedschaft im Bund Deutscher Mädel (BDM), wo sie bereits 1935 Scharführerin war, schaffte sie den Aufstieg von der Kindergärtnerin und Hortleiterin bis zur Leiterin des Verbands für Jugendhilfe und Jugendfürsorge in der Reichsjugendführung in Berlin. 1941 hatte sie auf dem Weg zu diesem Amt die Staatsprüfung für Volkspflegerinnen abgelegt. Bei der Entnazifizierung wurde sie als Mitläuferin eingestuft.

Ich habe wiederholt, aber leider vergeblich, versucht, von ihr etwas über ihre Tätigkeit in Berlin zu erfahren. Sie war jedoch nicht bereit, mit mir darüber zu reden. Es gibt von ihr lediglich die Beschreibung ihrer Flucht aus der Reichshauptstadt und der Schikanen der französischen Behörden in Mainz. Wie so viele wollte sie nur über ihre eigenen Notsituationen im Krieg und in der Nachkriegszeit reden.

Die Einflussnahme des Nationalsozialismus auf das tägliche Leben meiner Eltern und unserer Nachbarn nahm ich nicht wahr. Ich war dafür zu jung. Erinnern kann ich mich allerdings an Wahlplakate in den Straßen. Ich registrierte damals auch, dass meine Eltern und viele Erwachsene den Reden Adolf Hitlers große Aufmerksamkeit schenkten. Für mich waren diese langatmigen Reden uninteressant. Ich verstand nicht, worum es ging. Allerdings habe ich die von Hitler hervorgerufene Begeisterung wahrgenommen.

Es war mir nicht bewusst, dass es nach 1934 vielen Menschen besser ging als in den Jahren zuvor. Dies galt vor allem für diejenigen, die arbeitslos gewesen waren. Sie störten sich nicht an der Bevormundung und an der einseitigen Berichterstattung in Rundfunk und Presse, sofern sie diese überhaupt wahrgenommen haben. Den Zwang durch die Arbeitsfront, der jeder Werktätige angehören musste, und an deren Aufmärschen er teilzunehmen hatte, nahmen die meisten hin. Ich erinnere mich daran, dass mein Vater mehrmals an Aufmärschen der Arbeitsfront in Ludwigshafen teilgenommen hat, vermutlich nicht mit Begeisterung. Aber als Belegschaftsmitglied der BASF fühlte er sich wahrscheinlich dazu verpflichtet, und als ein apolitischer Mensch wollte er wahrscheinlich nicht auffallen.

Wer nicht opponierte, dem ging es, wie man weiß, damals zunehmend besser. Dies galt auch für uns, zumal der Schneidereibetrieb meiner Mutter nach dem Umzug in eine größere Wohnung florierte, denn es mangelte nicht an Kunden, welche in der Lage waren, sich gut zu kleiden, auch ein Zeichen zunehmenden Wohlstands.

Dass der geisteskranke Sohn unseres in der Nähe wohnenden Kohlenhändlers eines Tages verschwunden war, haben die Leute sicher registriert. Er war einer der vielen, die dem Euthanasieprogramm der Nationalsozialisten zum Opfer fiel,

der „Gewährung des Gnadentodes", der „Vernichtung lebensunwerten Lebens".
Erst nach dem Krieg erfuhr ich Einzelheiten von dieser unmenschlichen Aktion,
die durch den Protest der Kirche allgemein bekannt war. Ich erinnere mich, dass
meine Eltern damals darüber sprachen, dass Geisteskranke in Heilanstalten eingeliefert werden. Vermutlich wussten sie, was mit ihnen damals geschah. Karl Gais-
bauer, der von uns Kindern auf der Straße verspottet wurde, war zweifellos eines
der Opfer.

Wie Leute, die nicht für das Nazi-System oder Gegner des Systems waren, die
damalige Zeit erlebten, ist nachstehender Schilderung zu entnehmen.

*Unter vorgehaltener Hand sprach sich herum, dass die Juden in Deutschland uner-
wünscht waren. Allmählich spürte man allerdings auch, dass die Partei Einfluss auf das
private Leben nahm. Ich erinnere mich daran, dass wir auf Drängen des Blockwarts den
„General-Anzeiger" abbestellten und das „Hakenkreuzbanner" abonnierten, obgleich
das meiner Mutter gar nicht passte. Auf Lehrer, Ärzte, Anwälte, Kaufleute und Beamte
wurde Druck ausgeübt. Sie sollten alle Mitglieder der NSDAP werden. Wer dem nicht
nachkam, riskierte den Verlust seines Arbeitsplatzes. Auch darüber wurde gesprochen.
Viele, die nicht unbedingt für das NS-System waren, ließen sich in den dreißiger Jahren
durch den wachsenden Wohlstand überzeugen. Auch in unserer christlich orientierten
Familie war das so. Allerdings nahmen wir mit gemischten Gefühlen mitunter die
Anwesenheit von Männern in Ledermänteln in der Kirche wahr. Es waren Beamte der
Gestapo, die sich die Predigt des Pfarrers aufmerksam anhörten. Mit systemkritischen
Aussagen in der Öffentlichkeit musste man sich zurückhalten.*[17]

Von all dem, was Erwachsene bewegte, sie überzeugte oder zur Ablehnung des
Regimes führte, hatte ich in der Zeit vor dem Krieg wie die meisten anderen Jugend-
lichen keine Ahnung. Politisches Verständnis konnte ich ebenso wenig haben wie
Kenntnisse über Menschen in den Nachbarländern. Ich kannte keinen einzigen
Ausländer. Von Juden wusste ich nicht viel. Jüdische Mitschüler hatte ich keine.
Gekannt habe ich lediglich den jüdischen Kaufmann Furchheimer, weil ich einige
Male mit meiner Mutter zum Einkaufen von Stoffen und Nähmaterial in seinem
Textilgeschäft am Neckarauer Marktplatz war. Ich erinnere mich daran, dass er ein
sehr freundlicher Mann war. Aus der Schilderung seiner Tochter Inge Angst, die in
den USA lebt, und mit der ich seit einigen Jahren Kontakt habe, konnte ich einiges
über das Familienleben und darüber erfahren, wie sie die Nazizeit erlebte. Ihr Vater
ist in Dachau umgekommen.

Der Name der jüdischen Firma Landmann war mir deshalb bekannt, weil mein
Vater in deren Druckerei seine erste Arbeitsstelle hatte, als er nach seinen Wander-
jahren nach Mannheim kam. Von ihm weiß ich, dass dort ein gutes Arbeitsklima
herrschte.

*Das Gebäude der Firma Landmann in der Rheingoldstraße*

Die Frage, ab welchem Zeitpunkt ich zu einem Anhänger des Nationalsozialismus wurde, kann ich nicht beantworten. Mein damaliges Wissen bezog ich aus Büchern, aus dem, was meine Eltern mir vermittelten, was in der Schule gelehrt und was mir dann später im Jungvolk nahegebracht wurde. Hinzu kam die Propaganda, der alle Deutsche, junge wie alte, ausgesetzt waren. Sie hatte auf die meisten eine nachhaltige Wirkung.

Die vor jedem Film gezeigte „Wochenschau" übte sicherlich auf die Kinobesucher einen nicht geringen Einfluss im Sinne des Systems aus. Beim Besuch der Kindervorstellungen am Sonntagnachmittag war sie stets auch zu sehen. Ich erinnere mich an Sendungen über den Bau der Autobahnen und von Westwallbunkern. Von Ereignissen im Ausland war nicht viel zu sehen. Allerdings ist mir ein Filmbericht in Erinnerung geblieben, in dem die Vernichtung nicht absetzbarer Lebensmittel in den USA gezeigt wurde, selbstverständlich mit dem Hinweis darauf, dass im gleichen Land Menschen hungern mussten. Bei mir und sicher auch bei anderen wurde damit die erhoffte Wirkung erzielt, nämlich Empörung über solch ein unsoziales Verhalten.

Die Filmberichte über die Olympischen Spiele von 1936 in Berlin mit den vielen deutschen Siegen habe ich natürlich auch gesehen. Sie wurden natürlich auch in der „Wochenschau" gezeigt. Für uns Jugendliche standen die sportlichen Erfolge deutscher Athleten in keinem Zusammenhang mit der Politik des Nationalsozialismus. – Was wussten wir denn schon von Politik? Wir haben gejubelt und uns über jeden Sieg gefreut. Natürlich wurde die Heimkehr der erfolgreichen Mannheimer Athleten ausgiebig gefeiert.

Das nachstehende Foto des Schaufensters des elterlichen Geschäfts meines Schwiegervaters ist dafür ein Beispiel. Ihr Sohn, Hans Maier, und auch ihr Schwiegersohn, Ernst Gaber, kamen als Olympiasieger aus Berlin zurück.

In der „Wochenschau" wurden die Aufmärsche und die Anwesenheit von Parteigrößen bei allen möglichen Veranstaltungen gezeigt. Bilder von Hitler bei Reichsparteitagen und bei einigen Wettbewerben der Olympischen Spiele sind mir in Erinnerung geblieben, und natürlich sah ich später auch den Film über die Olympischen Spiele von Leni Riefenstahl. Ich fand ihn großartig. Seine Propagandawirkung erkannte ich erst nach dem Krieg, als ich Gelegenheit hatte, ihn erneut zu sehen. Erst da wurde mir klar, dass vermutlich aus dieser Zeit, ich war damals sieben Jahre alt, die ersten Einflüsse des Nationalsozialismus auf mein Denken stammten. Wie vielen anderen meiner Generation war mir dies jedoch nicht bewusst, weder damals noch später, als ich zum begeisterten Mitmarschierer wurde. Auch die in den „Wochenschauen" immer wieder gezeigten Inszenierungen der Partei anlässlich nationaler Feiertage hatten sicher einen großen Anteil an meinem Denken und Fühlen. Anderen Jugendlichen ist das sicher genauso gegangen.

Die christlich orientierte Familie Volle konnte sich dem Einfluss des Nationalsozialismus durch die sportlichen Erfolge von Walter Volle nicht ganz entziehen. **Anneliese Volle** berichtete hierzu: *Meine Brüder waren alle sportbegeistert.*

*Sportlich am erfolgreichsten war mein Bruder Walter, der schon früh mit der Leicht-athletik begonnen hatte. Er wurde von Fritz Gwinner, dem Erfolgstrainer des Mannheimer Rudervereins „Amicitia", für den Rudersport gewonnen und kam in den Vierer mit Steuermann, der bei den Olympischen Spielen in Berlin die Goldmedaille gewann. Der 13.8.36, an dem dieses Ereignis stattfand, war natürlich ein Freudentag für unsere Familie. Ein Glückwunschtelegramm wurde nach Berlin geschickt, und alle waren sehr stolz auf „unseren Olympiasieger".*

*Die Gratulation der Mannheimer Olympiasieger durch Adolf Hitler*

*Zu dem großen Empfang bei der Rückkehr der erfolgreichen Ruderer im Schlosshof war die ganze Familie eingeladen. Ich war hell begeistert, als der damalige Bürgermeister Renner den Ruderern einen Lorbeerkranz aufs Haupt setzte. Das Foto von der Ehrung durch Hitler, Göring und Speer wurde damals in einigen Geschäften ausgestellt. Verständlicherweise genoss ich es, die Schwester eines Olympiasiegers zu sein.*[18]

Es gab leider nur wenige Deutsche, die eindeutig gegen das Naziregime waren, Stellung bezogen und es wagten zu opponieren. Ich kannte damals niemand, der zu diesem Personenkreis zählte. Erst nach dem Krieg erfuhr ich von einigen meiner Mitschüler, dass ihre Eltern mit ihnen darüber gesprochen haben, wohin die Aufrüstung, die Annektions-Politik Hitlers und die Behandlung der Juden führen würden. Sie kamen alle aus streng katholischen Familien. Allerdings ist es nur wenigen Eltern gelungen, ihre Kinder von aktiver Beteiligung in der Hitlerjugend fernzuhalten.

Ich erinnere mich, dass bei den Kneipenbesuchen, mit denen der obligatorische Sonntagsspaziergang mit meinen Eltern stets endete, gelegentlich über politische

Ereignisse geredet wurde. Auch die Reden Hitlers waren ein Thema, über das unter den kleinen Angestellten und Arbeitern mitunter gesprochen wurde, die sich in Neckarau im Wirtshaus „Engel" in der Rheingoldstraße trafen. Allerdings habe ich daran nur vage Erinnerungen. Man redete über so manches, ohne sich zu ereifern. Kontroverse Diskussionen über das politische Geschehen sind mir nicht in Erinnerung.

Mein Mitschüler **Helmut Graf** stammt aus einem Elternhaus mit stark christlicher Prägung. Er erzählte, dass seine Mutter nicht vor regimekritischen Äußerungen zurückschreckte. *Wenn die Rede auf Hitler kam, dann sprach sie vom Antichristen, und die NSDAP nannte sie eine Saubande, was in der damaligen Zeit nicht ungefährlich war.* So seine Aussage.

Über die Hausgemeinschaft gibt es von ihm nachstehende Schilderung, die für die damalige Zeit bezeichnend ist:
*In unserem fünfgeschossigen Haus in der Spelzenstraße 8 mit 14 Wohnungen lebten in der Mehrzahl Alleinstehende und kinderlose Ehepaare. Nur bei vier Mietparteien handelte es sich um Familien mit Kindern. Die weltanschauliche Ausrichtung der Bewohner war verständlicherweise unterschiedlich. Zwei Familien zählten zu den überzeugten Nationalsozialisten, zwei andere galten als Kommunisten. Kirchlich orientiert waren vier Mietparteien, nämlich eine ältere Frau, zwei kinderlose Ehepaare und unsere Familie. Der Mann des einen kinderlosen Ehepaars war nach eigenem Bekunden nicht aus Überzeugung Mitglied der NSDAP geworden, sondern um als Beamter keine Schwierigkeiten zu haben. Mit diesem Ehepaar waren meine Eltern gut befreundet.*
*Die meisten Hausbewohner waren in ihren Äußerungen betont zurückhaltend. Es ist jedoch anzunehmen, dass sie dem Regime eher wohlwollend gegenüberstanden. Besonders auffallend war die Familie im vierten Stock, die ihre politische Einstellung bei jeder sich bietenden Gelegenheit kundtat. Nicht nur das fast immer in SA-Uniform gewandete Oberhaupt, sondern auch seine Ehefrau und die beiden Töchter grüßten grundsätzlich mit „Heil Hitler". Für diese Leute waren meine Eltern schlechte Volksgenossen, vermutlich wegen ihrer religiösen Einstellung, möglicherweise aber auch wegen regimekritischer Äußerungen meiner Mutter.*
*Unser Mitbewohner aus dem vierten Stock scheute in seinem missionarischen Eifer nicht vor grotesken Handlungen zurück. Wenn Hitler, Goebbels oder andere Nazigrößen eine Rede hielten, stellte er sein Rundfunkgerät in das offene Küchenfenster und drehte es auf volle Lautstärke, damit auch andere, die wie wir noch keinen Volksempfänger besaßen, mithören konnten. Er bedrängte auch die Mieter der zur Spelzenstraße hin gelegenen Wohnungen mehr oder minder stark zur Anschaffung einer Hakenkreuzfahne, damit sich an Nationalfeiertagen unser Haus als ein Musterhaus mit lückenlosem Fahnenschmuck zeigen konnte. Auf sein Angebot der leihweisen Überlassung einer Fahne gingen meine Eltern natürlich nicht ein.*[19]

Dass man sich auch als gefeierter Olympiateilnehmer und sogar als Olympiasieger dem Eintritt in die Partei entziehen konnte, dafür gibt es in der Familie meiner Frau den Beweis. Sowohl ihr Vater, Gustav Maier, der 1928 an den Olympischen Spielen in Amsterdam teilnahm, als auch dessen Bruder Hans, Olympiasieger in Berlin, waren beide keine Mitglieder der NSDAP. Beide waren Meisterruderer des Mannheimer Rudervereins „Amicitia".

Der Vater meiner Frau war zwar bei der Waffen-SS im Kriegseinsatz, ist jedoch kein Parteimitglied gewesen. Durch seine Mitgliedschaft im Mannheimer Reiter-verein wurde er 1933, ohne gefragt zu werden, in den SA-Reitersturm und 1934 zwangsweise in den SS-Reitersturm übernommen.[20] Da er sich dagegen nicht gewehrt hat, wurde er im Krieg zur Waffen-SS eingezogen.

Was die Sportvereine anbelangt, so sind deren Mitglieder nach 1933 allzu schnell bereit gewesen, die neuen Vorschriften der Regierung in die Tat umzu-setzen. Wie die meisten Deutschen waren auch viele Mitglieder des Mannheimer Rudervereins „Amicitia" fasziniert von dem immer stärker zunehmenden Natio-nalbewusstsein. 1933 fand im Bootshaus der „Amicitia" eine außerordentliche Generalversammlung statt, über die in den Vereinsmitteilungen vom September/ Oktober 1933 unter der Überschrift „Gleichschaltungs-Generalversammlung" Folgendes berichtet wird:

*„Aus Gründen der Gleichschaltung unseres Vereins nach dem nationalsozialistischen Führerprinzip wurde für Samstag, den 1.9.33 abends 20.30 Uhr die gesamte Mitglied-schaft durch Rundschreiben eingeladen." – Es ging darum, an die Stelle des ersten Vorsit-zenden einen „Vereinsführer" zu wählen. Dies wurde in der Weise vollzogen, dass auf Anregung des Beauftragten des Reichssportführers ein Mann gewählt wurde, zu dem die Mitglieder „das größte Vertrauen haben und von dem sie wissen, dass er die Geschicke des Vereins nach besten Kräften leitet, zum Wohle des Vereins und des deutschen Ruder-sports im Sinne des Führerprinzips nach der Idee unseres Volkskanzlers Adolf Hitler". – Damit hatten die Mitglieder kein Problem. Sie wählten den bisherigen 1. Vorsitzenden Max Camphausen zum Vereinsführer, und dieser ernannte zu seinem Stellvertreter den bisherigen zweiten Vorsitzenden Karl Hoffmann.*[21]

Am Ende des Artikels, in dem über diese Generalversammlung ausführlich berichtet wird, ist zu lesen, dass der Sportkommissar seiner Freude Ausdruck gab, dass alles so harmonisch abgelaufen sei. *Gleichzeitig bestätigte er die neugewählten Männer in ihren Ämtern. Sein „Sieg Heil" galt dem deutschen Volke, dem Vaterlande und seinen Führern. Mit dem Deutschlandlied und dem Horst-Wessel-Lied schloss diese außerordentliche Generalversammlung.*[22]

Dass die Mitgliederversammlung eines Sportvereins bereits 1933 mit „Heil Hitler" und dem Deutschlandlied endete, zeugt davon, wie sehr der Nationalsozialismus von den bürgerlichen Kreisen begrüßt wurde.

Die nächste außerordentliche Mitgliederversammlung der „Amicitia" fand am 21.2.34 statt. Dabei ging es um eine neue Vereinssatzung, die zuvor in den Vereinsmitteilungen abgedruckt worden war. In dieser Satzung wurde nicht nur die oben erwähnte neue Führungsstruktur festgeschrieben, sondern es wurde außerdem pflichtgemäß der „Arierparagraph" eingefügt. Unter § 6 Absatz 2 ist in der neuen geänderten Satzung zu lesen: *Die Mitglieder müssen arischer Abstammung sein. Die Satzung wurde von den bei der Versammlung anwesenden Mitgliedern einstimmig beschlossen.*[23]

Dass damals insbesondere in der mittelständischen Bevölkerung der Antisemitismus stark verbreitet war, ist unbestreitbar. Dass in dieser Bevölkerungsschicht nationalistische Tendenzen stärker als in allen anderen ausgeprägt waren, ist hinreichend bekannt. Die Mitglieder von Sportvereinen und Sportverbänden mit elitären Ansprüchen, zu denen nicht nur die „Amicitia" und der Deutsche Ruderverband zählten, kamen überwiegend aus dem Mittelstand. Es ist daher nicht verwunderlich, dass die oben genannte Satzungsänderung in der „Amicitia" sehr früh erfolgte, und dass es in den Vereinszeitungen der „Amicitia" nicht an „Treuebekundungen" und Aufrufen im Sinne des Systems fehlte. Der deutsche Ruderverband stand dem keineswegs nach.[24] Bezeichnend ist, dass in einem anderen Mannheimer Ruderverein bereits im Mai 1933 ein neuer Rennvierer auf den Namen Adolf Hitler getauft wurde.[25]

**Luz Born,** dessen Vater Jude war, und dessen Mutter bei der Heirat zum jüdischen Glauben übergetreten war, ist 1923 geboren. Er berichtet über die Demütigung, die sein Vater als langjähriges Vereinsmitglied des Rudervereins „Amicitia" erfahren hat: *1902 war mein Vater in den Mannheimer Ruderverein „Amicitia" eingetreten, wo er neben vielen anderen auch die Bekanntschaft des späteren Vereinsvorsitzenden Dr. Oskar Barber machte, mit dem er zwar keine Rennen fuhr, jedoch vor dem Ersten Weltkrieg gelegentlich ruderte. Dr. Barber war unser Hausarzt. Wir kannten auch seine Familie recht gut. An Sonntagen waren wir Kinder mit den Eltern oft zum Kaffeetrinken im Bootshaus. Wir fühlten uns dort wohl und waren immer davon angetan, was es auf dem Neckar und auf der nahe gelegenen Pferderennbahn zu sehen gab. Für meinen Vater muss es sehr demütigend gewesen sein, als er aufgrund seiner Religion nicht mehr Mitglied des Vereins sein durfte. In einer außerordentlichen Mitgliederversammlung*

*wurde nämlich im Februar 1934 beschlossen, dass die Vorschriften für das Berufs-
beamtentum für die Mitgliedschaft von Nichtariern Anwendung finden. Der sogenannte „Arierparagraph" fand auch in dem renommierten Mannheimer Ruderverein
„Amicitia" Anwendung.*[26]

Ich hatte von der Bedrängnis, denen damals die Juden ausgesetzt waren, keine
Ahnung. Jüdische Mitschüler hatte ich während meiner ganzen Schulzeit nicht.
Die Schilderung von Luz Born vermittelt einiges von dem, was damals ohne große
Resonanz der Bevölkerung mit jüdischen Schülern geschah. *In meiner Klasse in der
Tulla-Oberrealschule waren wir vier jüdische Schüler. Wir waren uns darüber einig, den
obligatorischen Gruß „Heil Hitler", der bei Schulbeginn mit erhobenem Arm zu leisten
war, in „Heul Hitler" abzuwandeln. Allerdings sagten wir das nicht laut genug, um*

*damit aufzufallen. Ein bescheidener Protest, der natür-
lich keinerlei Wirkung hatte. Unser ältester Mitschüler,
der eine „Ehrenrunde" drehen musste, so nannte man
damals die Wiederholung einer Klasse, kam oft in seiner
HJ-Uniform in den Unterricht. Er war der Einzige, der
damit auffiel.
Der Unterricht in der Sexta, Quinta und Quarta
verlief problemlos. In guter Erinnerung geblieben ist
mir der Musiklehrer Gaber. In einer seiner Unterrichtsstunden sang er uns den „Erlkönig" vor. Man spürte
seine Begeisterung für die Musik. Als es um Opern ging,
erzählte er uns als Erstes den Inhalt der Oper „Fidelio",
bei der es doch um Willkür und Freiheit geht. Erstaunlich, dass diese Oper in der Nazizeit nicht verboten
wurde. Uns jüdischen Schülern sagte er, dass wir zu ihm kommen sollten, wenn wir
irgendwelche Schwierigkeiten hätten.
Im Sommer 1935 erlebte ich zusammen mit meiner Mutter und meiner Schwester
die Aktion der SA gegen die jüdischen Besucher des Herweckbades, das als Judenbad
bezeichnet wurde, obgleich in diesem Rheinbad auch viele Nichtjuden anzutreffen
waren. Dadurch, dass meine Mutter eine eigene Badekabine hatte, konnten wir uns
schnell umziehen und das Bad verlassen. Andere wurden von den eingedrungenen
Rabauken der SA zur Eile getrieben und geschlagen und getreten.*[27]

Im Hakenkreuzbanner war am 28.6.35 zu lesen: *Die Mannheimer Bevölkerung
hat demonstrativ die Säuberung des Rheinbades Herweck von Juden gefordert! Und
sie hat es erreicht! Gestern Nachmittag gegen 5.15 Uhr verlangten die deutschbe-
wussten Besucher des Bades immer lauter und deutlicher, dass die Juden das Bad zu
verlassen haben. Da einige Juden sich dieser eindeutigen Aufforderung widersetzen
zu können glaubten und eine Sprache führten, die die höchste Erregung aller deutschen Volksgenossen hervorzurufen geeignet war, musste ein Überfallkommando der*

*Die Vertreibung jüdischer Mitbürger aus dem Herweckbad*

*Polizei auf dem Platz erscheinen. Die Polizei verhaftete sofort den frechsten Juden, der durch unflätige und unerhörte Bemerkungen gegen den Nationalsozialismus die Empörung und Wut der nach hunderten zählenden Menschenmenge herausgefordert hatte. Immer wieder erschallte der Kampfruf der nationalsozialistischen Bewegung „Deutschland erwache!" Kampflieder wurden angestimmt, und während die Juden unbehelligt abzogen, erklang immer wieder auf neue die Parole, die lautet: „Die Juden hinaus!"*

Aus dieser Schilderung ist zu erkennen, dass es sich um eine gezielte Aktion handelte.

**Luz Born** berichtet weiter darüber, was bezüglich des Unterrichts jüdischer Schüler geschah: *Zu Beginn des Schuljahrs 1936 wurde die Jüdische Volksschule auf acht Klassen erweitert. Daraufhin beschlossen meine jüdischen Mitschüler und ich, freiwillig die Tulla-Schule zu verlassen. Wir wechselten in die Abteilung für jüdische Klassen der Grund- und Hauptschule Mannheim. Jüdische Schüler anderer Klassen blieben noch ein Jahr länger. Sie mussten 1937 alle zwangsweise die Schule verlassen. In meinem Abgangszeugnis der Volksschule vom 19.3.37, in welchem übrigens das Fach Englisch benotet wurde, ist Folgendes vermerkt: „Der Schüler besuchte von Ostern 1933 bis Ostern 1936 die Tulla-Ober-Realschule in Mannheim.*

*Danach folgte der Besuch der neu gegründeten Jüdischen Aufbau-Schule Mannheim in F 1, an der, wie in der Jüdischen Volksschule, nur jüdische Lehrerinnen und Lehrer eingesetzt waren. Die meisten von ihnen hatten zuvor an Oberschulen und Gymnasien unterrichtet. Alle Lehrer waren qualifizierte Kräfte, die aus rassischen Gründen den Schulunterricht verlassen mussten. An einige, wie die Professoren Zivi und Darmstädter sowie auch an den Schulleiter Dr. Berg, erinnere ich mich noch recht gut. Unterricht in Gesundheitslehre gaben für die Mädchen Frau Dr. Neumark, für die Knaben Dr. Neter. Aus meinem Zeugnis vom 16.7.37 ist zu ersehen, dass es neben den üblichen Oberschulfächern drei Fächer gab, die etwas mit dem Judentum zu tun hatten, nämlich Bibel, Jüdische Geschichte und Hebräisch. Von den Lehrern der Mannheimer jüdischen Schuleinrichtungen sind einige ausgewandert, andere fanden in den Konzentrationslagern den Tod.*[28]

1934 kam **Helmut Weidner** ins Moll-Gymnasium: *Wir waren zu fünft, als wir nach bestandener Prüfung von der Schillerschule in die Quarta des Moll-Gymnasiums übertraten, an dem, wie in der Sprachklasse, Französisch als erste Sprache gelehrt wurde. Keiner von uns hatte Probleme mit dem Unterrichtsstoff, und wir fanden auch alle schnell Kontakt zu den neuen Mitschülern. Unter diesen befanden sich zwei Juden. Der eine hieß Ullmann, der andere Redwitzer. Während Ullmann ein etwas unbeholfener, schlaksiger Typ war, der deshalb, und nicht wegen seiner Religionszugehörigkeit, mitunter verspottet wurde, war Redwitzer sehr sportlich und intelligent. Er war der ausgesprochene Kumpeltyp. Es gab auch zwei jüdische Lehrer am Moll-Gymnasium, Professor Zivi, der für Mathematik und die naturwissenschaftlichen Fächer zuständig war, und Professor Elsässer, der Französisch und Englisch gab. Bei Schulfeiern trugen beide demonstrativ das Eiserne Kreuz erster Klasse an der linken Seite ihres Jacketts. Als sowohl die beiden jüdischen Lehrer als auch meine beiden jüdischen Mitschüler 1937 zwangsweise die Schule verlassen mussten, machte sich von uns niemand Gedanken darüber. Keiner fragte, ob sie umgezogen oder ausgewandert waren. Ich weiß leider nicht, was mit ihnen später geschehen ist. 1936 sollen noch 13 jüdische Schüler in der Mollschule gewesen sein.*[29]

Die vielen Hakenkreuzfahnen, die an den Nationalfeiertagen in den Straßen zu sehen waren, sind mir in Erinnerung geblieben. Wie überall wurde auch in Neckarau ausgiebig geflaggt, und zwar nicht nur an öffentlichen Gebäuden, sondern auch an vielen Privathäusern.

Neben der Hakenkreuzfahne war anfangs noch die schwarz-weiß-rote Fahne zu sehen, die bis 1935 offiziell zugelassen war. Mit dem zunehmenden Wohlstand, der dem Wirken der NSDAP zugeschrieben wurde, nahm die Anzahl derjenigen, die Flagge zeigten, immer mehr zu. Wer sich dem nicht anschloss, wurde mit Misstrauen betrachtet. Dass das so war, habe ich allerdings damals nicht registriert, sondern erst nach dem Krieg erfahren.

30

*Die Neckarauer Schulstraße an einem Nationalfeiertag im Fahnenschmuck (1934)*

Vom Einmarsch in Österreich und in die Tschechoslowakei habe ich nur vage Erinnerungen an jubelnde Menschen, so wie sie in der „Wochenschau" vor jedem Film zu sehen waren. Ausführlich berichtet wurde immer wieder über den Bau des Westwalls, über die Reichsparteitage und Großkundgebungen mit den Aufmär-

schen der SA, der SS, der Wehrmacht und der Hitlerjugend. Von Ereignissen im Ausland war in der „Wochenschau" nicht allzu viel zu sehen.

Gut erinnern kann ich mich an Plakate mit Parolen bei der Volksabstimmung, die 1938 nach dem Anschluss von Österreich stattfand, auch an die damit verbundene Propaganda und an die Kommentierung des Wahlergebnisses im Rundfunk. An einige der anschließenden Gespräche über die Wahlbeteiligung und über die außergewöhnlich große Zustimmung von mehr als 99% zur Angliederung Österreichs an das Deutsche Reich und damit zur Politik des Nationalsozialismus, erinnere ich mich ebenfalls. Mein Vater hat damals gesagt, dass das Wahlergebnis zu erwarten gewesen sei. Von Manipulation hat er dabei jedoch nicht gesprochen.

Für Hitler war das „Ja" auf den Wahlzetteln die Bestätigung seiner Politik. Der Jubel darüber, dass Österreich ins Reich heimgekehrt war, kannte keine Grenzen. Dass er ganz im Sinne der meisten Österreicher war, ist in den Wochenschauen zu sehen gewesen.

Was die Diffamierung der Juden vor 1938 anbelangt, hatte ich davon keine Ahnung. Der einzige Jude, den ich kannte, war wie erwähnt Benno Furchheimer, der in seinem Textilgeschäft meine Mutter bei ihren Einkäufen immer sehr freundlich bediente. Dass er Jude war, ist für mich lediglich ein Hinweis darauf gewesen, dass er wie die Protestanten einer anderen Religionsgemeinschaft angehörte als ich. Mehr habe ich mir als Kind dabei ganz bestimmt nicht gedacht.

**Irmgard Helmstädter** ging es ähnlich wie mir. Sie berichtet, dass in Friedrichsfeld nach ihrer Kenntnis keine Juden lebten. Sie erinnert sich lediglich an einen aus Ladenburg stammenden Juden namens Levi, der ein- oder zweimal im Monat mit seinem Musterkoffer nach Friedrichsfeld kam, um seine Textilien anzubieten. Er hatte in Friedrichsfeld einen festen Stamm Kunden, weil er ihnen beim Kauf günstige Ratenzahlungen einräumte und auf ihre Zahlungsmoral vertraute.

Ihre Eltern waren keine Kunden von Herrn Levi, haben sich aber offenbar über dessen Schicksal unterhalten. Sie schreibt: *Ich erinnere mich an eine Äußerung meiner Mutter, die eines Tages mit viel Mitgefühl sagte: „Der arme Levi! Wie sie mit ihm umgehen! Er steht vor der Tür, klingelt und keiner macht ihm auf. Und seinem Geld kann er wohl auch hinterhersehen." Ich konnte mir die Bedeutung der Worte meiner Mutter nicht erklären und besinne mich auch nicht mehr, ob wir diesen Mann danach überhaupt noch einmal gesehen haben. Erst nach dem Krieg, als wir von den Ungeheuerlichkeiten erfahren haben, habe ich mich daran erinnert, dass ich auch einen deutschen Juden mit dem Namen Levi kannte.*[30]

Es gibt viele Mannheimer, die sich an die Behandlung durch jüdische Ärzte erinnern. **Erwin Pfeffer** schreibt: *Unser Hausarzt war Dr. Cohn, der in H 7, 19a seine Praxis hatte. Da er den von ihm behandelten Kindern immer ein Bonbon gab, wurde er von uns Gutseldoktor genannt. Erwachsene verbanden mit diesem Ausdruck etwas anderes, nämlich das schnelle bedenkenlose Verschreiben von Tabletten ohne vorhergehende Untersuchung. Ich erinnere mich daran, dass sowohl mein Vater als auch meine Mutter eines Tages von Beamten der Gestapo zur Rede gestellt wurden, weil sie mich zur Behandlung einer Verletzung, die ich mir an der Hand zugezogen hatte, zu Dr. Cohn geschickt hatten. Vermutlich versuchte man dadurch, die Leute von weiteren Besuchen bei einem jüdischen Arzt abzuhalten. Dass Dr. Cohn zu den Mannheimer*

*Juden gehörte, die im Oktober 1940 in das Konzentrationslager Gurs in Südfrankreich geschickt wurden und er in Auschwitz starb, habe ich erst nach dem Krieg erfahren.*[31]

**Friedrich Schüttler** hatte als Jugendlicher das Problem, dass eine Wunde an seinem Knie nicht heilen wollte, da sie falsch behandelt wurde. Er erinnert sich an die Worte seiner Großmutter, die zu ihrer Schwiegertochter sagte: *„Geh mit dem Bub zum Dr. Wiener, der ist ein guter Arzt, zu dem geh ich auch, der kann was. Weil er Jude ist, haben sie ein Schild an die Haustür gehängt mit der Aufforderung, nicht zu jüdischen Ärzten zu gehen, das interessiert mich aber nicht. Geh ruhig hin zu ihm.“*

*Und so kam es, dass mich meine Mutter zu Dr. Wiener in die Lortzingstraße brachte. Wir wurden sofort empfangen, denn das Wartezimmer war leer. Der Doktor freute sich, dass wir auf die Empfehlung der Oma zu ihm gekommen waren. Er untersuchte mein Knie und erschrak. – Es müsse sofort eine andere Behandlung durchgeführt werden, sonst könne es zu Komplikationen kommen. Ich habe heute noch die Worte wie Knochenfraß und steifes Bein in Erinnerung. Dr. Wiener erneuerte nun zweimal die Woche den Verband und trug eine rosafarbene Salbe auf. – Nach knapp drei Wochen war das Knie geheilt, und ich konnte mich wieder schmerzfrei und normal bewegen. Meine ganze Familie war überzeugt, dass mich seine Behandlungsmethode vor Schlimmerem bewahrt hatte.*[32]

Meine erste Konfrontation mit dem Thema „Judenverfolgung" erlebte ich am Tag nach der Reichspogromnacht. Ich erinnere mich noch sehr gut an die Verbrennung von Büchern und Möbelstücken am Morgen des 10.11.38 vor dem Haus der jüdischen Familie Furchheimer. Wahrscheinlich war es ein Zufall, dass ich diese schreckliche Aktion auf dem Neckarauer Marktplatz gesehen habe. Beteiligt war eine Horde von Menschen, von denen einige eine Uniform trugen. Mit meinen neun Jahren verstand ich nicht, was da vor sich ging. Dass da etwas Außergewöhnliches geschah, habe ich allerdings erkannt.

Meinen Eltern erzählte ich, was ich gesehen hatte. Wie berichtet, war meine Mutter eine Kundin des Textilgeschäfts Furchheimer, und zweifellos waren die Furchheimers angesehene Neckarauer Bürger. Dass sie Juden waren, hielt offensichtlich nur wenige Neckarauer davon ab, bei ihnen einzukaufen. Ich erinnere mich, dass sich meine Eltern damals sehr abfällig über die Geschehnisse äußerten, die tagelang Gesprächsthema in unserer Familie und auch mit Nachbarn waren.

Die Judenhetze, die nach der „Reichspogromnacht" verstärkt in der Presse und im Rundfunk einsetzte, nahm ich nach dem, was ich gesehen und danach gehört hatte, erstmals wahr. Ich weiß nicht, ob ich den Propagandareden Glauben schenkte, bin aber sicher, dass meine Eltern sehr skeptisch gegenüber den Aussagen über die Juden waren. Ihr Unrechtsbewusstsein haben sie jedoch vermutlich wie viele andere schnell verdrängt. Wer nicht unmittelbar Betroffener war, der ging bei allem, was an Unrecht geschah, schon bald zur Tagesordnung über. Für ihn war ja die Welt in Ordnung.

**Robert Hagmann** schildert das Geschehen am Neckarauer Marktplatz nach der Pogromnacht wie folgt: *Vor dem Haus des Textilgeschäfts Furchheimer brannten Möbel und Bücher, die aus dem Geschäft und aus der Wohnung auf die Straße geworfen worden waren. Eine johlende Horde teilweise uniformierter Leute war noch mit dem Zerschlagen und Verbrennen von Gegenständen tätig. Es gab auch hier viele Neugierige, die zuschauten. Ein ähnliches Bild bot sich mir in der Friedrichstraße, wo sich eine Lehrwerkstatt für jüdische Kinder befand. Auch dort wurden Einrichtungsgegenstände zerstört und auf der Straße verbrannt.*

*Ich kam ziemlich verstört nach Hause, wo meine Eltern schon längst wussten, was passiert war. Warum bei diesen Aktionen die Firma Landmann verschont geblieben war, erfuhr ich am nächsten Tag. Als SA-Leute vor dem Werkstor erschienen, stand dort der Prokurist mit seinem Parteiabzeichen am Revers. Ihm gelang es, die einsatzbereite Horde von ihrem Ansinnen abzubringen. Der Betrieb lief auch anschließend ohne Unterbrechungen weiter. Paul Landmann verließ erst 1939 Deutschland. Die Firma bestand jedoch weiterhin, auch noch in der Nachkriegszeit, allerdings mit anderen Eigentümern. Erst nach dem Krieg erfuhr ich, dass Herr Furchheimer in einem Konzentrationslager gestorben ist. Was mit den zwei jüdischen Mitarbeiterinnen geschah, die in der Firma tätig waren, weiß ich leider nicht.*[33]

**Hubert Güthlein** hat am Nachmittag des 10.11.38 eine ähnliche Aktion wie ich in der Nähe seines Elternhauses in der Friedrichstraße gesehen. Dort befanden sich in ehemaligen Fabrikhallen eine Schule und eine Lehrwerkstatt für jüdische Jugendliche, die durch ein Kommando der SA zerstört wurden. Die Einrichtung der Schulräume und der Werkstatt wurde kurz und klein geschlagen. Bücher und Mobiliar wurden vor dem Haus auf der Straße verbrannt. Von Hubert Güthlein erfuhr ich auch, dass Herr Furchheimer damals in seiner Wohnung verprügelt wurde.

Die Worte von Heinrich Heine

> *„Dort wo man Bücher verbrennt,*
> *verbrennt man auch am Ende Menschen."*

kannte ich natürlich damals noch nicht. Sie sind auf schlimmste Weise zutreffend geworden.

Mein Schulfreund **Dieter Wolf,** der in der Innenstadt wohnte, erlebte die Pogromnacht nicht anders. Als er seiner Mutter darüber berichtete, sagte sie zu ihm, dass man sich solche Dinge nicht anschaue. Offensichtlich missbilligte sie das, was damals geschehen ist. Wegschauen und sich heraushalten, so verhielten sich die meisten. Hinter vorgehaltener Hand wurde von einigen ganz bestimmt Empörung geäußert, mehr jedoch meist nicht. Heute weiß man, dass durch die geringe Reaktion der Bevölkerung und auch durch so wenige öffentliche Stellungnahmen zu dem damaligen Geschehen sich das System bestätigt fühlte. Es konnte weitergehen auf dem eingeschlagenen Weg bis hin zu den Konzentrationslagern und den Vergasungen.[34]

Dass Herr Furchheimer in Dachau umgebracht wurde, und dass seine Familie ins Exil ging, erfuhr ich erst nach dem Krieg. Auch vom Schicksal der Familie Landmann und anderer Neckarauer Juden habe ich erst 1947 nach der Rückkehr aus der Gefangenschaft erfahren.[35]

In einem langen Telefongespräch mit **Inge Angst,** geborene Furchheimer, die in den USA lebt, erfuhr ich Einzelheiten über das Leben ihrer Familie in Neckarau, über die Verehrung der Eltern durch die beiden Töchter, über die Opernbegeisterung des Vaters, aber auch über das schreckliche Geschehen am 9.11.38 und dem, was folgte. Herr Furchheimer wurde nach Dachau gebracht, und eines Tages erhielt seine Frau die Nachricht, dass er verstorben sei. Auf ihre Anfrage, ob sie den Leichnam ihres Mannes noch sehen dürfe, kam ein positiver Bescheid. Sie reiste mit ihrer Tochter Inge nach Dachau und beide durften tatsächlich aus einiger Entfernung die Leiche sehen, an der eindeutig auf einer Gesichtshälfte Verletzungen zu erkennen waren. Als sie seine Kleider erhielten, befand sich darunter auch seine zerbrochene Brille. Mutter und Tochter waren sich darüber einig, dass der Vater erschlagen wurde. Dass ihre Mutter von den SS-Leuten höflich behandelt und mit „Gnädige Frau" angesprochen wurde, fanden beide grotesk und zynisch.

Leider war Frau Angst nicht dazu zu bewegen, ausführlicher über ihre Jugendzeit in Neckarau und über die Zeit danach zu berichten. Ihre Erinnerungen schmerzen offensichtlich noch immer. Nicht nur ihr ausgezeichnetes Deutsch mit der unverkennbaren Mannheimer Sprachfärbung, sondern vor allem auch die versöhnliche offene Art, mit der sie das Gespräch führte, war beeindruckend. In einem Brief schrieb sie: *Ich erinnere mich lieber an fröhliche Erlebnisse als an traurige aus der Nazi-Zeit. Ich glaube, wir alle versuchten für Jahre, alles zu verdrängen.*

Lange Zeit konnte ich mir meine Erinnerung an einen stark verschmutzten Kühlschrank nicht erklären, der einige Tage nach den Geschehnissen vom 9./10.11.38 in der Mannheimer Innenstadt am Paradeplatz stand und mit dem Hinweis versehen war, dass es so in jüdischen Haushalten aussehe. Erst als ich von Zeitzeugen erfuhr, dass dieses und auch andere verschmutzte Möbelstücke mehrere Tage dort zu sehen waren, fand ich meine Erinnerung bestätigt. Meine Mutter nahm mich manchmal zum Einkaufen mit in die Stadt, und es muss bei einem dieser Stadtbesuche gewesen sein, dass ich die ausgestellten und mit Kommentaren versehenen Gegenstände sah. Ich weiß nicht mehr, was ich mir bei ihrem Anblick dachte. Dass damit jüdische Familien diffamiert werden sollten, war mir jedoch bewusst. Die zerstörte Mannheimer Synagoge habe ich nicht gesehen, weil sie nicht unmittelbar an einer der großen Geschäftsstraßen lag und wir daher dort nicht vorbeikamen.

**Kurt Oppitz** lebte mit seinen Eltern in der Richard-Wagner-Straße 13, wo mehrere jüdische Familien wohnten. Er berichtete ausführlich über das Zusammenleben in der Hausgemeinschaft. Erwähnenswert ist dabei das fast nicht zu glaubende Verhalten der Familie von Kuder: *Im Erdgeschoss wohnte die Familie von Kuder. Sie waren stramme Nationalsozialisten, was Herrn von Kuder jedoch nicht daran hinderte, der jüdischen Familie Oppenheimer beim Aufbau einer Bretterbude im Innenhof des Hauses zu helfen. Während des Laubhüttenfestes pflegte die Familie Oppenheimer nämlich die Abende mit Freunden in dieser Bude zu verbringen, dort zu essen, zu trinken und auch zu singen. An den Gesang kann ich mich erinnern, ich fand ihn sehr schön.*

*Am Tag nach der „Reichskristallnacht" saßen Vater und Sohn von Kuder in Uniform und mit einer Schusswaffe auf der Treppe, um zu verhindern, dass SA-Horden aus der Wohnung der Familie Oppenheimer Kleinholz machten. Ihr persönlicher Einsatz war ein voller Erfolg. Familie Oppenheimer blieb verschont. Interessant ist, dass von Kuder jun. am späten Nachmittag einige Häuser weiter bei fremden jüdischen Familien sehr aktiv war. Mein Vater erklärte mir, dass es im Tierreich auch vorkomme, dass Raubtiere in unmittelbarer Nähe ihres Baus nicht jagen. Herr von Kuder starb Anfang 1939. Sein Sohn ist bereits im September 1939 in Polen gefallen.*[36]

Über weitere Erinnerungen an die in der Nähe wohnenden Juden, schreibt Kurt Oppitz: *Der Familie Oppenheimer gelang es 1939 auszuwandern. Ihre Möbel wurden in Holzkisten gepackt. Ich wunderte mich, in welch relativ kleine Kisten die Möbel einer Vier-Zimmer-Wohnung verstaut werden konnten.*

*Eine weitere Erinnerung an den Tag nach der „Reichskristallnacht" betrifft die Verwüstungen in einem Nachbarhaus. Wie mir meine Mutter erzählte, war davon eine Wohnung aus Versehen betroffen. Der Inhaber dieser Wohnung war nämlich dänischer Konsul. Bei einer anderen Wohnung stand die jüdische Familie kurz vor der Auswanderung. Alle Formalitäten waren erledigt, die Kisten bestellt. Diese Familie setzte es durch, dass auch die beschädigten Möbel sowie das zerbrochene Porzellan und Glas eingepackt und mitgenommen wurden. Ich kann mich noch genau an diesen Vorgang erinnern, bei dem es den Betroffenen vermutlich um den Beweis für die damaligen Geschehnisse ging.*

*Über das, was in der „Reichskristallnacht" passierte, wurde in unserer Familie, außer dem, was meine Mutter mir in Ergänzung zu meinen Beobachtungen erzählte, nicht geredet. Meiner Mutter tat es leid, dass so viele schöne Sachen zerstört wurden. Bestimmt haben meine Eltern in meiner Abwesenheit über die Ereignisse gesprochen. Mitleidsbe-*

*kundungen habe ich von meinem Vater nicht gehört, bei seiner antisemitischen Einstellung konnte dies auch nicht erwartet werden.*[37]

Als ich vor einigen Jahren die erschütternden Tagebücher des 1933 seines Amtes enthobenen Romanisten **Victor Klemperer** las, wurde mir erst richtig bewusst, wie gering doch die Reaktion der meisten Menschen auf die vielen, nicht zu übersehenden Untaten der Nazis an Mitbürgern war.[38] Das ist in Mannheim und auch in meiner unmittelbaren Umgebung bestimmt nicht anders als in Dresden gewesen. Es gab zwar auch Mitgefühl, und es gab mitunter Hilfe im Stillen. Insgesamt aber waren nur einige wenige bereit, sich für ihre jüdischen Freunde, Nachbarn und Mitbürger zu engagieren. Bei der massiven Hetze gegen die Juden mit der ungeheuerlichen Schuldzuweisung glaubten anscheinend die meisten Deutschen an deren Schuld.

Bezeichnend ist die Schilderung meines Schulfreundes **Arno Bienstock** über das Verhalten seines Vaters: *Ich wurde 1929 in der Waldhofstraße 77 in Mannheim geboren. Eigentümer des Hauses war das jüdische Ehepaar Baum. Mit dem bei ihnen wohnenden Herrn Baum senior war mein Vater, damals Inspekteur bei der Reichsbahn, befreundet. In wechselnder Runde spielten sie zusammen Skat.*

Der Vater von Arno Bienstock war 1935 nach Waghäusel versetzt worden. Weiter heißt es in den Erinnerungen seines Sohnes: *Ende 1939 kehrten wir nach Mannheim zurück und zogen in ein Zweifamilienhaus in der Waldhofstraße 252 ein. Wir erfuhren, dass die Familie Baum wie viele andere Juden nach Amerika ausgewandert sei. Eines Tages kam mein Vater völlig verstört nach Hause. Auf dem Weg zu seiner Dienststelle im Industriebahnhof, den er täglich mit dem Fahrrad zurücklegte, hatte er Herrn Baum Senior auf der Straße gesehen. Beide hatten sich sofort erkannt. Mein Vater berichtete, dass er völlig überrascht war, kurz gezögert habe und dann einfach weitergefahren sei. Meine Mutter machte ihm schwere Vorwürfe, weil er nicht abgestiegen sei, um mit Herrn Baum zu reden. Er hätte das aus alter Freundschaft tun müssen. Mein Vater verteidigte sich mit dem Argument, dass er die Reichsbahnuniform anhatte und Herr Baum den Judenstern getragen habe. Wäre er beobachtet und denunziert worden, hätte ihn das seine Stellung kosten können. Trotzdem war er über sein Verhalten unglücklich, und der Vorfall war noch lang Gesprächsthema in unserer Familie. Immer wieder wurden das Pro und das Kontra erörtert. Nach dem Krieg erfuhren wir, dass Herr Baum in ein Konzentrationslager gebracht wurde, und dass er dort umgekommen ist.*[39]

Von **Anneliese Volle**, die mit ihren Eltern in der Innenstadt wohnte, gibt es nachstehende Schilderung der damaligen Situation: *Ab 1938 wuchs der Druck auf die noch in Mannheim lebenden Juden. Ich sah wie alle anderen die Kennzeichnung der jüdischen Geschäfte in der Innenstadt mit hässlichen Parolen. Juden wurden ungeniert auch auf der Straße bedrängt. Ihre Geschäfte wurden boykottiert und am 10.11.38* morgens in der Frühe klirrten überall die Scheiben. Die Neugierde veranlasste mich und meinen jüngeren Bruder, auf die Straße zu gehen, und wir sahen, wie Geschäftseinrichtungen zerschlagen, Mobiliar aus den Fenstern auf die Straßen geworfen und ganze Bibliotheken angezündet wurden. Es war ein kalter Morgen, ich fror und hatte Angst vor dem Pöbel, meist Leute in Uniform, die voller Lust alles kleinschlugen. Die schrecklichen Bilder sind mir auch heute noch deutlich in Erinnerung. In unserer Familie wurde natürlich über die Ereignisse gesprochen. Ratlosigkeit könnte man die Gefühle nennen, die bei uns vorherrschten. Was sollte man tun, war die bange Frage, die jedoch unbeantwortet blieb.[40]

**Karla Spagerer,** die aus einer Familie stammt, die der KPD nahe stand, berichtete von ihrer Erinnerung an den Tag nach der Pogromnacht. *Am Morgen nach der Kristallnacht fuhr ich mit meinen Eltern mit der Straßenbahn in die Stadt. Sie hatten vermutlich gehört, was in der Nacht geschehen war, und mein Vater wollte unbedingt nach seinen früheren Arbeitgeberinnen und seiner Schwester schauen. Bereits unterwegs sahen wir Möbel vor den Häusern liegen. Als wir in der Innenstadt ankamen, bot sich uns ein schlimmes Bild. Überall lagen Möbel und Kleidungsstücke auf den Straßen oder hingen über die Fensterbrüstungen. Ich sah, wie ein SA-Mann Kinderspielzeug aus einem Haus warf, eine Puppe hing an einem Fenster. Als wir das Haus der Karlebachs erreichten, war von den beiden Frauen, die im ersten Obergeschoss ihre Wohnung hatten, nichts zu sehen. Das Tor zum Hof stand offen, auch die gepolsterte Tür zum Büro. Die Büromöbel hatte man ins Freie befördert und der Geldschrank stand offen. In die Wohnung gingen wir nicht, sahen jedoch, dass die Fenster offen standen und Wohnungsgegenstände vor dem Haus lagen.*

*Als wir zur Synagoge kamen, stand da ein SA-Mann bei einem Stuhl, auf dem ein Schild stand, auf dem vermerkt war: Besichtigung 10 Pfennige. Ich erinnere mich noch an meinen Kommentar: „Erst machen sie alles kaputt, und dann verlangen sie auch noch Geld dafür.“ Meine Mutter hielt mir den Mund zu, und wir entfernten uns schnell vom Ort des Geschehens. Deprimiert fuhren wir nach Hause. Es waren schreckliche Eindrücke, die meine Eltern und ich damals mitnahmen. Ich werde sie nie vergessen.*
*Wie ich erst viel später erfuhr, waren die beiden Schwestern unter den jüdischen Mitbürgern, die am 22.10.40 in das Lager Gurs in Südfrankreich deportiert wurden. Beide sind dort verstorben. Der Weg nach Auschwitz blieb ihnen erspart.*[41]

**Ruth Gottschlich** erzählte, wie sie als Sechsjährige den Tag nach der Pogromnacht erlebt hat, und was in ihrer Familie darüber gesprochen wurde: *Es muss am Morgen des 10.11.38 auf dem Weg zur Schule gewesen sein, als ein Nachbarjunge gerannt kam und rief: „In G 7 verbrennen sie Juden.“ Mit einigen anderen Kindern lief ich los und sah, dass mitten auf der Straße zwischen G 7 und H 7 Bücher und Möbelstücke verbrannt wurden. Aus einem Fenster über einem größeren Ladengeschäft in G 7 wurden Gegenstände herausgeworfen. Wie viele Erwachsene und Kinder schaute auch ich zu.*

*Auf dem Weg zur Schule hörte ich dann, dass die Synagoge brennt. Am Nachmittag ging ich, neugierig wie ich war, nach F 2. Dort sah ich das zerstörte Gebäude und brennende und rauchende Trümmer im Inneren. Ich war sieben Jahre alt und konnte mir nicht erklären, um was es ging.*[42]

**Siegfried Laux** berichtet Folgendes über seine Erinnerungen an die damalige Zeit: *In meinem Elternhaus wurde über das Judenthema wenig gesprochen. Ich erinnere mich jedoch, wie sich eines Tages meine Mutter mit der jungen Milchausträgerin unterhielt, die weinend erzählte, dass sich eine jüdische Familie aus der Nachbarschaft mit Gas vergiftet habe, nachdem ihr Sohn verhaftet worden sei. Den Ehemann kannten wir vom Sehen, er hatte stets eine Kriegsauszeichnung aus dem Ersten Weltkrieg im Knopfloch. Von Seiten der Kirche war wenig zur Judenfrage zu hören, doch waren mir aus einem Lutherbuch, das mir zur Konfirmation geschenkt wurde, die verheerenden Ausfälle Luthers gegen die Juden bekannt. Von einer geplanten Judenvernichtung habe ich damals nichts gehört. Mein Vater teilte allerdings die verbreitete Meinung, die Juden sollten in Madagaskar angesiedelt werden.*[43]

Von **Karlheinz Martus** sind die nachstehenden Erinnerungen an den 8.11.38.

*In der Reichskristallnacht wurde unsere Familie durch Lärm aus dem Schlaf geweckt, und wir konnten von unserem Schlafzimmerfenster aus sehen, was einige Häuser weiter geschah. Aus der Wohnung der jüdischen Familie wurden Möbel auf die Straße geworfen. Eine grölende Horde war da am Werk. Das zertrümmert am Boden liegende Rundfunkgerät veranlasste meine Mutter zu dem Kommentar: „Die machen das kaputt, und wir haben noch nicht einmal einen Apparat." Wir hatten damals nämlich noch immer keinen der so sehr empfohlenen Volksempfänger, mit denen sich die Partei mit ihrer Propaganda auf raffinierte Weise Zugang in die Wohnzimmer der Deutschen verschaffte. Meine Eltern waren über die Aktionen gegen die Juden sehr empört. Als die Familie des in der Nähe wohnenden politischen Leiters kurze Zeit später ungewöhnlich gut gekleidet in Erscheinung trat, lag die Vermutung nahe, dass ihre neue Garderobe aus dem jüdischen Geschäft stammte, vor dem der politische Leiter Wache gestanden hatte. Ein jüdischer Nachbar war eines Tages verschwunden. Er soll nach Belgien emigriert sein. Seine Frau ließ sich scheiden und heiratete kurze Zeit später einen arischen Deutschen. Der Sohn aus ihrer ersten Ehe hatte keine Schwierigkeiten, obgleich er Halbjude war. Er wurde wie alle anderen Jugendlichen Mitglied in der Hitlerjugend.*[44]

Es gab Juden und auch Opponenten, die gleich nach der Machtübernahme durch Hitler emigrierten und oft unter schwierigen Bedingungen versuchten, im Ausland

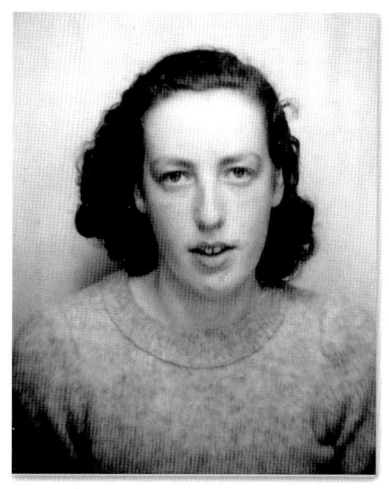

Fuß zu fassen. Von **Henny Dreifuss** stammt nachstehende Schilderung: *Wir gingen bereits Ende 1933 in die Emigration nach Frankreich, aus rein politischen Gründen. Die jüdische Herkunft spielte dabei eine untergeordnete Rolle. Die Jahre bis 1939 waren geprägt vom Verlust der Heimat – ich war ein Ausländerkind geworden – von der Arbeitslosigkeit der Eltern, von vielen Ungewissheiten, die unser Leben betrafen, aber auch von den politischen Verhältnissen in Deutschland und dem Schicksal unserer Verwandten.*

*Im Rahmen unserer bescheidenen Möglichkeiten unterstützten wir die spanische Republik. Den Sieg Francos haben wir mit Entsetzen erlebt. Es war ein düsteres Anzeichen. Dennoch konnten wir uns im September 1939 nicht vorstellen, dass zehn Monate später die Hitlertruppen Frankreich überfluten und am 22.6.40 Pétain einen Waffenstillstand unterzeichnen würde, in dessen Artikel 19 die Verpflichtung stand, in Frankreich lebende Deutsche auszuliefern, was die Vichy-Regierung auch bereitwillig tat. Dieser Juni 1940 war wie eine Mausefalle.*

*Zehntausende von Hitlergegnern, Spanier und vor allem Deutsche, die in den Internationalen Brigaden in Spanien gekämpft hatten, waren bereits vor dem Krieg nach Überschreiten der französischen Grenze unter menschenunwürdigen Bedingungen interniert worden. 1939/40 kamen Tausende Männer und Frauen, politische und rassische Flüchtlinge als angeblich feindliche Ausländer dazu.*

*Ich arbeitete zu dieser Zeit in einem Kinderheim in Limoges. Die Helferinnen gehörten fast alle zu den politisch oder rassisch Verfolgten. Die Kinder waren Emigrantenkinder. Sie hatten fast alle schon viel mitgemacht: Verfolgung, Krieg, Entbehrungen, weil ihre Eltern sich verstecken mussten, verhaftet waren oder keine feste Bleibe fanden.*[45]

Zu denen, die schon früh emigriert sind, gehörte auch **Max Diamant**. Bereits 1933 verließ er Deutschland. Er ist 1942 nach Mexiko ausgewandert, nachdem er am Bürgerkrieg in Spanien teilgenommen hatte und danach in Frankreich interniert worden war.

Seine Tochter, die in Mexiko geboren ist, berichtet: *Max Diamant wurde bereits im März 1933 in Mannheim gesucht, er sollte in Schutzhaft genommen werden. Als Journalist, politischer Aktivist und Jude war er frühzeitig eine Person, die nach nationalsozialistischer Lesart aus dem Verkehr gezogen werden sollte. Freunde ermöglichten meinem Vater die Flucht. Sie hatten ja in den verschiedenen Zeitungen in Mannheim und in Ludwigshafen lesen können, dass er gesucht wurde. Er gelangte in einem Kohlekahn versteckt nach Straßburg, suchte sich Unterkunft und Arbeit und war politisch als Grenzsekretär tätig, der gedruckte Informationen für die Aufklärung in Reichs-deutschland herstellte. Meine Mutter ist in Ludwigshafen im März und April 1933 wiederholt von der Gestapo vernommen und belästigt worden und floh deshalb einige Wochen später nach Straßburg. Sie war lungenkrank. Eine tapfere Freundin und Nachbarin aus Ludwigshafener Zeiten, Pauline Mayer, besuchte beide in Straßburg, obwohl sie gewärtig sein konnte, es mit der Gestapo zu tun zu bekommen. Sie kam mit Nahrungsmitteln, weil sie wusste, in welch prekärer Situation Max und Anni waren. 1934 gingen meine Eltern nach Paris. Dort setzte mein Vater seine politische Arbeit bei der Auslandsleitung der Sozialistischen Arbeiterpartei (SAP) fort, und meine Mutter sicherte den Lebensunterhalt mit der Arbeit als Putzfrau. Eine Arbeitserlaubnis hatte keiner von beiden.*[46]

Die Auffassung, dass alle Deutschen wussten, was mit den Systemgegnern und den Juden in den Konzentrationslagern geschah, ist unzutreffend. Ich kann mit gutem Gewissen sagen, dass ich zwar von der Existenz der Konzentrationslager wusste, nicht jedoch, was sich dort abspielte. Ich wusste spätestens, nachdem ich in der Hitlerjugend war, dass die Gegner des Regimes, zu denen ich wie viele andere auch Juden zählte, dorthin verbracht wurden, und dass sie dort zu harter Arbeit gezwungen wurden. Es waren diejenigen, die sich weigerten, den Nationalsozia-lismus anzuerkennen, so hieß es. Geschieht ihnen recht, das war damals meine Auffassung und auch die vieler Erwachsener, denn wer konnte gegen Hitler sein, gegen den Wohlstand, den er bewirkt hatte, und dagegen, dass wir uns gegen die anderen Völker wehrten, die uns vernichten wollten. Die Rechtfertigungspropa-ganda war massiv und tat immer wieder ihre Wirkung. So wie mir ging es vielen anderen, nicht nur Jugendlichen.

Opponenten des Systems und alle, die durch ihre Tätigkeit oder durch ihr Amt Kenntnisse davon hatten, was in den Konzentrationslagern geschah, und diejenigen, die Zugang zu entsprechenden Informationen hatten, waren über die schrecklichen Verhältnisse dort und über die Gräueltaten natürlich mehr oder weniger gut infor-miert. Ob sich alle davon die richtigen Vorstellungen machten, sei dahingestellt. Darüber zu reden war verboten und wurde hart bestraft.

**Trude Wittemann** berichtet von dem, was ihr schon als Kind bekannt war. *Mein Vater war ein Opponent des Nazi-Regimes und zweifellos ein aufrechter Demokrat. Unsere Eltern sprachen mit uns Kindern offen über ihre politische Meinung. Es gab da keine Geheimnisse. Allerdings wurden wir zum Schweigen vergattert, vor allem, was das Abhören von Feindsendern anbelangte. Wir waren über alles bestens unterrichtet, insbe-sondere was die Konzentrationslager betraf. Wir wussten, was mit den Juden und den Opponenten des Regimes geschah. Natürlich isolierte uns Kinder das von den Gleich-altrigen, denn wir mussten ja immer auf der Hut sein und durften über unser Wissen nicht reden.*[47]

Von dem Druck, welchen die Nationalsozialisten auf die christlichen Kirchen, insbesondere auf die Geistlichen der katholischen Kirche ausübten, merkte ich damals nichts. Dass es ihn auch in Neckarau gab, beweisen die Drohparolen, die am Vereinshaus der St.-Jakobus-Pfarrei am Neckarauer Marktplatz bereits 1934 von den Nazis angebracht wurden.[48]

**Karl Heinz Martus,** dessen Vater bis zu deren Auflösung Vorsitzender der Zentrumspartei Neckarstadt Ost war, erinnert sich an folgende Begebenheit: *Im Alter von etwa fünf Jahren war ich an einem Sonntag mit meiner damals 70-jährigen Oma abends allein zu Hause, die übrige Familie war bei einer Feier der Pfarrei. Als es schon dunkel war – wir lagen schon im Bett – läutete es Sturm, und es wurde heftig gegen unsere Abschlusstür getreten. „Aufmachen", brüllten Männerstimmen. Meine Oma öffnete, und Leute in SA-Uniform stürmten ins Wohnzimmer und durchwühlten alles. Das ständige laute Schimpfen meiner Oma bei offenstehender Wohnungstür wurde dem Trupp nach einiger Zeit wohl unangenehm, sie zogen ab. Sie hatten nicht gefunden, was sie suchten, nämlich ein Bild von der Vereidigung des Reichskanzlers Brüning und ein Gipsrelief des Zentrumspolitikers. Von diesem „Schatz" hatte mein Vater am Vormittag nach der Sonntagsmesse einem anderen Kirchgänger erzählt. Wer der Kirchgänger und mit ziemlicher Sicherheit auch der Denunziant war, hat unser Vater nie verraten, auch nicht nach dem Krieg. Seit jener Begebenheit hatte ich verständlicherweise immer ein unangenehmes Gefühl, wenn ich Erwachsene in brauner Uniform und Stiefeln sah.[49]*

Es gab allerdings auch viele Christen, die durchaus mit dem System konform gingen. Dies galt für Katholiken und Protestanten gleichermaßen. **Trude Wittemann** schreibt: *Dass damals viele Christen mit dem Nazisystem einig waren, es sogar aktiv unterstützten, war mitunter ein Thema in unserer Familie. Es gab viele, die den Glauben an Gott recht gut mit dem an Hitler vereinigen konnten. Der Kirchgang und die Begeisterung für das Nazi-System schlossen sich nicht aus. Bei einigen hing in der Wohnung das Kreuz neben dem Führerbild.[50]*

Meine Eltern waren beide katholisch. Sie sind jedoch keine Kirchgänger gewesen. Meine Mutter legte großen Wert darauf, dass ich sonntags in die Kirche ging und auch während der Woche zum Kindergottesdienst. 1939 besuchte ich zur Vorbereitung auf die „Erste Heilige Kommunion" pflichtgemäß den Kommunionsunterricht. Für den war damals außer dem Pfarrer, an den ich mich nicht erinnere, ein Kaplan zuständig. Er hieß Martin Zeil. Von ihm war ich begeistert, denn er verstand es, uns Religion auf ganz andere Art als die anderen Priester, die ich kannte, zu vermitteln. Es entfiel die Drohung mit Hölle und Verdammnis. Menschlichkeit, Moral und die Freude am Leben standen bei ihm neben dem Glauben an Gott im Vordergrund. Er vermochte es, mir einen gütigen Gott zu vermitteln. Hinzu kam, dass er sehr sportlich war und mit uns Jugendlichen Ausflüge unternahm und Spiele organisierte.

Und dann geschah etwas ganz Unerwartetes. Unser so sehr verehrter Kaplan wurde Militärpfarrer. Schade, denn es gab danach niemanden mehr, der mich für die katholische Jugend hätte begeistern können.

Darüber, dass sie bereits vor dem Krieg einen Volksempfänger hatten, berichteten viele meiner Schulfreunde. Das Gerät kostete zunächst etwas über 50 RM. 1938 wurde sein Preis auf 35 RM gesenkt. Warum wir damals bereits einen „Nora Rienzi" hatten, der damals über 200 RM kostete, weiß ich nicht. Vermutlich hatte mein Vater den hochwertigen Rundfunkempfänger von einem seiner Freunde, der Radiohändler war, günstig kaufen können. Er war das einzige moderne technische Gerät in unserem Haushalt, ein großer Kasten, der über dem Küchentisch auf einer dort angebrachten Konsole stand. An Musiksendungen, Sportübertragungen und Nachrichtensendungen, sowie auch an Reden von Hitler und anderer Parteigrößen erinnere ich mich vage. Dass es der Partei vor allem um die Übermittlung von Propagandasendungen durch den Rundfunk ging, hat kaum jemand registriert. Meine Eltern sicher auch nicht.

1938 wurde in Deutschland das Pflichtjahr für alle Frauen unter 25 Jahren, die nicht verheiratet waren, eingeführt. Frauen und Mädchen sollten vor dem Eintritt in eine Lehre oder in einen Beruf zur Vorbereitung auf ihre künftige Rolle als Hausfrau und Mutter im Haushalt oder in der Landwirtschaft arbeiten. Im Rahmen des Vierjahresplans war dies eine Maßnahme, die den im Kriegsfall zu erwartenden Arbeitskräftemangel vor allem in der Landwirtschaft verringern sollte. Von dieser

Maßnahme war auch eine meiner Cousinen betroffen. Sie war im Haushalt eines Neckarauer Parteimitglieds beschäftigt und fühlte sich dort sehr wohl.

Dass die Handhabung der Vorschriften nicht immer ordnungsgemäß verlief, ist aus der nachstehenden Schilderung von **Gertrud Zahnleiter** zu entnehmen. *Ab Ende 1937 besuchte ich bis März 1938 die private Handelsschule Grone, in der ich Steno und Schreibmaschinenschreiben lernte. Nach Abschluss des Kurses fand ich sofort eine Anstellung bei der Firma Daimler-Benz. Doch schon nach einem Jahr musste ich meine Tätigkeit dort aufgeben, denn ich hatte noch mein gesetzlich vorgeschriebenes „Pflichtjahr" zu erfüllen. In Rödersheim kam ich in den Haushalt eines Arbeitskollegen, wo ich ein recht schlankes Leben führte und dabei die Pfalz kennenlernte. Bei Kriegsbeginn kehrte ich nach Mannheim zurück und wurde vom Arbeitsamt nach Käfertal in einen Zahnarzt-Haushalt geschickt. Die Leute müssen „dicke Nazis" gewesen sein, anders kann ich mir nicht erklären, wieso sie zwei Pflichtjahrmädchen zugeteilt bekamen. Die Frau war eine Putznärrin, sie litt an offener Tuberkulose. Wir beiden Mädchen verstanden uns sehr gut und machten das Beste aus der aufgezwungenen Situation. Meine Kollegin steckte sich an und starb an der galoppierenden Schwindsucht innerhalb von sechs Wochen. Daraufhin verließ ich spontan die miserable und höchst gefährliche Arbeitsstelle.*

*Den Rest meines Pflichtjahrs verbrachte ich dann auf dem Bauernhof „Hatzenloh" in Raithaslach, dessen Besitzer meine Eltern kannten. Ich lernte dort melken, Vieh füttern, mit zweispännigem Ochsengespann fahren, Buttern und auch Brot backen.*[51]

# Die Volksschule und die Sprachklassen

Viele Zeitzeugen, die bereits vor der Zeit des Nationalsozialismus in die Schule kamen, berichteten über den Besuch der Sprachklassen. Alle waren enttäuscht, als sie 1934 aufgelöst wurden, denn damit verschwand ein Schultyp, der die Weiterbildung begabter Schülerinnen und Schüler ohne Schulgeldzahlung ermöglichte. Der Mannheimer Stadtrat Sickinger hatte jahrzehntelang dafür gekämpft. 1928 traten in Mannheim 5,9 % der Schülerinnen und Schüler von der Volksschule in die Sprachklassen über. Die Begründung für die Einstellung dieses Schultyps lautete, es sei nicht nationalsozialistisch und nicht kameradschaftlich, sich in Sprachklassen von der Gemeinschaft der übrigen Schüler abzusondern.[52]

In einem Zeitungsinterview gibt es dazu folgende Anmerkung des damaligen Mannheimer Stadtschulrats Werner: *Während drüben im deutschen Elsaß in der Schule nicht eine Stunde Deutschunterricht erteilt wird, plagen wir unsere deutschen Kinder in unserer Heimat mit französischen Brocken, um damit zu zeigen, dass wir französischer als die Franzosen selbst sind.* – Damit zeigte der Stadtschulrat, dass er die Ausführungen Hitlers genau gelesen hatte. Der hatte nämlich am Beispiel des Sprachunterrichts deutlich zu machen versucht, wie wenig die Schule für die Bildung in seinem Sinne geeignet sei. Über die Verwendung der Unterrichtszeit, die seiner Meinung nach durch eine Straffung der Lehrpläne eingespart werden könnte, hatte Hitler eindeutige Vorstellungen. Sie sollte der körperlichen Ertüchtigung der deutschen Jugend dienen, die ihm wichtiger war als die Schulbildung.[53]

Eine der von der Auflösung der Sprachklassen Betroffenen war **Paulina Haag**: *Von 1928 bis 1936 besuchte ich die Wohlgelegenschule. Der Besuch einer Sprachklasse, in der Buben und Mädchen zusammen unterrichtet wurden, war leider nur von kurzer Dauer, da diese fortschrittliche Einrichtung, in der auch Englisch und Französisch gelehrt wurde, 1933 zu meiner großen Enttäuschung abgeschafft wurde. Nichts war's mit höherer Bildung, wir wurden wieder in die normalen Knaben- und Mädchenklassen eingegliedert. Meine Schwester konnte mit Hilfe eines Stipendiums das Lieselotte-Gymnasium besuchen und dort die Mittlere-Reife-Prüfung ablegen. Als wir anderen eine Oberschule hätten besuchen können, gab es keine Stipendien mehr, und für das Schulgeld reichte das Gehalt meines Vaters nicht aus.*[54]

**Helmut Weidner** erzählt: *Mit dem Umzug war für mich der Wechsel in die in der Nähe unserer Wohnung liegende Schillerschule verbunden. Wir waren etwa 40 Schüler, die von dem nicht allzu sehr engagierten Lehrer Brunner unterrichtet wurden. Gegen Ende der vierten Klasse ließ er meine Mutter kommen und empfahl ihr, mich ins Gymnasium zu schicken. Eine andere Möglichkeit bestand darin, die Sprachklasse der Schillerschule zu besuchen, in welche begabte Schüler auf Empfehlung ihres Klassenlehrers geschickt wurden.*

*Ich kann mich noch gut an die Familienkonferenz erinnern, die daraufhin statt-fand. Meine Mutter war eindeutig für den Besuch des Gymnasiums. Sie konnte sich jedoch nicht gegen meinen Vater durchsetzen, der wie folgt argumentierte: „Ich habe zwei erwachsene Töchter, die bald heiraten werden und dann eine Aussteuer benötigen. Mein Sohn soll die Sprachklasse besuchen und dann aufs Büro gehen. Das Gymnasium ist für uns zu teuer." Das Urteil war damit gesprochen, und ich ging ab Ostern 1932 in die Sprachklasse der Schillerschule. Ich kann mich erinnern, dass damals nur fünf Mitschüler meiner Klasse aufs Gymnasium wechselten.*[55]

Von **Werner Amend** gibt es nachstehende Schilderung. *Ab der 5. Klasse besuchte ich die Sprachklasse, erst auf dem Waldhof, dann in Käfertal, wohin wir im Herbst 1932 umgezogen waren. Die Sprachklassen wurden bereits 1925 durch den Mannheimer Stadtschulrat Sickinger eingerichtet. Sie sollten begabten Kindern weniger bemittelter Eltern eine kostenlose höhere Schulbildung ermöglichen. Stolz zählte ich mich zu dieser Gruppe der Begünstigten. Ab 1934 kam ich dann als einer der besten Schüler in eine der sogenannten Übergangsklassen in die Luisenschule am Tattersall, in denen Englisch und Französisch zum Lehrplan gehörten. Diese Ausbildung sollte den Übergang in ein Gymnasium ermöglichen.*[56]

Bereits in der Volksschule wurde der Deutsch- und Heimatkundeunterricht im Sinne des Nationalsozialismus gestaltet. Bücher und Schulhefte aus dieser Zeit zeigen das sehr deutlich. Hier eine Kostprobe aus der zweiten Klasse der Necka-rauer Kirchgartenschule 1934:

Die Fortsetzung lässt sich erahnen. Auffallend ist die schöne Schrift; kein Wunder, denn es gab ja das Schulfach „Schönschreiben".

Ein weiteres Beweisstück ist der Aufsatz einer Schülerin der siebten Klasse der Neckarauer Germaniaschule aus dem Jahr 1936:

Ich selbst kann mich an derartige Diktate oder Aufsätze aus meiner Schulzeit nicht erinnern. Möglicherweise waren nicht alle Lehrer darauf bedacht, ihre Schüler im Sinne des Nationalsozialismus zu unterrichten.

**Egon Reiter** wurde 1933 eingeschult. Er berichtet: *1933 kam ich in die Volksschule in Feudenheim. Ich erinnere mich noch gut an meinen ersten Lehrer, Herrn Huber. Er war es, der bei einem Aufenthalt im Landschulheim uns Schüler fragte, wie denn die Buchstaben O, W, N, S auf der Wetterfahne zu interpretieren seien. Bevor jemand antworten konnte, erklärte er, dies hieße: Oh werde nie Soldat. Er war ein guter Lehrer. Ab der 4. Klasse hatten wir den Lehrer Schantz, einen älteren Herrn, der Organist in der katholischen Kirche war. Er war ein eifriger Nationalsozialist, bei dem wir bei Schulbeginn jeden Morgen laut den Spruch aufsagen mussten: „Deutschland – Vaterland – Heil Hitler – Heil." Er äußerte wiederholt: „Wenn ich noch könnte, würde ich mich sofort zum Militär melden, um das Vaterland zu verteidigen." Zwei Söhne hat er im Krieg verloren. Ich hatte keine gute Meinung von ihm, da er die Kinder begüterter Eltern bevorzugt behandelte.*

*Als wir bei einer Wanderung mit der Klasse von Sinsheim nach Waibstadt einen Parasol-Pilz fanden und ich diesen für essbar erklärte, wollte der Lehrer dies nicht wahrhaben. Er nahm ihn mit, um die Meinung eines Experten einzuholen. Da er in*

47

*Volkschulklasse mit Lehrer Huber*

den folgenden Tagen nicht wieder davon sprach, war klar, dass er mir den Erfolg, es besser gewusst zu haben, nicht gönnte. Er mochte mich nicht. Er hat in unserer Nähe gewohnt und vermutlich wusste er, dass mein Vater Kommunist war.[57]

**Karlheinz Martus** hat nachstehende Erinnerungen an die Volksschulzeit. *Von 1935 bis 1943 besuchte ich die Volksschule. Mein Schulweg zur Wohlgelegenschule war nicht weit. Wie in allen Schulen wurden wir von einigen der Lehrer schon früh auf den Nationalsozialismus eingestimmt. Besonders hervorgetan hat sich dabei der Lehrer Gustav Lauth, der oft in der Uniform eines politischen Leiters im Unterricht erschien. Er hielt die Ansprachen an Nationalfeiertagen, die im Schulhof stattfanden oder, wenn es regnete, in der Turnhalle.*

*Eine kleine Episode aus dem Unterricht fällt mir ein. Es ging um Naturkunde und Lehrer Lauth fragte, was mir zum Monat April einfiele. Als ich darauf keine Antwort wusste, gab er die Antwort: „Du bist ein schlechter Deutscher. Im April hat der Führer Geburtstag." Was das mit dem Unterricht in Naturkunde zu tun hatte, bleibt ein Rätsel.*[58]

Da ich im Mai, also nach Ostern geboren bin, hatte ich mich, wie man sagte, schlecht gejährt. Daher hat erst 1936 für mich die Schulzeit begonnen. Aus der ersten Klasse ist mir mein Klassenlehrer in keiner allzu guten Erinnerung geblieben. Er hieß Ehrmann und war ein stämmiger, grober Mensch, der meist einen Besenstiel in der Hand hielt. Dieser wurde als Zeigestock verwendet. Er diente außerdem dazu, Ruhe zu gebieten. Herr Ehrmann stampfte nämlich damit gelegentlich sehr heftig auf den Boden des hölzernen Podestes, auf dem sein Pult stand. Das war für uns stets ein Zeichen dafür, dass seine geringe Geduld nunmehr zu Ende war. Zum

Schlagen benutzte er, genau wie die anderen Lehrer, einen Rohrstock. Wie er so mit dem Besenstiel in der Hand vor uns Kindern stand, wirkte er geradezu furchterregend. Wir hatten Angst vor ihm.

*Die Erstklässler von 1936 mit Lehrer Ehrmann im Schulhof der Kirchgartenschule*

Ab der zweiten Klasse wurde Herr Gohrenflo unser Klassenlehrer. Er ist mir als ein guter Lehrer in Erinnerung geblieben. Auch er hatte seinen Rohrstock, aber er verstand es besser als sein Vorgänger, uns am Unterricht zu interessieren. Strenge Disziplin wurde jedoch auch von ihm verlangt.

Von der ersten bis zur vierten Klasse hatte ich nur diese zwei Lehrer, die außer Religion für alle Fächer zuständig waren. Da keiner von ihnen, im Gegensatz zu unserem Rektor, das Parteiabzeichen an seinem Revers trug, waren sie vermutlich keine Parteigenossen. Dass uns bereits in der Volksschule Disziplin beigebracht wurde, kommt bei allen zum Ausdruck, mit denen ich über die damalige Zeit sprach. Die Eltern haben das für richtig erachtet. Wenn sich Jugendliche bei ihnen über Misshandlungen durch Lehrer beklagten, dann hieß es meistens: „Du wirst es verdient haben." Dass Lehrer wegen Züchtigungen ihrer Schüler zur Rechenschaft gezogen wurden, war ein Ausnahmefall. Disziplin als oberstes Gebot ist natürlich ganz im Sinne des Regimes gewesen.

Die Bücher waren für alle Schüler die gleichen, also muss ich wie jeder andere Schulanfänger meine ersten Deutschkenntnisse mithilfe des Buches „Das Jahr voller Freude" erworben haben. [59]

So sah die erste Seite meines Schulbuchs aus:

Und so lernten wir damals in der Sütterlin-Schrift die Buchstaben a und m.

Die Seiten 6 und 7 enthielten zwar keinen Lernstoff, dafür jedoch die Konfrontation mit der Hakenkreuzfahne und dem Führer Adolf Hitler.

Wie bereits erwähnt, hatte ich an derartige Bilder keine Erinnerung mehr, und ich war erstaunt, als ich sie nach langer Zeit wieder sah. Hatten sie einen frühen Einfluss auf mein Denken? Wohl kaum, denn mit sechs Jahren, meine ich, denkt man über derartige bunte Bilder wenig nach, wenn sie nicht unmittelbar im Zusammenhang mit Berichten und Erzählungen stehen. Allerdings gab es im hinteren Teil des Buches auch Erzählungen mit Bildern. Das nachstehende Beispiel zielt zweifellos auf die vom Nationalsozialismus propagierte Volksgemeinschaft ab.

Der Krieg, seine Helden und das Vaterland kommen dann bei einer Seite dazu, die zwei Gedichte in der von uns auch zu erlernenden deutschen Schrift enthält.

Von **Arno Bienstock** gibt es folgende Schilderung: *Eingeschult wurde ich 1935 in die Volksschule in Waghäusel, wohin mein Vater versetzt worden war. Wie auf dem Land üblich wurden die Klassen 1 bis 4 und 5 bis 8 gemeinsam unterrichtet. Samstags erschien unser Lehrer Fürnis oft in der Uniform eines Politischen Leiters und hielt eine Art von Gemeinschaftsunterricht ab. Er bestand darin, dass uns der Lebenslauf des Führers, seine Taten im Ersten Weltkrieg und im Frieden geschildert wurden. Auch seine Bedeutung für die Zukunft des deutschen Volkes wurde herausgestellt. Abwechselnd mussten wir Schüler aus Werken der NS-Literatur etwas vorlesen. Hauptgegenstand seines Samstagunterrichts war jedoch das Einüben von Gedichten und Liedern der „Bewegung". Zeile für Zeile sprach er uns den Text vor, und alle Schüler mussten ihn wiederholen. Das ging so lange, bis jeder den Text auswendig hersagen konnte. Unser Kenntnisstand wurde durch unvermutetes Abhören immer wieder überprüft. Ich bin heute noch in der Lage, Gedichte des Reichsjugendführers Baldur von Schirach und des „Staatslyrikers" Heinrich Annacker auswendig aufzusagen.*[60]

**Friedrich Stolz** berichtete: *1936, als die Hitlerjugend zur Staatsjugend wurde, da merkte man auch im Unterricht in der Schule, dass jetzt nur noch nationalsozialistische Saiten angeschlagen wurden. Wir hörten etwas von Rasse und Volk, Volk ohne Raum, den großen deutschen Taten im Ersten Weltkrieg.*[61]

52

# Die Hitlerjugend

Am 1.12.36 wurde das „Gesetz über die Hitler-Jugend" erlassen. Es folgte 1939 das „Gesetz über die Jugend-Dienstpflicht", mit dem alle Jugendlichen in die Hitlerjugend eintreten mussten. Zuvor waren alle anderen Jugendorganisationen verboten worden.

Einige Lehrer und Rektoren sind auch in Mannheim schon kurz nach der Macht-übernahme im Sinne des Systems aktiv gewesen und haben für den Eintritt in die Hitlerjugend geworben. Hierzu gibt es nachstehende Schilderung von **Christina Braselmann**. *1934 war meine Schulzeit zu Ende. Das Foto, welches anlässlich der Schulentlassung im Hof der Wohlgelegenschule entstand, zeigt, dass damals schon viele meiner Mitschülerinnen dem Bund Deutscher Mädel angehörten, obwohl das noch nicht Pflicht war. Die Zeichen der Zeit sind deutlich zu erkennen. Rektor Kern, der auch auf dem Bild zu sehen ist, scheint nicht dagegen gewesen zu sein, Flagge zu zeigen. Möglicherweise hing die Ablösung seines Vorgängers mit der Machtübernahme der Nationalsozialisten zusammen.*[62]

MEINE VOLKS-SCHULENTLASSUNG 1934 - April
VORNE 2. VON LINKS (Mutter) Irma
Rektor Kern

Vor der gesetzlichen Regelung waren bereits 8.700.000 Jungen und Mädchen Mitglieder der HJ. Dies war das Ergebnis einer massiven Werbung für den Eintritt in die Hitlerjugend. Hier sind zwei Plakate aus der Zeit vor 1938.

**Werner Amend** ist bereits 1933 als Zwölfjähriger zusammen mit seinem Bruder, der erst acht Jahre alt war, in die Hitlerjugend eingetreten. Er schreibt: *Im Winter 1933 traten ich und mein Bruder in das Jungfähnlein der Hitlerjugend ein, dem Vorläufer des Jungvolks, in dem sich damals die Acht- bis Zwölfjährigen in der Albrecht-Dürer-Schule in Käfertal trafen. Mit Sport, Singen, Exerzieren, Marschieren und Geländespielen wurden wir Jugendlichen beschäftigt und waren eifrig bemüht, allen Anforderungen gerecht zu werden. Als Jungzugführer war ich 1936 während der Olympischen Spiele mit etwa 25 Jugendlichen in Straßebersbach bei Marburg. Den dortigen Aufenthalt hatten die Eltern eines unserer Jungvolkmitglieder vermittelt. Die Reise, Unterkunft und Verpflegung waren kostenlos. Unser Fähnleinführer, der Lehrer Martin Reiß, war damals auch dabei. Er war zuvor Mitglied der inzwischen aufgelösten evangelischen Jugend gewesen. In den ersten Kriegsmonaten ist er gefallen.*[63]

**Wolfgang Butzer**, der das Mannheimer „Adolf-Hitler-Gymnasium" besuchte, schreibt über die Hintergründe seines Eintritts in die HJ: *1935 war ich zusammen mit einem Freund so nebenbei in die Hitlerjugend eingetreten. Uns gefielen die gemeinsamen Unternehmungen der Gruppe, die sportlichen Aktivitäten und auch die Heimabende. Es war das Zusammengehörigkeitsgefühl, die Kameradschaft, die mir wie auch einigen meiner Mitschüler imponierte. Politisches Interesse war damit nicht verbunden.*

*Die Jungvolkgruppe der Acht- bis Zwölfjährigen von Käfertal*

*Aber die Ideen des Nationalsozialismus wurden uns natürlich in der Hitlerjugend eingehend vermittelt. Wir glaubten das, was uns in den Schulungen beigebracht wurde. Hinzu kam, dass uns in der Schule im Geschichtsunterricht vieles in gleicher Weise gelehrt wurde. Unsere Lehrer waren linientreu. Die meisten waren ab Mitte der dreißiger Jahre Parteimitglieder. Einer von ihnen trug ständig seine Parteiuniform.*

    *Ich kannte damals niemanden, der etwas Abfälliges über Hitler oder über die politische Entwicklung sagte. Auf die Gefahren, die aus den politischen Forderungen und den Gebietsansprüchen des Nationalsozialismus entstehen könnten, hat uns niemand aufmerksam gemacht. Auch unsere Eltern nicht.*[64]

**Hans Günther Haaß** war ab 1936 Schüler des Karl-Friedrich-Gymnasiums und berichtet, dass das Lehrerkollegium sich zum größten Teil von der konservativen Seite zeigte, und dass nur wenige Lehrer die Nazi-Ideologie vertraten. *Der damalige Rektor Dr. Krackert war ein früherer Zentrumsmann und hielt nichts von den „Braunen Leuten". Dies galt auch für unseren langjährigen Klassenlehrer in Latein, Robert Butschillinger, einen zwar strengen, aber hervorragenden Lehrer. Die Herren Lindauer, Mathematik, und Bachstein, Griechisch, gehörten zwar der Partei an, machten hiervon jedoch keinerlei Gebrauch, auch sie waren hervorragende Lehrer. Ein weiterer ausgezeichneter Mathe-Lehrer war Itta, ihm merkte man seine Nazigegnerschaft ganz besonders an. Dies galt auch für den Altphilologen Koch, der im Ersten Weltkrieg beide Arme verloren hatte, und für Dr. Schredelsecker, genannt Schlango, auch er Altphilologe; er wurde nach dem Krieg Schulleiter.*

*Anders verhielt es sich da mit unserem Deutschlehrer, der uns einige Jahre als Klassenlehrer betreute und einen schlechten Unterricht erteilte. Er war ein ausgeprägter Nazi, hat aber wohl niemandem etwas zuleide getan. Ein anderer Nazi war ausgerechnet unser Religionslehrer, ein „Deutscher Christ", der des „Führers" Namen häufig auf den Lippen führte, auch ein weiterer Germanist ließ unseren „geliebten Führer" vor Beginn jeder Unterrichtsstunde lauthals mit erhobener Hand grüßen.*

Dass er letztendlich der Hitlerjugend etwas abgewinnen konnte, schildert er wie folgt: *Ebenfalls im April 1936 fand ich als „Pimpf" Aufnahme in das „Deutsche Jungvolk" (DJ), das eine Unterabteilung der Hitlerjugend (HJ) für die 10- bis 14-Jährigen darstellte. Aufgrund des Reichsjugendgesetzes mussten ab 1938 alle Jugendlichen ab 10 Jahren Mitglieder in dieser Organisation werden. Durch die Pflichtteilnahme am „Dienst" in der HJ immer am Mittwoch- und Samstagnachmittag wurde unsere Freizeit stark beschnitten, wovon wir natürlich ganz und gar nicht begeistert waren. Wir mussten marschieren und exerzieren, außerdem gab es Heimnachmittage, wobei außer Singen und Spielen auch nationalpolitischer Unterricht auf dem Programm stand. So mussten wir z.B. den Lebenslauf unseres „Führers" auswendig können. Von Vorteil war jedoch, dass sehr viel Sport getrieben wurde, der in der Schule zu kurz kam. Außerdem gab es Geländespiele und an manchen Sommerwochenenden Fahrten mit dem Fahrrad in den Odenwald oder die Pfalz mit Übernachtung in Jugendherbergen oder auch beim Bauern im Stroh, Dinge, die uns natürlich auch Spaß machten. Mit 13 Jahren wurde ich Jungenschafts- und mit 15 Jahren Jungzugführer, d.h. ich hatte etwa 10, später 30 Jungen unter mir.*[65]

Vielen ging es so wie **Erwin Pfeffer**, der seinen Eintritt in die Hitlerjugend so begründete: *Bereits vor der Zeit, als der Eintritt in die Hitlerjugend zur Pflicht wurde, war ich Mitglied des Jungvolks. Wie viele meiner Schulkameraden wollte auch ich außerhalb des strengen Schulbetriebs unter Jugendlichen sein. Wir wollten wegkommen aus der Aufsicht der Eltern und den beengten Wohnverhältnissen. Besonders anziehend waren für mich wie für viele andere die sportlichen Aktivitäten der Hitlerjugend. Der Ort unserer Zusammenkunft war der Platz vor dem Zeughaus. Von dort marschierten wir meist durch die Stadt zum Sportplatz beim Erlenhof oder zum Planetariumsplatz, wo im Sommer unter freiem Himmel alle möglichen Schulungen und Wettkämpfe stattfanden. Es ging vom Kartenlesen und Tarnen im Gelände über die deutsche Geschichte und die der Partei bis hin zu Verhaltensregeln. Im Mittelpunkt standen jedoch neben dem Singen immer die sportlichen Übungen und Wettkämpfe.*[66]

Der Vater von **Egon Reiter** war Mitglied der Kommunistischen Partei gewesen. Sein Sohn wusste dies nicht, als er in die Hitlerjugend eintrat: *Wie viele meiner Altersgenossen ging ich schon 1937, bevor es Pflicht war, zur Hitlerjugend. Der Sport war für uns Hauptanziehungspunkt. Eine Jungvolkuniform habe ich nie besessen, wodurch ich 1938 bei einem Rollschuhrennen auffiel, das vermutlich von der Partei* oder von der Hitlerjugend organisiert wurde. Bei der Siegerehrung, ich war Dritter geworden, hatte nur ich keine Uniform an. Als dies beanstandet wurde, sagte ich, dass mein Vater dafür kein Geld hätte. Später interessierte ich mich für die Marine-HJ. Woher ich die blaue Uniform dieser Sondereinheit der Hitlerjugend hatte, weiß ich nicht mehr. Mein Interesse ließ jedoch schon bald nach, und ich versäumte häufig den sogenannten Dienst.[67]

**Karlheinz Martus** berichtet: *Ab 1939 war ich wie alle meine Schulkameraden im Jungvolk. Was mich dabei reizte, waren die Geländespiele und der Sport. Als guter Sportler freute ich mich jedes Jahr auf den Kampf um die Siegernadel, die es neben dem Sportabzeichen gab. Wer im 60-Meter-Lauf, Weitsprung und Ball-Weitwurf die erforderliche Punktezahl erreicht hatte, wurde im Schaukasten unseres Fähnleins veröffentlicht. Da las ich dann ganz gern meinen Namen. Wenn Jungvolkführer und einzelne Schullehrer gegen das Christentum und die Kirche gehetzt hatten, holte ich mir bei den Patres von St. Bonifaz die Gegenargumente. Als Messdiener hatte ich ständigen Kontakt zu den Franziskanern, von denen einige als Religionslehrer in der Wohlgelegenschule tätig waren. Ich besuchte auch deren „Glaubensstunden". Ab wann sie nicht mehr in ihrer Ordenstracht in der Schule auftreten durften, weiß ich nicht mehr. Jedenfalls erschienen sie eines Tages zu unserem Erstaunen in Zivilkleidung. Einer von ihnen wurde als Sanitäter zum Militärdienst eingezogen.*[68]

Nicht nur Jungen waren von der Hitlerjugend begeistert. Es gab auch Mädchen, die schon früh freiwillig in den Bund Deutscher Mädel (BDM) eintraten. Zu ihnen gehörte **Barbara Berndt**. Sie schreibt: *Noch bevor es Zwang war, bin ich in den Bund Deutscher Mädel eingetreten. Sport war der Grund dafür, denn darin bestand neben den Heimabenden die hauptsächliche Betätigung in dieser nationalsozialistischen Jugendorganisation. Hinzu kamen Zeltlager mit Lagerfeuerromantik und als Ausgangspunkt für Wanderungen, die mich und viele andere begeisterten.*
*Der Sport stand damals für mich an erster Stelle. Es gab ein eigenes BDM-Sportabzeichen, bei dessen Erwerb mir nur das Kugelstoßen Mühe machte. Der Sprung vom 5-Meter-Brett ins Wasser und ein 25-Kilometer-Marsch bereiteten mir neben allen anderen Disziplinen keinerlei Schwierigkeiten. Wie ich zum Rudern kam, weiß ich nicht mehr so recht. Jedenfalls saß ich eines Tages in einem Damen-Achter des Mannheimer Rudervereins Amicitia.*[69]

Dass Mut und auch Stehvermögen notwendig waren, sich dem allgemeinen Trend zu widersetzen, ist aus der nachstehenden Erzählung von **Mathilde Weidner** zu entnehmen. *Ab 1932 besuchte ich die Sprachklasse in der Diesterwegschule. Als die Sprachklassen 1934 aufgelöst wurden, musste ich wieder zurück in die normale Volksschule. Mitunter trug ich dort bei Schulfeiern in der BDM-Uniform Nazi-Gedichte vor. – Inzwischen hatte ich mich verstärkt in der Katholischen Jugend engagiert und erklärte 1935 meinen Austritt aus dem BDM. Als dies in der Schule bekannt wurde, ließ mich der Rektor rufen. Er machte mir jedoch keineswegs Vorhaltungen, sondern* sagte nur: „Heute geht man doch nicht raus, wenn alles reingeht." Ganz im Gegensatz dazu stand das Verhalten meiner Klassenlehrerin, Fräulein Zobel, die eine glühende Anhängerin des Nationalsozialismus war. Bei ihr musste ich von nun an die erste Schulstunde stehend verbringen. Ich teilte dieses Los mit zwei anderen Mädchen, die in der Katholischen Jugend waren. Die Note 1 erhielt ich nun in keinem Schulfach mehr. Frau Zobel war übrigens nicht die einzige Lehrerin, die ständig das Parteiabzeichen trug.[70]

Auf diejenigen, die nicht in die HJ oder dem BDM eintraten, wurde immer wieder Druck ausgeübt. **Mathilde Weidner** blieb dies auch weiterhin nicht erspart. Sie berichtet: *Von 1936 bis 1938 besuchte ich die Höhere Handelsschule in R 2, die damals „Karin-Göring-Schule" hieß. Ich hatte mit dem Unterrichtsstoff keinerlei Schwierigkeiten. Allerdings gab es beim Abschluss ein Problem, denn wer nicht im BDM war, erhielt nicht das Zeugnis der Mittleren Reife. Mein Lehrer in Deutsch und Englisch, Herr Hacker, den ich sehr schätzte, gab mir den Rat, der Sonderorganisation des BDM „Glaube und Schönheit" beizutreten, was ich umgehend tat. Ich besuchte mehrmals die Veranstaltung dieser Gruppierung, die sich mit Schöngeistigem beschäftigte. Ich erinnere mich allerdings lediglich an den Besuch eines Bildhauerateliers. Nachdem ich mein Zeugnis in der Tasche hatte, blieb ich den Treffen fern, was anscheinend nicht auffiel.[71]*

Dass es junge Leute gab, die 1935 nach dem Verbot des DJK (Deutsche Jugend Kraft), des Sportverbands der deutschen Katholiken, ohne groß zu überlegen in die Hitlerjugend eintraten, darüber berichtet **Walter Pahl** wie folgt: *In der Schulklasse waren wir nur noch vier Schüler, die nicht in der HJ waren. Der Lehrer drängte darauf, dass auch wir*

*uns dort melden sollten. Wir folgten seinen Weisungen. In der Luftschifferkaserne auf der Schönau wurden wir „gebimst", d.h. vormilitärisch geschult. Bald hatte ich es satt, von anderen herumkommandiert zu werden, was durch Beförderung zu vermeiden war. Es dauerte nicht lange, da hängte man mir die „Affenschaukel", die Schnur eines Scharführers, an. Nun kommandierte ich: „Hinlegen", „Aufstehen", „Marsch-Marsch". Walter Hasenfuss, Sohn des späteren SPD-Stadtrats, erging es genauso wie mir. Wir machten eben aus der jeweiligen Situation das Beste.*[72]

Einer von denen, die sich verweigerten, war **Robert Hagmann**. Er berichtet darüber wie folgt: *Alle meine Geschwister waren in der Katholischen Jugend, und als* *ich zehn Jahre alt war, trat auch ich dort ein. Wir waren etwa 100 Buben, die sich im Alter von 10 bis 14 Jahren regelmäßig zu Gruppenstunden mit Gesang und religiöser Unterrichtung sowie auch zu gemeinsamen Wanderungen trafen. Stolz trugen wir bei unseren Zusammenkünften die blauen Hemden mit einem schwarzen Halstuch, was mitunter zu Zusammenstößen mit denen führte, die braune Hemden anhatten. Als deren Zahl zunahm, war es nicht ratsam, sich mit ihnen anzulegen. Wir gingen Streitereien aus dem Weg. Unser Kaplan hatte uns geraten, bei Anpöbelungen durch die Hitlerjugend mit dem Satz zu antworten: „Was kümmert es den Mond, wenn ihn ein Hund anbellt." Schlägereien gab es nur zwischen den älteren Mitgliedern der Katholischen Jugend und der HJ. Sie fanden meist vor dem „Roten Ochsen" auf dem Neckarauer Marktplatz statt. „Hängt die Juden, stellt die Schwarzen an die Wand" war einer der Sprüche der Neckarauer Hitlerjugend.*[73]

Über seine Protesthaltung ist Folgendes zu lesen: *Als 1938 die Mitgliedschaft in der Hitlerjugend Pflicht wurde, musste auch ich am Samstagnachmittag und Mittwochabend beim Jungvolk auf dem Neckarauer Marktplatz antreten. Alle diejenigen, die keine Uniform hatten, mussten in der mittleren Reihe marschieren. Dazu zählte auch ich. Ich erinnere mich, dass eines Tages jemand zu meinem Vater sagte: „Der Robert ist so stolz, dass er in der Mitte marschieren muss, der guckt nicht rechts und nicht links." Ich schaffte es tatsächlich bis zu meiner Einberufung, ohne Uniform den HJ-Dienst wahrzunehmen.*[74]

Die Hitlerjugend war zwar nicht für alle, jedoch für die meisten weitaus attraktiver als die christlichen Jugendorganisationen, die es zwar offiziell nicht mehr gab, da sie verboten waren, die jedoch unter verschiedenen Decknamen weiterhin bestanden. Auch in Mannheim gab es junge Christen, die sich entgegen den Bestimmungen und trotz angedrohter Strafen weiterhin trafen. Immer wieder fanden sich illegale Gruppen zusammen. **Christina Braselmann**, die aufgrund ihrer Ablehnung, in die Hitlerjugend einzutreten, von den Ausscheidungswettkämpfen im Schwimmen für die Olympischen Spiele von 1936 ausgeschlossen wurde, schreibt: *Ab 1937 wurde die Pfarrjugendarbeit unter Androhung von Strafen noch stärker als zuvor eingeschränkt, sie blieb auf den Kirchenraum beschränkt. Viele blieben aus Angst der Gruppenarbeit fern. Statt Wanderungen machten wir nun Wallfahrten, die nicht verboten waren. Und wir gründeten eine neue Gruppe, die sich die „Kleine Gemeinschaft" nannte. Hier waren die engsten Vertrauten unter sich, und es konnten politische Gespräche geführt werden.*[75]

**Helmut Weidner** berichtet: *1932 war ich zur Ersten Kommunion, danach in die Jungschar der St.-Joseph-Kirche gegangen und später in die Sturmschar eingetreten. Kaplan Heinrich Magnani war es, der nicht nur mich, sondern viele andere begeisterte. Er war als junger Kriegsfreiwilliger in den Ersten Weltkrieg gezogen und hatte die Grausamkeiten an der Westfront erlebt. Die damaligen Erlebnisse führten dazu, dass er*

Priester wurde. Er unternahm mit uns Radtouren und organisierte Zeltlager, in denen es fast militärisch zuging. Die Kameradschaft wurde von ihm gefördert, und er legte großen Wert auf Moral und Zusammenhalt in den schwierigen Zeiten, die mit dem Nationalsozialismus begannen. Es gelang ihm, eine Reihe von Jugendlichen, die bereits in der Hitlerjugend waren, zum Übertritt in die Jungschar zu bewegen. Als Magnani 1935 als Pfarrverweser nach Hettingen versetzt wurde, verabschiedete er sich bei jedem von uns mit den Worten, die wir alle bereits kannten: „Bleib treu.“[76]

Die Jungschar auf dem Marsch durch die Bellenstraße

Ab 1936 gehörte ich zur Sturmschar der St.-Joseph-Kirche. Aufmärsche, Fahrten in größeren Gruppen und öffentliche Veranstaltungen der katholischen Jugendverbände waren damals verboten. Wir trafen uns jedoch noch immer zu Gruppenstunden im Pfarrheim in der Bellenstraße. Ausflüge fanden nur noch in kleineren Gruppen statt. Es wurde gesungen und es wurde auch über die Maßnahmen des Regimes offen gesprochen, soweit sie sich gegen die Kirche richteten. Widerstand konnte man dies nicht nennen. Es war Ablehnung wesentlicher Teile der NS-Weltanschauung, und es ging um Meinungsbildung.

Als 1938 der Eintritt in die Hitlerjugend zur Pflicht wurde, musste ich zwangsweise wie alle anderen zum „Dienst“ erscheinen. Eine Uniform hatte ich nicht, weshalb ich bei Ausmärschen zusammen mit einigen anderen am Ende der Kolonne marschieren musste. So oft es ging, blieb ich dem „Dienst“ fern. Spaß hatte ich an den Heimabenden, Sportveranstaltungen und Märschen keineswegs. Im Kreis meiner Kameraden der Sturmschar fühlte ich mich wohler.[77]

# Die Kriegszeit

## Die ersten Kriegsjahre

An den Kriegsbeginn kann ich mich nicht so recht erinnern, auch nicht an Äußerungen meiner Eltern oder meiner Lehrer darüber, was Krieg bedeutet. Große Aufregung scheint damals nicht geherrscht zu haben, denn die hätte ich vermutlich wahrgenommen.

Von Hurra-Patriotismus wie bei Beginn des Ersten Weltkriegs konnte damals bestimmt keine Rede sein. *Es herrschte eher eine gedämpfte Stimmung, eine bedrückende Ruhe, um nicht zu sagen Niedergeschlagenheit. Auch die nationalsozialistische Meinungsbildung konnte an dieser Stimmung nichts ändern. Eine Kluft schien die Führung des Dritten Reiches von zumindest großen Teilen der deutschen Bevölkerung zu trennen, die keinen Krieg wollten. Gleichwohl verhielt sich die Gesamtheit so, wie es ihr die nationalsozialistische Propaganda in einer knappen siebenjährigen Anpassungszeit eingehämmert hatte: Sie gehorchte.*[78]

Was Krieg bedeutete, davon hatte ich mit meinen zehn Jahren keine Vorstellung. Die schnelle Beendigung des Polenfeldzugs und die danach zunächst herrschende Ruhe waren für mich nicht dazu angetan, den Krieg als etwas Schlimmes zu betrachten. Vielen Jugendlichen ging es damals bestimmt genauso, vermutlich jedoch nicht den Erwachsenen, die den Ersten Weltkrieg erlebt hatten. Viele erinnerten sich nicht nur an die „Schmach von Versailles", von der immer wieder die Rede war, sondern auch an die Hungernot, die in den letzten Kriegsjahren und auch danach herrschte. Die meisten derjenigen, die an der Front gewesen waren, sind bei dem Gedanken an die Schrecken des Krieges bestimmt nicht davon begeistert gewesen, dass so etwas erneut auf sie und ihre erwachsenen Kinder zukommen sollte, ganz zu schweigen von denjenigen, die körperliche und geistige Schäden davongetragen hatten. Ich wusste davon absolut gar nichts, und da sich in unserer Verwandtschaft niemand befand, der im Ersten Weltkrieg gedient hatte, habe ich auch nie etwas von den „Schrecken des Ersten Weltkriegs" gehört.

In meiner Familie merkten wir, abgesehen von der Rationierung von Lebensmitteln, Kleidung und einigen Gebrauchsgütern, zunächst nicht allzu viel davon, dass sich Deutschland ab Anfang September 1939 im Kriegszustand befand. Mein Vater war bei Kriegsbeginn 38 Jahre alt. Da er ein Lungenleiden hatte, blieb er vom Wehrdienst verschont, und von unseren Verwandten war niemand zum Militär eingezogen worden.

Für Fleisch, Butter und Backwaren gab es gleich zu Beginn des Krieges Lebensmittelmarken, durch die der Konsum eingeschränkt wurde. Am meisten, so mein damaliger Eindruck, sind die Raucher von der Rationierung betroffen gewesen. Dies galt sowohl für meinen Vater, der ein starker Raucher war, als auch für meinen Großvater, der für den Bezug seines Schnupftabaks wie die Raucher auch Tabakmarken abgeben musste.

**Hubert Güthlein** berichtete: *Im Krieg änderte sich an dem Einkaufsverhalten unserer Familie und unserer Nachbarn nicht viel. Die Rationierung, die bereits 1939 begann, spürte zwar jeder, aber hungern musste niemand. Man richtete sich mit dem Essen auf das ein, was man mit den Lebensmittelmarken kaufen konnte. Bei Butter und Fleisch waren die größten Einschränkungen hinzunehmen. Durch den Garten zählten wir zweifellos zu den Begünstigten, die sich in der Kriegszeit durch den Anbau von Gemüse und Kartoffeln zusätzliche Nahrung verschaffen konnten. Da wir bäuerliche Verwandte hatten, durften wir auf deren Äckern Ähren lesen. Die eingesammelten Gerstenkörner wurden zu Hause in der Pfanne geröstet. Sie verschafften uns den damals sehr geschätzten Malzkaffee. Die anderen Getreidesorten wurden gegen Mehl eingetauscht. Auch Bucheckern haben wir gesammelt und gegen ein geringes Quantum Öl in der Ölmühle abgeliefert.*[79]

Nach der schnellen Beendigung des Frankreichfeldzugs stand Hitler zweifellos auf der Höhe seiner Macht. Ihm wurde der Sieg zugeschrieben, und die Mehrheit der Deutschen stand voll hinter ihm, dem es gelungen war, die französische Armee in kurzer Zeit zu besiegen. Obwohl ich 1940 von der deutschen Geschichte noch so gut wie keine Ahnung hatte, glaubte ich allen Parolen, die damals zur Verehrung des Führers beitrugen. Ich kann mich zwar an keine euphorischen Äußerungen meiner Eltern erinnern, aber ich vermute, dass auch sie wie so viele andere von den Erfolgen beeindruckt waren, und dass sie sich der damals herrschenden Begeisterung nicht entzogen haben. Bei meinem Großvater, der bei uns wohnte, nahm ich eine freudige Erregung wahr. Wie erwähnt, war er zwar kein Parteimitglied, jedoch ein Sympathisant Hitlers.

Die Rückkehr der Soldaten der Mannheimer Garnison nach dem Frankreichfeldzug wurde gefeiert. Es war eine Art Triumphzug, als sie durch die Neckarauer Straße zogen. Die Leute jubelten ihnen zu, und ich lief wie viele andere hell begeistert bis in

die Stadt hinein neben der Kolonne und den Fahrzeugen her. Wir Jugendlichen waren stolz auf unsere siegreichen Soldaten.

*Die Ankunft der Sieger in Neckarau nach dem Frankreichfeldzug*

Abgesehen von den Einschränkungen durch die Rationierung von Lebensmitteln, Gebrauchsgütern und Tabak, war die Stimmung in der Mannheimer Bevölkerung bis zum Beginn der verstärkten Bombenangriffe der Alliierten ungetrübt. Die Erfolge der deutschen Wehrmacht in den ersten Kriegsjahren hatten daran sicher ihren Anteil. Dies änderte sich, als die Todesanzeigen mit dem Eisernen Kreuz zunahmen. Familien, die den Tod von Angehörigen zu beklagen hatten, die an der Front oder bei den zunehmenden Bombenangriffen umkamen, haben jedoch nicht nur mit Trauer und Zweifel an der Notwendigkeit des Krieges, sondern auch mit Trotz reagiert. Bei manchen hieß das Motto: Jetzt erst recht!

Bei all meiner Kriegsbegeisterung hat mich die Nachricht, dass der Bruder meines Freundes Kurt Lochstampfer gefallen sei, sehr getroffen. Wie und wo er den Tod fand, das weiß ich nicht, denn es wurde darüber nicht gesprochen. Er muss kurz nach seiner Einberufung gefallen sein. Achtzehn Jahre ist er alt gewesen. Zusammen mit meinem Jugendfreund hatte ich oft auch mit ihm im Hof seiner Eltern gespielt. Ich konnte mir nicht vorstellen, dass er tot war. Ich erinnere mich daran, dass ich Angst hatte, seiner Mutter zu begegnen.

Uniformen prägten in starkem Maße das damalige Bild meiner Umgebung. Abgesehen von den vielen Soldaten, die in einer Garnisonsstadt wie Mannheim anzutreffen waren, gab es die SA, die SS, den Arbeitsdienst, die Arbeitsfront, das

Jungvolk, die Hitlerjugend, die Jungmädel, den Bund deutscher Mädel und viele andere nationalsozialistische Organisationen. Alle hatten ihre spezielle Dienstkleidung. Die Uniformen wurden nicht nur bei den parteipolitischen Veranstaltungen, bei Feiern und bei den Zusammenkünften der einzelnen Organisationen, sondern mitunter auch ohne jeden Anlass getragen. Heute würde man sagen, dass es schick war, in einer Uniform aufzutreten.

Der niedrigste Machtinhaber war der Blockwart, der eine Art von Vertrauensmann der NSDAP für einen kleinen Ortsbereich darstellte. Es gab den Luftschutzwart, der sich um Sicherheitsmaßnahmen gegen Luftangriffe kümmerte, und den Ortsgruppenleiter, der eine Art Bürgermeisterfunktion für einen Ortsbereich hatte. Im Sicherheits- und Hilfsdienst waren die Helfer des Roten Kreuzes und des Reichsluftschutzbundes organisiert. Die Arbeitsfront war der Ersatz für die Gewerkschaften. Mehr als 7 Millionen Deutsche waren Mitglied der NSDAP, manche zusätzlich in anderen Organisationen. Volksgenossen waren wir alle. Mit den Worten „Liebe Volksgenossinnen und Volksgenossen" begannen die Reden Hitlers und aller Parteibonzen.

Eine erste, nicht allzu große Eintrübung der Stimmung in der Bevölkerung war mit der Zunahme der Fliegeralarme und der Bombenangriffe ab Mitte 1941 zu verzeichnen. Der Ausspruch von Reichsmarschall Hermann Göring bei Kriegsbeginn „Wenn auch nur ein feindliches Flugzeug unser Reichsgebiet überfliegt, will ich Meier heißen!" war gelegentlich zu hören. Man machte Witze darüber. Zweifel an der Wiederherstellung der Lufthoheit in Deutschland hatten damals jedoch nur wenige, wir Jugendlichen schon gar nicht.

Es gibt so vieles, was mir wie auch vielen anderen erst im Nachhinein klar wurde, und worüber ich mich heute wundere, dass es mir damals nicht auffiel. Das Schweigen und die Zurückhaltung einiger weniger wurden von mir nicht bemerkt. Für Regimegegner war es, wie man weiß, nach dem Kriegsbeginn nicht ratsam, ihre Meinung zu äußern. Sie hätten ihr Leben riskiert, was ich damals allerdings nicht wusste. „Wehrkraftzersetzung" wurde das Delikt genannt, das schnell in ein Konzentrationslager führen konnte. Es war die Angst, welche die meisten Opponenten davon abhielt, ihre Meinung zum Ausdruck zu bringen. – Wer wollte schon zum Märtyrer werden?

Ich erinnere mich daran, dass über Verhaftungen durch die Gestapo ab und zu gesprochen wurde, und ich bin sicher, dass meine Eltern wussten, warum solche Verhaftungen stattfanden. In Mannheim war es die Widerstandsgruppe Lechleiter, welche 1942 Aufsehen erregte.

**Dieter Wolf** berichtete: *Vom Widerstand gegen das NS-System merkte ich nichts, die Nazigegner agierten sehr vorsichtig. Von aktiver Opposition erfuhr ich erst, als große,* *rote Plakate an den Litfaß-Säulen die Hinrichtung von 14 Mannheimern meldeten, die den NS-Staat bekämpft hatten. In meinem Umfeld sprach man von Vaterlandsverrätern, denn wer konnte gegen Hitler sein.*[80]

# Bekanntmachung

Der 57jährige **Georg Lechleiter**, der 42jährige **Jakob Faulhaber**, der 47jährige **Rudolf Langendorf**, der 43jährige **Ludwig Moldrzyk**, der 36jährige **Anton Kurz**, der 39jährige **Eugen Sigrist**, der 75jährige **Philipp Brunnemer**, der 40jährige **Max Winterhalter**, der 46jährige **Robert Schmoll**, der 40jährige **Rudolf Maus** und der 55jährige **Daniel Seizinger**, alle aus Mannheim, ferner die 48jährige **Käthe Seitz** geb. Brunnemer und der 39jährige **Alfred Seitz** aus Heidelberg, sowie der 42jährige **Johann Kupka** aus Ilvesheim, die der Volksgerichtshof am 15. Mai 1942 wegen Vorbereitung zum Hochverrat, Feindbegünstigung, Zersetzung der Wehrkraft und Verbreitens ausländischer Rundfunksendungen zum Tode und zum dauernden Verlust der bürgerlichen Ehrenrechte verurteilt hat, sind heute hingerichtet worden.

Berlin, den 15. September 1942.

## Der Oberreichsanwalt beim Volksgerichtshof

An die roten Zettel kann ich mich erinnern. Unter den Hingerichteten befand sich Anton Kurz, den mein Vater kannte, er erwähnte dies damals ohne jeden Kommentar. Vor einigen Jahren erfuhr ich, dass sich auch der Vater einer Schülerin der Mittelschule unter den Hingerichteten befand.[81]

Es gibt dazu folgenden Bericht: *Der Vater einer Mittelschülerin war Mitglied der Widerstandsgruppe Lechleiter. Am 16. Mai 1942 wurde er zusammen mit 13 anderen Mannheimer Antifaschisten vom Volksgerichtshof zum Tode verurteilt. Er wurde am 15.9.42 in Stuttgart hingerichtet. An diesem Tag wurde an den Plakatsäulen unübersehbar für alle Passanten die Hinrichtung veröffentlicht. Um seiner Enkelin den Schock zu ersparen, durch die öffentliche Bekanntmachung über den Tod ihres Vaters informiert zu werden, holte der Großvater sie in der Schule ab. Am folgenden Tag war sie nicht in der Schule. Die Klassenlehrerin informierte ihre Mitschülerinnen über den Grund ihres vorübergehenden Fernbleibens vom Unterricht. Sie verlangte von ihnen, dass sie mit ihr nicht über das Schicksal ihres Vaters reden und sie vor allem nicht aus der Klassengemeinschaft ausschließen sollten. Dies wurde von der Klasse beherzigt. Die betreffende Mitschülerin war ab 1943 bis zum Kriegsende mit ihren Klassenkameradinnen im Kinderlandverschickungslager der Mittelschule in St. Blasien.*[82]

Das Verhalten der Klassenlehrerin war keine Selbstverständlichkeit, weil die Hingerichteten als Verräter galten, die gegen den Führer und damit gegen das Wohl des Vaterlands gehandelt hatten. So haben das viele Deutsche damals gesehen, auch ich.[83]

Von **Karla Spagerer**, deren Familie aktiv am Widerstand beteiligt war, gibt es die nachstehende Schilderung aus der Zeit während des Krieges und davor: *Meine Erinnerung beginnt im Jahr 1935, und obwohl ich erst knapp sechs Jahre alt war, haben sich viele Erlebnisse bei mir eingebrannt. Es war das Jahr, in dem die Verfolgung meiner Familie und bei mir die Angst begann. Ein Bruder meiner Mutter, Erwin Ries, war ein hoher Funktionär in der KPD, und er wusste, dass es nur eine Frage der Zeit war, wann man ihn und seine Frau Ricke abholen würde. Beide beschlossen, in die Emigration zu gehen, zuerst ins Saargebiet, das damals noch französisch war, dann über Helsinki nach Moskau. Meine Großmutter, meine Mutter und ich fuhren nach Saarbrücken und haben uns dort von beiden verabschiedet. Ich spüre den Schmerz meiner Großmutter heute noch, als sie ihren Sohn zum letzten Mal im Arm hielt. Wir haben ihn nie wiedergesehen.*

*1936 kam die Gestapo und verhaftete meine Großmutter. Sie kam in Untersuchungshaft ins Schloss. Solange sie in Untersuchungshaft war, durften wir ihr Essen bringen. Ich bin nun täglich mit meiner Mutter mit der Straßenbahn vom Waldhof zum Schloss gefahren. Das Essen mussten wir abgeben, sehen durften wir meine Großmutter nicht.*

*Bei der Hauptverhandlung konnte man meiner Großmutter nur nachweisen, dass sie Geld und Lebensmittel gesammelt hatte für Familien, deren Männer und Väter schon inhaftiert waren. Dafür musste sie 18 Monate ins Frauenzuchthaus nach Bruchsal. Sie war damals 57 Jahre alt. 18 Monate sind eine lange Zeit für ein Kind, das seine Großmutter sehr liebt.*

*In der Zeit, in der meine Großmutter in Haft war, machte die Gestapo immer wieder Hausdurch-suchungen bei meinen Eltern. Gefunden haben sie nichts. Ich habe nach dem Krieg erfahren, dass bei uns öfter Flugblätter zwischengelagert waren, das hätte sehr böse ausgehen können. Das Regime war rigoros, wenn es um Widerstand ging. Ganz im Gegensatz zur Familie meiner Mutter waren meine Großeltern väterlicherseits, insbesondere meine Groß-mutter, begeisterte Nationalsozialisten. Das führte zu gewissen Spannungen innerhalb der Familie. Mein Vater stand zwischen den Fronten. Er verhielt sich neutral und versuchte auszugleichen, wenn es zu politischen Gesprächen kam. Meine Mutter hat er nie für ihre Einstellung getadelt.*

*Als meine Großmutter wieder zu Hause war, nahm sie natürlich gleich wieder Kontakt zu unseren Freunden auf. Das waren Georg Lechleiter, Jakob Faulhauer, Max Winterhalter, Paul Schreck und viele andere, die überzeugte Kommunisten waren. Große Angst hatte ich damals um meine Großmutter, als die Gruppe um Georg Lechleiter verhaftet wurde, aber dieses Mal konnte man ihr nichts nachweisen.*

*Zu meiner bittersten Erinnerung gehört der 15.9.42. Da kam Frau Lechleiter ganz früh am Morgen zu uns, und ich wurde zu einer Plakatwand geschickt, um zu lesen, wer in der vergangenen Nacht hingerichtet wurde, und da stand unter anderen auch Georg Lechleiter. Da saßen wir in unserer Küche, Frau Lechleiter, meine Großmutter, meine Mutter und ich, und weinten, und wir versuchten Frau Lechleiter zu trösten. Aber gab es da einen Trost?*[84]

An Gespräche über die Deportation der jüdischen Mannheimer Mitbürger nach Gurs kann ich mich nicht erinnern. Meinen Eltern war diese Aktion bestimmt bekannt. Geredet haben sie darüber jedoch nicht. In Neckarau hat sie kaum Aufsehen erregt, da dort zum Zeitpunkt der Aktion nur noch wenige Juden wohnten.

Die Jüdin **Ida Frank-Jauffron**, die 1980 in Frankreich in einem Altersheim in Dieuleft lebte, sagte in einem Interview: *Ich war Deutsche, ich war hundertprozentig Deutsche, deutsche Mannheimerin oder Mannheimer Deutsche.*

Sie schilderte ausführlich das Leben ihrer Familie vor und in der Nazi-Zeit. Von ihr gibt es die nachstehende Darstellung über die Deportation der badischen und pfälzischen Juden am 22.10.40 nach Gurs. *Einen Tag vorher hörten wir, dass alle Juden aus Mannheim verschwinden sollten, und dass man sich bereithalten sollte, am Morgen um halb acht abgeholt zu werden. Zwei Polizeibeamte kamen an jenem Morgen und erklärten uns, wir hätten innerhalb von zwei Stunden unsere Wohnung zu räumen, wir könnten mitnehmen, was wir tragen konnten. 100 Mark durften wir in der Tasche behalten, alles, was mehr war, zählte nicht mehr für uns. Man bedeutete uns, wir sollten uns in der und der Schule einfinden, um aus Mannheim ausgewiesen zu werden. Wir konnten nicht mehr entschlüpfen! Das Haus wurde abgeschlossen, wir besaßen nichts weiter, als das, was wir auf dem Leibe trugen. Meine alte Mutter – sie hatte bald ihren 75. Geburtstag und wohnte in einem anderen Stadtteil als ich – wurde mit ihren Hausgenossen in eine andere Schule bestellt, wir sahen uns nicht mehr vor der Abfahrt und trafen uns erst wieder im Konzentrationslager Gurs, 25 Kilometer von der spanischen Grenze am Rande der Pyrenäen gelegen, nach 14 Tagen.*[85]

Mit einer Polizeiverordnung wurden am 1.9.41 auch in Deutschland alle Juden verpflichtet, den Judenstern deutlich sichtbar auf der linken Brustseite ihrer Kleidung zu tragen. Seit November 1939 hatte man diese Kennzeichnungspflicht bereits in Polen eingeführt. Ich kann mich nicht mehr erinnern, wann ich zum ersten Mal einen Mitbürger oder eine Mitbürgerin mit dem Judenstern gesehen habe, und ich weiß auch nicht mehr, was ich dabei dachte. Vermutlich habe ich mir überhaupt keine Gedanken darüber gemacht, was das für die Betroffenen bedeutete. Es ging mir da bestimmt so wie vielen anderen.

Auch an einen Aufkleber, mit dem man jüdische Geschäfte gekennzeichnet und zum Boykottieren aufgefordert hat, habe ich keine Erinnerung.

Von den katholischen Priestern in Mannheim standen einige unter ständiger Beobachtung der Gestapo. Zu ihnen zählte Professor Schwall. Ich meine, dass er eine Zeit lang unser Religionslehrer war. Nicht alle, die sich in der Jugendarbeit um Aufklärung über die Kehrseite des Systems bemühten, wurden verhaftet und angeklagt. Bekannt ist das Schicksal des Kaplans Weinmann von der oberen Pfarrei, der in das Konzentrationslager Dachau kam, und das des Jesuitenpaters Delp, der vom Volksgerichtshof zum Tod verurteilt und im Februar 1945 hingerichtet wurde. Ein weiteres Opfer aus dem Kreis der katholischen Geistlichen war Pater Thaddäus Brunke von St. Bonifazius.

**Christina Braselmann** hatte in der Jugendbetreuung mit ihm Kontakt. Sie schreibt: *1939 wurde Pater Thaddäus nach Fulda versetzt, was zu einer Neuregelung der Arbeit in den inoffiziell noch immer bestehenden Gruppen führte. Ich übernahm damals die Führung aller weiblichen Gruppen von St. Bonifaz. Als im Dezember 1940 Gerüchte aufkamen, dass Pater Thaddäus verhaftet worden sei, schrieb ich einfach eine Karte mit vorgedruckten Weihnachtsgrüßen an seine letzte Adresse in Fulda. Sie kam kurz vor Weihnachten mit dem Vermerk zurück: Abgereist, wohin unbekannt. Die Karte ist noch in meinem Besitz. Erst nach dem Krieg erfuhr ich, dass er 1942 in Dachau gestorben ist.*[86]

Von **Christina Braselmann** und **Emilie Hucht** sowie auch von **Gertrud Zahn-leiter** gibt es ausführliche Schilderungen über den Druck, dem im Dritten Reich in Mannheim lebende, nicht systemkonforme Christen ausgesetzt waren. Sie gehörten zu einer Gruppe, welche die kirchliche Jugendarbeit während des Dritten Reiches unermüdlich fortsetzten.[87],[88]

Über das Familiendrama, das **Egon Reiter** erlebte, dessen Vater Mitglied der KPD war, gibt es nachstehende Schilderung: *Am 27.1.43 ließ sich mein Vater bei einem Disput mit dem Pförtner der Allgemeinen Ortskrankenkasse Mannheim, einem Herrn Olb, zu Aussagen hinreißen, welche diesem Anlass gaben, ihn beim Betriebsobmann der AOK zu denunzieren. Laut den verfügbaren Protokollen äußerte sich mein Vater abfällig über Hitler. Er sprach auch die Judenvernichtung an, und als Herr Olb die Juden als Ratten und Ausbund der Menschheit bezeichnete, war sein Kommentar: „Nein, ihr seid die Ratten, nicht die Juden. Ihr bringt doch die Juden alle um." Schließlich prophezeite er noch, dass die Russen bald nach Berlin kommen würden.*

*Einen Tag nach seinem Gespräch mit dem Pförtner wurde meinem Vater verboten, weiterhin die AOK zu betreten. Er musste nun zu Hause auf das warten, was kommen sollte, und war sich darüber im Klaren, dass er aus dieser Sache nicht so leicht herauskommen würde. In der Familie herrschte Beklommenheit und Angst. Meine erste Reaktion bestand darin, dass ich unser teueres Rundfunkgerät bei einer befreundeten Familie gegen einen Volksempfänger austauschte. Eine in Erwägung gezogene Flucht in die Schweiz lehnte mein Vater ab, da zu befürchten war, dass dies zu Repressalien der Nazis gegen die Familie führen würde.*

*Die Gestapo ließ sich Zeit, denn die Verhaftung, bei der auch meine Mutter verhört wurde, erfolgte erst zwei Wochen später. Außer dem Gespräch mit dem Pförtner wurde meinem Vater ein Gespräch zur Last gelegt, das er kurz zuvor an einer Straßenbahnhaltestelle mit einer Frau Schertel geführt hatte. Ihr gegenüber soll er von einem Regierungsumschwung gesprochen haben, und er soll Hitler als Spitzbuben bezeichnet haben, der gehängt gehört. Es ist mir unverständlich, warum mein Vater, der ein intelligenter Mensch war und wissen musste, was ihm bei solchen Aussagen passieren konnte, sich dazu hinreißen ließ. Vermutlich war es die verlorene Schlacht von Stalingrad mit dem beginnenden Vormarsch der Russen, die ihn dazu verleitete, seine Meinung so drastisch zu äußern.*

*Das Protokoll der Außendienststelle der Gestapo Mannheim vom 15. Februar 1943 endete damit, dass mein Vater in Schutzhaft genommen und ins Gerichtsgefängnis eingeliefert wurde. Der Nachsatz lautete: Reiter ist als kommunistischer Funktionär aktenbekannt. – Bis zum Mai 1943 erhielt meine Mutter von meinem Vater Briefe aus dem Mannheimer Gefängnis, in denen er über seinen Gesundheitszustand klagte.*

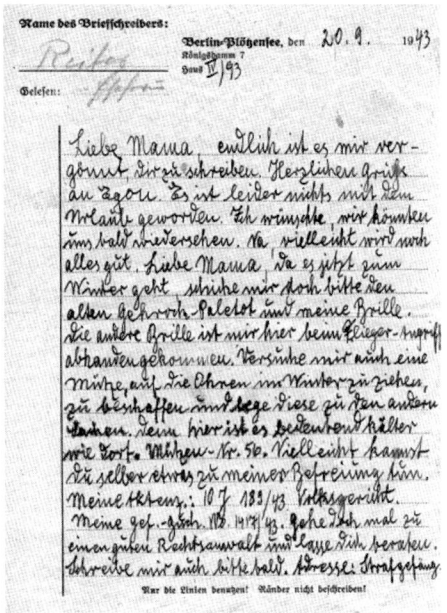

Meine Mutter konnte ihn dort einmal besuchen. Sie schickte ihm Lebensmittel und Medikamente, worauf sie die Mitteilung des Anstaltsarztes erhielt, dass Lebensmittelsendungen verboten seien und ihr Mann seinem Krankheitszustand entsprechend genügend ernährt werde. Im September kam aus Berlin-Plötzensee der nachstehende Brief.

Die Schrift zeigt, in welchem Zustand mein Vater sich damals befand. Verständlicherweise waren meine Mutter und ich ratlos. Was hätten wir auch tun sollen. Abgesehen davon, dass wir keinerlei Einkommen mehr hatten, hatte ich die erste Auswirkung zu spüren, denn mein Lehrherr weigerte sich, mich weiter auszubilden. Zum Glück konnte ich jedoch durch Vermittlung des Arbeitsamtes in der Bäckerei Friedrich in der Schwetzinger Straße die Lehre problemlos fortsetzen. Nachts um 2 Uhr begann dort die Arbeit und dauerte täglich bis 14 Uhr. Samstags war erst um 16 Uhr Schluss, da ich als Lehrling alle Maschinen und Räumlichkeiten reinigen musste. Das war zwar hart, aber ich war dankbar, dass ich meine Berufsausbildung fortsetzen konnte. Alles war ich bereit, dafür zu tun. Als im September 1943 die Bäckerei meines neuen Lehrherrn ausgebombt wurde, konnte ich meine Lehre bei der Bäckerei Muschelknautz in Feudenheim fortsetzen.

Während der Zeit der Haft meines Vaters in Berlin durfte ihn meine Mutter einmal besuchen. Im Dezember 1943 erhielt auch ich eine Besuchsgenehmigung. Ich sehe meinen Vater noch vor mir, als er mir in dem Gang zum Besucherraum entgegenkam. Er war nicht wiederzuerkennen. Er war ein gebrochener Mann, vollkommen abgemagert und lethargisch. Der Wärter erlaubte mir, ihm die mitgebrachten belegten Brote zu geben, die er sofort verschlang. Mein Vater sprach wie immer hochdeutsch, wogegen ich nur Mannheimer Dialekt sprach, woraufhin der Wärter verlangte, dass mein Vater ihm meine Worte übersetze.

Die Stimmung zu Hause war gedrückt. Von niemandem war Trost zu erwarten, denn mein Vater war ja ein Volksverräter. Lange Haft konnten wir uns anfangs noch vorstellen, mehr jedoch nicht, obgleich die Anklage des Volksgerichtshofs auf „Vorbereitung zum Hochverrat" lautete. Urlaubs- und Gnadengesuche meiner Mutter wurden vom Oberreichsanwalt beim Volksgerichtshof abgelehnt.

Ich war in dieser Zeit keineswegs ohne Kontakte zu anderen Jugendlichen. Meine Freunde hielten zu mir, wir trafen uns regelmäßig, waren oft zusammen beim Schwimmen und auch in einem Tanzkurs. Eines Tages erhielt ich eine Vorladung zur Polizei. Jemand hatte mich angezeigt, dass ich nicht den HJ-Dienst besuche. Als ich dem Polizeibeamten erzählte, dass ich jede Nacht um 2 Uhr bei der Arbeit sein muss und samstags nicht vor 16 Uhr meine Lehrfirma verlasse, hatte der volles Verständnis dafür, dass mir für den HJ-Dienst keine Zeit blieb. Im April 1944 bestand ich die Gesellenprüfung. Kurze Zeit später wurde ich zum Arbeitsdienst eingezogen.

Das Todesurteil für meinen Vater wurde am 29. März 1944 ausgesprochen. Die Begründung lautete: „Der Angeklagte, ein alter Kommunist, hat Anfang 1943 aus seiner kommunistischen Gesinnung heraus bei zwei Gelegenheiten deutschen Volksgenossen gegenüber hochverräterische und zersetzende Reden geführt. Er wird deshalb wegen Wehrkraftzersetzung in Verbindung mit Vorbereitung zum Hochverrat zum Tode und zu lebenslangem Ehrverlust verurteilt." Als mir dieses Urteil bekannt wurde, schrieb ich am 9. Juni 1944 den nachfolgenden Brief. Ich konnte nicht wissen, dass zu diesem Zeitpunkt mein Vater bereits tot war. Das Urteil war am 8.5.44 vollstreckt worden.

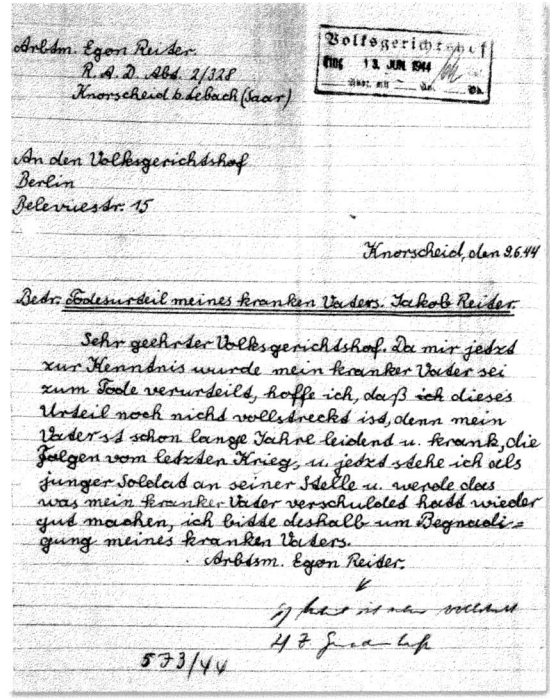

Meine Mutter erhielt erst im Juli 1944 auf ihre schriftliche Anfrage die Mitteilung, dass mein Vater hingerichtet wurde. Als ich diese Information von ihr erhielt, reichte ich Urlaub ein. Der Leiter des Arbeitsdienstlagers lehnte dies zunächst mit der Begründung ab, dass ich noch nicht vereidigt sei. Als er, der mir wohlgesinnt war, jedoch die Gründe für mein Gesuch hörte, lenkte er sofort ein. Er sagte nur: „Sie können doch unterwegs sicher ordentlich mit Heil Hitler grüßen." Ich erhielt acht Tage Urlaub, um meine Mutter zu besuchen. Es war verständlicherweise ein sehr trauriges Wiedersehen.

71

*Erst 1956 erhielt meine Mutter eine Entschädigung von DM 3.500. Ich selbst betrachtete es nie als einen Makel, der Sohn eines „Hochverräters" im Sinne der Nazis zu sein.* [89]

Mit zunehmender Kriegsdauer wurde die Diffamierung fast aller Ausländer immer stärker. Presse und Rundfunk schufen Bilder, die ich wie die meisten meiner Generation in Ermangelung anderer Informationen glaubte. Alle Südländer waren Faulenzer. Das galt auch für die Franzosen, die außerdem als Dreckschweine bezeichnet und für unmoralisch gehalten wurden. Die Italiener waren Feiglinge. Makkaroni-Fresser nannte man sie. Die Engländer waren eitle, machtgierige, gefühllose Menschen. Die Polen waren dreckig und faul, was auch für die Russen galt, die außerdem als Untermenschen bezeichnet wurden. Wer uns den Krieg erklärte, der hatte es darauf abgesehen, uns, „die edlen Deutschen", zu vernichten. Einfache Bilder, die ich für wahr hielt. Die Beurteilung der Juden durch die Nationalsozialisten ist hinreichend bekannt. Sie waren an allem schuld.

Was das Wort Untermensch bedeutet, darüber machte ich mir damals keine Gedanken. Im Russlandfeldzug hatte es verheerende Folgen für die russischen Soldaten und für die russische Bevölkerung.

**Dieter Wolf** berichtet von seinem Elternhaus: *Meine Eltern hätten niemals zugeben, dass sie fremdenfeindlich seien. Nach ihrer Aussage konnte man Ausländer mit uns Deutschen nicht vergleichen, Deutsche sind etwas Besonderes.*
*So lernte ich schon als Kind, wegen der oft zitierten Eigenschaften der Franzosen, dass jenseits des Rheins Leute wohnen, die leichtlebig, unmoralisch und vergnügungssüchtig sind – ohne je einen davon gesehen zu haben."* [90]

Die Lebensmittelrationen wurden im Verlauf des Krieges etwas kleiner. Wer ausschließlich auf das angewiesen war, was er mit den monatlich ausgegebenen Lebensmittelkarten kaufen konnte, wurde nicht immer ganz satt. Richtig hungern musste jedoch fast bis zum Kriegsende niemand. Vor allem Fleisch und Butter waren knapp bemessen. Mit Beginn der Rationierungen setzte ein reger Tauschhandel ein. Die Inhaber von Geschäften waren in dieser Zeit zweifellos Begünstigte und natürlich auch diejenigen, die auf dem Land lebten. Die Bauern verfügten als Selbstversorger über weitaus mehr Möglichkeiten der Nahrungsbeschaffung und somit auch des Tauschs als alle anderen. Obgleich Schwarzschlachtungen streng bestraft wurden, waren sie üblich. Nicht für jeden bestand die Gefahr, angezeigt zu werden. Auch wir erhielten von unseren Verwandten aus dem Bayerischen Wald ab und zu Pakete mit geräuchertem Fleisch und Butterschmalz.

Zum Bezug von Kleidung gab es die Kleiderkarte, bei der mit Hilfe eines Punktesystems die Wertigkeit eines Artikels festgelegt war. Für knappe Artikel gab es Aufrufe, durch die der Bezug bestimmter Waren unter Anrechnung der vorgeschriebenen Anzahl von Punkten freigegeben wurde. Alles war gut ausgedacht und schien perfekt zu sein, aber findige Volksgenossen fanden immer wieder Möglichkeiten der illegalen Beschaffung knapper Güter. Uns hat der Garten zusätzliche Nahrung verschafft, außerdem der Schneiderbetrieb meiner Mutter, deren Arbeit gefragt war, und die mitunter in Naturalien entlohnt wurde.

Am 11.2.41 landeten die ersten deutschen Truppen zur Unterstützung der Italiener in Tripolis, womit der Afrikafeldzug begann. Es folgte Anfang Juni 1941 der Russlandfeldzug, und bereits im Spätherbst des gleichen Jahres standen die deutschen Truppen vor Leningrad und Moskau. Dass Deutschland am 11.12.41 den USA den Krieg erklärt hat, wurde bei der herrschenden Siegesstimmung erstaunlicherweise nicht sonderlich registriert. So empfand ich es damals.

An den Beginn des Krieges mit Russland habe ich nur insofern Erinnerungen, als davon gesprochen wurde, dass es um die Ukraine ginge, die Kornkammer, auf die wir Deutsche nicht verzichten könnten. „Volk ohne Raum" war der Slogan, der damals immer wieder als eine Begründung für die Notwendigkeit einer Ausdehnung nach Osten zu hören war. Der schnelle Vormarsch der deutschen Truppen war wie im Frankreichfeldzug beeindruckend. Nur wenige konnten sich bis Ende 1942 vorstellen, was kommen musste.

Tagtäglich wurden im Rundfunk Sondermeldungen durchgegeben, mit denen die Erfolge der deutschen Wehrmacht bekannt gemacht wurden. Erkennungsmelodie war eine Passage aus „Les Préludes" von Franz Liszt. Die immer wieder gehörte Melodie klingt mir noch heute in den Ohren. Gemeldet wurden die Erfolge an den Fronten, der Abschuss feindlicher Flugzeuge, die Versenkung von Kriegs- und Versorgungsschiffen, die Luftangriffe auf Stellungen der Alliierten, auf Städte und Truppenbewegungen. Selbstverständlich wurde überwiegend Positives gemeldet. Der Umfang der eigenen Verluste war nur über die ständig zunehmenden Todesanzeigen von Wehrmachtsangehörigen in den Tageszeitungen zu ermessen. Wenn am Rande über Erfolge der Gegner berichtet wurde, dann klangen sie meist belanglos.

Begeisterung lösten die Erfolge im Afrikafeldzug aus. Rommel wurde als großartiger Stratege und Kriegsheld gefeiert. Ab Ende 1942 war es jedoch mit den Siegen in Russland vorbei, ebenso Anfang 1943 in Afrika.

Von Niederlagen war bis zum Ende des Kampfes um Stalingrad nichts zu hören. Die ersten Rückzugsbewegungen in Russland nannte man Frontbegradigungen. Im Spätjahr 1942 wurde Stalingrad, das von den deutschen Truppen erobert worden war, von den Russen eingekesselt. Immerhin gab es nun Berichte über den Kampf. Die Trauermärsche nach der Kapitulation der 6. Deutschen Armee waren das einzige Ungewöhnliche, und von da an gab es mitunter besorgte Aussagen im Hinblick auf den Ausgang des Krieges. Dennoch war mir der Ernst der Lage nicht bewusst. Ich glaubte an den Endsieg und an die Notwendigkeit durchzuhalten. Und ich war da nicht allein.

Von **Dieter Wolf** gibt es zu der Stimmung in der Bevölkerung nach der Schlacht von Stalingrad folgenden Kommentar: *Ungewöhnliche Töne schlug erstmals die NS-Propaganda bei der Kommentierung der Schlacht um Stalingrad an. Tagelang wurde über den dramatischen Kampf um die Stadt berichtet, anfangs über Erfolge, aber dann auch in zunehmendem Maße über die Einkesselung und schließlich über die Kapitulation der 6. Armee. An die Stelle der Siegesfanfaren traten Trauermärsche, was ungewöhnlich war. Ab diesem Zeitpunkt waren zunehmend auch skeptische Bemerkungen über den Ausgang des Krieges zu hören. Belanglose Äußerungen von Pessimisten, meinte ich. Stalingrad war ja so weit weg von Deutschland.*

*„Was uns nicht umwirft, macht uns stärker", dies war der dazu passende Spruch. Die Parole lautete nunmehr „Sieg um jeden Preis", „Durchhalten" bis zum Endsieg. Die meisten jungen Leute waren noch immer vorbehaltlos zum Kämpfen bereit. Viele von ihnen haben ihre Begeisterung noch in den letzten Kriegstagen mit dem Tod bezahlt."*[91]

Reden von Hitler und Goebbels sind mir nur noch vage in Erinnerung, obgleich ich zumindest ab 1941 einige im Rundfunk gehört habe. Allerdings kann ich mich an die Rede von Goebbels im Februar 1943 mit der Frage nach der Bereitschaft zum „Totalen Krieg" noch gut erinnern. Es ist mir damals bei seinen Fragen und dem stets laut gebrüllten „Ja" der Teilnehmer an der Veranstaltung eiskalt den Buckel hinuntergelaufen. Die Rede war mitreißend. Wenn man sie heute hört, dann versteht man, wie geschickt Goebbels sie aufgebaut hatte und damit die Leute in seinen Bann schlug. Ich konnte mich dem genauso wenig entziehen wie viele andere. Es schien so, als ob alle Deutschen bereit seien, bis zum bitteren Ende kämpfen zu wollen.

Wie Dieter Wolf schreibt, lauteten die Parolen nunmehr „Durchhalten" und „Sieg um jeden Preis". Vor allem junge Leute waren dazu vorbehaltlos bereit. Dass viele von ihnen ihre Begeisterung vor allem in den letzten beiden Kriegsjahren mit dem Tod bezahlen mussten, ist mir erst viel später bewusst geworden.

An eine außergewöhnliche Begebenheit aus dieser Zeit erinnere ich mich noch sehr gut. Als ich an einem Sonntagnachmittag im Anschluss an ein Fußballspiel des VfL Neckarau mit meinem Vater in einem Lokal saß, fiel uns ein junger Mann in Marineuniform auf. Er war etwa zwanzig Jahre alt. Ziemlich alkoholisiert stand er lallend an der Theke und konnte sich kaum mehr auf den Beinen halten. Nur widerstrebend ließ er sich von einem Mann aus dem Lokal führen. Ich war entsetzt darüber, dass sich ein deutscher Marinesoldat so in der Öffentlichkeit präsentierte. So durfte man sich doch als deutscher Soldat nicht benehmen!

Nach einiger Zeit kam die Wirtin zu uns an den Tisch, und mein Vater fragte, wer denn der junge Mann sei. Sie nannte seinen Namen und erzählte uns, dass er zu einer U-Boot-Besatzung gehöre und schon mehrere Feindfahrten hinter sich habe. An einem der nächsten Tage sei sein Urlaub zu Ende. Seit einigen Tagen käme er immer wieder in ihr Lokal, um sich zu betrinken. Mehrmals habe er gesagt, dass er nicht mehr zurückginge, und dabei habe er geweint. Seine Eltern seien verzweifelt, da sie ihm nicht helfen könnten. Der Wirtin kamen bei dieser Schilderung die Tränen. Ich war sehr betroffen, und mein Vater versuchte mir klarzumachen, dass hinter dem Verhalten des jungen Menschen die Angst vor dem stand, was als U-Boot-Fahrer nach seinem Urlaub erneut auf ihn zukommen würde.

Ich hatte natürlich keine wirkliche Vorstellung von den Nöten der Soldaten, die mit dem Tod und Schmerzen konfrontiert waren. Beurteilt hatte ich nur das negative äußere Bild, das sich mir damals rein zufällig dargeboten hatte, und das so gar nicht zu meiner Vorstellung von einem deutschen Soldaten passte.

So wie für mich der Unterricht auch während des Krieges weiterging, so verlief auch das Leben in unserer Familie in den gleichen Bahnen. Dies war nicht bei allen so, da in vielen Familien die Väter zum Kriegsdienst eingezogen und auch manche Mütter zu Dienstleistungen verpflichtet waren. Mit fortschreitender Dauer betraf dies immer mehr Familien. Offensichtlich wurde die anfangs etwas großzügigere Handhabung der Freistellung für kriegsnotwendige Arbeiten zunehmend stärker eingeschränkt. Mein Vater war zum Glück davon nicht betroffen. Seine frühere Tuberkulose bewahrte ihn vor dem Militärdienst.

Immer mehr Frauen wurden für die Arbeit in den Fabriken, im öffentlichen Dienst und in der Landwirtschaft rekrutiert. Als Schaffnerinnen und Briefträgerinnen waren sie auch in der Öffentlichkeit anzutreffen. Unsere frühere Nachbarin Käthe Mangold war eine dieser Schaffnerinnen. Ihr Mann war an der Front, und sie musste sehen, wie sie mit dem Dienst bei der Mannheimer Straßenbahn und der Betreuung ihrer Tochter klarkam. Junge schulentlassene Mädchen hatten ihr Pflichtjahr zu absolvieren. Danach kamen sie zum Arbeitsdienst und wurden anschließend zum Kriegshilfsdienst in Lazaretten und Sozialeinrichtungen herangezogen. Es gab Frauen, die sich mehr oder weniger freiwillig zum Kriegseinsatz meldeten. Sie wurden als Flak-, Marine- und Nachrichtenhelferinnen eingesetzt.

Meine Mutter war, da sie schon über 40 Jahre alt war, von all dem nicht betroffen. Dass Familien mit Parteibuch bei der Zuteilung von Mädchen, die das Pflichtjahr zu erfüllen hatten, begünstigt wurden, steht außer Zweifel. Kungeleien gab es, wie bereits beschrieben, auch unter den Nazis.[92]

Wenn rechtschaffene Leute von den Machenschaften und den Anmaßungen von Parteimitgliedern und möglicherweise auch von deren Untaten hörten, dann wurde das häufig mit dem Satz kommentiert: „Wenn das der Führer wüsste." Das positive Bild von Hitler blieb bis zum Kriegsende bei den meisten Deutschen erhalten. Es gab keinen Zweifel an seiner Rechtschaffenheit.

# Die Mannheimer Mittelschule

Wie erwähnt, war der Satz „Unsere Kinder sollen es einmal besser haben als wir" in Arbeiterkreisen oft zu hören, und auch meine Eltern dachten so. Dass dazu eine höhere Schulbildung beitragen würde, war ihnen bewusst, aber das Schulgeld für den Besuch eines Gymnasiums konnten sie nicht aufbringen. Von meinem Klassenlehrer wurden sie auf die Mittelschule aufmerksam gemacht, die 1939 in Baden als ein neuer Schultyp eingeführt worden war. Für den Besuch dieser Schule war nur die Hälfte des Schulgeldes zu zahlen, das für den Besuch der Gymnasien verlangt wurde. 96 Reichsmark waren pro Jahr aufzubringen. Hinzu kam das Fahrgeld von monatlich 3 Reichsmark für die Straßenbahn. Auch die Schulbücher mussten bezahlt werden.

In die wiederholten Beratungen, ob denn das Geld ausreicht, wurde auch ich einbezogen, und meine Eltern wollten von mir wissen, ob ich denn bereit sei, alles zu tun, um die zusätzlichen Ausgaben zu rechtfertigen. Schließlich kamen sie zu dem Ergebnis, mich zur Aufnahmeprüfung anzumelden, die ich wie erwartet bestand. Ich erinnere mich noch sehr gut daran, dass meine Mutter sehr gespannt auf das Prüfungsergebnis gewartet hat. Für sie wäre es eine große Enttäuschung gewesen, wenn ich versagt hätte.

Ab Ostern 1940 besuchte ich die Mannheimer Mittelschule. Der Unterricht fand in den Räumen der Luisenschule statt, der heutigen Max-Hachenburg-Schule. 1939 war bei der Eröffnung des neuen Schultyps im „Hakenkreuzbanner", der Mannheimer Tageszeitung, zu lesen, dass der damalige Rektor Brauß in seiner Ansprache darauf hinwies, dass sich Lehrende und Lernende über das Ziel der Schule klar sein müssten, nämlich über das vom Führer gegebene Ziel: Schaffung und Sicherung der Deutschen Volksgemeinschaft. *Das Lernen dürfe nicht deswegen erfolgen, weil es die Schule wolle, sondern weil heute das Lernen eine nationale Pflicht sei. – Mit einem Treuegelöbnis zum Führer, den Liedern der Nation und der damit verbundenen Hissung der Flagge fand die kurze Feierstunde ihren Abschluss.*[93]

Die Rede hätte damals auch an anderen Schulen so oder ähnlich gehalten werden können, denn 1939 waren alle Schulen annähernd in gleicher Weise systemorientiert. Dass es in meiner Schule, abgesehen von den Religionslehrern, keinen einzigen Lehrer gab, der nicht Parteimitglied war, hing mit der Neugründung der Schule zusammen. Unsere Lehrer wurden aus dem Kreis der Volksschullehrer rekrutiert. Wer nicht Mitglied der Partei war, der hatte keine Aufstiegschance. Einige der Lehrer waren vermutlich nur der Karriere wegen in die Partei eingetreten. Sie gehörten auch alle dem NS-Lehrerbund an.

Nicht alle Lehrer trugen stets das Parteiabzeichen am Revers. Wer zu den politischen Leitern der Partei zählte, der zog jedoch zu Feierlichkeiten stolz seine

Uniform an, auf der sein Dienstgrad zu erkennen war. Es gab auch einen Lehrer, der ständig seine Uniform anhatte. Es war die schwarze Uniform des Nationalsozialistischen Kraftfahrerkorps. Zweifellos war er einer der „Hundertprozentigen". Wie schon in der Volksschule hing selbstverständlich in jedem Klassenzimmer ein Bild des Führers.

**Dieter Wolf**, der wie ich die Mittelschule besuchte, berichtet: *In meiner Klasse gab es keine Kritik am NS-System. Zum Schulunterricht erschienen einige der Lehrer demonstrativ in der braunen Parteiuniform, alle Lehrer hatten das runde Abzeichen mit dem Hakenkreuz auch am Zivilanzug. Bei der Gründung der Mittelschule 1939 waren nur Parteimitglieder als Lehrer akzeptiert worden.*

*Ganz andere Gründe hatten manche Schüler, sich in Teilen ihrer Jungvolkuniform im Unterricht einzufinden. Die zur Winteruniform gehörende, sogenannte Skihose war für viele die einzige lange Hose, die sie besaßen, und die sie deshalb besonders gern in der kalten Jahreszeit trugen.*[94]

**Ruth Sebastian**, deren Vater die jugoslawische Staatsbürgerschaft hatte, besuchte ebenfalls die Mannheimer Mittelschule. Sie schreibt: *Das Schulgeld kostete damals pro Kind und Jahr 96 Reichsmark, was nur halb so viel wie das Schulgeld für die Oberschulen war. Meine Eltern hätten allerdings auch den geringeren Betrag nicht aufbringen können. Es gab jedoch eine staatliche Unterstützung für minderbemittelte Eltern, sofern die Kinder gute Zeugnisse hatten, und mein Bruder wie auch ich schafften die Voraussetzung zum Erlass des Schulgeldes. Außerdem hatten wir Lernmittelfreiheit, bekamen also die Schulbücher gestellt. Dass wir Ausländer waren, spielte offensichtlich keine Rolle.*

*Schülerinnen und Schüler waren nicht nur in getrennten Klassen, sondern auch in zwei getrennten Gebäudeteilen untergebracht. Die Trennung nach Geschlechtern war auch in der großen Pause vorgeschrieben. Dafür standen zwei getrennte Höfe zur Verfügung, in denen man brav seine Runden drehen musste. So streng waren damals die Sitten, für deren Einhaltung auch der Hausmeister sorgte. Er war eine stattliche Erscheinung mit schlohweißem Haar und weißem Schnauzbart, der ihm den Uznamen „Bismarck" einbrachte.*[95]

Ausnahmslos alle Lehrer begrüßten uns bei Beginn des Unterrichts mit „Heil Hitler", und wir beantworteten den Gruß mit erhobenem rechten Arm. So war es vorgeschrieben.

Selbstverständlich mussten wir uns dazu erheben. Die gleiche Prozedur wurde übrigens auch im Religionsunterricht verlangt. Wie sehr auf die Einhaltung der neuen Grußformel geachtet wurde, zeigt die Schilderung meines Schulfreundes Dieter Wolf. Er erzählte mir, dass er eines Morgens den Rektor auf dem Gang wie von zu Hause aus gewohnt höflich mit „Guten Morgen, Herr Rektor" grüßte, woraufhin er von ihm gepackt und zu einem Schild geführt wurde, auf dem in dicken Lettern stand: „Des Deutschen Gruß – Heil Hitler." Diesen ihm natürlich bekannten Gruß hatte er unter dem Gelächter einiger Mitschüler und zur Befriedigung des Rektors mehrmals ganz laut zu rufen.

Im Jungvolk wurden wir dazu aufgefordert, den „deutschen Gruß" überall zu verwenden. Wir sagten also auch beim Betreten eines Geschäftes pflichtgemäß „Heil Hitler". Geklungen hat das meist wie „Heitler". Die Vorschrift, dabei den Arm zu heben, wurde allerdings nicht immer eingehalten. Auch auf der Straße war anstelle von „Guten Tag" und „Grüß Gott" häufig „Heil Hitler" zu hören, nicht nur von uns Jugendlichen, sondern auch von Erwachsenen. Es ist heute kaum zu vermitteln, dass erwachsene Menschen beim Eintreten in ein Geschäft die Hand hoben und laut „Heil Hitler" sagten. Die Antwort mancher Ladenbesitzer und der anwesenden Kunden war zwar nicht immer, jedoch oft die gleiche, ein Beweis dafür, wie stark die Leute in das System eingebunden waren, und wie gedankenlos auch Erwachsene den Aufforderungen der Partei nachkamen. Bei allen offiziellen Schreiben stand am Ende entweder „Mit deutschem Gruß" oder „Heil Hitler", mitunter beides. Dass dieser Gruß nach dem Attentat auf Hitler auch in der Wehrmacht eingeführt wurde, zeugt von der Macht, welche die Partei dann später im Krieg hatte.

**Irmgard Helmstädter** schreibt: *Wenn ich mir vorstelle, dass wir nicht allein in der Schule unsere Lehrer mit „Heil Hitler, Herr Studienrat", begrüßten, sondern ebenso mit „Heil Hitler" auf den Lippen den Bäcker-, Metzger- oder Milchladen betraten und mit „deutschem Gruß" diesen auch wieder verließen, so kann ich heutzutage allenfalls schmunzeln, denn lächerlich war für uns diese Sache nicht. Wir waren damals ernsthaft bei der Sache und taten, was wir für unsere Pflicht hielten. Ich habe mein Verhalten nie als nationalsozialistisch angesehen, denn anderes kannte ich ja nicht. Als Nationalsozialisten haben wir eigentlich nur jene betrachtet, die ihr Parteiabzeichen offen am Revers oder eine SA-Uniform getragen und etwas zu sagen hatten.*

*Solche scheinbaren Äußerlichkeiten waren mir in Fleisch und Blut übergegangen. Ich habe ohne Zwang auch das Idealbild eines deutschen Mädchens verkörpern wollen und mir die Haare lang wachsen lassen. Hinzu kam, dass mir die blonden Zöpfe besonders gut standen. Später habe ich mir eine Zopffrisur im Stile der Frauenschaftsführerin Scholz-Klink zugelegt und die geflochtenen Zöpfe um den Kopf gelegt, was man als „Gretelfrisur" bezeichnete.*[96]

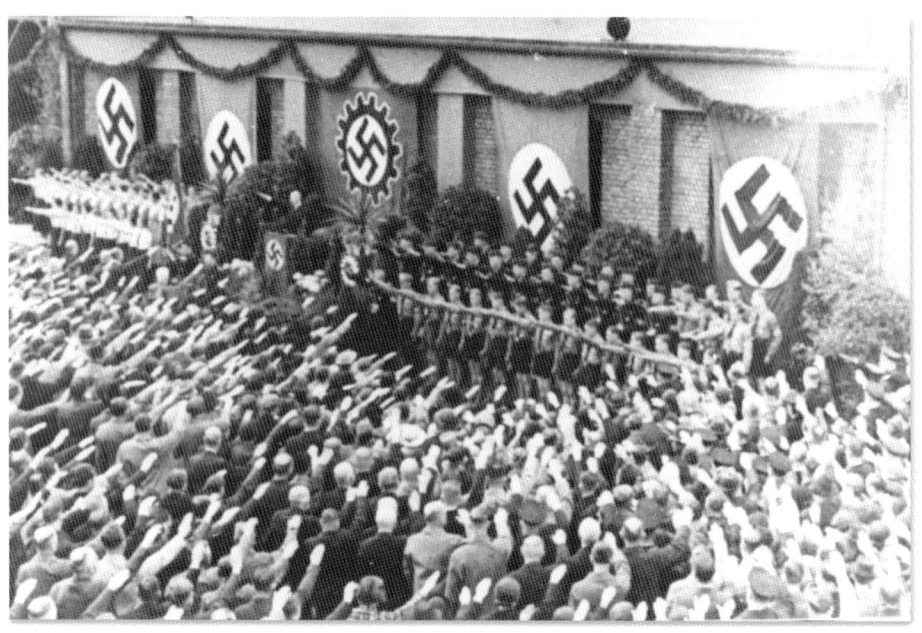

*Abschluss einer Maifeier mit dem „Deutschen Gruß"*

Von **Helmut Graf** gibt es nachstehende Schilderung: *Im zweiten Stock unseres Hauses wohnte ein Familie, die dem Nationalsozialismus zugetan war. Als mein Bruder und ich eines Tages den auf Heimaturlaub befindlichen Sohn dieser Familie mit „Guten Tag" grüßten, herrschte er uns an, ob wir denn nicht wüssten, dass man als deutscher Junge mit „Heil Hitler" zu grüßen hätte. Nach dieser Zurechtweisung waren wir beide ziemlich verunsichert und hatten ein schlechtes Gewissen. Als wir Tage danach unserer Mutter den Vorfall erzählten, war sie darüber empört und wies uns an, jeden im Haus und auf der Straße ausschließlich mit „Guten Morgen" oder „Guten Tag" zu grüßen. Als folgsame Kinder taten wir das auch.*[97]

Dass die Verweigerung des deutschen Grußes zu Schwierigkeiten führen konnte, zeigt die nachstehende Schilderung von **Anneliese Volle**. *Inzwischen war der Gruß „Heil Hitler" üblich geworden. Nicht nur die Jugendlichen, sondern auch viele Erwachsene grüßten mit „Heil Hitler", und manche hoben dabei die Hand zum Gruß, so wie das vorgeschrieben war. Unter der Geschäftspost und unter jedem offiziellen Schreiben stand: „Mit deutschem Gruß, Heil Hitler". Mein Vater, der bei der Stadt arbeitete, blieb weiter beim „Guten Morgen", wenn er zur Arbeit kam. Eifrige Kollegen meldeten sein Verhalten bei der Direktion, von der er zweimal gerügt wurde. Mein Vater, ein ruhiger und friedliebender Mensch, blieb jedoch standhaft. Ich höre heute noch die ängstliche Stimme meiner Mutter am Frühstückstisch, wenn er sich verabschiedete: „Sei vorsichtig, lass dich nicht provozieren, sei einfach ruhig." Wir Kinder spürten die Besorgnis und fühlten, dass eine unerklärbare Bedrohung in der Luft lag.*[98]

Meine Schulbücher in der Mittelschule waren in gleichem Maße wie die aller anderen Schulen mit nationalsozialistischem Gedankengut durchsetzt. Dies betraf vor allem die Geschichts- und Erdkundebücher, aber auch die im Deutschunterricht verwendeten Bücher. Es ging überall um die Erziehung im Sinne des Nationalsozialismus.

Sowohl im Geschichts- als auch im Erdkundeunterricht wurden die Kriegsereignisse kommentiert. Mitunter wurden Sondermeldungen über siegreiche Operationen auch im Unterricht unmittelbar nach deren Bekanntgabe verkündet. Von dem Mitschüler einer Parallelklasse wurde Folgendes berichtet: *Als die deutschen Truppen in Paris einmarschierten und dies am Vormittag des 14.6.40 bekannt gegeben wurde, ging der Rektor von Klassenzimmer zu Klassenzimmer und verkündete lautstark: Paris hat kapituliert. Im Turnsaal brach der Turnlehrer daraufhin die gerade stattfindende Übung ab, ließ die Klasse antreten und das Deutschlandlied singen. Danach war schulfrei.* – Ich selbst konnte mich an diese Aktion des Rektors nicht erinnern.

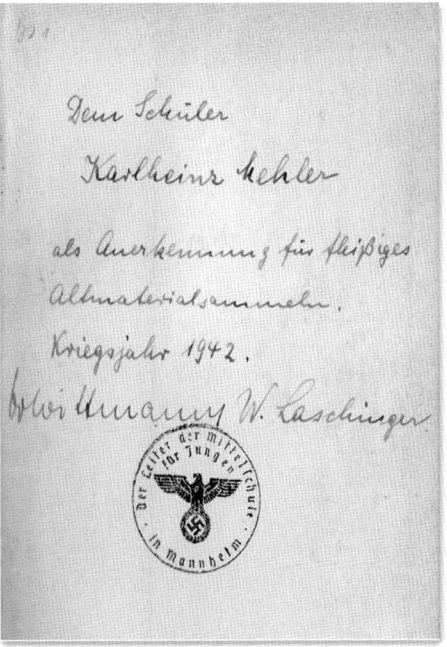

Die Sammlung von Altmaterial, insbesondere von Metall, Papier und von Textilien, wurde mit Kriegsbeginn intensiviert. Zuständig für das Sammeln waren die Schulen. Wer fleißig sammelte, wurde belobigt und erhielt eine Urkunde. Buchpreise wurden zusätzlich verteilt.

Durch die Ablieferung von Stoffresten aus dem Schneidereibetrieb meiner Mutter war es für mich nicht schwierig, zu den fleißigsten Sammlern von Altmaterial zu zählen. Ich konnte damit immer wieder glänzen und erhielt dafür mehrmals einen Buchpreis.

Später kam dann das Sammeln von Heilkräutern hinzu. Da nur wenige bereit waren, ihre Freizeit dafür zu opfern, wurden von den Lehrern Sammelnachmittage angeordnet. Unsere Klasse traf sich einige Male, um Brennnesselblätter, Spitzwegerich, Ackerschachtelhalme, Gänseblümchenköpfe, Kamille, Brombeerblätter, Schafgarben und einiges mehr an Kräutern zu sammeln. Sie wurden anschließend in der Schule getrocknet und bei der für die Weiterleitung zuständigen Dienststelle abgeliefert. Auf diese Weise mussten alle dazu beitragen, das Prestige unserer Schule zu wahren. Einmal ist unsere Klasse beim Einsammeln von Kartoffelkäfern und deren Larven tätig gewesen. Dem Gerücht, dass die Ausbreitung der Kartoffelkäfer in Deutschland eine der vielen perfiden Taten unserer Kriegsgegner sei, glaubten wir ohne zu zögern.

**Irmgard Helmstädter** schreibt über ihren damaligen Einsatz: *Das Schuljahr 1942/43 war zu Ende gegangen. Erstmals seit Kriegsbeginn musste auch ich, als damals 14-jährige Schülerin, in den Sommerferien einen besonderen Beitrag für den Endsieg leisten. Die Ablieferung von Heilkräutern, das heißt das eifrige Sammeln von Schafgarbe, Spitzwegerich und Taubnessel oder das Stricken von Wintersocken für unsere Soldaten an der Ostfront, zwar ebenso wichtig, genügte nun nicht mehr. Wir Schüler, Mädchen wie Buben, wurden zum Ernteeinsatz und Kartoffelkäfersammeln abgeordnet. Da ich mich jedoch für die Arbeit in der prallen Sonne nicht eignete, zog ich es vor, meine Pflicht in einem Rüstungsbetrieb zu erfüllen. Drei Wochen lang trat ich morgens um sechs Uhr in der Gummiwarenfabrik Schoeps & Co. in Friedrichsfeld meinen Dienst an. Meine Aufgabe bestand darin, vorgefertigte Gummischläuche mit Isolierband zu umwickeln. Für welchen kriegswichtigen Zweck diese Schläuche Verwendung fanden, ist mir nicht bekannt. Ich empfand diese Tätigkeit keineswegs als stumpfsinnig. Sie brachte Abwechslung in meinen gewöhnlichen Tagesablauf, und ich bekam am Ende sogar noch Geld dafür.*[99]

In dem Erdkundebuch der Mittelschule mit dem Titel „Großdeutschland und die Welt", das 1942 herausgegeben wurde, lautete das erste Kapitel „Der deutsche Lebensraum und das Reich". Ihm folgte „Der Kampf um die Grenze und das Reich". Die eingefügten Landkarten zeigten in etwa die Gebietsansprüche Hitlers. Es fand eine Vermengung von Geschichte und Erdkunde statt. Die Propaganda und die Einflussnahme auf die Meinungsbildung waren für denjenigen, der kritisch war, eindeutig zu erkennen. Wir, die Schulkinder, merkten dies natürlich nicht. Ob mein Vater jemals in meine Schulbücher geschaut hat, weiß ich nicht. Als Arbeiter war er stolz auf den Besitz von Büchern. Er war Mitglied der „Büchergilde", und ich hörte oft von ihm den Satz: „Lesen bildet". Abgesehen davon, dass er die damals in Schülerkreisen sehr beliebten Heftchen mit den Geschichten von Buffalo Bill, Tom Mix, Billy Jenkins und Jörn Farrow für Schundliteratur erklärte, hat er jedoch auf meine Bildung nur wenig Einfluss genommen.

Die Geschichtsbücher waren deutschnational orientiert. Das so hoch gelobte Germanentum stand in der Frühgeschichte im Vordergrund. Der Traum von einem großen deutschen Reich wurde über die Jahrhunderte hinweg geschildert. Dass Frankreich unser Erzfeind sei, war aus den Darstellungen in den Geschichtsbüchern leicht nachzuvollziehen. Es entsprach ja auch der Wahrheit, dass französische Truppen immer wieder auf deutschem Territorium anzutreffen waren und großen Schaden anrichteten. Dass uns die Engländer jeden wirtschaftlichen Erfolg missgönnten, wurde plausibel erklärt.

Immer wieder wurden uns Feindbilder vermittelt. Warum sollten wir daran zweifeln, dass es Hitler nur darum ging, Deutschland einen angemessenen Platz in der Welt zu verschaffen? Dass die Schmach von Versailles gelöscht werden sollte, davon war nicht nur im Geschichtsunterricht die Rede. Es war eine der üblichen Propagandafloskeln, welche ergänzt durch die Dolchstoßlegende nicht nur bei national Gesinnten sehr wirksam war. Dass wir ein Volk ohne Raum seien, kam später als eine der Begründungen für den Russlandfeldzug hinzu.

Die unzähligen Parolen und die ständige Propaganda der Partei in der Presse, im Rundfunk, in Filmen und in den Propagandareden der Nazigrößen wirkten nachhaltig. Das Geschichts- und Weltbild, das ganz bewusst bei uns Jugendlichen aufgebaut wurde, war weit von der Wahrheit und der Wirklichkeit entfernt. Es gab vieles, was einseitig gelehrt wurde, und leider machte uns niemand auf eine andere Betrachtungsweise aufmerksam. Kein Wunder, dass wir den Darstellungen und den Parolen glaubten, die uns ständig eingehämmert wurden.

Im Biologieunterricht stand bei uns die Rassenlehre nicht auf dem Programm. Sie war den älteren Semestern vorbehalten. Dafür wurden wir jedoch in der Hitlerjugend damit konfrontiert.

Im dritten Band des Geschichtsbuchs der Mittelschule wurde über den Einfluss von Juden in Wirtschaft, Politik, Zeitungswesen und Literatur in der Zeit von 1812 bis 1850 in ausschließlich abfälliger Form berichtet. Die jüdischen Dichter Börne und Heine wurden bezichtigt, die deutsche Geschichte und ihre großen Männer zu verhöhnen und im deutschen Volk die Ehrfurcht vor Gott, Vaterland und Fürsten zu untergraben. Die Zielrichtung war auch hier eindeutig.

Das 1941 erschienene Lesebuch für die Klassen 5 und 6 war wie folgt gegliedert:

Helden aus nordischem Blut
Kämpfer für Volk und Reich
Deutsche Heimat, deutsche Welt
Deutsches Wesen und Wirken

Im ersten Teil fanden sich sowohl Verse aus der Edda als auch aus der Ilias und der Odyssee. Zum Schluss kam jedoch auch Alfred Rosenberg mit dem „Mythus des 20. Jahrhunderts" zu Wort. Einige Beiträge von Hitler waren enthalten, überwiegend aus seinen Reden und aus „Mein Kampf". Immerhin waren auch Goethe und Schiller vertreten. Von Gorch Fock, Walter Flex, Josef Goebbels, Otto Dietrich, Alfred Rosenberg, Rudolf Binding und auch Paul von Hindenburg fanden sich ebenfalls Beiträge in unserem Lesebuch.[100]

### Der Gedichtband war wie folgt unterteilt:

Deine Art und dein Bekennen
Ehre und Mannestum
Opfer und Dienst
Ehrfurcht und Liebe
Frömmigkeit und Glauben
Natur und Schicksal
Deutsche Sprache, deutsche Kunst
Muße und Lebensfreude
Dein Auftrag und dein Gesetz
Sippe und Volk, Ahnen und Enkel
Arbeit und Wirken
Kämpfer und Helden
Recht und Sitte
Heimat und Reich

Diese Gliederung zeigt, worum es ging. Neben den Dichtern, die ganz im Sinne des Systems schrieben, waren natürlich auch Klassiker zu finden. Verständlicherweise fehlte Heine. Das Auswendiglernen von Gedichten war in meiner Schulzeit Teil des Deutschunterrichts. Wenn ich heute meine früheren Schulkameraden frage, an welche Gedichte sie sich noch erinnern, dann sind dies erfreulicherweise nicht die Gedichte von Werner Altendorf, Heinrich Anacker, Walter Flex, Will Vesper oder Baldur von Schirach, sondern die von Goethe, Schiller, Uhland,

Mörike, Hölderlin und Wilhelm Busch. Qualität scheint sich erfreulicherweise doch durchgesetzt zu haben.

An ausländerfeindliche Aussagen meiner Lehrer kann ich mich nicht erinnern, auch nicht an Judenhetze, allerdings genauso wenig an kritische Äußerungen gegenüber dem Nationalsozialismus. Sie verhielten sich alle linientreu, und die Begeisterung über die Kriegserfolge war bei fast allen unverkennbar. Insofern unterschieden sie sich keineswegs von der Masse der Volksgenossen.

Es ist schwierig, heute das Ausmaß der damaligen ideologischen Beeinflussung von uns Schülern durch die Lehrer zu beurteilen, denn neben der Schule gab es die Hitlerjugend und die Propaganda durch Presse und Rundfunk, die alle ihren Beitrag zur Ausrichtung auf die nationalsozialistische Doktrin leisteten. Ich meine, dass auch die Schule einen erheblichen Anteil an der Verdummung und Verführung von uns Jugendlichen hatte. An den Gymnasien war das nicht anders als an den Volks- und Mittelschulen. An einigen Gymnasien gab es zwar Lehrer, die sich mitunter kritisch äußerten, bei uns in der Mittelschule kannte ich allerdings keinen, der dazu bereit war.

Von den Lehrern wurde immer wieder auf das Schulsparen hingewiesen. Auch der Kauf der Schülerzeitschrift „Hilf mit – Illustrierte deutsche Schülerzeitschrift", die vom NS-Lehrerbund herausgegeben wurde, und auch Geldspenden für das Winterhilfswerk wurden von ihnen initiiert. Wenn man heute in den Exemplaren der genannten Schülerzeitschrift blättert, wird einem bewusst, wie massiv und geschickt auch dort die Propaganda war.

Wiederholt gab es in der Schule Werbeveranstaltungen der Wehrmacht, und wir wurden aufgefordert, die von uns bevorzugte Waffengattung anzugeben. Damals hatte ich im Gegensatz zu denjenigen, die bereits für die Fliegerei oder die Marine schwärmten, noch keine Präferenz bezüglich meiner zukünftigen militärischen Laufbahn.

Einige unserer Lehrer wurden zum Militärdienst eingezogen. Jüngere elsässische Lehrer sind damals nach Mannheim abgeordnet worden. Einer von ihnen, Paul Waltz, den wir „Pierre" nannten, erteilte uns Französischunterricht. Über sein französisch gefärbtes Deutsch lachten wir natürlich. Eines Tages war er verschwunden.

Es wurde gemunkelt, dass er wegen Verbindungen zur „Résistance" verhaftet worden sei.

Weil das Schulgebäude für die Unterbringung von Dienststellen benötigt wurde, fand etwa ab Anfang Juni 1943 der Unterricht einiger Jungenklassen nicht mehr in der Luisenschule, sondern in der Mannheimer Ingenieurschule am Gockelsmarkt (heute Kapuzinerplanken) statt. Die Klassen waren zu diesem Zeitpunkt bereits etwas dezimiert, da einige Schüler mit ihren Eltern Mannheim verlassen hatten. Ausgebombt waren damals nur wenige Familien. Aber die Angst vor weiteren Luftangriffen veranlasste manchen, der nicht aus beruflichen oder anderen Gründen in Mannheim bleiben musste, aufs Land umzuziehen.

Die Bemühungen, die Kirche aus der Schule zu verdrängen, wurden in den Kriegsjahren immer deutlicher. Ab 1942 gab es ein separates Zeugnisblatt für das Fach Religion, und der Ausschluss der Geistlichen von den Notenkonferenzen war nur eine der vielen Maßnahmen des NS-Staates, den Einfluss der Kirche im Bereich der Erziehung zurückzudrängen. Mit der Eckstundenregelung, durch die der Religionsunterricht generell auf die ersten oder letzten Stunden gelegt wurde, sollte bei den Schülern der Eindruck entstehen, dass der Religionsunterricht lediglich ein Anhängsel des ordentlichen Unterrichts sei.

**Trude Wittemann** berichtet von den Schwierigkeiten, mit denen der Neckarauer Pfarrer zu kämpfen hatte. *Unter Pfarrer Berberich feierte ich in der Jakobus-Kirche 1940 meine Erstkommunion. Er war ein Gegner des NS-Regimes, an dessen Haltung regimetreue Neckarauer Anstoß nahmen. Die Hetze gegen ihn führte schließlich dazu, dass er versetzt wurde. Sein Nachfolger war Pfarrer Albert Stehlin, der im Gegensatz zu seinem Vorgänger ein eher ernster und nicht gerade volkstümlicher Mann war. Aber auch bei ihm gab es keinen Zweifel an seiner Einstellung. Er war jedoch mit seinen Äußerungen vorsichtiger als Pfarrer Berberich. Ich erinnere mich daran, dass er bei einer Predigt zum Ausdruck brachte, mit den Märtyrern in den Lagern zu leiden.*

Dass es jüdische Mitschüler auch in der Mittelschule gab, habe ich erst nach dem Krieg erfahren. Hans Schweitzer zählte dazu. Er durfte 1939 zwar kein Gymnasium besuchen, wurde jedoch in die Mittelschule aufgenommen. Laut seinen Aussagen hatte er weder mit den Lehrern noch mit Mitschülern irgendwelche Probleme. Das Verhalten der Lehrer ihm gegenüber bezeichnete er als absolut korrekt. Umso überraschender kam für ihn und seine Eltern die Schulentlassung im Februar 1943, die damit begründet wurde, dass für Schüler jüdischer Abstammung nur acht Jahre Schulunterricht vorgesehen seien. Er war im Juli 1942 vierzehn Jahre alt geworden, und er war genau wie seine Klassenkameraden ein Mitmarschierer in der HJ und stolzes Mitglied eines Fanfarenzugs gewesen. Dass er eine Lehrstelle fand, verdankte er dem Vater eines Schulfreundes. Er überlebte den Krieg in Mannheim und wanderte in die USA aus. Von seinem Klassenkameraden Dieter Wolf war zu erfahren, dass er und seine Mitschüler sich nichts dabei gedacht hatten, als er die Schule verließ. Keiner wusste, dass er dazu gezwungen worden war.

Ein weiterer Schüler, der ebenfalls Halbjude war, besuchte ab 1941 unbehelligt die Mittelschule. Er befand sich ab 1943 genau wie seine Klassenkameraden in der Kinderlandverschickung.

Es gab allerdings auch andere Erfahrungen. Der Vater von **Walter Wassermann**, der 1924 in Mannheim geboren ist, war Jude. Seine Mutter ist vor der Hochzeit zum jüdischen Glauben übergetreten. Als Halbjude hatte Walter Wassermann ab 1936 keinen Schulunterricht mehr und wurde durch die Gestapo-Leitstelle Mannheim zu Zwangsarbeiten eingesetzt. Er berichtet: *Vom Schneeschaufeln bis zu Arbeiten im Straßenbau, in Gärtnereien und in einer „Lumpenzwick", einer Lumpensortieranstalt, habe ich bis Februar 1945 getan, was mir aufgetragen wurde. Dass bei den vielen Anpöbelungen, denen ich ausgesetzt war, immer wieder Angst aufkam und ich damals etwas geduckt durchs Leben ging, ist verständlich. Zum Glück hatten meine Mutter und ich bei meiner Großmutter ein Zuhause in guter Atmosphäre und wurden von allen Verwandten unterstützt. Meine Mutter war als Kontoristin in einem Lebensmittelgeschäft tätig, wo sie unbehelligt arbeiten konnte und von ihrem Chef regelmäßig Lebensmittel zugesteckt bekam. Die damalige uneigennützige und zum Teil gefährliche Unterstützung, die uns von Mitmenschen zuteil wurde, ist der Grund für meine Aussage: „Ohne die Guten hätte ich nicht überlebt." Da gab es den Vorgesetzten, der mir leichtere Arbeit zuwies, einen anderen, der mir etwas zu essen gab, und einen, von dem ich Kleidung erhielt. So kam ich über die Runden. Allerdings durfte ich weder ein Schwimmbad noch eine Arztpraxis oder einen Luftschutzbunker betreten.*[101]

# Das Jungvolk und die Hitlerjugend

Zu meiner Meinungsbildung trug ab 1940 vor allem die Hitlerjugend bei. Der Aufforderung zum Eintritt in das Jungvolk, der nationalsozialistischen Jugendorganisation für die 10- bis 14-Jährigen, konnte sich damals niemand entziehen. Seit 1939 war, wie bereits erwähnt, die Zwangsmitgliedschaft für alle Jungen und Mädchen gesetzlich vorgeschrieben.

Mein Jahrgang war 1939 zum Eintritt in das Jungvolk an der Reihe. Die erste Zusammenkunft fand im Hof der Neckarauer Kirchgartenschule statt. Wir wurden in die zwei „Fähnlein" aufgeteilt, die es damals für Neckarau Nord gab. Der neue „Jungzug" bestand aus drei „Jungschaften" zu je zehn „Mann". Ja, wir wurden bereits mit zehn Jahren zu Männern im Sinne des Jungvolks gemacht, und wer von uns wollte in diesem Alter nicht schon ein Mann sein. Wir lernten an diesem Tag unsere „Führer" kennen. Sie waren zwei bis drei Jahre älter als wir. Alle waren sportlich, und sie zählten keineswegs zu den Dümmsten. Die meisten von ihnen besuchten Gymnasien.

Die Anschaffung der Uniform, bestehend aus Braunhemd, schwarzem Halstuch mit Knoten, kurzer Cordhose, Koppel mit Koppelschloss, Schulterriemen und Käppi wurde uns dringend empfohlen. Kniestrümpfe ergänzten die Ausstattung. Eine entsprechende schriftliche Aufforderung wurde uns für die Eltern mitgegeben. Es dauerte zwar einige Wochen, bis jeder voll ausgerüstet war, aber schließlich brachten alle Eltern das Geld für die geforderte Ausrüstung auf. Vermutlich gab es eine finanzielle Unterstützung für sozial schwache Familien.

Im Winter war dann eine zweite Uniform, bestehend aus einer schwarzen Bluse, einer „Überfallhose" und einer Schirmmütze fällig. In der Übergangszeit wurde eine Kombination von Sommer- und Winteruniform getragen, nämlich die kurze Cordhose und die schwarze Bluse. Für die meisten von uns war die „Überfallhose", eine Hose, die unten einen Bund hatte, die erste lange Hose, die wir besaßen. Zuvor waren kurze Hosen mit langen Strümpfen, die mit Strapsen an einem sogenannten Leibchen befestigt waren, unsere Winterbekleidung.

Gleich am ersten Tag wurden wir mit den Zeiten vertraut gemacht, zu denen wir fortan jede Woche zum „Dienst" zu kommen hatten. Pünktlichkeit war ein wichtiges Gebot, das uns mit dem Satz „Zehn Minuten vor der Zeit ist Soldatenpünktlichkeit", verdeutlicht wurde. „Befehl ist Befehl" war eine weitere Aussage, die absoluten Gehorsam verlangte. Widerspruch wurde nicht geduldet. So begann es mit der Einführung in die neue Gemeinschaft.

Das Jungvolk übte von Anfang an eine enorme Anziehung auf mich aus. Ich war begeistert von all dem, was bei den Zusammenkünften geschah. Zweimal in der Woche war normalerweise „Dienst", am Samstagnachmittag von drei bis gegen sechs oder sieben Uhr, je nach Jahreszeit, am Mittwochabend von fünf bis acht Uhr. Woher meine Begeisterung und die vieler Altersgenossen kam, lässt sich am einfachsten damit erklären, dass im Jungvolk uns Jugendlichen, die alle annähernd gleichaltrig waren, ein Gemeinschaftsgefühl vermittelt wurde, das weder in der Schule noch in der Kirche oder in Sportvereinen zu finden war.

Der anfängliche Drill, unter dem zunächst alle litten, trat gegenüber der Vermittlung von Wissen vielfältiger Art, vor allem aber der körperlichen Betätigung beim Sport und bei Spielen schnell in den Hintergrund. Die ideologische Beeinflussung bei Schulungen wurde weder von unseren unmittelbaren Vorgesetzten noch von uns Jugendlichen bemerkt. Langsam, aber unaufhaltsam wurde fast jeder zu einem Anhänger des Nationalsozialismus. Nur wenige konnten sich dem entziehen, nach meiner Auffassung nur diejenigen, bei denen die Eltern Gegner des Systems waren und ihre Kinder von den möglichen Folgen der Entwicklung überzeugen konnten. Jugendliche Opponenten kamen fast ausschließlich aus Familien, in denen die Eltern überzeugte Christen, Kommunisten oder Sozialisten waren. Dass es Kinder gab, die ihre Eltern anzeigten, weil diese sie gewarnt und an einer aktiven Beteiligung im Jungvolk gehindert hatten, ist bekannt und bei der Indoktrination absolut nicht verwunderlich.

Das nicht sonderlich beliebte Exerzieren stand ganz am Anfang unserer Ausbildung. Es begann vom ersten Tag an. Das Kommando „rechts um" ergab die ersten Probleme, da die Wenigsten wussten, wo rechts und wo links war. Ich hatte bei diesen ersten Übungen einen Pullover an, der auf der linken Seite eine kleine Tasche hatte. Damit fand ich nach einigen Fehlversuchen mit einem kurzen Blick auf meine Brust schnell die notwendige Orientierung und konnte so die zunächst etwas ungewohnten Schmähreden meines Jungschaftsführers vermeiden. Selbstverständlich zog ich, solange ich noch keine Uniform hatte, den rettenden Pullover immer wieder an. Irgendwann begriff ich schließlich, und allen anderen ging es genauso, wo links und wo rechts ist.

Beim Exerzieren, bei körperlichen Übungen und bei der Kontrolle der Kleidung ging es von Anfang an recht derb und laut zu. „Waldheini", „Schereschleifer", „Hoschbes", „Bleedmann", „Schlurie", „Schlamber", „Hosseschisser",

„Hannebambl", „Schleimscheißer", „schlitzohrischer Messdiener", das waren so die gängigen Anreden, wenn einer etwas falsch machte oder nicht den nötigen Mut bewies. Der schlimmste Spruch, den ich noch in Erinnerung habe, lautete: „Eigrawe solld ma disch, un där de Kopp abschdolbern." Wir lachten zwar über diesen und auch über andere Sprüche. Lustig waren derartige Schmähungen jedoch für die jeweiligen Adressaten nicht immer.

Sensible Naturen und körperlich schwache Jugendliche hatten damit zweifellos ihre Probleme. Zu ihnen zählte **Siegfried Laux**, der wie folgt über seine Zeit in der Hitlerjugend berichtete: *Da ich von schwächlicher Konstitution war, musste ich früh erfahren, dass ich im Jungvolk und in der Hitlerjugend nicht die von Hitler für einen künftigen Soldaten geforderten Leistungen erbringen konnte. So übte ich verzweifelt auf Sportplätzen den Keulen-Weitwurf, für den beim Jungvolk eine Handgranaten-Attrappe Verwendung fand, doch blieb ich stets hinter den geforderten Leistungen zurück. Beim Marschieren konnte ich nicht einmal den Gleichschritt halten. Dagegen waren meine körperlich gut entwickelten Kameraden oft begeistert von den Möglichkeiten, wie sie ihnen in der Motor-HJ, der Marine-HJ und in der Segelflieger-HJ geboten wurden, natürlich im Hinblick auf spätere militärische Umsetzung. Die von der Hitlerjugend gesungenen Lieder waren oft vom NS-Rassenhass getragen. An eines dieser Lieder erinnere ich mich. „Die Juden zieh'n dahin, sie zieh'n durchs rote Meer, die Wellen schlagen zu, die Welt hat Ruh". Unvergesslich, wie wir mit unserem „Fähnlein" durch die Straßen marschierten, die HJ-Fahne mit beidseitiger Begleitung voran. Passanten mussten sie mit erhobener Hand grüßen. Ein alter Mann tat dies nicht. Der Fähnleinführer trat auf ihn zu und notierte sich aus seinem Ausweis seinen Namen. Der alte Mann tat mir leid, denn er musste mit Schwierigkeiten rechnen.*
*Die negativen Erfahrungen, die ich bei der Hitlerjugend machen musste, führten bei mir zu einer inneren Abwehrhaltung, die ich natürlich nicht nach außen zeigte.*[102]

Da keiner ständig angebrüllt und mit Schimpfnamen belegt werden wollte, wurden die Kommandos nach kurzer Zeit von allen richtig ausgeführt, und auch die Uniform war meist einwandfrei. Der neue Jungzug konnte nunmehr in der Öffentlichkeit auftreten. Lieder und Sprechchöre wurden eingeübt, und schon bald marschierten wir singend durch die Neckarauer Straßen. Das geschah meist im gesamten Verband des Fähnleins, das aus vier Jungzügen je einer Altersklasse bestand, und das natürlich auch eine Fahne und eine Trommel zum Schlagen des Marschtaktes hatte. Bei unseren Märschen durch die Neckarauer Straßen erweckten wir zweifellos die Aufmerksamkeit der Passanten.

Das Singen nahm einen recht großen Teil des Jungvolkdienstes ein. Mir fallen spontan ohne jede Schwierigkeit viele der Lieder ein, die wir gesungen haben. Von Ehre, Treue, Mut und Tod war da meist die Rede. Diese Lieder wurden durch Landsknechts-Lieder ergänzt. „Das Leben ist ein Würfelspiel" und „Vom Barette

*Das Fähnlein „Bonte" auf dem Marsch durch den Neckarauer Waldweg (1940)*

schwankt die Feder" waren die am meisten gesungenen Lieder dieser Art. Wir machten uns einen Spaß daraus, die Lieder etwas abzuwandeln. Aus „Vom Barette schwankt die Feder" wurde „Vom Tablette sprang ein Neger". Bei den ernsteren Gesängen trauten wir uns das natürlich nicht.

Um das Üben der Lieder nicht allzu langweilig werden zu lassen, gab es Singwettkämpfe. Die Jungzugführer gaben sich alle Mühe, den „singstärksten Jungzug" zu präsentieren. Wie bei allem wurde auch hierbei Leistung gefordert. Das Singen förderte genauso wie der Sport das Gemeinschaftsbewusstsein. Wir fühlten uns in der Jungschaft, im Jungzug oder im Fähnlein wirklich als eine Gemeinschaft, und mir imponierte das genauso wie vielen anderen.

**Dieter Wolf** ging es ähnlich: *Gesungen habe ich als kleiner Pimpf viel und laut, so wie es alle taten. Oft nur der Melodie folgend, ohne den Text richtig zu verstehen. Unsere Führer störte es nicht, wenn wir aus dem offiziellen Liedtext „.... denn heute hört uns Deutschland und morgen die ganze Welt" ein „denn heute gehört uns Deutschland und morgen die ganze Welt" machten.*

*Strengere Regeln galten jedoch für die Hymne der Jugend, das Flaggenlied der HJ. Der damalige Reichsjugendführer Baldur von Schirach, ein strikter Antisemit und Nazi der ersten Stunde, verfasste sie höchstpersönlich. Jeder der sechs Millionen Jugendlichen, die 1939 der Hitlerjugend angehörten, hat sie gesungen. Das ganze Machwerk dieses Festgesangs geht mir noch heute nicht aus dem Kopf. Es endet mit den Worten:*

Ja, die Fahne ist mehr als der Tod.[103]

Mir geht es ähnlich. Es gibt viele Lieder, die wir gesungen haben, deren Text und Melodie ich heute noch lückenlos abrufen kann. Dazu gehört auch die nachstehende Hymne der Hitlerjugend, die den Zeitgeist widergibt.

### Die Hitlerjugendhymne

Vorwärts, vorwärts, schmettern die hellen Fanfaren,
Vorwärts, vorwärts, Jugend kennt keine Gefahren.
Deutschland, du musst leuchtend stehn, mögen wir auch untergehn.

Vorwärts, vorwärts, schmettern die hellen Fanfaren,
Vorwärts, vorwärts, Jugend kennt keine Gefahren.
Ist das Ziel auch noch so hoch, Jugend zwingt es doch:

Unsre Fahne flattert uns voran, in die Zukunft ziehn wir Mann für Mann,
Wir marschieren für Hitler durch die Nacht und durch Not
Mit der Fahne der Jugend für Freiheit und Brot.

Refrain:
Unsre Fahne flattert uns voran,
Unsre Fahne ist die neue Zeit,
Unsre Fahne führt uns in die Ewigkeit,
Ja, die Fahne ist mehr als der Tod.

Die erste Prüfung auf Tauglichkeit nannte sich „Pimpfenprobe". Nur wer diese Prüfung bestand, durfte sich „Pimpf" nennen. Ich weiß nicht, woher diese offizielle Bezeichnung für das Jungvolkmitglied stammt. Selbstverständlich wurden alle den nicht allzu hohen Anforderungen gerecht. Sie bestanden darin, dass wir die Kommandos ordnungsgemäß ausführen konnten. Außerdem musste jeder den folgenden Spruch aufsagen können:

*Jungvolkjungen sind hart, schweigsam und treu.*
*Jungvolkjungen sind Kameraden.*
*Des Jungvolkjungen Höchstes ist die Ehre.*

Es war dies eine Art Gelöbnis. Etwas erschwerend kam bei der Prüfung hinzu, dass wir eine Mutprobe zu bestehen hatten. Diese wurde je nach der Sportlichkeit des Kandidaten gewählt. Ich hatte von einer etwa zwei Meter hohen Mauer zu springen. Die Fähigkeit, eine Landkarte, ein Messtischblatt lesen zu können, war eine Zusatzaufgabe, die jedoch nicht unbedingt beherrscht werden musste.

Nach bestandener Pimpfenprobe besaß man die Berechtigung, das „Fahrtenmesser", eine Art Dolch, am Koppel zu tragen. Auch das Hitlerjugend-Abzeichen durften wir uns nunmehr ans Revers der Tageskleidung heften. Selbstverständlich passte ich mich beim Haarschnitt den Gepflogenheiten an. „Streichholz-länge" war das richtige Maß. Die Cordhose konnte nicht kurz genug sein. Eine Handbreit über dem Knie musste sie spätes-tens enden. Eine längere Hose wurde abfällig als „Kniekitzler" bezeichnet. Ich erinnere mich, dass ich einige Schwierigkeiten hatte, meine Mutter von der „richtigen Länge" der Hosenbeine zu überzeugen.

Das Benehmen hatte „zackig" zu sein. Stramme Haltung, gerader Gang, einwand-freie Kleidung, vor allem auch gut geputzte Schuhe, ordentliches Benehmen, Aufmerksamkeit, exakte Ausübung der Befehle waren einige der Merkmale, die einen „zackigen Pimpfen" kennzeichneten. Zackig allein genügte jedoch nicht. Man musste sich auch „zusammenreißen" können. Gemeint war damit, dass man den „inneren Schweinehund" zu besiegen hatte. Selbstdisziplin wurde gefordert. „Ganze Kerle" sollten und wollten wir sein, die sich für die Gemeinschaft mit aller Energie einsetzen.

*Neckarauer Pimpfe des Fähnleins „Seydlitz" im Dienst*

Im Mittelpunkt der Jungvolkaktivitäten stand zweifellos die „körperliche Ertüchtigung", die Hitler auf einer seiner vielen Reden mit den uns immer wieder vorgesagten Worten so definiert hatte:

*Hart wie Kruppstahl, zäh wie Leder, flink wie die Windhunde.*

Wir bemühten uns, diesen Anforderungen gerecht zu werden, und unsere Jungvolkführer halfen uns dabei mit dem entsprechenden Drill und den sportlichen Übungen. Zuverlässigkeit, Pünktlichkeit, Treue, Gehorsam, Kameradschaft, das waren die Tugenden, die uns gelehrt wurden. Wer wollte sich dazu nicht bekennen? Auch heute kann man noch dazu stehen. Eine Tugend fehlte allerdings, nämlich die Toleranz. Ich bin sicher, dass ich das Wort Toleranz erstmals nach dem Krieg gehört habe. Auch von Menschlichkeit war nie die Rede, ebensowenig wie von Nächstenliebe.

Dass mancher auch seine religiöse Orientierung mit der Hitlerjugend vereinbaren konnte, zeigt die Schilderung von **Otmar Sester**:
*1936 wurde ich eingeschult, und wie alle meine Altersgenossen, die 1929 geboren sind, kam ich 1940 ins Jungvolk, wo ich wie die meisten meiner Schulkameraden zum begeisterten Mitmarschierer wurde. Mein Vater war Parteimitglied, meine Mutter, obgleich streng katholisch, war von Hitler durchaus angetan. Dass mich nach meiner Ersten Kommunion Pfarrer Bürkle als Messdiener gewinnen konnte, wurde in der Familie keineswegs beanstandet. Es gab zu Hause keine Kontroversen, was die Parteizugehörigkeit und die Zustimmung zur Kirche anbelangte, so wie dies in der Öffentlichkeit häufig der Fall war. Politik hatte bei meinen Eltern nichts mit Religion zu tun. Es störte auch niemanden, dass ich mit meiner Jungvolkuniform zur Kirche ging, um dort in mein Messgewand zu schlüpfen, und nach dem Gottesdienst an einer Feierstunde der NSDAP oder der HJ teilnahm. Beides war durchaus vereinbar.*[104]

Ähnliches berichtet **Irmgard Helmstädter**: *Nachdem ich in der vorgeschriebenen Weise mittwochs und samstags meine Pflichten als Jungmädel erfüllt hatte, bekannte ich mich sonntags zu meiner Kirche und atmete den Weihrauch ein. Ich besuchte regelmäßig die Gottesdienste, auch wenn ich von den Predigten meist nicht viel verstanden habe. Ich nahm an Maiandachten, Christmetten und an allen Fronleichnamsprozessionen teil, so lange, bis sie abgeschafft wurden, und ich gehörte der Jungfrauenkongregation an, die von Kaplan Schäuble betreut wurde. Ich war sowohl hier wie auch dort aktiv und fühlte mich in meinem Handeln deshalb nicht gespalten.*[105]

Zweifellos waren nicht alle Jugendlichen vom Jungvolk genauso begeistert wie ich. Ich meine jedoch, dass es die Mehrzahl meiner Altersgenossen war.

**Arno Bienstock** berichtet: *Wie alle meine Klassenkameraden kam ich 1939 zum Jungvolk. Der „Dienst" bestand im Sommer wie auch im Winter in einem jeweiligen „Antreten" am Mittwoch- und Samstagnachmittag. Wir waren alle uniformiert. Es wurde exerziert, wir lernten marschieren, und es wurden Lieder eingeübt. Sobald das Marschieren und Singen einigermaßen „saß", marschierten wir im Gleichschritt singend durch die Straßen des Stadtteils Luzenberg. Im Sommer fanden Geländespiele auf der Friesenheimer Insel statt, bei denen wir unsere Fähigkeiten zum Kämpfen Mann gegen Mann beweisen sollten.*[106]

Von **Emil Ziegler** gibt es nachstehende Schilderung, in der ähnlich wie bei mir die Begeisterung zu spüren ist:

*Ich erinnere mich sehr gerne zurück an die Zeit im Jungvolk. Von Anfang an war ich ein begeisterter Mitmarschierer. Ich fand alles ganz toll: Sport, Spiel, Singen, Geländespiele, Zelten, Lagerfeuer, Wettkämpfe, Kameradschaft und Freundschaft sowie auch das Zusammengehörigkeitsgefühl. Sogar die Uniform mit dem Braunhemd fand ich gut. Alles hatte einen hohen Stellenwert für mich. Politik erkannte ich hinter alledem nicht. Meine Eltern machten sich bestimmt keine Gedanken darüber, was während meines begeisterten Einsatzes als Pimpf im „Dienst", so hießen die angeordneten Zusammenkünfte, geschah. Sie glaubten mich in guten Händen, denn die Neckarauer Jungvolkführer waren nicht die Dümmsten. Sie waren alle sportlich und machten einen guten Eindruck. Uns wurde vieles von dem beigebracht, was den Vorstellungen meiner Eltern von Erziehung entsprach, nämlich Pünktlichkeit, Sauberkeit, Höflichkeit, Zuverlässigkeit, Kameradschaft, Einsatzbereitschaft, Treue. – Wer konnte etwas gegen diese Tugenden sagen? Für uns Jugendliche kam hinzu, dass wir im Jungvolk unter Gleichaltrigen und weg aus dem Bereich der strengen Eltern waren. Unsere Jungvolkführer waren nur zwei bis drei Jahre älter als wir. Sie waren für uns anerkannte Vorbilder.*[107]

Auch wenn die Eltern dagegen waren, dass ihre Kinder in der Hitlerjugend aktiv wurden, konnten sie es oft nicht schaffen, sie davon abzuhalten. Die Attraktion ist für die meisten Jugendlichen zu groß gewesen. Bekanntlich waren auch die Geschwister Scholl gegen den Willen ihrer Eltern bis Mitte der dreißiger Jahre HJ-Führer. Umso beachtlicher ist es, dass sie später zu Widerstandskämpfern wurden.

**Ruth Sebastian** schreibt: *Wir Kinder kamen, als wir zehn Jahre alt wurden, pflichtgemäß in die Hitlerjugend, mein Bruder zum Jungvolk und ich zu den Jungmädeln, da konnte sich keiner entziehen. Ich machte sehr gerne den Sport, und auch die Heimnachmittage waren eine Abwechslung mit Singen und Basteln. Wir wurden natürlich mit den nationalsozialistischen Parolen „geimpft", verstanden allerdings von der Politik noch nichts. Eine gewisse Begeisterung war sowohl bei meinem Bruder als auch bei mir vorhanden. Unter Jugendlichen, und damit außer der Kontrolle der Eltern zu sein,* *gefiel uns beiden. Zu Hause hieß es hingegen: „Lasst euch nicht zu HJ-Führern machen! Ihr werdet dort nichts!" – Warum meine Eltern das so formulierten, weiß ich nicht. Vielleicht steckte mein Großvater dahinter, der nichts von dem Regime und somit auch von der Hitlerjugend hielt.*[108]

Von **Irmgard Helmstädter** gibt es nachstehende Schilderung über den „Dienst" im BDM: *„Antreten war Pflicht. Die Treffen fanden jeweils an Mittwoch- und Samstagnachmittagen statt. Angetreten wurde an dem Platz am Alten Rathaus, damals in Friedrichsfeld eher als „Kerweplatz" bekannt. Dort stellten wir uns der Größe nach in Reih und Glied auf. Dann ging es in den Sommermonaten im Gleichschritt und mit einem frohen Gesang auf den Lippen in den Schwetzinger oder Seckenheimer Wald. Dort machten wir Geländespiele und Schnitzeljagden, woran ich keinerlei Gefallen*

*finden konnte. Auch alle anderen sportlichen Disziplinen lagen mir genauso wenig.*

*Die Zusammenkünfte in den Wintermonaten, „Heimabende" genannt, auch wenn sie an Nachmittagen stattfanden, lagen mir mehr. Die Räumlichkeiten, in denen wir uns versammelten, befanden sich im Spritzenhaus der Feuerwehr. Dort haben wir Lieder gelernt und gesungen, Theater gespielt und uns bei den allseits beliebten Scharaden auch pantomimisch versucht. Nirgendwo sonst habe ich mit Gleichaltrigen so fröhlich beisammen sein können.*[109]

Mit Ehrungen und der Förderung der Besten wurde unser Ehrgeiz immer wieder angestachelt. Wir waren nicht nur Kameraden, sondern auch Konkurrenten. Wer sportlich, intelligent und ehrgeizig war, der hatte es nicht schwer, im Jungvolk Karriere zu machen. Der Anreiz, den gestellten Herausforderungen gerecht zu werden, war für mich wie für viele andere groß, und die meisten waren bereit mitzumachen. Wer dazu in der Lage war, der wollte in der Hierarchie aufsteigen und zu den Führern zählen. Ich wollte das unter allen Umständen.

Geschickt war alles angelegt, vor allem auch die Rituale, mit denen nicht nur der Ehrgeiz, sondern auch die Begeisterung von uns Jugendlichen geweckt wurde. Weil ich noch zu den Kleinsten zählte, hatte ich beim Sport zwar meine Probleme, war aber sonst allen Anforderungen gewachsen. Sportliche Übungen und Wettkämpfe nahmen vor allem im Sommer einen wichtigen Platz ein. Kurzstreckenlauf und Wurfübungen waren meine schwache Seite, wogegen ich bei den Langstrecken und im Weitsprung zu den Besten meines Alters zählte. Die Wurfübungen mit einem Schlagball wurden schon früh durch das Werfen einer Handgranatenattrappe ergänzt, womit die Zielrichtung unserer sportlichen Betätigung verdeutlicht wurde. Sie bestand aus einem Holzstiel mit einer Eisenummantelung am Ende. Ich dachte mir nicht allzu viel dabei, wenn ich den Wurf dieses Sportgeräts aus liegender Stellung vornahm. Wer am weitesten geworfen hatte, war „Sieger im Handgranatenweitwurf".

Mit Begeisterung war ich dabei, und mein Ehrgeiz wurde belohnt, denn nach einem Jahr wurde ich zum Hordenführer ernannt. Mein Vater verzog das Gesicht, als ich ihm dies mitteilte. Das war aber seine einzige Reaktion auf meine Beförderung. Ich war natürlich stolz bei diesem ersten kleinen Schritt meiner Karriere. – Die Anfangszeit im Jungvolk fand für mich mit der ersten Kinderlandverschickung ihren Abschluss.

Dass die Begeisterung bei vielen mit zunehmendem Alter nicht mehr aufrechtzuerhalten war, ist verständlich. Bei der Hitlerjugend, die mit dem fünfzehnten Lebensjahr das Jungvolk ablöste, ließ die Bereitschaft zum Mitmachen stark nach. Für uns Jüngere war die Hitlerjugend eine ganz andere Einheit, mit der wir nichts zu tun hatten. Unsere Führer gehörten zwar teilweise zu deren Altersgruppe, das galt für den „Jungstammführer", der für das Jungvolk in den Vororten Neckarau und Rheinau zuständig war, und für die Fähnleinführer. Sie waren 15 oder 16 Jahre alt. Alle waren sie begeisterte Anhänger des Nationalsozialismus. Und alle meldeten sich freiwillig zum Militär und wurden mit 17 Jahren eingezogen. Dadurch ergab sich ein häufiger Wechsel in der sogenannten „Führerschaft".

Ich erinnere mich nur an einen Fähnleinführer, der eine Handwerkerlehre absolvierte. Alle anderen besuchten Gymnasien. Einer ist schon bald nach seiner Einberufung gefallen. Ein anderer kam nach kurzem Militäreinsatz mit einer Armprothese aus dem Kriegseinsatz zurück und übernahm die Position des Stammführers.

Unsere Jungvolkführer mokierten sich mitunter über den „Sauhaufen" bei der Hitlerjugend. Allerdings betraf dies in erster Linie die allgemeine Hitlerjugend und nicht die Sonderformationen der HJ.

*Hitlerjugend beim Marsch durch die Neckarauer Schulstraße (1941)*

Die Anziehungskraft der Sonderformationen der Hitlerjugend war zweifellos sehr groß, denn sie boten interessierten Jugendlichen für die damalige Zeit unvorstellbare Möglichkeiten. In der Motor-HJ fand eine Ausbildung zum Motorradfahrer statt. In der Marine-HJ und in der Nachrichten-HJ lernte man unter anderem Funken, und in der Reiter-HJ standen natürlich Reitpferde zur Verfügung. Die größte Attraktion hatte die Flieger-HJ, denn dort bestand die Möglichkeit, auf Fluglager geschickt zu werden, um Segelfliegen zu lernen. Für Jugendliche waren diese Spezialausbildungen großartig. Nur Kinder aus wohlhabenden Familien hätten, wenn überhaupt, an eine derartige Ausbildung denken können. Für alle andern wurden dank der Hitlerjugend Träume wahr.

**Arno Bienstock** berichtet über seine Erinnerungen an die Flieger-HJ: *In der Flieger-HJ bestand der „Dienst" zu jeder Jahreszeit darin, dass man in einer dem Nationalsozialistischen Fliegerkorps (NSFK) gehörenden Werkhalle, die sich in der Käfertaler Straße befand, an handwerkliche Tätigkeiten herangeführt wurde, offenbar um später in der Lage zu sein, kleinere Reparaturen durchführen und Pannen beim Flugbetrieb beheben zu können. Auf die jeweils etwa drei Stunden dauernde Tätigkeit unter der Leitung fachkundiger Handwerker, die als Bodenpersonal gedient hatten, habe ich mich immer gefreut.*

*Etwa einmal im Monat kam der Führer des Nationalsozialistischen Fliegerkorps Mannheim in voller Uniform zu uns in die Halle, um uns Hitlerjungen Unterricht zu erteilen, was meist anhand von Dias geschah. Regelmäßig wurde das Erkennen von Kriegsflugzeugen aller Länder geübt und die technischen und fliegerischen Vorteile unserer Flugzeuge, insbesondere der Jagdflugzeuge, erklärt.*

*An manchen Sonntagen fuhren die interessierten HJ-Mitglieder, zu denen ich zählte, zusammen mit Angehörigen des NSFK mit einem offenen Lastwagen zu den Sanddünen bei Oftersheim und Hockenheim. Der Segelgleiter SG 38 wurde auf einem Anhänger transportiert. Für uns Jugendliche bestand die Hauptaufgabe darin, den Fluglehrer und einige andere der älteren Semester mittels eines Gummi-Seilzuges in die Luft zu befördern.*

*Ab und zu durften auch wir auf dem kostbaren Gleitgerät kleine Luftsprünge wagen. Erster Höhepunkt meiner Flugausbildung war dann ein zweiwöchiger Lehrgang in den Sommerferien 1943, der in der Segelflugschule Heidelsheim bei Bruchsal stattfand.*[110]

**Otmar Sester** schreibt zum Thema Sondereinheiten der HJ: *Inzwischen war ich Mitglied der Motor-HJ geworden. Für uns junge Burschen war es damals etwas Besonderes, auf einer NSU-Quick, dem kleinsten Motorrad, das es damals gab, das Motorradfahren zu erlernen. Hinzu kamen Lehrstunden in allem, was ein Mechaniker können sollte. Die Angebote der Hitlerjugend waren damals äußerst attraktiv. Neben der Motor-HJ gab es die Flieger-HJ, die Nachrichten-HJ und die Marine-HJ, Organisationen, durch welche die Begeisterung von uns Jugendlichen verstärkt wurde, und durch die wir ganz bewusst auf den Kriegseinsatz vorbereitet wurden.*[111]

Von **Rudolf Clausing** stammt nachstehende Schilderung: *Für meine berufliche Ausbildung war die Motor-HJ von großem Nutzen. Ingenieure der Firma BBC, welche dem Nationalsozialistischen Kraftfahrer Korps (NSKK) angehörten, hielten Vorträge und gaben auch regelmäßig Unterricht. Ich lernte dabei zusätzlich vieles über Maschinen und Motoren kennen. Hinzu kam, dass unsere Heimabende bei der Firma Auto-Motoren, Hans Habicht, in der Lenaustraße stattfanden, einem Autohändler, bei dem wir alles rund ums Auto erlernen konnten. Auch die Vorbereitung auf den Führerschein fand dort statt, den ich bereits mit 17 ½ Jahren erwerben konnte.*[112]

Mein Cousin, der fünf Jahre älter als ich war, ist Mitglied der Marine-Hitlerjugend gewesen. Sein Auftritt in der Uniform der Marine-HJ beeindruckte mich immer sehr, ebenso seine Kenntnisse im Funken. Er war Scharführer und selbstverständlich hat er sich mit siebzehn Jahren als Kriegsfreiwilliger zur Marine gemeldet. Von seinem Einsatz auf einem Minensuchboot ist er als Kriegsinvalide zurückgekehrt.

Dass vieles, was in den Sondereinheiten der Hitlerjugend geschah, in starkem Maße der

Wehrertüchtigung diente, ist unverkennbar. Die militärische Erziehung machte jedoch keineswegs Halt bei der Hitlerjugend, auch in den größeren Betrieben wurden die Lehrlinge militärisch behandelt. Dazu die Schilderung eines Lehrlings der Mannheimer Firma Bopp & Reuther: *Ich weiß noch, wir mussten jeden Morgen in Dreierreihen antreten. Schnurgerade standen wir da, so wie wir es schon beim Jungvolk gelernt hatten. Der Lehrgangsälteste ließ uns strammstehen: Richt' Euch, Augen geradeaus, abzählen! Genau wie beim Militär. Dann kam der Ausbildungsleiter raus, dem wurde gemeldet. Dann wurden die Hakenkreuzfahne und die Hitlerjugendfahne vor der Lehrwerkstätte hochgezogen, und somit begann der Arbeitstag, morgens um 6 Uhr.*[113]

*Die morgendliche Flaggenhissung bei Bopp & Reuther*

Der gewohnte Drill im Jungvolk wurde durch meine erste Kinderlandverschickung unterbrochen. Er ging danach unvermindert weiter. Samstags begann der „Dienst" meist damit, dass wir am Nachmittag auf dem Neckarauer Marktplatz antreten mussten. Im Sommer marschierten wir von dort aus zum „Paul-Billet-Platz", einem großen freien Gelände am Rheindamm, auf dem sich zwei Sportplätze befanden, von denen einer eine Aschenbahn hatte. Außer den beiden Plätzen gab es dort ein großes Wiesengelände. Ähnlich wie beim „Schlageter-Park", dem heutigen August-Bebel-Park, kam die Namensgebung für den Platz von einem „Nazihelden", einem SA-Mann, der 1931 in Karlsruhe angeblich von Kommunisten ermordet worden war. Heute befindet sich an dieser Stelle das „Waldweg-Stadion" des VfL Neckarau.

Bei den mitunter geplanten gemeinsamen Aufmärschen des Jungstamms marschierte der Jungstammführer vorneweg, dahinter kamen der Fanfarenzug und anschließend die drei Neckarauer Fähnlein, wobei vor jedem Fähnlein dessen Fahne getragen wurde. Ein stattlicher Zug war das mit mehr als dreihundert „Mann". Dabei wurden Marschlieder gesungen, und zwischendurch war der Fanfarenzug zu hören, eine Sondereinheit des Jungstamms. Diese großen Aufmärsche waren jedoch die Ausnahme, denn meistens sind die Fähnlein unabhängig voneinander zu den Sportstätten marschiert.

Bei den Märschen durch Neckarau wurde fast immer gesungen. Wir hatten ein großes Repertoire an Marschliedern, das ständig erweitert wurde. Auf dem Sportplatz und in dem angrenzenden Gelände wurde dann entsprechend den Anweisungen der Vorgesetzten das vorgesehene Programm abgewickelt. Exerzieren, Sport, Spiele, Geländeübungen, Schulungen im Kartenlesen, im Liedersingen, im Weitergeben von Meldungen und manches mehr wurden mit Eifer betrieben. Dass man eine schriftliche Meldung im Notfall hinunterschlucken musste, bevor sie in feindliche Hände fiel, wurde zwar besprochen, musste jedoch nicht geübt werden. Ziel aller Bemühungen war ohne Zweifel die sogenannte Wehrertüchtigung der deutschen Jugend, so wie Hitler und seine Helfer das wollten.

*Das Fähnlein „Bonte" auf dem Marsch durch Neckarau (1941)*

Die sportlichen Leistungen wurden in bestimmten Zeitabständen für jeden registriert. Besonders stolz waren diejenigen, die es schafften, die Bedingungen des Sportabzeichens und später auch des Schießabzeichens der Hitlerjugend zu erfüllen. Dafür wurde häufig trainiert. Ich hatte beim Sport noch immer einige Probleme. Das Sportabzeichen schaffte ich trotz aller Anstrengungen zu meinem großen Bedauern nicht. Der 60-Meter-Lauf war meine Achillesferse. Bei allen anderen Aktivitäten, bei denen es auf Verstand, Wissen und auf Geschicklichkeit ankam, konnte ich jedoch gut mithalten. Wahrscheinlich war dies der Grund dafür, dass ich trotz der Mängel im Sport zum Jungschaftsführer ernannt wurde. Ganz stolz kam ich mit meiner rot-weißen Führerschnur, despektierlich auch „Affenschaukel" genannt, nach Hause.

Eine eindeutige Reaktion meines Vaters auf meine Beförderung blieb auch diesmal aus. Vielleicht war er sogar stolz auf seinen Sohn. Meine Mutter kümmerte es wenig, was da geschehen war. Sie hatte keinerlei Bedenken, auch einem Jungschaftsführer eine Ohrfeige zu verpassen, wenn ihr dies angebracht zu sein schien.

Ich gehörte nunmehr zum exklusiven Kreis der „Führerschaft" des Fähnleins 55 „Bonte". Bonte war ein Marineoffizier, der sich in Norwegen ausgezeichnet und dort den Tod gefunden hatte. Die Zugehörigkeit zur „Führerschaft" hatte zusätzliche Schulungen und Aktivitäten zur Folge, die mich in Kontakt mit den meist älteren Jungschafts- und Jungzugführern sowie dem Fähnleinführer brachten. Alle sprachen und handelten im Sinne des nationalsozialistischen Systems, von dem sie begeistert waren. Für mich sind sie in meiner jugendlichen Naivität Vorbilder gewesen, was insofern nicht erstaunlich war, als es sich bei ihnen durchweg um junge Leute handelte, die intelligent waren und ihr Wissen und auch ihre Überzeugung vermitteln konnten. Wahrscheinlich war es ihnen zuvor genauso gegangen wie mir. Auch sie hatten ihre Vorgänger als Vorbilder erlebt. Die Kehrseite des Systems, vor allem die ihm eigene Unmenschlichkeit, erkannten sie genauso wenig wie ich. Sie wussten meines Erachtens auch nicht, was in den Konzentrationslagern geschah. Für mich ist das eine der Erklärungen für mein und auch ihr damaliges Verhalten und für ihre Begeisterung, die sie mir und auch anderen vermittelten.

Wie berichtet haben die Propaganda, der Schulunterricht und das Verhalten von Erwachsenen uns Jugendliche sehr beeinflusst. Hinzu kam dann noch, dass uns bei sonntäglichen Feierstunden der Nationalsozialismus fast wie eine Religion vermittelt wurde. Wir sangen mit Inbrunst Lieder, deren Anfangsstrophen mir in Erinnerung geblieben sind, wie

*Heilig Vaterland, in Gefahren deine Söhne sich um dich scharen, von Gefahr umringt, heilig Vaterland, alle stehen wir Hand in Hand.*

*Nichts kann uns rauben Liebe und Glauben zu unserm Land. Es zu erhalten und zu gestalten, sind wir gesandt.*

*Deutschland, heiliges Wort, du voll Unendlichkeit, über die Zeiten fort seist du gebenedeit.*

Es gab auch ein klanglich ansprechendes Weihnachtslied, das an das christliche Lied „Stille Nacht, Heilige Nacht" erinnert, aber eindeutig Mythen des National-sozialismus anspricht.

*Hohe Nacht der klaren Sterne,*
*Die wie weite Brücken stehn*
*Über einer tiefen Ferne,*
*Drüber unsre Herzen gehn.*

*Hohe Nacht mit großen Feuern,*
*Die auf allen Bergen sind,*
*Heut muß sich die Erd' erneuern*
*Wie ein junggeboren Kind!*

*Mütter, euch sind alle Feuer,*
*Alle Sterne aufgestellt;*
*Mütter, tief in euren Herzen*
*Schlägt das Herz der weiten Welt!*

Ich glaubte an das „Heilige Vaterland" und an dessen Gefährdung. Wenn Hitler von der „Vorsehung" sprach, dann meinte ich, er spräche von Gott. Ich übertrug meine Gläubigkeit ohne Schwierigkeit auf den neuen Mythos. Alle moralischen Werte, wie sie mir im Religions- und Kommunionunterricht vermittelt worden waren, schloss ich darin ein. Ich erdachte ein eigenes Abendgebet, das nicht weit von dem entfernt war, das ich von Kindheit an gebetet hatte.

Vieles, was mich und viele andere Jugendliche damals bewegte, ist heute nur schwer nachvollziehbar. Aber offensichtlich ist es nicht allzu schwer, junge Menschen zu beeinflussen und für neue Ideen und für Ideale zu begeistern. Dass nur kurze Zeit nach dem Zusammenbruch Deutschlands in den Jugendorganisationen der DDR mit ähnlichen Methoden Jugendliche für ein autoritäres System begeistert werden konnten, ist der beste Beweis dafür. Die rechtsorientierten Parteien arbeiten heute mit den gleichen Mitteln. Sport, Musik, Wanderungen, Märsche und Lagerfeuer-romantik. Damit kann man Jugendlichen imponieren. Die Ausländerfeindlichkeit und der Antisemitismus, so wie wir sie damals verinnerlichten, passen heute gut zu den von den Rechten vertretenen Ansichten.

Ich habe mich oft gefragt, wie meine Einstellung gewesen wäre, wenn ich bei Kriegsbeginn zehn Jahre älter gewesen wäre. Hätte ich die Verlogenheit des Systems erkannt, und welche Konsequenzen hätte ich daraus gezogen? Die Frage ist leider nicht zu beantworten. Jeder, der nicht dem System verfiel, weil er später geboren wurde, kann wirklich von der „Gnade der späten Geburt" sprechen. Mir ist absolut unverständlich, weshalb man diese Aussage von Helmut Kohl, dem ehemaligen Bundeskanzler, infrage stellte.

Der Jungvolkdienst ging ununterbrochen weiter. Ich lernte Kommandieren. Es war für mich ganz selbstverständlich, meine Jungschaft genauso zu führen, wie es die anderen taten, nämlich mit der gleichen Bestimmtheit und im gleichen Befehlston. Ob ich auch ihre Ausdrücke, von denen ich oben eine Kostprobe gegeben habe, benutzte, weiß ich nicht mehr. Es ist jedoch sehr wahrscheinlich. Ich versuchte wie sie, meine Jungschaft bei Geländespielen zum Erfolg zu führen. Bei Feiern trug ich markige Gedichte vor. Eine Weihnachtsfeier in einem Saal in Rheinau ist mir noch in Erinnerung. Wahrscheinlich war es eine von der NSDAP organisierte Veranstaltung. Ich musste zwei Gedichte vortragen und hatte dazu auf einer Bühne zu stehen. Mein Lampenfieber bei diesem ersten öffentlichen Auftritt vor Erwachsenen war verständlicherweise groß.

Keinerlei Hemmungen hatte ich dagegen im Kreis der Jugendlichen. Ich erteilte Unterricht, indem ich all das so weitergab, wie ich es von meinen Vorgesetzten gelernt und in Büchern gelesen hatte. Ich bemühte mich, meine Geschichtskenntnisse zu erweitern, so wie uns die Geschichte eben dargeboten wurde, und gab das Gelernte ohne viel nachzudenken weiter. Meist ging es bei den Referaten um Personen und Ereignisse aus der Geschichte der NSDAP. Die Kriegsereignisse wurden kommentiert, die Verdienste des Führers und der Partei hervorgehoben. Ich dachte mir nicht viel dabei und hielt das alles für selbstverständlich und auch notwendig.

*Unser Jungzug bei einer Schulung auf dem „Paul-Billet-Platz" (1942)*

Zum Glück bin ich nie in die Lage gekommen, etwas tun zu müssen, für das ich mich heute schämen müsste. Die Frage, inwieweit gewisse Anforderungen an unbegabte oder körperlich schwächere Pimpfe, die ich wie viele andere schon als kleiner Jungschaftsführer stellte, bereits zum Grenzbereich von „Unmenschlichkeit" zählen, ist jedoch angebracht. Sadistisch veranlagte Menschen konnten damals sicherlich schon in jugendlichem Alter ihnen unterlegene Altersgenossen psychische und auch körperliche Schäden zufügen. Glücklicherweise hatte ich dazu weder Veranlagungen noch Neigungen.

Die Beteiligung an Straßensammlungen, mit denen sich die Partei unter recht unterschiedlichen Schlagworten, vor allem dem der „Winterhilfe", Geld beschaffte, war zwar keine beliebte Tätigkeit, aber ich machte natürlich auch dabei mit. Gegen eine Spende in die Sammelbüchse wurden Abzeichen der unterschiedlichsten Art angeboten. Vermutlich gibt es auch heute noch Sammler dieser „Kleinkunst". Zum Sammeln wurden jeweils zwei Jugendliche, aber auch Erwachsene eingeteilt. Der Inhalt der Sammelbüchse musste am Ende des Tages bei der Ortsgruppenleitung der NSDAP abgegeben werden. Es ist bei diesen Sammlungen immer sehr viel Geld zusammengekommen. Es gab einen „Eintopfsonntag", an dem zugunsten des „Winterhilfswerks" eine Listensammlung stattfand. Der in der Familie mit Hilfe des billigeren Eintopfs eingesparte Betrag sollte gespendet werden.

Als Mitglied der „Führerschaft" unseres Fähnleins war ich bei allen Unternehmungen dieser Gruppe, die sich für elitär hielt, beteiligt. Am Wochenende fuhren wir oft mit den Fahrrädern zum Zelten nach Hirschhorn. Wir hatten da unseren Stammplatz am Neckar. Von dort aus kletterten wir mitunter durch die Sandsteinwände hoch zur Burg Schwalbennest. Die Nächtigung auf einem kleinen Felsvorsprung in einer steilen Wand war eine der Mutproben, die zu bestehen waren. Nächtliches Schwimmen im Neckar und im Rhein, Nachtmärsche mit Gepäck und Radtouren durch den Odenwald waren weitere Aktivitäten unserer Gruppe.

Was auch immer verlangt wurde, all dies machte ich begeistert mit. Die Befehlsstrukturen waren klar. Die Vorgesetzten in dieser kleinen eigenständigen Welt waren voll anerkannt. Die Zugehörigkeit zu dem exklusiven Club der „Führerschaft" erfüllte mich mit Stolz. Kameradschaft und Disziplin waren die großen Schlagworte, unter denen alle Aktivitäten liefen. Heldentum war das im Krieg verherrlichte Ideal, von dem wir Jugendlichen träumten.

Kleinkaliberschießen stand auch auf dem Ausbildungsprogramm der „Führerschaft". Es fand Sonntagvormittags auf einem Schießstand beim Stollenwörthweiher statt. Es waren aber nicht nur die sportlichen Aktivitäten und die nationalsozialistische Weltanschauung, die unsere Gemeinschaft und das „Gruppenbewusstsein" prägten. Gemeinsame Theater- und Kinobesuche förderten gleichermaßen den „Gruppengeist" und die Kameradschaft. Für meinen ersten Theaterbesuch im Nationaltheater in Mannheim stand ich an einem Wintermorgen mit zwei oder drei anderen unserer Gruppe um fünf Uhr morgens an der Theaterkasse, um für die gesamte „Führerschaft" Theaterkarten für die Oper „Die Meistersinger von Nürnberg" zu ergattern. Von der Aufführung waren wir alle hell begeistert. Die Musik von Wagner war damals besonders gefragt. Sie passte zu der „Heldentümelei", der Betonung des Deutschtums und zu dem Pathos des Systems.

Während ich in der Schule altersbedingt von der Rassenlehre verschont blieb, war sie in der Hitlerjugend ein Thema. Es wurde uns die Überlegenheit der „germanischen Rasse" und die Minderwertigkeit aller anderen, insbesondere der Juden, vermittelt. Wir Deutschen zählten zu den „edlen Nordmännern". Ich kann mich daran erinnern, dass mir der Hinweis auf unsere körperliche und geistige Überlegenheit durchaus imponierte. Wer von uns wollte nicht ein besonderer Mensch sein? Die wenigsten von uns hatten blaue Augen und blonde Haare. Ich auch nicht, und auch bei der Körpergröße fehlten mir einige Zentimeter. Trotzdem glaubte ich, die überragenden Fähigkeiten und die vielen anderen gepriesenen Qualitäten der Germanen in mir zu spüren.

Als ich einmal einen meiner Jungvolkführer fragte, ob ich mich mit meinen braunen Haaren und braunen Augen auch zu den Ariern zählen dürfe, verwies er auf Hitler. Das Äußerliche spielte offensichtlich doch keine so große Rolle. Nicht um Äußerlichkeiten, sondern um die Veranlagungen, die Haltung und den Geist, meinte er, ginge es. Er faselte dann noch im Zusammenhang mit Hitlers Abstammung etwas von der dinarischen Rasse. Vermutlich hatte er sich mit der Rassenlehre etwas beschäftigt. Ich fragte nicht weiter nach, seine positive Einschätzung meiner Veranlagungen reichte voll aus. Ich durfte mich für einen der „edlen Arier" halten.

Vermutlich haben nicht alle ähnlich positive Erinnerungen an ihre Jungvolkzeit. Für einige ist der Jungvolkdienst quälend gewesen, vor allem für diejenigen, die nicht sportlich waren oder keine gute Auffassungsgabe hatten. Dass es jedoch viele gab, die meine Begeisterung teilten, davon bin ich deshalb überzeugt, da auch in der Kinderlandverschickung die Jungvolkaktivitäten ohne Murren akzeptiert wurden und keiner opponierte. Die sportliche Betätigung, das Herumtoben und auch die Anstrengungen bei Geländespielen waren für die meisten ein wohltuender Ausgleich zum Unterricht, dem Lernen und dem, was die Eltern von uns Jugendlichen forderten. Es war auch die Flucht aus dem Alltäglichen und das Zusammensein mit Gleichaltrigen, die den Reiz ausmachten.

Dass es auch Gleichaltrige mit einer anderen Einstellung gab, stellte ich verwundert fest, als ich bei meinem Jugendfreund Kurt Lochstampfer zu dessen Geburtstag eingeladen war. Dort traf ich auf einige seiner neuen Freunde, die mit ihm das

Gymnasium besuchten. Alle rauchten, was bei uns Jungvolkführern verpönt war. Außerdem hörte ich dort eine Musik, die mir nicht bekannt war. Es war Jazz, der aus dem Grammophon erklang und mit Begeisterung kommentiert wurde. Das Klatschen und die rhythmischen Bewegungen der Zuhörer irritierten mich. Ich fühlte mich deplatziert und war froh, als ich nach dem Geburtstagskaffee den Kreis verlassen konnte. Die musikbegeisterten Raucher hielten mich bestimmt für einen „Kulturbanausen". Zum Nachdenken hat diese Begegnung bei mir nicht geführt.

Aus dieser Zeit erinnere ich mich an einen Marsch des Jungstamms von Neckarau in die Innenstadt anlässlich der Verpflichtung der ersten Luftwaffenhelfer, die im Nibelungensaal des Rosengartens im Februar 1943 stattfand. Dem Fanfarenzug und den Fahnen voran schritt damals Jungstammführer Gramlich, der aus dem Militärdienst entlassen worden war, weil er einen Arm verloren hatte. Wir nannten ihn wegen seines übertrieben elastischen Ganges den „Dodderer". Als ehemaliger Frontsoldat genoss er selbstverständlich unsere Hochachtung.

Die Feier in dem festlich geschmückten Nibelungensaal wurde musikalisch umrahmt und fand mit einem großen Aufgebot an Vertretern von Militär und Partei statt. Auch die Eltern der Verpflichteten waren zu der Feier eingeladen. Wir standen bei den Reden und bei dem Gelöbnis mit unseren Fahnen auf der Bühne. Mit derartigen gut organisierten und vorbereiteten Inszenierungen verstand es die NSDAP, die Teilnehmer zu beeindrucken. In den Reden wurde wie üblich von der Bedeutung des bedingungslosen Einsatzes der Jugendlichen und von dem bevorstehenden Sieg gesprochen. 15 und 16 Jahre alt waren die Schüler der Mannheimer Schulen, die damals zum Einsatz bei der Fliegerabwehr verpflichtet wurden.

*Feier anlässlich der Verpflichtung der Flakhelfer im Nibelungensaal des Rosengartens*

Meine Teilnahme an einem vom Jungbann Mannheim für den Führungs-Nachwuchs veranstalteten Zeltlager in Waldwimmersbach im Odenwald führte zu Kontakten mit Jugendlichen aus anderen Stadtteilen. Die Lagerfeuerromantik, nächtliche Fahnenwache, Geländespiele, ja sogar der Bau und die Benutzung einer Latrine, einem sogenannten „Donnerbalken", beeindruckten uns sehr. Der Aufenthalt in diesem Lager dauerte zwei Wochen. Damals lernte ich den späteren Vorsitzenden des Rudervereins „Amicitia", Hans Barber kennen, der als Fähnlein-führer an dem Lagerleben teilnahm. Dass er danach mit der Begründung, dass seine Mutter Halbjüdin sei, aus der Hitlerjugend ausgeschlossen wurde, habe ich erst nach dem Krieg erfahren. Es muss für ihn, der sehr sportlich und auch als Jung-volkführer engagiert war, schrecklich gewesen sein.

Am Tage vor dem Abmarsch in das Lager mussten übrigens alle Auserwählten im Büro des Mannheimer Jungbannführers, das sich am oberen Luisenpark befand, mit ihrem Marschgepäck zur Begutachtung antreten. Der Tornister, „Affe" genannt, musste mustergültig gepackt sein, die Kleidung musste ordentlich und die Haar-länge vorschriftsmäßig sein. Damals habe ich den Mannheimer Jungbannführer Jakob Barth zum ersten Mal aus der Nähe gesehen. Er war klein, äußerst „zackig" und von allen wegen seiner etwas derben Art gefürchtet. Wie alt er damals war, und welchen Einfluss jemand in seiner Position in der Partei und in der Stadt ausübte, weiß ich nicht. Wir hatten jedenfalls großen Respekt vor ihm, und ich kann mich daran erinnern, dass er einigen der angetretenen Jugendlichen wegen mangelhafter Kleidung und Ausrüstung und einem wegen nicht ordnungsgemäßem Haarschnitt die Teilnahme an dem Führer-Nachwuchslager verweigerte. Ich war froh, dass er bei dieser Musterung an meinem Auftritt nichts zu bemängeln hatte. Es wäre, so sah ich es, für mein Fähnlein eine Blamage gewesen.

# Die Bombenangriffe

Die zunächst sporadischen Luftangriffe der Alliierten hatten schon frühzeitig dazu geführt, dass Sicherheitsmaßnahmen in die Wege geleitet wurden. In jedem Haus musste ein gegen Einsturz gesicherter Luftschutzkeller verfügbar sein. Dieser Keller sollte besonders massiv gebaut sein. In manchen Häusern wurden Kellerdecken verstärkt oder zusätzlich abgestützt. Die Kellerfenster wurden erst mit Sandsäcken, später mit Betonklötzen geschützt. Feuersichere Stahltüren wurden eingebaut. Außerdem wurden Mauerdurchbrüche zu den Nachbarhäusern geschaffen, damit die Möglichkeit bestand, über eines dieser Häuser ins Freie zu gelangen, falls der Zugang zum eigenen Keller verschüttet sein sollte. Im Luftschutzkeller wurden Holzpritschen aufgestellt, gefüllte Wassereimer und Sand mussten in jedem Haus zum Löschen kleinerer Brände bereitstehen.

Alle diese Maßnahmen wurden von einem Luftschutzwart überwacht, der auch für die Durchführung von Löschübungen zuständig war. Der Luftschutzwart war selbstverständlich ein Parteimitglied, das sich auf diese Weise an der „Heimatfront" auszeichnen konnte. Nach den ersten Bombenangriffen war jedem die Gefährdung bewusst geworden, sodass die Hausherren die baulichen Maßnahmen durchführen ließen und die Hausbewohner den Anweisungen des Luftschutzwarts im Interesse ihrer eigenen Sicherheit ohne Murren nachkamen. Zuwiderhandlungen waren unter Strafe gestellt. Wenn die Sirenen heulten, dann sollte jeder einen Luftschutzkeller oder Bunker aufsuchen.

Von **Dieter Wolf** gibt es nachstehende Schilderung der Luftschutzmaßnahmen: *Ein Jahr nach Kriegsbeginn begann man im ganzen Stadtgebiet mit dem Bau von Luftschutzbunkern, gleichzeitig wurden viele alte Gewölbekeller zum „Öffentlichen Luftschutzraum" aufgemöbelt. Den Ausbau unseres Kellers verfolgte ich von Anfang an. Es entstand ein Schutzraum für 80 Personen mit einer Gas-Schleuse, mit zusätzlich abgestützter Decke, Mauerdurchbrüchen zu den Nachbarhäusern sowie feuerfesten Luken und Stahltüren. In dem großen Kellerraum, der bei Gasgefahr hermetisch geschlossen werden konnte, gab es Holzbänke und -tische, aber auch Stühle und Zweistockbetten mit Strohsäcken. Die handbetriebene Frischluftanlage, ein Waschbecken ohne Kanalisation, elektrische Beleuchtung an der Decke und eine mit Torf gefüllte Not-Toilette vervollständigten die beinahe luxuriöse Ausstattung. Zu dem unterirdischen Schutzraum führte eine lange Steintreppe, und Zutritt war nur durch die sogenannte Gas-Schleuse möglich. Ich erinnere mich, dass es dort eine Wandtafel mit Hinweisen zum Verhalten bei Fliegeralarm gab, einen Wandschrank mit Verbandmaterial und auch einen etwa zwei Meter langen, eisenbewehrten Spieß, den sogenannten Einreißhaken.*[114]

Strenge Verdunkelung war Pflicht. Mit Rollos und Decken wurden alle Fenster der Wohnungen abends abgedunkelt. Es war recht gespenstisch, wenn man damals am Abend das Haus verließ. Taschenlampen waren gefragt. Außerdem gab es Leuchtplaketten, die sich die Leute ansteckten, um bei stockdunkler Nacht nicht umgerannt zu werden.

In der Nacht vom 24. auf den 25.8.40 waren die ersten Bomben auf Neckarau gefallen. Ich kann mich noch gut daran erinnern, dass ich am nächsten Tag, einem Sonntag, zusammen mit meinem Vater zur Schadensbesichtigung unterwegs war. Zu den ersten durch Bomben beschädigten Häusern in Neckarau wanderten an diesem Sonntag viele Schaulustige. Aus allen Stadtteilen kamen sie, um die Auswirkungen des Luftangriffs in Augenschein zu nehmen. Bei einem zerstörten Haus an der Straßenecke Germaniastraße/Katharinenstraße trafen wir auf eine größere Ansammlung von Menschen, die sich neugierig wie wir die Schäden und die Bombentrichter ansahen. Es sollte nicht lange dauern, bis niemand mehr weit laufen musste, um Bombenschäden zu besichtigen.

Für Kinder waren die Schlafunterbrechungen durch die Alarme meist weniger belastend als für die Erwachsenen, die am nächsten Tag wieder arbeiten mussten. Hierzu eine Schilderung: *Im Juni 1940 fielen die ersten Spreng- und Brandbomben auf Mannheim, und die Fliegeralarme nahmen zu. Für uns Kinder waren sie eine zuvor nicht gekannte Abwechslung. Es war zwar nicht angenehm, durch das Heulen der Sirenen aus dem Schlaf gerissen zu werden, doch was danach kam, hatte für uns durchaus seinen Reiz. Die Hausgemeinschaft versammelte sich nämlich bei jedem Alarm im Luftschutzkeller, und es wurde immer etwas Gutes zu essen mitgenommen. Die Knoblauchwürste meines Vaters sind mir noch heute in bester Erinnerung.*
*Um uns Kinder zu beschäftigen, denn wir dachten natürlich in der etwas ungewohnten Umgebung nicht ans Schlafen, hatten die Erwachsenen Spiele bereitgestellt, an denen sich auch einige von ihnen beteiligten. Mir sind die Bilderbogen in Erinnerung, mit denen ich mich bevorzugt im Luftschutzkeller beschäftigte. Wenn wir mitten im Spielen waren, dann bedauerten wir die Entwarnung, denn wir mussten nun sofort wieder in die Betten.*

*Natürlich haben wir Kinder das Schießen der Flak und auch das Fallen von Bomben auf den naheliegenden Lindenhof registriert. Angstgefühle riefen sie bei uns jedoch nur durch die Reaktionen der Erwachsenen hervor. Wir waren uns der Gefahren nicht bewusst.*[115]

Die nächsten Luftangriffe auf Mannheim führten im

Dezember 1940 in Neckarau zur Beschädigung und Zerstörung mehrerer Häuser, unter anderem in der Neckarauer Straße und in der Gießenstraße, also nicht weit von unserer Wohnung entfernt. Auch andere Stadtteile waren von diesen Bombenangriffen betroffen. Wir Jugendlichen sammelten anfangs noch die vom Himmel fallenden Granatsplitter der Flak und machten sie zu Tauschobjekten. Irgendwann waren die Tauschaktivitäten jedoch nicht mehr interessant, weil jeder eine ausreichende Sammlung unterschiedlich großer gezackter Splitter besaß. Nunmehr waren Bombensplitter und ausgebrannte Brandbomben gefragt.

**Paulina Haag**, deren Vater bei einem der ersten Luftangriffe ums Leben kam, schreibt: *Der Krieg brachte bereits 1940 einen einschneidenden Eingriff in unser Familienleben. Ab Mitte 1940 nahmen die Fliegeralarme immer mehr zu. Wie alle Mitbewohner gingen auch wir bei Alarm in den Luftschutzkeller unseres Hauses. Mein Vater und einer unserer Nachbarn waren für die Brandwache zuständig. Sie sollten bei Angriffen mit den verfügbaren Mitteln, nämlich Wasser und Sand, die in Eimern bereitgestellt waren, entstandene Brände bekämpfen. Am 18.12.40 fand ein Bombenangriff auf Mannheim statt. Während wir und die Nachbarn im Keller waren, hatte mein Vater zusammen mit unserem Nachbarn den Speicher kontrolliert. Auf dem Rückweg in den Luftschutzkeller wollte mein Vater noch die Haustür schließen, als eine Sprengbombe unmittelbar vor unserem Haus detonierte. Dabei wurde er von Bombensplittern getroffen. Als wir ihn am nächsten Tag im Städtischen Krankenhaus besuchen wollten, war er bereits tot. Für meine Mutter und für uns Kinder war das Fehlen unseres Vaters nur schwer zu ertragen. Aber schließlich musste das Leben weitergehen. Viele meiner Generation wurden wie wir im Krieg mit dem Tod von Angehörigen an der Front und in den Städten konfrontiert und mussten damit fertig werden.*
*Bevor der Krieg zu Ende war, hatte unsere Familie einen weiteren Schicksalsschlag zu verkraften. Am 30.12.44 kam meine älteste Schwester Hella in Landstuhl in der Pfalz bei einem Tieffliegerangriff ums Leben. Wir mussten wahrhaftig einen hohen Preis für den Größenwahn eines verbrecherischen Systems bezahlen.*[116]

Von **Ruth Gottschlich** gibt es nachstehende Schilderung: *Erst nach dem „Frankreichfeldzug" wurden wir häufiger von feindlichen Fliegern heimgesucht, so auch am 9./10.5.41. Da brannte neben unserem Haus die Marmelade- und Kunsthonigfabrik Hofko ab. Sämtliche Hausbewohner löschten, auch wir Kinder. Ich spritzte mit dem Wasserschlauch vom Garagendach aus unserem Hof über die Mauer. Unsere Hauswand war schon sehr heiß geworden. Unermüdlich waren wir bis morgens im Einsatz; anschließend hatte ich eine Rauchvergiftung und lag drei Tage im Bett. Den fürchterlichen Gestank des verbrannten Honigs und vom Mus bekam ich Jahre nicht aus der Nase.*
*Die Angriffe der feindlichen Bomber mehrten sich. Während eines Fliegerangriffs 1942 fiel ein Blindgänger vor die Polizeiwache an der Werftstraße. Dieser musste*

*entschärft werden. Es misslang. Der Blindgänger explodierte und zerriss den Spreng-*
*meister. Seine Überreste flogen bis zur Schanzenstraße. Ein Schäferhund war zum*
*Sammeln der Leichenteile eingesetzt, damit man ihn bestatten konnte. Wenn ich*
*daran denke, bekomme ich heute noch eine „Gänsehaut".*[117]

Der Schulunterricht litt ab 1942 zunehmend unter den Fliegeralarmen, die nicht
nur nachts, sondern auch tagsüber ausgelöst wurden. Bei Entwarnungen nach
Mitternacht begann er später, zuweilen fiel er ganz aus. Hinzu kam im Winter
der Mangel an Brennstoffen. Wir Schüler freuten uns über die „Kohlenferien",
die uns zusätzliche Freizeit verschafften. Weitere Kürzungen der Unterrichtszeit
ergaben sich durch die beschriebenen Sammelaktivitäten und durch Freistellungen
für Veranstaltungen des Jungvolks sowie Sammelaktionen des Winterhilfswerks.

Mädchen unserer Schule wurden zur Betreuung von Verwundeten in den Kran-
kenhäusern verpflichtet. Einige von ihnen wurden zu einem von der Hitlerjugend organisierten Ernteeinsatz nach Ostpreußen geschickt. Immer mehr Schüler
wurden als Helfer beim Luftschutz in sogenannten „Schnellkommandos" eingesetzt, wo sie zum Teil auch schon während der Bombenangriffe beim Ausfall von
Telefonleitungen als Melder tätig waren. Für den Brandschutz in unserer Schule
wurden einige Schüler eingeteilt, auch für Aufräumungsarbeiten nach Fliegerangriffen.

Theo Frey berichtet von seinem Einsatz: *1942 nahmen die Bombenangriffe etwas*
*zu. Auch wir Jugendlichen halfen mit, Möbel aus brennenden Häusern zu bergen,*
*und wir wurden als Luftschutzmelder eingesetzt, wenn Telefonleitungen zerstört waren.*
*Durch unsere nahe beim Polizeipräsidium liegende Wohnung war ich einer derje-*
*nigen, der bei Bedarf schnell verfügbar war. Beim Beschaffungsamt wurde ich mit*
*einem Luftschutzhelm und einer Gasmaske ausgerüstet und musste mich bei Alarm*
*so schnell wie möglich nach L 6 begeben. Dort hatte man den Keller in einen stabilen*
*Bunker umgebaut, in welchem ich mich sicher fühlte, was auch meine Mutter so sah*
*und mich deshalb bei Alarmen gern dorthin gehen ließ. Die meiste Zeit meines dortigen*
*Aufenthalts verbrachte ich fast vollständig angezogen auf einem der aufgestellten Betten.*
*Nach einem Angriff kam ich dann fast immer zum Einsatz. Ich war mehrmals mit*
*Meldungen von L 6 aus in die Werderstraße unterwegs, wo sich die Luftschutz-Zen-*
*tralstelle befand. Der Weg ging im Laufschritt häufig durch Straßen mit brennenden*
*Häusern, bei denen die Feuerwehr am Löschen war, über Trümmer hinweg und immer*
*mit der Angst vor explodierenden Blindgängern. Nach solchen Einsätzen steckte mich*
*meine Mutter immer gleich in die Badewanne.*[118]

Schon im August 1939 waren die ersten Vorbereitungen für eine Flakstellung in
unmittelbarer Nähe unseres Gartens im Neckarauer Niederfeld getroffen worden.
Die vier schweren Flieger-Abwehr-Geschütze des Kalibers 8,8 wurden jedoch erst

1941 in Stellung gebracht. Die Soldaten der Batterie wohnten in den Baracken, die neben den Erdwällen im Bereich der Stellung aufgebaut waren. Leichte Flak wurde zum Schutz des Großkraftwerks im Rheinauhafen postiert. 1942 erhielten die Flaksoldaten Verstärkung durch russische Kriegsgefangene, die sich mehr oder minder freiwillig für den Einsatz bei der deutschen Fliegerabwehr gemeldet hatten. Sie wurden Hiwis genannt, eine Abkürzung für die offizielle Bezeichnung „Hilfswillige".

Die Neckarauer waren immer wieder erstaunt darüber, dass die Truppe der „Hiwis" in einer wohlgeordneten Marschformation von der Kirchgartenschule, wo sie ihr Quartier hatten, singend zur Flakstellung im Niederfeld marschierte. Ihr Gesang klang sehr gut. Was sie gesungen haben, verstand natürlich keiner. Wahrscheinlich ist es eines ihrer Militärlieder gewesen. Wieso Russen, die uns ständig als Untermenschen und Unterprivilegierte dargestellt wurden, zur Unterstützung unserer Fliegerabwehr eingesetzt werden konnten, verstand ich nicht. Im Jungvolk sprachen wir darüber. Trotz des wohlklingenden Gesangs hielten wir ihren Einsatz, ohne die näheren Umstände zu kennen, für falsch. Wir fanden, dass sie alle wie Verbrecher aussahen, was nicht verwunderlich war, da sie alle kahl geschoren waren. Dass ich selbst einige Jahre später als Gefangener mit einer Glatze herumlaufen würde, war damals noch nicht abzusehen.

Das Heulen der Sirenen und die nächtlichen Aufenthalte im Luftschutzkeller nahmen ab Anfang 1943 immer mehr zu. Durchsagen des Rundfunks über anfliegende Bomberverbände, das Absuchen des Himmels durch Scheinwerfer, das Schießen der Fliegerabwehr und Berichte über die Bombardierung von Städten wurden zu Alltags-Ereignissen. Der nächtliche Fliegeralarm bedeutete, dass wir aufstanden, uns ankleideten und mit einem Köfferchen, in dem Wertsachen, Zeugnisse und Ausweise untergebracht waren, in den Keller gingen. In so mancher Nacht verbrachten wir mehrere Stunden zusammen mit unseren Wohnungsnachbarn im Luftschutzkeller, der mit Tisch, Stühlen und auch Liegen ausgestattet war. Mitunter gab es mehrere Alarme in einer Nacht.

**Dieter Wolf** berichtet: *Für die deutschen Großstädte begann 1943 die Zeit der ständigen Fliegerangriffe.[119] In den ersten Kriegsjahren hatte ich die nächtlichen Fliegeralarme als interessante Abwechslung empfunden. Wie die meisten Jugendlichen sammelte auch ich Bomben- und Granatsplitter als Andenken an den Krieg, der schnell und* siegreich beendet sein würde. Ich freute mich, wenn die Alarme lang genug dauerten, sodass am nächsten Tag Unterrichtsstunden ausfielen.

Doch mit der Zeit wurden die Luftangriffe heftiger und die Schäden auch in unserer Stadt größer. Dass der Krieg ein anderes Gesicht bekam, bewiesen die Todesanzeigen in den Zeitungen, unter denen sich immer öfter Bekannte befanden. Die Trauer um die Gefallenen konnte niemand verbieten.

Anstatt hinter der Trommel zu marschieren, musste jetzt die Hitlerjugend bei der Brandbekämpfung helfen, Kurierdienste tun und Kleider für Obdachlose sammeln. Ich tat das alles gerne, denn die Partei sparte nicht mit Auszeichnungen und Anerkennungen. Ich hatte den Eindruck, dass durch die Fliegerangriffe ein Gefühl der Verbundenheit mit den Schicksalsgenossen entstand. Ein Gefühl der Zusammengehörigkeit, das der NS-Staat stets gewollt hatte, aber ohne die kollektive Angst in den Bombennächten nie erreicht hätte."[120]

Inzwischen waren überall in der Stadt Luftschutzbunker gebaut worden. **Robert Lehle**, der in Käfertal wohnte, schreibt: *Eines Tages wurde in etwa hundert Meter Luftlinie von unserem Haus in der Edenkobener Straße auf einem freien Platz ein Bunker gebaut. Zwei Stockwerke unter, vier Stockwerke über der Erde. Auf den Lastwagen und Maschinen stand mit großen Buchstaben: Organisation Todt. Viele Kriegsgefangene wurden beschäftigt. Bei uns wohnte ein elsässischer Bauingenieur zur Untermiete. Er erklärte mir die Herkunft der Gefangenen. Die Franzosen kannte ich schon. Die mit den braunen Uniformen waren Engländer und die mit den grauen Uniformen und den viereckigen Mützen waren Polen. Sie wurden von deutschen Soldaten bewacht. Ein Engländer mit einer Art Baskenmütze auf dem Kopf – der Ingenieur sagte, er sei ein Schotte – pfiff immer und winkte uns zu. – Als das Gerüst weg war, stand da ein gewaltiger Betonklotz am Rande der Siedlung. Bei der Einweihung des Bunkers sagte der Ortsgruppenleiter in seiner braunen Uniform mit vielen Orden, dass nun die Terrorbomber kein Schrecken mehr seien für die deutsche Bevölkerung.*[121]

**Adolf Müller** erinnert sich an den Bau des Bunkers in Sandhofen. *1942 wurde in Sandhofen mit dem Bau des Bunkers in der Birnbaumstraße begonnen. Zum Aushub waren etwa dreißig junge polnische Zivilarbeiter eingesetzt, die vermutlich zwangsweise zur Arbeit in Deutschland rekrutiert worden waren. Sie konnten sich ohne Bewachung frei bewegen. Mit Pickel, Schaufel und Handkarren waren sie täglich im Einsatz.*[122]

Einer der größten Bunker war der im Neckarauer Niederfeld, der auch heute noch zu besichtigen ist. Ein weiterer Bunker wurde später in der Neckarauer Straße unmittelbar am Bahnhof gebaut. Nach den oben geschilderten Luftangriffen gingen beim Ertönen der Sirenen viele Leute, die sich in ihren Häusern nicht mehr sicher fühlten, in die Bunker. Ihre Angst, bei einem Angriff umzukommen, war durchaus verständlich. Wir gingen nach wie vor bei Alarm in unseren Luftschutzkeller.

*Neckarauer auf dem Weg zum Bunker im Niederfeld*

Immer mehr Menschen quartierten sich nachts in den Bunkern ein, vor allem diejenigen, die nur noch behelfsmäßig ihre zerstörten Wohnungen benutzen konnten. Es gab inzwischen viele Familien, welche die Nächte in den Bunkern verbrachten. In Mannheim wurden während des Krieges 26 Hochbunker und 18 Tiefbunker gebaut, die mehr als 100.000 Menschen aufnehmen konnten, was einer der Gründe dafür war, weshalb die Anzahl der Toten durch Luftangriffe in Mannheim weitaus geringer war als in anderen deutschen Großstädten.

Für mich war die nächtliche Schlafunterbrechung nicht allzu problematisch. Ich fand sie mitunter sogar interessant, denn niemand hat sich im Luftschutzkeller zum Schlafen hingelegt, sondern es wurde über alles Mögliche gesprochen. Manchmal wurde „Mensch ärgere dich nicht" gespielt, damit die Zeit verging. Unsere Nachbarn lernten wir auf diese Weise näher kennen. Gab es Entwarnung, dann löste sich die „Kellerrunde" schnell auf, und jeder versuchte, den verlorenen Schlaf nachzuholen.

Wenn mein Vater mir erlaubte, während des Alarms zusammen mit ihm den sicheren Keller zu verlassen, war ich immer wieder von den vielen Scheinwerfern beeindruckt, welche den Nachthimmel absuchten. Rund um Mannheim und Ludwigshafen waren gleichzeitig mit den Flakbatterien Scheinwerferstellungen eingerichtet worden. Sie sollten die feindlichen Flugzeuge am Himmel erkennbar machen. Mein Großvater weigerte sich von Anfang an, zusammen mit uns in den

Keller zu gehen. Er blieb einfach im Bett liegen und machte sich über uns Angsthasen lustig. Dies änderte sich allerdings schlagartig, als in der Nacht vom 9. auf den 10.8.43 die ersten Bomben in unserer unmittelbaren Nähe fielen. Da kam er kreidebleich zu uns in den Keller und stammelte in seinem bayerischen Dialekt: „Mei, hots fei jetzt gschewert, mi hots grad a so glupft." Uns war bei diesen Worten keineswegs zum Lachen zumute, denn auch wir hatten natürlich die Bombeneinschläge deutlich gespürt.

Bei diesem ersten schweren Luftangriff waren lediglich zwei Stabbrandbomben in den Speicher unseres Hauses eingeschlagen. Sie konnten von meinem Vater und einem unserer Nachbarn mit Sand gelöscht werden. Das Bild, das sich uns bot, als wir nach der Entwarnung aus dem Keller kamen, war erschreckend. In unserer Nachbarschaft waren viele Häuser zerstört. Männer der Feuerwehr, des Roten Kreuzes und des Luftschutzes waren dabei, Leute aus den Kellern zu retten, Tote zu bergen und Brände zu löschen.

*Die Kleine Schulstraße in Neckarau am Morgen des 10. August 1943*

Mehr als 60 Neckarauer sind bei diesem Großangriff umgekommen. Unter ihnen befand sich ein Mädchen, das ein Jahr jünger war als ich und zu meinen Spielgefährten in der Adlerstraße gezählt hatte. Die Neckarauer Straße und auch die angrenzenden Seitenstraßen waren mit Trümmern übersät. Wir hatten Glück gehabt. Unser Haus war fast unbeschädigt geblieben. Durch die Bombeneinschläge auf der gegenüberliegenden Straßenseite waren lediglich einige Fensterscheiben zu Bruch gegangen, die bereits am folgenden Tag ersetzt wurden.

Einige Tage nach diesem schweren Bombardement explodierte in der Schulstraße, nur einige Häuser von uns entfernt, ein Blindgänger. Mehrere Häuser wurden bei der heftigen Explosion zerstört, und es gab Tote und Verletzte, darunter auch einige Passanten. Das Bild, das sich uns am Tag nach der Explosion des Blindgängers von unserem Fenster aus beim Blick in die Schulstraße bot, zeigt das nachstehende Foto, auf dem links im Vordergrund das Eckhaus Schulstraße/Neckarauer Straße zu sehen ist, in dem sich die Wirtschaft „Mainzer Hof" befand. Sie lag direkt unserem Haus gegenüber. Die Häuser auf der anderen Seite der Schulstraße waren fast ausnahmslos bis hin zur Mönchwörthstraße zerstört.

**Emil Röckel** erlebte als Vierjähriger den Bombenangriff vom 10.8.43. Er schreibt: *Wir wohnten in der Augartenstraße 27. An die vielen nächtlichen Alarme zuvor, welche die Hausbewohner häufig in den Luftschutzkeller trieb, erinnere ich mich nur vage. Vermutlich schliefen ich und meine etwas ältere Schwester nach kurzer Schlafunterbrechung einfach weiter. Anders war es bei dem Bombenangriff, bei dem wir, vermutlich war dies im August 1943, zum ersten Mal ausgebombt wurden. Ich hörte das heftige Schießen der Flak und den Einschlag von Bomben in unmittelbarer Nähe, und ich spürte die Angst der Erwachsenen bei diesem Geschehen. Ob ich damals selbst Angst hatte, kann ich nicht sagen. Allerdings ist mir noch gut in Erinnerung, dass ich am Tag nach dem Angriff, bei dem unsere Wohnung fast ganz zerstört wurde, vor der Haustür saß und, während meine Mutter versuchte, noch einige brauchbaren Gegenstände aus der Wohnung zu holen, mit einem Löffel in der Hand im umherliegenden Schutt spielte.*

*Das einzige größere Stück aus dem Haushalt, mit dem wir zu der Schwester meiner Mutter in deren große Wohnung am Friedrichsring umzogen, war der Gasherd, den meine Mutter mit Hilfe von Fremdarbeitern noch aus der Wohnung holen konnte. Es war eine größere Aktion, das kostbare Gerät aus dem zerstörten Haus zu bergen. Bei dem Durcheinander, das nach dem Angriff herrschte, kam eine Kiste mit Teilen der Aussteuer meiner Mutter abhanden, die vor die Tür des Hauses gestellt worden war. Auf Plünderungen stand damals die Todesstrafe, sie fanden trotzdem statt.*[123]

Was ein nächtlicher Bombenangriff und was danach kam für ein Kind auch bedeuten konnte, zeigt nachstehende Schilderung von **Ursula Mehler**: *Ich weiß nicht, nach welchem größeren Bombenangriff mich meine Mutter morgens wie gewohnt zur Schule schickte. Sie hatte sicherlich nicht bedacht, dass es noch brennende Häuser und auch Blindgänger gab, und dass die Schule bei dem Angriff möglicherweise zerstört worden war. Brav zog ich mit meinem Schulranzen los und fand wohl anfangs meinen gewohnten Schulweg. Irgendwann jedoch muss ich auf dem Weg durch zerstörte und brennende Häuser die Orientierung verloren haben. Ich konnte meine Schule nicht finden und stand schließlich weinend und ganz verzweifelt mitten auf einer Straße in den Mannheimer Quadraten. Als Fußgänger auf mich aufmerksam wurden, nahmen sie sich meiner an und brachten mich zu der von mir genannten Adresse meiner Großeltern, wo mich meine Mutter sehr erschrocken in Empfang nahm und tröstete.*[124]

Von **Werner Brehm** gibt es unter der Überschrift „Leben im Bunker" nachstehende Schilderung: *Mit der Zunahme der Luftangriffe, deren Wirkung die Mannheimer spätestens ab 1943 alle vor Augen hatten, nahm das Interesse von Schutzsuchenden an den für sicher gehaltenen Luftschutzbunkern merklich zu. Wer nicht weit davon entfernt war, versuchte sich dort vor den nächtlichen Luftangriffen in Sicherheit zu bringen.*

*Der Ochsenpferch-bunker in der Neckarstadt*

Wir wohnten in der Dammstraße, und so konnten wir den Hochbunker am Ochsenpferch aufsuchen. In den Abendstunden zogen damals ganze Gruppen, ausgestattet mit dem Bunkergepäck, in den nahe gelegenen Bunker. Zum Gepäck gehörte die „Bunkertasche" mit den wichtigsten Papieren, die Gasmaske, die später vernachlässigt wurde, und ein kleiner Klappstuhl. Das „Bunkerstühlchen" war insofern wichtig, als man ja nicht wusste, ob man im Schutzraum noch einen Sitzplatz ergattern konnte. Darüber hinaus nahm man noch das mit, was man meinte, unbedingt retten zu müssen. Solange noch kein Luftalarm ausgelöst war, ging der Einzug gelassen vonstatten. Die Nachtgäste nahmen auf den Bänken in den Gängen und den größeren Aufenthaltsräumen Platz. Man versuchte nach ersten Kontaktgesprächen Ruhe zu finden, und hoffte, dass die Nacht ruhig verging. Gegen 3 Uhr morgens gingen die meisten dann wieder nach Hause, da es erfahrungsgemäß danach keine Alarme mehr gab. Man wollte wenigstens die letzten Stunden im eigenen Bett verbringen.

Anders die Menschen, die einen ständigen Schlafplatz im Schutzraum bekommen konnten. Fliegergeschädigte, Behinderte, bevorzugte Berufstätige waren die Begünstigten. Nachdem wir unsere Wohnung in der Dammstraße verloren hatten, bekamen wir einen Schlafplatz im Neumarktbunker an der Neckarschule. Dort lebten wir in einer „Zelle" zusammen mit sechs Mitinsassen.

Die Zellen waren nummeriert und auf den Wänden der Gänge war ein durchgehender Streifen mit Leuchtfarbe angebracht, der bei plötzlichem Lichtausfall als Notbeleuchtung dienen sollte. Die zwei dreistöckigen Betten in den kleinen Zellen waren etwa 2 Meter hoch und vielleicht 1,90 Meter lang. Wenig Raum stand am Fußende zur Verfügung, um Mäntel und andere Oberbekleidung aufzuhängen. Wichtige Papiere und Besitztümer wurden in Koffern oben zwischen den Betten aufbewahrt oder von den unten Schlafenden unter die Betten geschoben.

Unterhalb der Decke am Fußende jeder Zelle gab es eine stark strömende Belüftung, die trotz unangenehmer Zugluft nicht verschlossen werden durfte. Zur Nachtzeit durfte die Zelle geschlossen werden. Im Falle eines Alarms aber mussten die Türen geöffnet sein, um den nun zusätzlich in die Bunker Flüchtenden auch Platz zu bieten. Der Einzug in die Bunker ging nicht immer in Ruhe vor sich. Bei dem Gedränge bei Fliegerangriffen wurden mitunter Leute verletzt. Das Ende des Alarms wurde von dem verantwortlichen Bunkerwart durch Lautsprecher verkündet. Danach gingen die „Kurzzeitbewohner" in ihre Wohnungen zurück. Es kehrte Ruhe im Bunker ein. Hatte ein Angriff stattgefunden, konnte man an der Zuluft erkennen, ob Häuser der näheren Umgebung brannten.

In den Bunkern gab es auch kleine Wärmeküchen, wo jeder seine Speisen aufwärmen konnte. Eine Verpflegung war jedoch nicht vorgesehen, die musste jeder selbst besorgen. Duschen waren nicht eingerichtet, aber es standen große Waschräume in braunem Steinzeug zur Verfügung. Für diejenigen, die schon in der Frühe zur Arbeit mussten, gab es dort immer ein großes Gedränge.

*Es wurde sehr streng auf Sauberkeit geachtet. Der Boden wurde ständig mit Lysol gereinigt. Trotzdem ließ es sich nicht verhindern, dass mit den vielen Menschen auch weniger geliebte Tiere Einzug in den Bunker fanden. Manchmal wurden Zellen kurz geschlossen, um dem Kammerjäger zur Verfügung zu stehen. Es wurde entwanzt. Und das stand dann an der Türe der betroffenen Zelle, nicht so sehr zur Freude der betroffenen Bewohner. Ich selbst wurde einmal von Läusen heimgesucht und musste zur Vertreibung der unangenehmen Tierchen kurzzeitig ein übel riechendes Medikament auf dem Kopf unter einem Turban ertragen.*[125]

Diejenigen, welche einen Bunker aufgesucht hatten, waren nicht von Angst befreit, wie die nachstehende Schilderung zeigt: *Die Menschen im Bunker ganz still. Einige beten, andere lesen, still, kein Wort. Wann ist es vorüber? Wenn ich jetzt rauskomme, was ist mit meiner Wohnung? Eine furchtbare Beklommenheit, das kann man gar nicht mehr schildern. Angst. Ein Stöhnen. Man hat, das habe ich oft gesehen, die Hand des anderen festgehalten, als würde man dabei sein Leben retten können. Wenn man aus dem Bunker herauskam, befand man sich in einem Flammenmeer.*[126]

Ob ich beim Einschlagen der Bomben Angst verspürte, weiß ich nicht mehr. Ich glaube, dass ich die Gefahr überhaupt nicht richtig wahrgenommen habe. In Erinnerung ist mir geblieben, dass ich bei einem der schwersten Luftangriffe auf Mannheim in der Nacht vom 5. auf den 6.9.43 neben meinem Vater im Luftschutzkeller saß, meinen Kopf in seinen Schoß gelegt hatte und immer wieder dachte, jetzt muss es doch gleich aufhören. Bei den Einschlägen in unmittelbarer Nähe fielen Steine und Putz von der Kellerdecke und die Luft war voller Staub. Mit nassen Taschentüchern schützten wir uns beim Atmen. Es war erstaunlich, dass niemand in Panik geriet, obgleich eine Vielzahl von schweren Bomben und Luftminen in unmittelbarer Nähe niederging. In einem der gegenüberliegenden Häuser wurden sieben Menschen getötet.

Bei diesem Großangriff waren einige Phosphor-Brandbomben in unser Haus eingeschlagen. Als wir aus dem Keller kamen, brannte das Haus lichterloh. Da der obere Teil des Treppenhauses eingestürzt war, sind die Wohnungen im zweiten Obergeschoss nicht mehr zu erreichen gewesen. Mein Vater, mein Großvater und einer unserer Nachbarn versuchten, Möbel und Kleidung aus unserer Wohnung und der unserer unmittelbaren Nachbarin zu bergen. Sie konnten den Küchenschrank und die Nähmaschine meiner Mutter auf die Straße befördern. Auch einige Kleider und Bücher konnte mein Vater noch aus der Wohnung holen. Als jedoch brennende Balken von oben in das Treppenhaus fielen, musste er aufgeben.

Meine Mutter und ich standen währenddessen vor dem Haus. Wir waren froh, als mein Vater wegen der Einsturzgefahr endlich seine Bemühungen einstellte. Hilflos standen wir und die anderen Hausbewohner schließlich alle da und sahen zu, wie ihre und unsere restliche Habe verbrannte. Die Feuerwehr, die bei dem Umfang der Brände zwangsläufig überfordert war, kam zu spät bei uns an.

Bis zum Morgengrauen wurde überall noch gelöscht, und es wurden Leute aus den Kellern befreit. Feuerwehr, Polizei, Luftschutz und das Rote Kreuz waren in vollem Einsatz. Mein Vater und ich halfen mit, Mobiliar aus Wohnungen in der unmittelbaren Nachbarschaft zu bergen, während meine Mutter die wenigen uns verbliebenen Gegenstände vor unserem Haus bewachte. Als es hell wurde, standen wir mit den zwei erwähnten Möbelstücken und einigen mit Kleidern und Büchern gefüllten Koffern und Kartons auf der Straße vor dem zerstörten Haus. Wir waren froh, mit dem Leben davongekommen zu sein. Alles andere war uns zu diesem Zeitpunkt nicht so wichtig. Wir waren bestimmt nicht die einzigen, die so empfanden. Um uns herum zerstörte Häuser, rauchende Trümmer und viele Menschen, die überhaupt nichts, oder wie wir, nur einige wenige Stücke gerettet hatten. Sie teilten alle unsere Gefühle. Vollkommen unbeschädigte Häuser gab es in Neckarau nach diesem Angriff nur noch wenige.

*Die Neckarauer Katharinenstraße nach dem Luftangriff*

Meine Eltern und ich verbrachten danach zusammen mit vielen anderen, die obdachlos geworden waren, mehrere Nächte in der Turnhalle der Germaniaschule. Wir wurden dort von einer Feldküche verpflegt und versuchten natürlich in Erfahrung zu bringen, was mit den Verwandten und Bekannten geschehen war. Alle hatten überlebt. Die meisten waren wie wir ausgebombt. Auch sie hatten kaum etwas retten können. Da wir in Mannheim weder bei Verwandten noch bei Bekannten unterkommen konnten, weil ausnahmslos alle auf der Straße standen, zögerten meine Eltern nicht lange mit der Evakuierung. Sie warteten lediglich ein Telegramm der entfernten Verwandten meiner Mutter aus dem Bayerischen Wald ab, mit dem diese uns bestätigten, dass sie uns aufnehmen würden.

Über den schweren Bombenangriff auf Mannheim vom 5. auf den 6.9.43 gibt es eine Reihe von Zeitzeugenberichten. **Hans Bichelmeier**, der in der Innenstadt wohnte, berichtet: *Etwa ab Ende 1942 suchten wir den Tiefbunker auf, der unter dem Paradeplatz gebaut worden war und nicht weit von unserem Haus entfernt lag. Er war mehrere Stockwerke tief. Nach dem Krieg wurde dort übrigens ein „unterirdisches Hotel" eingerichtet.*

*Bei dem Großangriff vom 5. auf den 6.9.43 befand ich mich mit meiner Mutter in diesem Bunker, in dem wir uns sehr sicher fühlten. Wir spürten sehr wohl, dass es sich um einen außergewöhnlich schweren Angriff handelte. Als man uns einige Zeit nach der Entwarnung aus dem Bunker ließ, bot sich uns ein schreckliches Bild. Brennende Häuser rund um den Paradeplatz, meterhohe Flammen, zusammenbrechende Gebäude, Schutthaufen auf den Straßen, schreiende Menschen. Es war ein Inferno, das ich nie vergessen werde. Hinzu kam die bange Frage: Wie sieht unsere Wohnung aus? Steht unser Haus überhaupt noch?*

*Wir wussten nun, warum man uns nach dem Ende des Alarms zunächst im Bunker zurückgehalten hatte. Soldaten standen vor dem Bunker mit nassen Decken bereit, die sie als Schutz vor Funkenflug und Hitze über uns hängten. In Richtung zu unserem Haus in F 2 gab es kein Durchkommen. Alle, die aus dem Bunker kamen, wurden zum Schloss gewiesen, das lichterloh brannte. Ein direkter Zugang in die Innenstadt war durch die vielen Brände und die herabstürzenden Trümmer zu gefährlich. Wir wurden daher über den Ring in Richtung Neckar geleitet. Erst als wir am Luisenring fast oben am Neckar waren, konnten wir es wagen, den Weg in Richtung zu unserem Haus einzuschlagen. Wir atmeten auf, unser Haus stand noch fast vollkommen unversehrt da. Nur die Scheiben waren vom Luftdruck der in der Nähe explodierten Bomben eingedrückt worden. Geschlafen haben meine Mutter und ich in dieser Nacht nicht mehr. Mit der Beseitigung der Glassplitter und des Staubs lenkten wir uns von dem Lärm ab und von dem, was auf den Straßen und den nahe gelegenen brennenden Häusern in dieser Nacht noch geschah. Die Löscharbeiten in unmittelbarer Nähe unseres Hauses hielten bis in den Morgen hinein an.*

**Anneliese Volle** schreibt: *Einer der schwersten und schrecklichsten Angriffe auf Mannheim geschah in der Nacht vom 5. auf den 6.9.43. Es war ein schöner, milder Septembersonntag, und ich war mit meinen Eltern gerade nach Hause gekommen, als die Sirenen heulten. Diesem ersten Alarm folgte nach einiger Zeit die Entwarnung.*

Der zweite Alarm kam dann gegen Mitternacht, und wie bereits beim ersten Mal rannte ich sofort in den Bunker am Tennisplatz, dort wo heute das Nationaltheater steht. Seit einiger Zeit hatte ich in einer der Zellen ein Oberstockbett. Dass es dort Ungeziefer gab, störte mich nicht allzu sehr, denn ich sagte mir: „Lieber Wanzen als Bomben."

Wie fast bei jedem Alarm war ich die Erste der Familie, die im Bunker war, meine Mutter folgte nach. Mein Vater blieb als Brandwache im Haus und ging in den wenig sicheren Keller. Er blieb dort auch wegen unseres Rauhaardackels, der nicht mit in den Bunker durfte. Kurze Zeit nach Eintreffen meiner Mutter im Bunker zuckte das Licht und ging dann ganz aus. Wir hörten den Einschlag von Bomben. In nächster Nähe waren es Luftminen, die den Boden erzittern ließen. Hilflos und voller Angst erlebten wir den mörderischen Angriff auf unsere Stadt. Mich wundert es noch heute, dass keine Panik entstand. Als es dann endlich Entwarnung gab und wir nach draußen gingen, brannte die ganze Stadt. Es war ein Anblick des Schreckens und des Grauens. Was nicht durch Sprengbomben zerstört war, fiel den Phosphorbomben zum Opfer. Ich weiß nicht mehr, wie wir den kurzen Weg zurück zu unserem Haus fanden, vorbei an brennenden Gebäuden und herabstürzenden Balken. Wir gingen durch einen Regen von Funken und über Trümmerberge. Überall Rauch und schmutzige Luft. Wir konnten kaum atmen. Dazu kam der Lärm durch Polizei, Feuerwehr und auch durch Leute, die ihr Mobiliar aus den brennenden Häusern zu retten versuchten.

Unser Haus stand noch. Als wir ankamen, waren mein Vater und zwei andere Männer damit beschäftigt, Wasser auf brandgefährdete Teile des Dachs zu gießen, um einen Brand durch Funkenflug zu verhindern. Brandbomben, die auf die hölzernen Treppen gefallen waren, hatten sie sofort nach dem Angriff löschen können. Unser Hund war wie immer in der Wohnung geblieben. Er muss bei dem Lärm der Einschläge und dem Luftdruck der explodierenden Bomben, der in unserer Wohnung den Ofen von einer Ecke in die andere gefegt hatte, dem Wahnsinn nahe gewesen sein. In seiner Verzweiflung hatte er ganze Holzspäne aus der Tür gekratzt und genagt und einen neuen Anzug meines Vaters, der an der Tür hing, zerbissen. Erst gegen Morgen bestand keine Brandgefahr mehr für unser Haus. Alle waren total erschöpft und am Ende ihrer Kräfte.

Ich weinte, als ich am nächsten Morgen durch die Straßen ging. Überall Schutthaufen, Steinberge von eingestürzten Häusern, immer noch rauchende Trümmer, verstörte, verzweifelte Menschen. Nichts war mehr, wie es einmal war und wo es einmal war. Im Eckhaus in der „Schiefen Gass" wurde Maria Schäfer aus unserer Mädchen-Gruppe aus den Trümmern ihres kleinen Hauses gezogen. Sie lebte noch. In dem Eckhaus in S 5 wohnte Elisabeth Ihrig, ein vierzehnjähriges Mädchen aus der Jungschar der Konkordienkirche. Durch den Einschlag einer Mine wurde sie unter dem fünfstöckigen Haus begraben. Ich sehe noch heute ihr fröhliches Gesicht mit ihren schönen braunen Augen und den Pünktchen darin.

*Der Blick über die Trümmer zum Turm der Konkordienkirche*

*„Meine Konkordienkirche", in die mich meine Eltern 1920 am 12. Tag meines Lebens zur Taufe gebracht hatten, war ausgebrannt. Nur der Turm stand noch, war jedoch schwer beschädigt. Ich fand unseren Kirchendiener apathisch in seiner zerstörten Wohnung liegen. Er konnte es nicht fassen, dass seine Kirche, an der er mit allen Fasern seines Herzens hing, zerstört war. Ich kehrte mit Trauer und Hoffnungslosigkeit von meinem Gang durch die umliegenden Straßen zurück.*[127]

**Irmgard Helmstädter** berichtet über ihren letzten Theaterbesuch im Mannheimer Nationaltheater: *Ich gehöre zu jenen Theaterfreunden, die am Sonntag, dem 5.9.43, am Vorabend seiner Zerstörung, die letzte Vorstellung im Nationaltheater miterlebt haben. „Der Freischütz" von Carl Maria von Weber stand zum Auftakt der neuen Spielzeit auf dem Programm.*

*Ich besuchte die damalige Aufführung gemeinsam mit meiner Mutter und weiß noch, wie uns während der ganzen Vorstellung die Angst im Nacken saß: „Bloß kein Fliegeralarm!" Das Theater begann um 17 Uhr und ging glatt über die Bühne. Nach der Vorstellung hatten wir noch viel Zeit bis zur Abfahrt unseres Zuges. Wir schlenderten in der Dämmerung von B 3 durch die Innenstadt und sangen die wunderbaren Melodien vor uns hin: „Leise, leise, fromme Weise ...". Hinterher haben wir erfahren, dass es zwischendurch, von den Theaterbesuchern völlig unbemerkt, Fliegeralarm gegeben hatte. Er dauerte etwa eine halbe Stunde, genau gesagt von 18.34 bis 19.06 Uhr. Neben dem Hauptalarm gab es auch einen sogenannten Voralarm, der die Bevölkerung in der Regel wenig beunruhigte, und man ging deswegen auch nicht in den Luftschutzkeller. Das Leben lief weiter, selbst der Schulunterricht – ich besuchte damals die Luisenschule* am Tattersall – wurde bei dieser Alarmstufe noch nicht unterbrochen. Oftmals haben die Bomberverbände ihren Kurs wieder geändert, dann wurde der Voralarm rasch abgeblasen, so auch in den Abendstunden des 5. September.

Wir kamen gut gelaunt zu Hause an. Doch in dem Augenblick, als meine Mutter den Schlüssel in die Haustür steckte, heulten die Sirenen. Das fanden wir anfangs gar nicht so schlimm, weil wir ja noch nicht im Bett lagen. Es war eine halbe Stunde vor Mitternacht. Wir zogen unsere Trainingsanzüge an, schnappten die Gasmasken und eilten in den Luftschutzkeller, in dem noch andere Familien aus der Nachbarschaft Zuflucht suchten. Mit großen Ängsten vernahmen wir das Herannahen und schließlich das dumpfe Dröhnen der Flugzeugverbände, die ihre Bombenladungen abwarfen. Als wir uns nach der Entwarnung wieder aus den Kellerräumen herauswagten, stellten wir fest, dass unsere Umgebung vom Bombenhagel verschont geblieben war, ein paar geplatzte Fensterscheiben, einige Ziegel vom Dach gefallen, das war alles. Doch in der Ferne sahen wir den Himmel brennen. Rauch und Qualm zogen über uns hinweg und verdunkelten die schreckliche Nacht.

Am Tag darauf, am 6. September, sollte für uns Schüler das neue Schuljahr beginnen. Doch erst Tage danach war es möglich, überhaupt wieder in die Stadt zu gelangen. Dort war nichts mehr so, wie es einmal gewesen war. Flugzeuge der Royal Air Force haben in jener Nacht die einst so lebendige Stadt in einen riesigen Trümmerhaufen verwandelt, der zahlreiche Menschen unter sich begraben hatte. Auch das geliebte Nationaltheater, in dem Friedrich Schiller am 13. Januar 1782 die Uraufführung seiner „Räuber" erlebte, und in dem wir am Abend vor dem Angriff noch gesessen waren, lag in Schutt und Asche. Der vom Denkmal-Sockel herabgestürzte Dichter lag am Boden.[128]

*Das Mannheimer Nationaltheater nach der Zerstörung*

Der Einsatz als „Melder" verlief mit der Schwere der Luftangriffe für die Jugend-
lichen zunehmend dramatischer. **Albert Hitzfeld** schreibt darüber sehr ausführlich:
*Im Frühjahr 1943, ich war gerade 15 Jahre alt geworden, verpflichtete ich mich als
Melder bei der Luftschutzbehörde Mannheim Abschnitt Süd, zu der auch der Lindenhof
gehörte. Neben dem Gedanken, etwas für das Vaterland zu tun, war es die Aussicht auf
Entlohnung für die Bereitschaftsstunden und die Einsätze, die mich reizten. Meine
Ausrüstung bestand aus einer Volksgasmaske mit der dazugehörigen Blechbüchse, einem
russischen Beute-Stahlhelm, gekennzeichnet mit Hammer und Sichel im Sowjetstern,
und einer dunkelgrünen Armbinde mit dem weiß aufgestickten Wort „Melder" und
weißem Aufdruck „Luftschutz Abschnitt Süd".*

*Bei jedem Fliegeralarm musste ich mich schnellstmöglich von der Eichelsheimer
Straße 9 aus, wo wir wohnten, zur Rettungsstelle 7 im Altenheim Lindenhof am Meeräckerplatz begeben. Dort waren im Keller unter dem östlichen Treppenhaus mehrere
Räume als Rettungsstelle eingerichtet, u.a. ein Operationsraum mit Notstromaggregat.
Bei den Fliegeralarmen saß ich zusammen mit einem Arzt, einigen Sanitätern und
Krankenschwestern auf den Bänken entlang der Wände des Raumes, in den man durch
eine Gasschleuse und gasdichte Türen gelangte. Die Zunahme der Alarme brachte es mit
sich, dass sich die Mannschaft, zu der unser Hausarzt Dr. Rothmund gehörte, immer
häufiger traf. Die meiste Zeit warteten wir vergebens auf einen Einsatz.*

*Am Sonntag, den 5.9.43, am Ende eines schönen Herbsttages, bewunderten meine
Eltern und ich von unserem Wohnzimmer aus hinter den Bäumen des Schlossgartens
einen glutroten Sonnenuntergang. Wir ahnten nicht, dass dies der letzte Ausblick aus
dem Fenster des Wohnzimmers unserer im vierten Stock gelegenen Wohnung sein würde.
Beim Abendessen heulten die Sirenen, es gab Voralarm, der jedoch nicht lange dauerte.
Kurz vor Mitternacht gab es Vollalarm, und wie gewohnt zogen wir schnell die bereit-
gelegten Kleider an. Mit den stets griffbereit stehenden Koffern und Taschen gingen
meine Eltern in den „Meerfeldbunker", und ich fuhr mit meinem Fahrrad zu meiner
Einsatzstelle. Unterwegs dorthin sah ich bereits die ersten Zielmarkierungsbomben am
Himmel stehen, „Christbäume" genannt. Damit war klar, dass Mannheim erneut das
Ziel eines Bombenangriffs sein würde.*

*Abgehetzt kam ich bei der Rettungsstelle an und setzte mich zu den Sanitätern und
Schwestern. Draußen war inzwischen die Hölle los. Das Brummen der Bomber und
das wilde Schießen der Flak waren als Erstes zu hören, es folgten die immer näher
kommenden Bombeneinschläge, bei denen der Boden bebte. Der Luftdruck explodie-
render Bomben war zu spüren. Zusammengekauert saßen alle da, und ich hielt mir
wie die anderen die Ohren zu. Vom Luftdruck einer in der Nähe eingeschlagenen
Bombe wurde die Stahltür der Gasschleuse aus den Angeln gerissen, die Kellerbeleuch-
tung begann zu flackern und fiel kurze Zeit später ganz aus. Der Rettungsstellenleiter
versuchte die Lichtmaschine des Notstromaggregats in Betrieb zu setzen, die jedoch nur
Licht für den Behandlungsraum und die Operationslampe gab. Nach der ersten kurzen
Unterbrechung der Bombeneinschläge wurden auch schon verletzte Arbeiter von der
nahe gelegenen Firma Lanz zu uns gebracht. Die Träger berichteten, dass der ganze*

Lindenhof in Flammen stehe, auch das Dach des Altersheims brannte, konnte jedoch schnell gelöscht werden.

Der diensthabende Arzt, Dr. Rothmund, hatte es nicht mehr geschafft, zur Rettungsstelle zu kommen, sodass die Verletzten nur notdürftig von dem Sanitätspersonal behandelt werden konnten. Das Telefonnetz war ausgefallen, und nachdem die Bombeneinschläge aufgehört hatten, war nunmehr ich als Melder an der Reihe. Ich sollte die schriftliche Anforderung eines Arztes zur Einsatzleitstelle in der Werderstraße bringen. Bewaffnet mit meinem Russenhelm und der Gasmaske ging ich nach oben. Es war ein fürchterlicher Anblick, der sich mir bot. So weit ich blicken konnte, brannten die Häuser rund um den Meeräckerplatz. Überall lagen Trümmer auf den Straßen und vor dem Eingang zum Altenheim brannte ein Auto. Mein Fahrrad lag unbeschädigt am Boden. Es nützte mir jedoch wenig, da die Reifen durch die Glasscherben sofort platt gefahren waren. Ich musste zu Fuß weiterkommen. Um nicht von herunterstürzenden Trümmerstücken getroffen zu werden, lief ich mitten auf der Meerfeldstraße durch den Funkenflug an den rechts und links brennenden Häusern entlang. Es kam mir vor, als liefe ich durch einen brennenden Tunnel. Ein Meer von Flammen überall, die teilweise hoch aus den Fenstern schlugen. Ich konnte bei dem Qualm und Gestank kaum atmen und setzte meine Gasmaske auf. Im Vorbeilaufen sah ich, wie das Lanz-Krankenhaus geräumt wurde. Patienten wurden auf Bahren durch die brennenden Straßen in den nahe gelegenen Bunker gebracht.

In der Windeckstraße behinderten die herunterhängenden elektrischen Oberleitungen der Straßenbahn das Durchkommen. Bis zum Gontardplatz hatte ich Angst, dass durch den Funkenflug mein Trainingsanzug Feuer fangen könnte. Als ich bei der Eichelsheimer Straße ankam, wurde mir klar, dass auch unser Haus ein Raub der Flammen geworden sein musste. Zum Glück wusste ich meine Eltern in Sicherheit im Bunker. Erst am Lindenhofplatz nahm ich meine Gasmaske ab. Von dort führte mein Weg über die Lindenhofbrücke zum Hauptbahnhof und weiter über den Kaiserring zum Wasserturm. Auf dem Grünstreifen des Kaiserrings sah ich Leute, die dort neben den paar geretteten Habseligkeiten standen oder saßen. Manche Frauen saßen weinend bei geretteten antiken Möbelstücken, und ich sah Ölgemälde, die an die Bäume gelehnt waren.

Beim Friedrichsplatz standen einige der Arkadenhäuser und der Rosengarten in Flammen. Vereinzelt sah ich auf meinem Weg Feuerwehr im Einsatz. Ausrichten konnte sie bei dem Inferno, das über die Stadt hereingebrochen war, relativ wenig. Endlich kam ich in der Werderstraße an, wo die Leute der Leitstelle die eingehenden Meldungen entgegennahmen und, soweit es ging, Einsatzbefehle an die Feuerwehr, Ambulanzen und Ärzte weitergaben. Wie viele andere, die wie ich mit rußverschmierten und schweißnassen Gesichtern und verdreckter Kleidung ankamen, konnte ich nun meine Meldung abgeben. Ich war froh, meine Mission erfüllt zu haben.

Nun nahm ich den gleichen Weg zurück. Am Lindenhofplatz ließ es mir keine Ruhe mehr, genau zu wissen, was zu Hause geschehen war. Als ich bei unserem Haus in der Eichelsheimer Straße 9 ankam, schlugen dort noch Flammen aus dem Erdgeschoss, während von den Stockwerken darüber nur noch die Fassade und nackte Mauerreste standen. Von den Hausbewohnern sah ich niemanden. Als ich beim Altersheim ankam, stand bereits ein Sanitätswagen vor der Tür. Er muss über den Neckarauer Übergang angefahren sein, denn vom Bahnhof her gab es durch den Lindenhof kein Durchkommen. Der angeforderte Arzt war bereits seit einer halben Stunde im Operationsraum bei der Arbeit, ständig kamen Verletzte an. Mir wurde berichtet, dass einem der Verletzten nicht mehr zu helfen gewesen war. Ich war nicht der Einzige, der die Hilfe der Sanitäter in Anspruch nahm, denn es gab viele, die sich die durch Raucheinwirkung geröteten und schmerzenden Augen ausspülen und mit Augentropfen behandeln ließen. Das Personal hatte bis in die Morgenstunden hinein alle Hände voll zu tun.

*Der zerstörte Lindenhof*

Am frühen Vormittag erhielt ich den Auftrag, in einem Materiallager der Luftschutzbehörde am Luisenring Verbandsmaterial und Medikamente abzuholen. Auf dem Weg dorthin konnte ich erkennen, dass vom Lindenhof nicht mehr viel übrig geblieben war. Beim Umweg über die Rennershofstraße traf ich meine Eltern dort auf ihren Koffern sitzend an. Sie hatten auf mich gewartet und wollten mich gleich zu den Großeltern nach Edingen mitnehmen. Ich hatte einige Mühe, meiner Mutter klarzumachen, dass ich erst noch meinen Auftrag zu erfüllen hätte. Danach, so musste ich ihr versprechen, würde ich sofort nach Edingen kommen. Auf meinem Weg zum Luisenring und zurück wurde meine Befürchtung zur traurigen Gewissheit: Auch die Innenstadt war durch diesen Großangriff weitgehend zerstört. Inzwischen war auf dem Meeräckerplatz eine Feldküche eingerichtet worden, welche die Obdachlosen mit Essen versorgte. Ich holte mir einen Schlag Linsensuppe und zog mich auf meine Bank im Keller der Rettungsstelle *zurück. Dort schlief ich vor Übermüdung ein und erwachte erst am späten Nachmittag, als ich meine Mutter nach mir rufen hörte. Sie war in Sorge um mich von Edingen zurückgekommen. „Warum bischt du noch net nach Edinge kumme? Isch waad schun de gonze Daach uff disch. Kumm, mer gehe, du hoscht do nix mee zu suche!" Auf den Einwand des Rettungsstellenleiters, der ihr klarmachen wollte, dass ich noch gebraucht werde, antwortete sie in voller Lautstärke: „Was glaawe se donn, der is noch alles, was isch hab, außer zwee Koffa un ä Dasch. Heit Nacht is alles verreckt. Un der geht jetzt mit." Hin- und hergerissen zwischen Pflichterfüllung und Mutterrecht, legte ich schließlich meinen Russenhelm und meine Gasmaske mit den Worten auf die Bank: „Sie sehe jo, isch kann do nix mache." Und so wurde ich von meiner Mutter durch die Gasschleuse nach oben abgeführt.*[129]

Diese Schilderung zeigt, welche Leistungen von Jugendlichen im Kriegseinsatz verlangt wurden. Für seinen Einsatz erhielt Albert Hitzfeld im Juni 1944, als er bereits Luftwaffenhelfer war, das Kriegsverdienstkreuz II. Klasse.

# Die Evakuierungen

Nachdem wir ausgebombt waren, verließ ich Ende September 1943 zusammen mit meiner Mutter, meinem Großvater und meinem Cousin Lothar Brehm Mannheim. Ich wusste damals nicht, dass ich meine Heimatstadt, abgesehen von zwei kurzen Aufenthalten bei der Unterbrechung von Bahnfahrten, erst nach mehreren Jahren, nämlich im Februar 1947, wiedersehen würde.

Von den Verwandten im Bayerischen Wald erhielten wir sofort eine leer stehende Zweizimmerwohnung mit einer großen Küche zur Verfügung gestellt. Sie befand sich in dem Bauernhof von Max Biebl, der etwas außerhalb von Schönanger lag. In dem gleichen Haus waren wir schon bei unseren Urlauben in der Vorkriegszeit gewesen.

Meine Mutter und ich waren von den Urlauben her mit der Umgebung vertraut. Für mich waren unsere neuen Hausherrn, nämlich der Bauer und seine Frau, schon immer der Onkel Max und die Tante Nani gewesen. Dagegen war für meinen Großvater und meinen Vetter die Umgebung neu. Sie fanden jedoch auch schnell Kontakt zu den Hausbewohnern. Wir passten uns den Menschen und den Gegebenheiten so gut wie möglich an.

Viele Leute von Schönanger und Neuschönau waren überzeugte Katholiken, die von Hitler und seiner Partei nichts wissen wollten. Ich habe das allerdings damals nicht registriert. Mein Großvater hatte 1910 mit seinen sechs Kindern seine Heimat verlassen. Wie erwähnt war er ein Sympathisant des Hitlerregimes. Seine Gesinnung hat er laut Aussagen meiner Mutter wiederholt zum Ausdruck gebracht und ist von einigen der früheren Freunde und Bekannten deshalb nicht mehr als einer der Ihrigen akzeptiert worden. Hinzu kam, dass er nicht zum Gottesdienst ging, was ihn vollends isolierte.

Auf dem Hof war damals ein junges polnisches Ehepaar beschäftigt, das mit der Landarbeit vertraut war. Die beiden bewohnten ein kleines Zimmer. Ihre Arbeit war voll anerkannt, und sie wurden auch gut behandelt. Sie saßen beim Essen mit der Familie am gleichen Tisch. Beide sprachen etwas Deutsch, das sie sicher erst nach ihrer Ankunft gelernt hatten. Vermutlich sind sie nicht aus freien Stücken in den Bayerischen Wald gekommen, sondern wie viele Menschen aus den besetzten Gebieten deportiert worden, um in Deutschland zu arbeiten. Ich mochte beide.

Für unsere Eltern ergab sich natürlich sehr schnell die Frage, wie die Schulbildung von meinem Vetter und mir fortgesetzt werden könne. Die nächste Schule gab es in Neuschönau, das etwa vier Kilometer von dem Bauernhof entfernt lag. Allerdings war dies eine Volksschule. Die nächste Oberschule gab es in Passau. Sie kam wegen der zu großen Entfernung für die Fortsetzung unserer Ausbildung nicht infrage. Wir wurden daher beide zunächst einmal in die siebte Klasse der Volksschule in Neuschönau gesteckt. Täglich legten wir den Weg dorthin zu Fuß zurück. Für uns war die Teilnahme an dem Unterricht natürlich ein reines Vergnügen, denn die Anforderungen dieser Dorfschule waren äußerst gering. Wenn auch die ersten Schwierigkeiten mit dem Dialekt schnell überwunden waren, so sind wir wahrscheinlich doch Fremdkörper in dieser Umgebung geblieben.

Glücklicherweise mussten wir den dortigen Unterricht nur kurze Zeit besuchen. Inzwischen gab es nämlich für alle Mannheimer Oberschulen Kinderlandverschickungslager, und es war keine Frage, dass wir beide dort unsere Ausbildung fortsetzen sollten. Meiner Mutter ist dieser Abschied vermutlich viel schwerer gefallen als bei der ersten Kinderlandverschickung, an der ich teilgenommen hatte. Wir hatten den Krieg am eigenen Leib verspürt, und keiner wusste, wie es weitergehen würde. Die Vorahnung, dass noch härtere Zeiten auf uns zukommen würden, war zumindest bei den Erwachsenen vorhanden.

Am 6.11.43 fuhren mein Vetter und ich mit der Bahn nach Mannheim. Lothar machte sich einige Tage später nach Landser bei Mühlhausen auf den Weg, wo sich seine Klasse befand. Ich fuhr mit der Bahn nach St. Pilt (heute St. Hippolyte) bei Schlettstadt.

Die Evakuierung verlief für viele nicht so problemlos wie für uns. Hierzu eine Schilderung von **Robert Lehle**. *Im Frühjahr 1943 hieß es, dass Familien mit Kindern die Stadt verlassen sollten. Der Luftschutzwart brachte meiner Mutter ein Papier als Fahrschein nach Fürth im Odenwald, dort sollte sie sich beim Bürgermeister zwecks Unterkunft melden. Mein Vater erhielt keine Genehmigung, uns zu begleiten Der Bürgermeister dort wusste von nichts und quartierte uns zunächst in einem Gasthof ein. Mutter und fünf Kinder schliefen in zwei Betten. Die „freundliche" Wirtin verweigerte uns einen Tisch in der Gastwirtschaft, wir mussten zum Essen im Zimmer auf dem Boden sitzen. Meine Mutter rannte durch mehrere Orte auf der Suche nach einer Wohnung. Nirgendwo waren wir erwünscht. In der Abwesenheit der Mutter musste ich meine Geschwister unterhalten und beruhigen. Nach einer Woche war meine Mutter völlig mit den Nerven fertig. Sie ging zur Post, rief meinen Vater an und schilderte ihm unter herzzerreißendem Weinen die Lage. Wir standen mit Taschen und Tüten um sie herum und weinten laut mit. Auf der Gegenseite hörte der Vorgesetzte meines Vaters zufällig mit. Er gab ihm sofort die Erlaubnis, uns mit einem Polizeifahrzeug abzuholen.*
*Kaum war mein Vater angekommen, kam der Ortsgruppenführer gelaufen und brüllte meinen Vater an, was ihm wohl einfalle, uns einfach so mitzunehmen. Mein Vater brüllte zurück, er, der Goldfasan, habe durch seine miserable Organisation eine kinderreiche Familie ins Elend geschickt. Er kümmerte sich nicht weiter um ihn und*

*nahm uns einfach mit nach Mannheim, wo wir nach einigem Hin und Her eine Zelle im nahe gelegenen Bunker zugewiesen bekamen, die wir jeden Abend bezogen, um am Morgen ins Haus zurückzukehren.*[130]

Nach dem Verlust ihrer Wohnung und auch wegen der zunehmenden Bombenangriffe waren vor allem Frauen, deren Männer beim Militär waren, bereit, mit ihren Kindern Mannheim zu verlassen. Viele fanden Unterkunft bei Verwandten auf dem Land. Durch die Vermittlung von Behörden kamen einige Hundert Mannheimer Familien ins Elsass. Ihre Erfahrungen bei dem Aufenthalt in der Fremde waren sehr unterschiedlich.

**Adolf Müller** berichtet: *Auslöser für unsere Evakuierung war eine Freundin meiner Mutter, die sich schon einige Zeit mit ihrem zehnjährigen Sohn in Gueberschwihr befand und meine Mutter dazu überredete, auch dorthin zu gehen. Es gab allerdings ein Problem, denn meine Mutter war als Büglerin in einem Betrieb in Sandhofen beschäftigt und durfte nicht ohne Weiteres ihre Arbeit aufgeben. Ihre Freundin wusste Rat. Sie ging mit ihr zur Ortsgruppe und beantragte dort eine Hausgehilfin, die ihr, da sie ein Kind hatte, genehmigt wurde. Außerdem war sie die Witwe eines gefallenen Oberscharführers, was die Zustimmung vermutlich erleichtert hat. Und so konnten meine Mutter und ich mit offizieller Genehmigung ins Elsass umziehen.*

*Die Freundin meiner Mutter hatte in Gueberschwihr ein Haus erhalten, wo wir Unterkunft fanden. Als sie jedoch meine Mutter tatsächlich als ihre Hausangestellte beschäftigen wollte, war die Freundschaft schnell zu Ende. Hinzu kam, dass wir merkten, wie unbeliebt die „Frau Oberscharführer" war. Wegen jeder Kleinigkeit berief sie sich auf ihren Mann und beschwerte sich bei den örtlichen Parteibonzen. Darunter hatten auch wir zu leiden. Wenn wir durch den Ort gingen, dann war das eine Art Spießrutenlaufen.*

*In der Volksschule von Gueberschwihr waren wir in einer Zwergklasse, d.h. die 1. bis 4. Klasse wurde gemeinsam unterrichtet. Mit den Elsässer Kindern ist mir kein Kontakt in Erinnerung. Ich weiß nur noch, dass mehrere deutsche Frauen mit ihren Kindern in unserem Umfeld wohnten, und dass mein Bruder und ich mit deren Kindern spielten.*

*Ich kann mich noch gut daran erinnern, dass sich mein Vater, der einige Male übers Wochenende zu uns kam, mit dem alten Bauern unterhielt. Beide legten Wert darauf, dass die Gespräche nicht in der Wohnung, sondern im Garten stattfanden. Vermutlich ging es dabei um Politik. Schon nach kurzer Zeit hatten sich die beiden angefreundet. Dass es unter den Elsässern auch systemkonforme Volksgenossen gab, musste ich eines Tages schmerzhaft zur Kenntnis nehmen. Als ich nämlich beim Einkaufen mit „Grüß Gott" den Dorfladen betrat, erhielt ich von dem dort gerade anwesenden Ortsbauernführer eine schallende Ohrfeige, verbunden mit dem Hinweis, dass ein deutscher Junge mit „Heil Hitler" zu grüßen hätte.*[131]

Viele Obdachlose gingen zu Verwandten, die auf dem Land lebten. Sie wurden nicht alle so freudig aufgenommen und akzeptiert wie wir. **Wilma Gilbert-Winnes** berichtete Folgendes: *Wir Kinder müssen die Tante doch sehr gestört haben, denn eines Nachts hörte ich sie laut beten: „Lieber Herr Jesus, erlöse mich von dem Pack." Das wurde sie auch bald, denn meine Mutter fand eine Bleibe in einem alten Bauernhaus am Ortsrand.*[132]

# Die Kinderlandverschickung

Die Evakuierung von Jugendlichen aus den deutschen Großstädten während des Krieges war eine beachtliche Leistung des NS-Staates. Sie wurde unter zum Teil recht schwierigen Bedingungen durchgeführt und verlangte von allen Verantwortlichen, und das waren nicht nur die Lehrer und Führungskräfte der HJ, sondern auch viele Helfer in den KLV-Lagern, Einsatzbereitschaft und ein großes Maß an Verantwortung. Zweifellos hat die Kinderlandverschickung vielen jungen Leuten, die aus den Großstädten evakuiert wurden, das Leben gerettet. Etwa 2,5 Millionen Jugendliche wurden von 1940 bis 1945 in etwa 9.000 KLV-Lagern betreut, von denen eine Vielzahl in den besetzten Gebieten lag.[133]

Die Zusammenarbeit zwischen Lehrkräften und HJ-Führern bzw. BDM-Führerinnen verlief nicht überall reibungslos. Wo eine gute Zusammenarbeit zwischen Lehrern und Lagermannschaftsführern stattfand, war das Lagerleben für die meisten Schüler unproblematisch, oft sogar durch den engen Kontakt mit Gleichaltrigen eine Bereicherung. Der „Internatsbetrieb" hat so manchen zum Lernen gezwungen und ihm Sozialverhalten vermittelt, das er im Elternhaus nicht in dem gleichen Maße hätte erlernen können.

Als im Frühjahr 1941 in unserer Schule erstmals die Kinderlandverschickung zur Sprache kam, war ich sofort von dem Gedanken sehr angetan, auf diese Weise Neues zu erleben. Alles, was außergewöhnlich und abenteuerlich zu sein schien, reizte mich. Als meine Eltern schriftlich um ihre Zustimmung gebeten wurden, erzählte ich ihnen, dass die meisten meiner Klassenkameraden an der Verschickung teilnehmen würden, was nicht der Wahrheit entsprach. Meine Mutter zögerte zunächst. Da jedoch mein Vater keinerlei Bedenken hatte, stimmte auch sie zu.

Die meisten Eltern waren zum damaligen Zeitpunkt nicht bereit, ihre Kinder wegzugeben. Die ersten Bombenangriffe gaben im Gegensatz zu später keinen Anlass für Ängste. Einige Eltern befürchteten, dass ihre Kinder in einem Lager zu sehr den Parolen des Nationalsozialismus und auch einem gewissen Drill ausgesetzt sein würden, Befürchtungen, die durchaus berechtigt waren.

Etwa einhundert Schüler der Mannheimer Mittelschule im Alter von elf bis dreizehn Jahren fanden sich am 25.6.41 am Hauptbahnhof ein, um die Reise ins Elsass anzutreten. Selbstverständlich waren alle in der Uniform des Jungvolks erschienen, so wie das angewiesen worden war. Viele Mütter hatten beim Abschied von ihren Sprösslingen Tränen in den Augen, denn diese Trennung war doch etwas anderes als eine Verabschiedung in einen Urlaub zu Verwandten. Auch meine Mutter konnte ihre Tränen nicht verbergen.

*Die Mannheimer Mittelschüler vor dem Hauptbahnhof Mannheim*

Wir hatten zwar den Bestimmungsort unserer Reise zuvor erfahren, aber von dem, was uns dort bezüglich der Unterbringung erwartete, hatten wir keine Ahnung. Mir war noch nicht einmal klar, wo Matzenheim lag. Ich wusste lediglich, dass die Fahrt ins Elsass ging, in ein Gebiet, das bis vor Kurzem noch französisch gewesen war, und das Hitler so wie Österreich „heim ins Reich" geholt hatte. Dies war die offizielle Formulierung für die Eingliederung des Elsass in das Deutsche Reich. Dass diese Vereinnahmung von der elsässischen Bevölkerung im Gegensatz zu der von Österreich nicht begrüßt worden war, wusste ich natürlich nicht. Dass die meisten Leute, mit denen wir in Kontakt kamen, einen deutschen Dialekt sprachen, war für mich Beweis genug, sie alle für Deutsche zu halten.

Am Nachmittag kamen wir in Matzenheim an, das etwa zwanzig Kilometer südlich von Straßburg liegt. Wir wurden dort in dem katholischen Internat St. Joseph einquartiert, wo es alles gab, was zur Unterbringung, zur Verpflegung und zum Unterricht benötigt wurde. Vermutlich waren die französischen Schüler kurz vor dem Einmarsch der deutschen Truppen evakuiert worden.

Für uns Jugendliche war das Leben ohne Eltern eine vollkommen neue Erfahrung. Das Geschehen wurde von den Lehrern und einigen Jungvolkführern bestimmt, die sich um die Gestaltung unserer Freizeit bemühten. Der Tagesablauf war vom Wecken am Morgen bis zur Lagerruhe am Abend vorgeschrieben. Alles verlief nach einem wöchentlich festgelegten Plan, in dem tageweise die verschiedenen Aktivitäten mit genauen Zeitangaben angegeben waren. Ich hatte keine Probleme, mich an den neuen Tagesrhythmus zu gewöhnen.

*Der Lagerleiter mit den HJ-Führern*

Außer uns wohnten in dem stattlichen Internatsgebäude noch einige Ordensleute, die wahrscheinlich bis zur Kapitulation Frankreichs als Lehrer, Betreuer und Helfer dort tätig gewesen waren. Sie waren in einem abgetrennten Teil untergebracht, den wir nicht betreten durften. Alle Ordensleute wurden von den Lehrern und Lagerführern zuvorkommend behandelt. Es gab keinerlei Schwierigkeiten im Umgang miteinander.

Für jeden Schlafsaal war einer der Lagerführer zuständig. Er, der sogenannte Stubenälteste, hatte für Ordnung, Disziplin und Sauberkeit zu sorgen. Jeder von uns hatte sein Bett und einen Spind für die Kleider. Die Betten waren mit Strohsäcken und blau-weiß kariert bezogenen Wolldecken ausgestattet. Jeden Morgen hatten wir nach dem Waschen unsere Betten zu „bauen", und in unseren Spinden musste peinliche Ordnung herrschen.

Nach dem Frühstück hatten wir an den Werktagen Unterricht, der durch eine halbstündige Frühstückspause unterbrochen wurde. Das Mittagessen fand pünktlich um halb ein Uhr statt, das Abendessen um 19 Uhr. Dazu versammelten sich alle Lehrer und Schüler sowie auch die Lagerführer im Speisesaal. Beim Essen durfte nicht gesprochen werden. Wer beim Sprechen erwischt wurde, musste aufstehen und durfte sich erst nach etwa fünf Minuten wieder setzen, um weiterzuessen.

*Speisesaal mit Fahne und Hitlerbild vor der Bühne*

Das Mittagessen wurde meist mit einem Ess- oder Trinkspruch eingeleitet, den einer von uns Schülern vorzutragen hatte. Einige dieser Sprüche habe ich in meinem Tagebuch vermerkt. – Damals wurde noch die Sütterlin-Schrift als offizielle deutsche Schrift verwendet. Sie ist erst 1942 abgeschafft worden. An erster Stelle steht derjenige Spruch, der uns wahrscheinlich am besten gefiel. Obgleich darin eine der Nazigrößen despektierlich angesprochen wurde, ließen ihn die Lehrer durchgehen.

Die politische Schulung wurde selbstverständlich auch im Lager nicht vernachlässigt. Hierfür sorgten nicht nur die Lagerführer, sondern auch die Lehrer. Neben den „politischen Wochenberichten" und sonntäglichen Morgenfeiern standen auch Filme auf dem Schulungsprogramm, die im Speisesaal vorgeführt wurden. Die Wochenschau wurde uns ab und zu im Nebenzimmer des Dorfkinos gezeigt.

Am Sonntag durften wir etwas länger schlafen. Statt um 7 Uhr wurden wir erst um 8 Uhr geweckt. Um 9 oder 10 Uhr fand dann die Morgenfeier statt, die meistens von den Lehrern und nur selten von den Lagerführern gestaltet wurde. Behandelt wurden die üblichen Themen aus der Geschichte des Nationalsozialismus oder aus der deutschen Geschichte. Mitunter gab es nur eine kurze Ansprache mit einer Flaggenhissung, oder es wurde der letzte Wehrmachtsbericht verlesen. Die Morgenfeier sollte Ersatz für den Gottesdienst sein. Vom Kirchgang wurde jedoch niemand abgehalten.

Hier ein Blatt aus meinem Tagebuch:

Das erwähnte „Museum" war ein Naturalienkabinett. Die umfangreiche Sammlung hat einer der Klosterbrüder sonntagvormittags interessierten Schülern gezeigt. Er hat dabei interessante Vorträge über die Sammlungsstücke gehalten.

Für den Sport waren die Lagerführer zuständig. Da jedoch kein großer Sportplatz in unmittelbarer Nähe zur Verfügung stand, beschränkten sich unsere sportlichen

Aktivitäten auf Turnübungen und Spiele, die meist auf dem kleinen Basketballfeld des Internats stattfanden.

Bei Ausmärschen durch die kleinen elsässischen Dörfer der Umgebung haben die Leute sicherlich über unser militärisches Gehabe den Kopf geschüttelt. Mit der Bevölkerung kamen wir damals jedoch nicht in Kontakt. Wir wussten nicht, was die Elsässer über uns, über die Deutschen und über den Nationalsozialismus dachten. Ihr Elsässerdeutsch verstanden wir kaum, und das Bedürfnis, miteinander zu reden, war von beiden Seiten nicht vorhanden.

*Die Lagermannschaft vor dem Internat „St. Joseph" in Matzenheim*

Zweifellos war für uns alle mit der Trennung von den Eltern die Erziehung zur Selbständigkeit schon in einem frühen Alter verbunden. Diejenigen, die verwöhnt und nicht sonderlich anpassungsfähig waren, hatten unter dem strengen Regime zu leiden. Da diese erste Kinderlandverschickung jedoch nur einige Monate dauerte, war das Besuchs- und Urlaubsverbot für die meisten unproblematisch.

Ich war von dem Aufenthalt in Matzenheim begeistert. Heimweh kannte ich nicht. Aber das war nicht bei allen so. Einige litten unter Heimweh oder kamen mit der verlangten Disziplin nicht zurecht. Sie wollten umgehend wieder zurück zu ihren Eltern. Jammerbriefe sollten jedoch nicht nach Hause gelangen, genauso wenig wie negative Äußerungen. Alle Briefe mussten daher unverschlossen abgegeben werden. Sie wurden von den Lehrern zensiert.

Auch für die Mädchen der Mannheimer Mittelschule gab es 1941 das erste Kinderlandverschickungslager. Die Schilderung von **Trude Wittemann** zeigt, dass es dort ähnlich wie bei uns in Matzenheim zuging: *1941 waren meine Schwester und ich im Kinderlandverschickungslager der Mannheimer Mittelschule in Triberg im Schwarzwald. Etwa 70 Mädchen waren damals im Hotel „Waldlust" am Wasserfall einquartiert. Je nach Zimmergröße hatte man mehrere Stockwerkbetten in den verfügbaren Hotelzimmern untergebracht. In unserem geräumigen Zimmer standen fünf dieser Betten; wir waren also zu zehnt.*

*Für den Unterricht waren die mitgereisten Lehrerinnen zuständig. Er fand in den Aufenthaltsräumen des Hotels statt. Der Tagesablauf war fest vorgegeben. Höhepunkt des Tages war das Eintreffen der Post von zu Hause. Verständlicherweise nahmen wir dort wie alle anderen am vorgeschriebenen „Dienst" teil. Für Sport, Spiel und Gesang war die Lagermannschaftsführerin zuständig. Wanderungen und Ausmärsche in Uniform standen ebenso auf dem Programm wie sonntägliche Morgenfeiern.*[134]

*Die Lagermannschaft auf dem Marktplatz von Triberg 1941*

Ende November 1941 war die erste Kinderlandverschickung der Mannheimer Mittelschule beendet. Da sie zu einem Zeitpunkt stattfand, an dem die Gefährdung der Kinder durch Bombenangriffe gering war, handelte es sich vermutlich um einen ersten Test von Massenevakuierungen. Dieser verlief im Falle der beiden KLV-Lager der Mittelschule Mannheim, abgesehen von der Tatsache, dass Scharlach und Diphtherie in beiden Lagern ausbrachen, durchaus positiv.

Auch Volksschüler waren bereits in den ersten Kriegsjahren in der Kinderland-verschickung. **Waldemar Hildebrand** berichtet darüber: *Ende 1940 bekamen meine Eltern mitgeteilt, dass ich mich im Januar zur Untersuchung im Gesundheitsamt einfinden sollte. Einige Monate später bekamen sie die Mitteilung, dass ich mit dem nächsten Transport in Kinderlandverschickung käme, sie sollten die erforderlichen Unterlagen und die nötigen Kleidungsstücke bereithalten. Wo in Mannheim unsere Gruppe zusammengestellt wurde, weiß ich nicht mehr, jedenfalls standen sehr viele Busse bereit, in welche wir Jugendlichen einstiegen. Der Bus, in dem ich saß, hielt in der Ortschaft Ulm bei Renchen auf dem Schulhof. Dort standen bereits die Familien, bei denen wir untergebracht werden sollten. Ich kam zu einer einfachen Kleinbauernfa-milie mit zwei erwachsenen Töchtern und einem Sohn in meinem Alter. Jeden Morgen bekam ich, um meine blasse Stadtfarbe wegzubekommen, kuhwarme Milch zu trinken.*

*In der Schule wurden jeweils vier Klassen von einem Lehrer unterrichtet. Großes Gelächter gab es unter den Einheimischen wegen unseres Dialektes. Anfang März 1942 kehrten wir wieder nach Hause zurück.*

*Bereits vier Monate später kam ich erneut in ein KLV-Lager. Es befand sich in Steinen bei Lörrach und war fast wie eine Art vormilitärisches Ausbildungslager. Untergebracht waren wir in einem Gasthaus. 26 Schüler schliefen in einem großen Tanzsaal mit einer Bühne, auf der die Spinde standen. Lagerleiter war ein Lehrer aus Mannheim, der uns auch unterrichtete. Lagermannschaftsführer war ein überaus strammer HJ-Führer, der von uns mehr als den normalen Hitlerjugenddienst verlangte. Er hatte zwar keine Waffen zur Verfügung, war jedoch bemüht, uns Waffenkunde zu vermitteln.*[135]

**Otmar Sester** berichtet: *Bereits 1941 war ich etwa ein halbes Jahr lang in einem KLV-Lager in Furtwangen. Meine Eltern hatten ein Formular ausgefüllt und mich damit zum Büro des Bannführers von Mannheim geschickt. Vermutlich war diese Stelle damals in Abstimmung mit dem Schulamt für die Verschickung der Mannheimer Volks-schüler zuständig. Wir waren etwa fünfzig Mannheimer Schüler, die im Hotel „Zum Ochsen" untergebracht waren. Der Unterricht fand im Speisesaal statt, und es gab einen streng geregelten Tagesplan. Zwei Lehrer bemühten sich um den Unterricht, von denen einer als Lagerleiter die Gesamtverantwortung hatte. Ein Lagermannschaftsführer, der etwa zwei Jahre älter als wir war, kümmerte sich um Sport und um all das, was auch zu Hause im Jungvolk betrieben wurde: Singen, Basteln, Exerzieren und Geländespiele.*

*Es folgte dann ein Jahr später eine zweite Verschickung nach Schloss Ollweiler am Hartmannsweiler Kopf im Elsass. Dort war der Tagesablauf ähnlich streng geregelt wie in Furtwangen. Allerdings stand dort für uns etwa 50 Schüler nur ein einziger Lehrer zur Verfügung, der gleichzeitig Lagerleiter war. Es gab auch hier einen Lagermann-schaftsführer und außerdem ein GD-Mädel, das für die gesundheitliche Betreuung zuständig war.*

*Im Rückblick war die Zeit der Kinderlandverschickung für mich eine schöne Zeit, in der ich mehr gelernt habe als zu Hause, in der ich das Zusammensein mit Gleich-altrigen mit den vielen gemeinsamen Aktionen als eine Bereicherung empfand, die ich nicht missen möchte.*[136]

Wegen der Gefährdung durch die zunehmenden Bombenangriffe und auch wegen des Mangels an Schulraum begann im Herbst 1943 eine umfangreiche Evakuierung von Schulkindern aus den Großstädten Deutschlands.

In Mannheim fand am 29.9.43 auf Initiative des Badischen Kultusministeriums eine Besprechung über die Verlegung der Mannheimer Schulen statt, bei der für alle Mannheimer Schulen die Abfahrtszeiten festgelegt wurden. Es wurde außerdem verfügt: „Die Transporte werden vom Bann durchgeführt. Die einzelnen Schulen stellen begleitende Lehrkräfte."

Bezüglich des Unterrichts und der Gestaltung des Lagerbetriebes ergingen folgende Anweisungen: *Die Religionslehrer gehen nicht mit in das Lager. Der Unterricht findet von 8.15 - 12.15 Uhr statt, dazu nach Bedarf Montag, Dienstag, Donnerstag und Freitag nachmittags. Für Erledigung der Hausaufgaben wird eine bestimmte Zeit angesetzt. Diese und der HJ-Dienst sind aus dem Lagerplan, den jeder Lagerleiter erhält, zu ersehen.*
*Die Abendstunden werden ausgefüllt mit Appellen, Heimabenden, Singabenden, Werkarbeit und Flicken und Nähen für die Mädchen. Der Wochen- und Tagesdienstplan wird jeweils ausgehängt. Der Dienstverkehr geht über den Oberbannführer Bauer in Straßburg, Reinmarstr. 1, Telefon 26268, in Lagerangelegenheiten an die zuständigen Stellen der Gebietsführung, in schulischen Angelegenheiten an den Inspekteur der Lagerschulen, Oberregierungsschulrat Dr. Fehrle. Die Leiter der bisherigen Mannheimer Schulen haben, soweit sie nicht Lagerführer sind, keine Anordnungsbefugnis. Es ist ihnen unbenommen, im Rahmen der Lageranordnungen die Verbindung zwischen den Eltern und Schülern durch Besuche aufrechtzuerhalten. Elternbesuche sollen im Anfang unterbleiben, sie werden später planmäßig eingerichtet. Eltern können im Lager weder untergebracht noch verpflegt werden. Urlaub erhalten die Schüler nur in besonderen Fällen, wenn z.B. der Vater von der Front kommt, bei Todesfällen oder schweren Erkrankungen der Eltern. Ferien sind für die Schüler nicht vorgesehen.*[137]

Damit war eindeutig festgelegt, wer in den KLV-Lagern das Sagen haben sollte, nämlich die HJ-Führung, was jedoch nicht überall gelang. Es kam häufig zu Machtproben zwischen Lehrern und HJ-Führern, bei denen meist die Lehrer die Oberhand behielten.

Bei der zweiten Evakuierung von Jugendlichen, offiziell als erweiterte Kinderlandverschickung bezeichnet, waren die meisten Eltern, sofern sie die Ausbildung ihrer Kinder nicht unterbrechen wollten, dazu gezwungen, ihre Sprösslinge mitgehen zu lassen. Diese Entscheidung fiel ihnen in Anbetracht der zunehmenden Bombenangriffe und der damit verbundenen Gefährdung ihrer Kinder nicht allzu schwer.

142

Auch aus meiner zweiten Kinderlandverschickung steht mir ein Tagebuch zur Verfügung, das auf wundersame Weise nach dem Krieg wieder in meine Hände geriet. Es wurde von einem jungen Mann auf einer Müllhalde bei Titisee gefunden. Er hatte es aufbewahrt und mir 1947 zugeschickt, nachdem er meine Adresse ausfindig machen konnte. Für mich ist dies ein unersetzliches Dokument, da ich nachlesen kann, was damals alles geschah und was ich dachte.

Im Vorwort zu meinen Tagebucheintragungen steht: „Auf zur neuen Heimat auf unbestimmte Zeit." Vielleicht war es eine gewisse Vorahnung, die mich veranlasste, diesen Satz zu schreiben. Es hat in der Tat einige Jahre gedauert, bis ich wieder zu Hause war.

*Das erste Blatt in meinem Tagebuch*

Die bei der offiziellen Lagereröffnung in meinem Tagebuch vermerkte Losung

*Ich für Dich*
*Du für mich*
*Alle für Führer, Volk und Reich*

hätte auch lauten können

*Du bist nichts, Dein Volk ist alles.*

Sprüche dieser Art gab es viele, und ich hielt sie für die „reine Wahrheit".

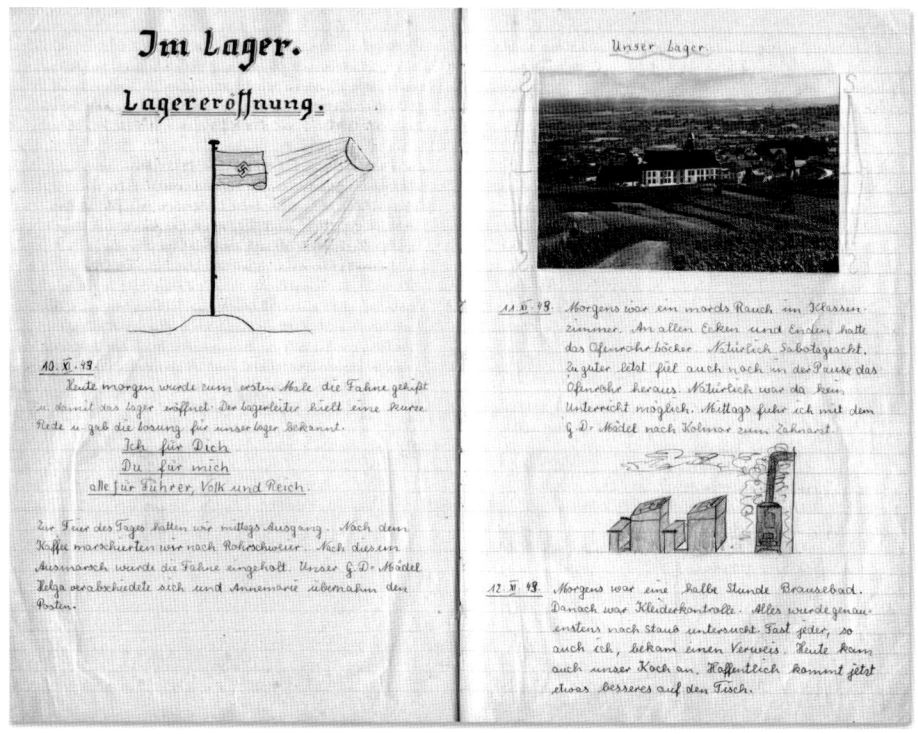

*Die ersten Eintragungen in meinem Tagebuch*

Bei meiner Ankunft in St. Pilt waren meine Mitschüler schon seit drei Wochen in dem dortigen Internat einquartiert. „Collège" nannten nicht nur die Elsässer das weithin sichtbare Gebäude, sondern auch wir, die wir ja bereits etwas Französisch gelernt hatten, benutzten diese Bezeichnung.

Viele meiner Stubenkameraden kannte ich bereits aus dem KLV-Lager Matzenheim. Im Vergleich zu denjenigen, die nicht in Matzenheim dabei gewesen waren, fühlten wir uns als „alte Hasen". Innerhalb der Stube kam sehr schnell ein Gefühl der Zusammengehörigkeit auf. Wir waren eine verschworene Gemeinschaft. Die Autorität des von uns gewählten „Stubenältesten" wurde von allen anerkannt, zumal er sehr sportlich war.

Durch das Pfeifsignal des Lagermannschaftsführers wurden wir morgens geweckt. Es folgte das Waschen und Zähneputzen. Danach ging es zum Frühstück und anschließend in den Unterricht. Im Gegensatz zu Matzenheim, wo mehrere Jungvolkführer im Einsatz waren, gab es nur noch einen Lagermannschaftsführer mit einem Stellvertreter, die beide von der Gebietsleistung der Hitlerjugend ins Lager abgeordnet worden waren. Sie waren recht pragmatisch und hielten anscheinend nicht viel von ideologischer Schulung, sondern konzentrierten ihre Tätigkeit auf den Sport. Damit kamen sie den Neigungen der meisten von uns entgegen. Alle waren drei Jahre älter als wir, und wir kamen fast ausnahmslos gut mit ihnen aus. Auch die Lehrer, von denen das strengere Regiment ausging, hatten keinerlei Schwierigkeiten mit ihnen.

Alle unsere Lehrer waren nicht mehr die Jüngsten. Sie waren es nicht gewohnt, eine Meute übermütiger junger Leute ständig um sich zu haben, und brachten nicht allzu viel Verständnis für uns auf. Das war in Matzenheim etwas anders gewesen, denn dort wurden sie als Ersatz für die Eltern akzeptiert. Inzwischen waren wir jedoch zwei Jahre älter geworden, und die Lehrer hatten es mit einer schwierigeren Altersgruppe zu tun. Die meisten von uns befanden sich in den „Flegeljahren". Es war nicht immer einfach, uns abends zur Ruhe zu bringen. Die Lehrer überließen diese Aufgabe gern den Lagerführern.

Die Bemühungen meines Vaters, der bereits Mitte Dezember 1943 zu seinem ersten Besuch nach St. Pilt kam, mich an Weihnachten in den Bayerischen Wald mitnehmen zu dürfen, schlugen fehl. Der Lagerleiter lehnte das Urlaubsgesuch ab, was insofern verständlich war, als er keine Ausnahmen machen konnte, da sonst fast alle Lagerinsassen Weihnachtsurlaub genommen hätten.

Aus den Aufschreibungen in meinem Tagebuch ist zu entnehmen, dass ich damals Heimweh hatte, ein Gefühl, das ich zuvor nicht gekannt hatte. Bis zum Neujahrsabend lag ich mit hohem Fieber im Bett, wahrscheinlich war daran das Heimweh schuld, das ich mir damals bestimmt nicht eingestand, denn

*Jungvolkjungen sind hart, Jungvolkjungen sind treu,*
*des Jungvolkjungen höchstes ist die Ehre.*

Dies ist auch so ein Satz, der im Gedächtnis hängengeblieben ist.

Der Unterricht wurde von den Lehrern genau wie zuvor in Mannheim fortgesetzt. Wir stöhnten oft über die vielen Hausaufgaben, die nachmittags zu erledigen waren. Die angeordneten drei Stunden für das „Studium", so die offizielle Bezeichnung, mussten von jedem eingehalten werden. Wer darüber hinaus noch etwas tun wollte, dem wurde das jedoch nicht verwehrt.

*Unsere Klasse mit Klassenlehrer Gustav Lauth, dem späteren Lagerleiter*

Der Tagesablauf in St. Pilt unterschied sich kaum von dem des KLV-Lagers Matzenheim. Bettruhe gab es allerdings keine mehr. Neben dem Sport und den Verpflichtungen im Hinblick auf Ordnung und Sauberkeit hatten wir genügend freie Zeit, um Spaziergänge in die nähere Umgebung oder am Wochenende Wanderungen zu machen, zu lesen und unseren Hobbys nachzugehen. Lästig waren für alle die mitunter stattfindenden Inspektionen durch Beauftragte der HJ-Gebietsleitung. Dies war stets Anlass für Sonderreinigungen, die allerdings meist nicht als ausreichend betrachtet wurden. Sportliche Wettkämpfe und Geländespiele, wie sie im Jungvolk üblich waren, fanden meist am Samstagnachmittag statt. Unser Ehrgeiz wurde mit Erfolg laufend angestachelt. Jede Stube wollte die beste sein.

Einige von uns interessierten sich für die Fliegerei. Sie wurden zu Segelfluglehrgängen in den Schwarzwald geschickt und kamen immer begeistert von dort zurück. Diese Lehrgänge waren zweifellos eine Art vormilitärische Ausbildung, und selbstverständlich haben sich die meisten dieser Mitschüler bereits damals freiwillig zur Luftwaffe gemeldet.

146

*Die Lagermannschaft im Hof des Collèges von St. Pilt*

Die Zunahme der Luftangriffe auf deutsche Städte war uns nicht nur aus den Wehrmachtsberichten bekannt. Wir konnten das selbst miterleben, denn ab Anfang 1944 flogen in verstärktem Maße Bomberverbände auch am Tag über uns hinweg. Die nachstehenden beiden Seiten aus meinem Tagebuch vermitteln einiges von dem Geschehen im Lager. Die geschilderte Luftschlacht mit dem Absturz eines US-Bombers und der Gefangennahme eines Piloten durch einen Mitschüler war natürlich ein berichtenswertes Ereignis.

Zu meinem 15. Geburtstag hatte ich Besuch von meinem Vater. Über seine Ankunft mit der Mutter meines Freundes habe ich in meinem Tagebuch ausführlich berichtet. Die Aufschreibungen vermitteln etwas von dem damaligen Geschehen, was die Lufthoheit anbelangt. Wichtiger war für mich allerdings das Gespräch mit meinem Vater bezüglich meiner Freiwilligenmeldung zur Marine.

27. V. 44
Samstag

**Mein Geburtstag!**

15 Jahre bin ich nun schon alt. Da kann man sich fühlen. Wie schnell ist aber doch die Zeit vergangen, besonders die letzten 5 Jahre. Und als rechter Anfang des 15 Jahres war heute wieder etwas los. Ich ging mit der Gille zum Bahnhof um Papa u. die Gille ihre Mutter abzuholen. Wir waren kaum unten als auch schon ein Brummen losging. In starken Pulks flogen die Briten u. US-amerikaner über uns weg. Alle vom Baumuster Boeing. Die wartenden Elsässer waren gleich aus dem Häuschen. Wie verscheuchte Hühner stoben sie durcheinander. Wir schauten angespannt zum Himmel, den auch Deutsche Maschinen waren zu hören. Da -, es krachte einigemale kurz und schon brannte das Ungetüm und machte sich auf den Weg abwärts. Der siegreiche Jäger brauste hinterdrein und flog in geringer Höhe über den Bahnhof weg. Als nun die Elsässer so starkes brummen hörten war es aus. Sie warfen sich alle rasch in Deckung und man sah die ulkigsten Dinge. Der Zug kam dann an und mit ihm Papa. Er hatte auch alles mitangesehen. Noch beim Hinaufgehen flogen die verdammten Hunde über uns weg. Später hörten wir daß sie in Mannheim waren. Da kein Zimmer im Hotel mehr frei war schlief Papa im Emf.=Zimmer. Wir saßen dann noch zusammen und erzählten. Unvermittelt fragte ich ihn dann ob er mir die Erlaubnis gäbe mich freiwillig zur Marine zu melden. Wieso! War die erste Frage. Ich sagte ihm dann, daß ich beabsichtige Marine Ingenieur zu werden. Also aktiv zur Kriegsmarine zu gehen. Er sagte dann zu. All was () du tust, mußt du auch später als deine Entscheidung ansehen. Ich stimme zu.

**15. Jahre alt.**

148

Wenn ich heute meine Tagebucheintragung von damals lese, dann wundert es mich, dass mein Vater nicht versucht hat, mich von einer Freiwilligenmeldung abzuhalten. Warum hat er nicht auf die möglichen Folgen eines vorzeitigen freiwilligen Kriegseinsatzes hingewiesen? Das Risiko kannte er. Viele junge Freiwillige sind schon bei ihrem ersten Kriegseinsatz gefallen. Die von mir längst verdrängte Geschichte mit dem jungen U-Boot-Matrosen, über die ich berichtet habe, hätte er mir vielleicht ins Bewusstsein zurückrufen können. Wenn mein Vater ein Sympathisant des Regimes gewesen wäre, dann könnte ich sein Verhalten verstehen. Weil er es nicht war, und weil er mit Sicherheit ein Kriegsgegner gewesen ist, finde ich seine Zustimmung und seinen damaligen Kommentar unerklärlich. Ob ich auf Einwände von ihm gehört hätte, ist eine andere Frage. Wahrscheinlich hätte ich mich nicht von meinem Vorhaben abbringen lassen. Ich wollte ja wie viele andere dem Vaterland dienen. Einige Tage später habe ich meine Bewerbung für die Laufbahn eines Marineingenieurs abgeschickt.

Anlässlich der Invasion der Alliierten klebte ich das Bild einer illustrierten Zeitung mit einigen Kommentaren in mein Tagebuch ein.

Im Anschluss an das Bild ist zu lesen:
*Wir müssen und werden siegen, und ich glaube durch irgendeine Waffe.*

Von neuen Waffen ist damals häufig die Rede gewesen. Wie sonst hätte man bei den ständigen Rückzügen an allen Fronten bei der Bevölkerung den Glauben an einen Sieg noch aufrechterhalten können. Die V1-Raketen, die ab Mitte Juni 1944 auf Südengland abgefeuert wurden, bestätigten die schon lange im Umlauf befindlichen Gerüchte über „Wunderwaffen" und gaben neue Hoffnung. In meinem Tagebuch ist unter dem 16.6.44 vermerkt, dass nunmehr die Vergeltung begonnen habe.
Am 24.6.44 wurden alle Lagerinsassen zu einem Sportfest und einer ärztlichen Untersuchung nach

*Die Tagebuchseite vom 6. Juni 1944*

Rappoltsweiler (heute Ribeauvillé) beordert. Die Lagermannschaft marschierte geschlossen dorthin. Es stellte sich heraus, dass es bei dieser Untersuchung weniger um unsere Gesundheit als um unsere Tauglichkeit für den Kriegseinsatz ging. Wir merkten auch sehr schnell, dass diese Aktion zudem eine Werbeveranstaltung der Waffen-SS war. Wer sich, so wie ich, bereits freiwillig zu einer Waffengattung gemeldet hatte, der blieb verschont. Alle anderen, insbesondere die größeren Schüler, wurden massiv unter Druck gesetzt. Einige Elsässer in unserem Alter, die wie wir an der Veranstaltung teilnehmen mussten, wurden durch Prügel zur Unterschrift gezwungen.

Zu der geschilderten Aktion gibt es nachstehende Beschreibung meines Schulfreundes **Arno Bienstock**: *Am 24. Juni 1944, einem herrlichen Sonntagmorgen, marschierte die gesamte Lagermannschaft in Reih und Glied von St. Pilt in das nahe gelegene Rappoltsweiler. Bevor wir dort zum Sportplatz kamen, wurden wir von einem SS-Mann angehalten, der uns mitteilte, dass wir uns vor dem Beginn der Wettkämpfe alle einer Röntgenuntersuchung zu unterziehen hätten. Ich weiß nicht, ob unsere Lagerleitung hiervon unterrichtet war. Jedenfalls mussten wir zu einer Wiese marschieren, auf der zwei große Spezialfahrzeuge standen. Dort hatten wir uns in einer Reihe hintereinander aufzustellen. Der erste Wagen, in den jeder einzeln eintreten musste, enthielt eine Art medizinisches Labor sowie ein Röntgengerät. Nach dem Röntgen wurde jeder in den nächsten Wagen geschleust, wo sich an einer Längsseite eine durchgehende Theke befand. Hier saßen an drei Abfertigungsschaltern Leute der Waffen-SS, deren Dienstgrad ich nicht mehr weiß. Sie machten jedem von uns klar, dass er groß und kräftig genug sei, um ein Mitglied der absoluten Elite aller Waffengattungen zu werden, eben der Waffen-SS. Für jeden deutschen Jungen sei es eine Ehre, unserem Führer als Waffen-SS-Mann zu dienen.*
*Ich erinnere mich, dass jeder von uns drei gerade bearbeiteten Schülern Einwände erhob. Ich selbst wies auf meine Zugehörigkeit zur Flieger-HJ und meinen unbedingten Willen hin, mich zur Luftwaffe zu melden. Dies wurde mit dem Hinweis gekontert, dass die Waffen-SS in Kürze eigene Luftwaffen- und Fallschirmjägerverbände aufstellen werde. Das Ganze zog sich einige Zeit hin, aber schließlich konnte ich mich den Überredungskünsten, insbesondere aber dem Gefühl, dass man gegenüber den uniformierten, dekorierten und etwas martialisch auftretenden Herren ein Nichts sei, nicht entziehen. Und so unterschrieb ich den Antrag zur Aufnahme als Freiwilliger in die Waffen-SS. Ich war nicht der Einzige, der das damals tat.*[138]

Wie diese Aktion von unseren Lehrern aufgenommen wurde, hat **Arno Bienstock** wie folgt beschrieben: *Am Tag danach war die Nötigung von uns 15-Jährigen durch die SS ein Diskussionsthema im Schulunterricht. Lehrer Keller hielt an diesem Vormittag den Unterricht, und ich erinnere mich noch sehr gut daran, dass er äußerst empört darüber war, zumal man auch seinen Sohn zur Unterschrift gezwungen hatte. Bei der Diskussion stellte sich heraus, dass einige meiner Mitschüler, die nicht am Sportfest beteiligt waren, erst gegen Abend zurückkamen, weil sie sich lange geweigert hatten, zu unterschreiben. Nur diejenigen wurden nicht behelligt, die körperlich schwach waren* *oder den Nachweis erbringen konnten, dass sie sich bereits zu einer andern Waffen-Gattung freiwillig gemeldet hatten.*

*Was Lehrer Keller an diesem Vormittag im Unterricht von sich gab, hätte ihn ins Konzentrationslager bringen können. Beim anschließenden Mittagessen gab es im Speisesaal am Lehrertisch eine kontroverse Diskussion über die Vorkommnisse in Rappoltsweiler. Ich erinnere mich, dass der Lagerleiter, der meines Wissens Ortsgruppenleiter der NSDAP war, von Jammerlappen sprach, die nicht zu ihrer Unterschrift stehen wollten. Wörtliches Zitat, das mir als einem der Angesprochenen in Erinnerung geblieben ist: „Ihr seid Feiglinge und Verräter am Werk unseres Führers.“*[139]

Arno Bienstock musste im August 1944 zur vormilitärischen Ausbildung bei der Waffen-SS in ein Lager im Hürtgenwald bei Aachen. Da er von dort nicht mehr in das Kinderlandverschickungslager zurückkehrte, kam es jedoch nicht mehr zu seiner Einberufung.

Auf der Suche nach „Kanonenfutter" wurden von der SS offensichtlich alle KLV-Lager einbezogen. **Manfred Bittlingmaier**, der sich ab August 1944 im KLV-Lager der Mannheimer Lessingschule in Bad Boll befand, berichtete, dass eines Tages zwei SS-Offiziere aufkreuzten, *der eine arm-, der andere beinamputiert, beide hochdekoriert. Sie sollten Freiwillige anwerben. Man stelle sich das vor: Buben im Alter zwischen 13 und 15 Jahren sollten sich verpflichten, mit Eintritt der Wehrfähigkeit in SS-Verbände einzutreten, ohne dass die Eltern von der Verpflichtung etwas wussten, geschweige denn gefragt worden wären. Jeder Einzelne wurde angesprochen; man war diesem drängenden Werben relativ hilflos ausgesetzt. Einwände, etwa der Art, dass man lieber zur Marine oder zur Luftwaffe wolle, haben die Werber dadurch entkräftet, dass sie behaupteten, auch die Waffen-SS bekäme Einheiten bei diesen Waffengattungen. Ich weiß nur noch, dass ich genau wie viele andere Kameraden etwas unterschrieben habe, was bei meinen Eltern helles Entsetzen hervorgerufen haben muss, wie ich dem auf meinen Bericht folgenden elterlichen Brief entnehmen konnte. Das alles ist heute kaum vorstellbar.*[140]

Die Kinderlandverschickungslager des Tulla- und des Adolf-Hitler-Gymnasiums befanden sich in Schönwald im Schwarzwald. **Kurt Oppitz** meldete sich dort, als er 15 Jahre alt war, freiwillig zum Militär. Er schreibt: *Dies war der erste Schritt zur Erfüllung meines lang gehegten Wunsches, Berufssoldat zu werden. Die Waffengattung stand fest. Ich wollte zur deutschen Elitetruppe, zur Waffen-SS, und zwar zur Infanterie. Allerdings gab es Bedenken wegen meiner Körpergröße. Zwei Tage vor der Musterung legte ich mich ins Bett, da es hieß, dass man kurz nach dem Aufstehen am größten sei. Ob ich damit die fehlenden Zentimeter zu 1,65 Meter tatsächlich erreichte, weiß ich nicht. Möglicherweise hat es der prüfende Arzt gut mit mir gemeint, da ich sonst alle Kriterien erfüllte und an meiner Einsatzbereitschaft kein Zweifel bestand. Ich wurde jedenfalls angenommen.*

*Als Ende 1944 Werber in das KLV-Lager Schönwald kamen, wurden fast alle meine Mitschüler, die sich nicht zuvor bereits freiwillig zu einer anderen Waffengattung gemeldet hatten, zum Eintritt in die Waffen-SS überredet. Und so kam es, dass ich am 22.3.45 zusammen mit fast allen Klassenkameraden des Jahrgangs 1929 den Marschbefehl mit Zielort Erlangen erhielt.*[141]

Der Anschlag auf Hitler vom 20.7.44 war Anlass für eine längere Tagebucheintragung über die „feige Verräterclique". Sie endet mit dem Satz:

> *Niemand kann den Sieg uns rauben,*
> *weil wir an den Führer glauben.*

Wieder eine der üblichen Parolen. Ja, ich glaubte damals wie viele andere noch immer an unseren Führer Adolf Hitler. Das Urteil für die Verschwörer, Tod durch Erhängen, hielt ich für gerecht. Auch das ist in meinen Aufzeichnungen nachzulesen. Die Vorsehung, so hieß es, habe den Tod Hitlers verhindert.

Im August 1944 erhielten alle Schüler unseres Lagers 14 Tage Urlaub. Über Mannheim fuhr ich zusammen mit meinem Vater in den Bayerischen Wald. Bei dem eintägigen Aufenthalt in Mannheim sah ich die inzwischen bereits stark zerstörte Stadt. Meine Eindrücke hielt ich in meinem Tagebuch so fest: *Ich freute mich richtig, wieder einmal meine Heimatstadt zu sehen. Mit der Straßenbahn fuhr ich hinaus nach Neckarau zu Papa. Viele Häuser sind zerstört. In der Stadt sah man*

*Die Ruine des Nationaltheaters*

*überall Sprüche, wie „Mer sin vun Mannem, mer losse uns net unnerkriegen." – „Und schlägt der Arsch auch Falten, wir Mannemer bleiben doch die Alten."*

In den Ferien im Bayerischen Wald war die Familie endlich wieder vereint, wenn auch nur für kurze Zeit. An den Abschied von meinen Eltern und von meinem Großvater erinnere ich mich nicht mehr. Vermutlich ist er mir, ganz im Gegensatz zu meinen Eltern, nicht sehr schwer gefallen.

Ende August 1944 waren alle wieder im Lager zurück, und der Unterricht sowie auch die Jungvolkaktivitäten gingen unverändert weiter. Es gab allerdings keinen Lagermannschaftsführer mehr, da die dafür infrage kommenden Führer der Hitlerjugend inzwischen alle zum Militär eingezogen worden waren.

Mit den Dorfbewohnern von St. Pilt hatten wir keine Kontakte. Wahrscheinlich schätzten sie uns nicht sehr. Gelegentliche Einkäufe in den wenigen kleinen Geschäften des Orts führten nicht zu Gesprächen zwischen den Einheimischen und uns Jugendlichen. Unsererseits war natürlich auch kaum Anlass für Unterhaltungen gegeben. Im August 1944 ist in meinem Tagebuch zu lesen: *Die Front wird jetzt noch ungefähr 200 km weg sein. Die Elsässer werden immer aufsässiger. Je näher die Front kommt, umso mehr freuen sie sich.*

Die erste etwas skeptische Eintragung in mein Tagebuch ist unter dem 1.9.44 zu finden. *Fünf Jahre Krieg. Gerade heute hat Finnland die Beziehungen zu Deutschland abgebrochen. Das bedeutet wieder einen Feind mehr. Der Krieg ist jetzt bald auf dem Höhepunkt angelangt. Der Feind kommt der deutschen Grenze immer näher. Soll denn alles umsonst gewesen sein? – Nein, es ist unmöglich.*

Da die Lagerleitung nächtliche Überfälle durch Elsässer oder auch Partisanen befürchtete, wurden ab Mitte September 1944 jeweils vier Schüler zu zweistündigen Nachtwachen eingeteilt. Bei einem bewaffneten Überfall hätten wir zwar nicht viel tun können, aber wir wollten wenigstens nicht überrascht werden.

Die Angriffe amerikanischer Tiefflieger nahmen immer mehr zu. Fast täglich griffen Jagdbomber des Typs „Thunderbolt" Züge und LKWs an, aber auch Zivilisten wurden auf den Straßen beschossen. Wir konnten die Angriffe von dem über der Rheinebene gelegenen Internatsgebäude aus gut beobachten.

Zum Schutz der Bevölkerung gegen die zunehmenden Angriffe von Jagdbombern wurden damals außerhalb der Ortschaften entlang der Straßen Gräben ausgehoben. Einige Tage waren wir mit dem Ausheben dieser Schutzgräben an der Straße von St. Pilt zur Bahnstation beschäftigt. Auch Zivilisten aus dem Dorf mussten dabei mithelfen. Wir murrten zwar über die schwere körperliche Arbeit, aber waren letztendlich auch stolz darauf, einen Beitrag für das Vaterland zu leisten.

Hier eine Seite meines Tagebuches:

9. IX. 44.
Sonntag.

Schon beim aufstehen brummten 9 Feindjäger herum. Den ganzen Tag waren sie in der Nähe und man hörte sie von Ferne schießen. Um 6 Uhr fuhr gerade ein Zug vor St.-Pilt als die Kerle heranbrausten. Sie griffen den Zug mit Bomben an. Die armen Leute. Dann schoßen sie noch mit Bordwaffen drauf. Unser ganzes Haus wackelte. Die Küchenweiber waren ganz aus dem Häuschen.

10. IX. 44.
Montag

Am Morgen hören wir von Ferne unsere 4 "Freunde" werken. Um ½5 Uhr geht es dann bei uns los. Zuerst griffen sie einen Zug hinter St.-Pilt, dann um 5⁴⁵ einen im Bahnhofen. Wie immer hing natürlich alles an den Fenstern Da kam plötzlich Herr Schär angeschnauft u. gleich hatte auch mancher einen roten Backen.

11. IX. 44.
Dienstag

Morgens waren wieder die Tommy's hier. Mittags wurden wieder 2 Züge bei St.-Pilt angegriffen. Einer davon schien Munition geladen zu haben denn bis abends fanden Explosionen statt. Ich baute eine FW 190. Herr Luth gab uns bekannt, daß wir schanzen müssen. Wir freuen uns schon darauf. Denn was die in Ostpreußen können bringen wir Süddeutsche auch noch fertig.

Am 30.9.44, als die Front bereits bis auf etwa 60 Kilometer an das Elsass herangerückt war, verließen wir St. Pilt, um mit der Bahn nach Titisee im Schwarzwald zu fahren, wo wir in der dortigen Jugendherberge untergebracht wurden.

154

Von **Hans Bichelmeier** gibt es folgende Schilderung über seine Erinnerungen an die Kinderlandverschickung: *Wie es dazu kam, dass ich kurze Zeit nach dem schweren Bombenangriff vom September 1943 mit etwa 30 Mannheimer Volksschülern in den Ort Dauendorf bei Hagenau im Elsass angekommen bin, weiß ich nicht, auch nicht, wer uns dorthin begleitet hatte. Vermutlich war es die Initiative der Schule, die dazu führte, dass wir mit dem Zug dorthin fuhren und auf dem Marktplatz des Ortes den dort bereits wartenden Einwohnern gegenüberstanden. Wir wurden von den Leuten ausgewählt, irgendwann hatte jeder seine Gastfamilie.*

*Ich kam zu einer Bauernfamilie, bei der ich mich gleich sehr wohlfühlte. Sie hatten einen Sohn, der bei der Wehrmacht war. Ich sah ihn nur bei seinen Urlauben. Ihre Tochter war etwas älter als ich. Die Familie lebte in einfachen bäuerlichen Verhältnissen, alle waren freundlich. Ich hatte gut und reichlich zu essen, und die Mithilfe bei den Arbeiten auf dem Hof machte mir Spaß. Sprachschwierigkeiten gab es keine, denn das Elsässerdeutsch verstand ich sofort, sprachen ja meine Verwandten am Bodensee auch den alemannischen Dialekt. An die Traubenernte erinnere ich mich noch sehr gut. Im Schulunterricht, der mit den elsässischen Schülern mehrerer Jahrgänge in einer Klasse im Dorf stattfand, traf ich wieder auf meine Mitschüler. Eine HJ-Uniform, in der alle von uns angereist waren, hatte keiner mehr an. Wir merkten sehr schnell, dass die Elsässer, bei denen wir einquartiert waren, mit dem Nationalsozialismus nichts zu tun haben wollten. Den Jungvolkdienst wie zu Hause gab es nicht.*[142]

Wie ich befand sich auch Hans Bindner in einem Lager im Elsass, allerdings nicht in der Kinderlandverschickung, sondern in einer Nationalpolitischen Erziehungsanstalt (Napola). Sein älterer Bruder war vor ihm bereits in der Napola. **Hans Bindner** schreibt: *Wenn mein Bruder Horst in den Ferien nach Hause kam, war er voller Begeisterung. Er war mein großes Vorbild, und es war mein Traum, auch in diese Elite-Schule zu kommen.*

*Der Traum ging bereits 1942 in Erfüllung, als ich zusammen mit drei Klassenkameraden auf die Napola nach Ruffach im Elsass geschickt wurde. Mächtig stolz fuhren wir drei dorthin. Als wir unsere neuen Uniformen erhielten, war unser Glück vollkommen. Die Eingliederung in das Tagesgeschehen verlief problemlos. Unsere Einheit, der Zug, so wurden dort die Klassen genannt, bestand aus zwanzig Gleichaltrigen. Keiner hatte Probleme mit der Unterordnung, alles geschah für Führer, Volk und Vaterland.*

*Der Tagesablauf war streng geregelt. Um sechs war Wecken, um sieben marschierten wir zum Morgenappell, der mit der Flaggenhissung und der Ausgabe der Tageslosung verbunden war. Es folgte das Frühstück, und um acht begann der Schulunterricht, der sich von dem im Gymnasium kaum unterschied.*

*Nach dem Mittagessen kam eine kurze Mittagsruhe, die vermutlich mehr der Verdauung und Erholung der Lehrer als uns diente. Es folgte die fest eingeplante Zeit für die Erledigung der Hausaufgaben. Und dann endlich kam das, was uns Jugendlichen am meisten Spaß machte, nämlich Sport, Spiele, Singen, Marschieren, vielleicht besser gesagt Exerzieren. Es ging da schon recht militärisch zu, und wir fühlten uns fast wie richtige Soldaten. Es gab Unterweisungen zum Tarnen, zur Orientierung im Gelände, Nachtmärsche und Geländespiele.*[143]

Von **Manfred Bittlingmaier** gibt es eine ausführliche Schilderung seines Aufenthalts in der Kinderlandverschickung. Drei Jahrgänge der Lessingschule waren in Konstanz untergebracht. Er schreibt: *Das Lager wurde wie ein Internat geführt und war für uns etwa 12- bis 14-jährige Buben nach damaliger Art vormilitärisch organisiert. Der Tag begann mit Trillerpfeife und dem Ruf: „Aufstehen." Nach dem Waschen und Anziehen war Morgenappell mit Flaggenhissung und Tagesparole, danach Frühstück, Stubenappell mit Spindausräumung, wenn nicht ordentlich geschichtet war. Es folgten der Unterricht, das Mittagessen, die Mittagsruhe und die vorgegebene Zeit für die Hausaufgaben, alles streng geregelt.*

*Die gemeinsamen Mahlzeiten wurden im Speisesaal des Hotels eingenommen. In diesem und dem Nebenzimmer wurde auch der Unterricht abgehalten und nach der Mittagsruhe die Schulaufgaben gemacht. Während des Essens bestand strenges Sprechverbot. Wer es übertrat, wurde zum Tisch des Lagermannschaftsführers gerufen, wo ihm dieser mit einem schweren Löffel des Hotelbestecks auf den Kopf schlug. Das gab es jedoch nur bei dem ersten Lagermannschaftsführer.*

*Nach den Schulaufgaben übernahm der Lagermannschaftsführer das Kommando. Ausmärsche, Sport, Exerzieren, Singen, unter Schnabel auch Schulungen im Sinne des damaligen Regimes, Hilfsdienste wie Reinigungsarbeiten und Küchendienst, Werken, Putz- und Flickstunde waren die wesentlichen Komponenten der Tagesgestaltung. Gesungen wurde viel, nicht nur im Lager, sondern auch auf den Märschen durch die Stadt und in die Umgebung. Marschieren und Singen während des Marsches hatten wir ja schon im Jungvolkdienst in Mannheim gelernt. Wir boten nun auch in Überlingen eine beeindruckende Vorstellung unseres diesbezüglichen Könnens.*[144]

*Bezüglich der Politik verhielten sich alle Lehrer recht neutral. An eine Indoktrination im Sinne des Nationalsozialismus kann ich mich nicht erinnern. Die kam ausschließlich von unserem ersten Lagermannschaftsführer, wogegen dessen Nachfolger sich auf den Sport und das Singen konzentrierte. Großes Aufsehen erregte eines Tages die Nachricht, dass einer unserer Lehrer Feindsender gehört hätte und deshalb vor Gericht gestellt werden würde. Es war Professor Strobel, der uns Schülern keineswegs als ein Gegner des Systems aufgefallen war. Wahrscheinlich hatte er die Nachrichten des nahe liegenden Senders Radio Beromünster gehört. Ein Schüler muss das mitbekommen und die Polizei verständigt haben. Feindsender hören war mit der Todesstrafe bedroht, so glaubten wir damals, und so hat man es zur Abschreckung wohl auch verbreitet. Der Lehrer war jedenfalls von einem gewissen Zeitpunkt an nicht mehr da, wahrscheinlich wurde er in Haft genommen. Dass er mit einer mehrjährigen Zuchthausstrafe davonkam, dem Vernehmen nach vier Jahre mit Ehrverlust, soll dem Umstand zu verdanken gewesen sein, dass der Schüler seine Aussage altersbedingt nicht beeiden konnte. Ich meine mich zu erinnern, dass der Lagerleiter als Zeuge zur Gerichtsverhandlung geladen war. Über das Schicksal des Lehrers ist mir nichts weiter bekannt. Er soll nach dem Krieg Bürgermeister in einem Ort seiner schwäbischen Heimat gewesen sein.*[145]

Auch die Mädchen der Mannheimer Mittelschule befanden sich ab Oktober 1943 in der erweiterten Kinderlandverschickung. Es gab zwei Lager im Elsass, davon eines auf dem Odilienberg, ein weiteres nicht weit davon entfernt in Klingenthal. Alle anderen Lager der Mittelschule und auch die Lager der Mannheimer Mädchen-Gymnasien befanden sich in Hotels im Schwarzwald. Über den Aufenthalt der Mädchen in den Lagern gibt es nachstehende Schilderungen.

**Marianne Zimmermann** berichtet: *Als am 13.10.43 der Einschulungsjahrgang 1941 der Mannheimer Mittelschule ins Elsass geschickt wurde, war ich auch unter den etwa 70 Schülerinnen, die in Klingenthal bei Ottrott in dem Erholungsheim einer lothringischen Bergwerksgesellschaft einquartiert wurden. Zwei Tage später kamen weitere 50 Mädchen der Mannheimer Hauptschule dazu, die zwei Jahre jünger waren als wir und von uns sofort als die „Kleinen" bezeichnet wurden. Sie waren zehn, wir „Großen" zwölf Jahre alt. Untergebracht waren wir in geräumigen Schlafsälen mit Doppelbetten. Die Schlafsäcke wurden von uns selbst bei der Ankunft mit Stroh gestopft. Spinde zur Aufbewahrung unserer Kleidung trafen erst zwei Monate später ein. Alle Räume wurden mit Öfen beheizt. Wie viele andere fror ich nachts und ließ mir deshalb von zu Hause ein Deckbett schicken. Nur zwei Toiletten gab es im Haus, zwei weitere waren über den Hof zu erreichen. Zum Waschen gab es nur kaltes Wasser. Die hygienischen Verhältnisse waren fürchterlich.*

*Den Unterricht in den Aufenthaltsräumen bestritten die fünf mitgereisten Lehrerinnen. Die Lagerleiterin, eine der Lehrerinnen, und deren Freundin, eine weitere Lehrerin, waren überzeugte Anhängerinnen des Nationalsozialismus. Sie waren sehr streng und verlangten Ordnung und Disziplin sowie absoluten Gehorsam. Gefürchtet waren die Stubenappelle, die von der Lagerleiterin und der Lagermädelführerin durchgeführt wurden. Unordnung wurde mit Ausgehverbot bestraft, wobei nicht die Einzelne, sondern stets die ganze Stube bestraft wurde. Die Strafe für eine Verursacherin war Sache der Stube. Mitunter gab es Prügel. Ich litt unter den überzogenen Anforderungen und hatte manchmal Heimweh. Was mir half, darüber hinwegzukommen, war die Betreuung der „Kleinen", denn wir älteren Schülerinnen durften uns „Lagertöchter" aussuchen, um die wir uns ganz persönlich kümmern sollten. Es entstanden dadurch enge Beziehungen zu manchen der jüngeren Schülerinnen, die teilweise noch heute bestehen. Erwähnt sei, dass wir Älteren wie auch die Jüngeren unsere Puppen von zu Hause dabei hatten, mit denen wir, wenn es die Zeit zuließ, spielten. Heimweh war einer der Gründe, weshalb einige meiner Mitschülerinnen von ihren Eltern abgeholt wurden.*

*Der Tag begann um 6.30 Uhr. Geweckt wurde mitunter mit Ziehharmonika-Spiel. Danach kamen das Waschen mit kaltem Wasser und das Zähneputzen. Es folgte der Morgenappell, bei dem ein Tagesspruch verkündet und ein Lagebericht verlesen wurde. Alle Schülerinnen des Lagers mussten ein sogenanntes Kriegstagebuch führen, in dem der Lagebericht und Tagesereignisse wiedergegeben wurden. Dieses Tagebuch wurde ab und zu eingesammelt und benotet. Der Inhalt entsprach natürlich den Vorstellungen der Lehrerinnen. Einige von uns führten ein geheimes Tagebuch.*

*In besonderer Erinnerung ist mir ein Ereignis geblieben, das damals alle beschäf-
tigte. Es betraf den Ausschluss einer Mitschülerin. Diese hatte von einem älteren Freund
Liebesbriefe erhalten, deren Inhalt die Lagerleiterin, der sie die Briefe vorzeigen musste,
so sehr missfiel, dass sie mit dem Rausschmiss des Mädchens aus dem Jungmädelbund
drohte. Begründung: Bedrohung der Moral des KLV-Lagers. Die Eltern wurden benach-
richtigt und mussten ihre Tochter nach Mannheim zurückholen. So streng waren die
Sitten im NS-Staat.*[146]

Das Lager Klingenthal wurde bei der Annäherung der Front in das Hotel „Rote
Lache" bei Herrenalb verlegt. Die Lagerleiterin und die mit ihr befreundete Lehrerin,
beide überzeugte Nationalsozialistinnen, schleppten die Schülerinnen noch in den
letzten Kriegstagen von dort nach Bad Rippoldsau und weiter nach Saulgau, wo sie
kurz vor dem Einmarsch der Franzosen bei Bauern Zuflucht fanden. Ihre Eltern,
die lange ohne Nachricht von ihnen waren, haben sie im Juli 1945 dort abgeholt.

**Ilse Hagmann** schreibt: *Da meine Eltern nicht wollten, dass meine weitere schulische
Ausbildung unterbrochen werden sollte, wurde ich im Januar 1944 ins Kurhaus Plättig
im Schwarzwald geschickt, wo sich eines der KLV-Lager für Mädchen der Mannheimer
Mittelschule befand. Dort traf ich auf meine Klassenkameradinnen, die bereits seit
Anfang Oktober 1943 zusammen mit zwei weiteren Klassen des ersten Einschulungsjahrgangs der Mittelschule Unterricht hatten. Ich musste einiges nachholen.*
*Das Kurhaus Plättig lag am Wald unmittelbar an der Schwarzwaldhochstraße. Wir
waren in den Hotelzimmern untergebracht. Der Tagesablauf war streng geregelt. Nach
dem Wecken mit Ziehharmonikamusik, dem Waschen, dem Morgenappell und dem
Bettenmachen kam das Frühstück. Um 8.55 Uhr begann der Unterricht, der von den
im Lager untergebrachten Lehrern abgehalten wurde. Außer dem Religionsunterricht
fehlte keines der Schulfächer. Nachmittags standen zwei Stunden zur Erledigung der
Hausarbeiten zur Verfügung. Danach war die Lagermädelführerin für die Programm-
gestaltung zuständig. Singen, Basteln, Putzen und Flicken, aber auch Sport und Spiele
standen auf dem Programm. Es gab auch Freizeit. Am Mittwoch- und Samstagnachmittag war Jungmädeldienst, und an den Feiertagen fanden Morgenfeiern statt. Dazu
wurde die Uniform getragen.*
*Da Religion das einzige Fach war, das nicht auf unserem Stundenplan stand, orga-
nisierten die daran interessierten Mädchen, zu denen auch ich zählte, gegen den Willen
der Lagerleitung einen katholischen Religionsunterricht. Ein Kaplan aus Herrenwies
hielt ihn im Wohnzimmer einer Familie ab, die in der Nähe des Kurhauses wohnte.
Solche Aktionen waren nicht gern gesehen. Auch nicht der Besuch des sonntäglichen
katholischen Gottesdienstes, der in einer kleinen Kapelle nahe beim Kurhaus stattfand.
Die Lagermädelführerin verlangte, dass wir dafür eine Freistellung bei ihr einholten,
bei der sie mitunter spöttische Anmerkungen machte.*
*Der Sonntagnachmittag stand zur freien Verfügung. Wir nutzten ihn meist zu
Spaziergängen nach Herrenwies oder nach Oberbühlertal, im Winter auch zum*

*Schlitten- und Skifahren. An die Weihnachtsfeier 1944 erinnere ich mich noch sehr gut. Nach der offiziellen Feier zogen alle, denen das Nazi-Liedgut unzureichend erschien, mit den bekannten christlichen Weihnachtsliedern singend durchs Haus. Die Lagerleitung musste das wohl oder übel hinnehmen, da es sich nicht um die Aktion einzelner handelte.*[147]

Fast in allen KLV-Lagern wurde das Schreiben von Tagebüchern von den Lehrern angeregt. Es gibt daher viele lesenswerte Schilderungen über das Geschehen. Dort wo die Tagebücher von den Lehrern zensiert wurden, gab es zusätzliche heimliche Aufschreibungen.[148]

**Trude Wittemann** war eine der Teilnehmerinnen an der ersten Kinderlandverschickung der Mannheimer Mittelschule in Triberg. Sie berichtet Folgendes: *Zurück in Mannheim wechselte ich die Schule und kam nach den schweren Bombenangriffen auf Mannheim im Oktober 1943 in das Kinderlandverschickungslager der Mannheimer Mädchen-Gymnasien im Kurhaus Hundseck an der Schwarzwaldhochstraße. In diesem Lager war die Spannung zwischen dem Lagerleiter, Herrn Preiss, und der Jungmädelführerin deutlich zu spüren. Es gab ständig Reibereien wegen der Zeiteinteilung für die Schule und den „Dienst".*

*Eines Tages wurde mir mitgeteilt, dass ich aufgrund meiner guten schulischen und sportlichen Leistungen zur Führer-Anwärterin befördert werden sollte. Ich war damals erst 13 Jahre alt, aber mir war sofort klar, dass ich dies in Anbetracht der politischen Einstellung meiner Eltern nicht akzeptieren durfte. Als ich am folgenden Sonntagvormittag feierlich in die Führungsriege aufgenommen werden sollte, meldete ich mich einfach zum Kirchgang ab, sodass ich bei der Feier, die anlässlich der Beförderungen stattfand, nicht anwesend war. Das blieb natürlich nicht ohne eine Reaktion der Lagerführerin, die bei der Veranstaltung mein Verhalten vor der im Speisesaal versammelten Lagermannschaft mit großer Empörung vortrug. Ich war sofort isoliert. Als Ausweg blieb mir nur, meine Eltern zu bitten, mich abzuholen, was auch sofort geschah. Meine Eltern hatten, wie nicht anders zu erwarten, volles Verständnis für mein Verhalten. Allerdings war mit meinem Weggang aus dem KLV-Lager auch meine Abmeldung vom Gymnasium verbunden, was die Lagerleitung kommentarlos hinnahm.*

*In Mannheim gab es seit Ende 1943 keinen Schulunterricht mehr. Kurz entschlossen meldeten mich meine Eltern bei Verwandten in Plankstadt polizeilich an. Dadurch konnte ich eine Zulassung für das Gymnasium in Schwetzingen erhalten. Ich wohnte jedoch bei meinen Eltern in Neckarau und fuhr jeden Tag mit dem Fahrrad nach Schwetzingen.*[149]

Diese Schilderung zeigt, dass es nicht ohne Folgen möglich war, sich den Anforderungen zu entziehen, welche das Nazi-System vorgab, und die von seinen Anhängern, d.h. der Mehrzahl der „Volksgenossen", eingehalten und von vielen der „Führer" unbarmherzig durchgesetzt wurden.

Für uns, die Mittelschüler des Jahrgangs 1928/1929, ging in Titisee der Unterricht unverändert weiter. Französisch war das am wenigsten beliebte Unterrichtsfach. Wozu denn Französisch lernen, das fragten wir uns damals. Wie sehr diese Sprache von Nutzen sein konnte, erfuhr ich erst später.

Den Jungvolkdienst gab es in Titisee nicht mehr. Anstelle eines Lagermannschaftsführers und der Stubenältesten gab es den FvD, den Führer von Dienst, eine Funktion, die wechselweise von jedem von uns wahrgenommen wurde.

Am 19.10.44 erging der Aufruf zur Bildung des Volkssturms. In meinem Tagebuch ist Folgendes zu lesen: *Heute kam ein Aufruf des Führers, der hieß: „Das letzte Aufgebot". – Der Führer befahl alle Männer von 16 - 60 unter die Waffen. Es wurde ein neuer Wehrmachtsteil, der Volkssturm, gebildet. Wir hier möchten am liebsten auch an einer Stelle dem Vaterland helfen. Es wäre bestimmt besser, wir wären in einer Fabrik oder bei den Luftwaffenhelfern, als dass wir hier die Zeit vertrödeln und uns mit Französisch herumärgern.*

Ende Oktober 1944 findet sich eine Eintragung in meinem Tagebuch, die Zweifel daran ausdrückt, dass der Krieg noch zu gewinnen sei. Vorausgegangen war eine Rede von Goebbels, in der dieser davon sprach, dass der Krieg nicht so schnell wie erwartet zu Ende ginge. Wahrscheinlich zur eigenen Ermunterung folgte im Anschluss an meine Eintragung, dass es fast zum Verlieren aussieht, der Spruch von Fichte

> *Du sollst an Deutschlands Zukunft glauben,*
> *an deines Volkes Auferstehn.*
> *Lass diesen Glauben dir nicht rauben,*
> *trotz allem, allem, was geschehn.*

Die nationalsozialistische Erziehung wirkte bei mir noch immer. Es durfte keine Zweifel geben, und ich glaubte daher weiter an den „Endsieg".

Das, was ich damals schrieb, klingt stellenweise recht naiv, aber es zeigt auch die Gefolgschaftstreue zu Hitler und den Glauben an den Sieg. Beides war in Deutschland nicht nur bei uns Jugendlichen vorhanden. Es ist fast nicht zu glauben, dass es möglich gewesen ist, bis kurz vor dem Kriegsende den Siegeswillen und die Opferbereitschaft aufrechtzuerhalten, die vielen Menschen in den letzten Kriegsmonaten den Tod brachte.

Über den Rundfunk hörten wir täglich, wie es an den Fronten stand. Mitte Dezember 1944 kam die Meldung über die Ardennenoffensive, dem letzten Versuch der deutschen Wehrmacht, einen entscheidenden Gegenangriff an der

Westfront zu führen. Für einige Tage kam noch einmal die Hoffnung auf, dass der Vormarsch der Alliierten zu stoppen sei. Aber diese Hoffnung war schon an Weihnachten zerstoben.

Die Hoffnung, an Weihnachten zu den Eltern fahren zu dürfen, hatte ich bis zum 23.12.44. Leider vergebens. Meine Eintragung im Tagebuch dokumentiert, dass ich wie im Jahr zuvor Heimweh hatte. Die Weihnachtspost kam endlich am 9.1.45 an. Mein Vater hatte es tatsächlich geschafft, an Weihnachten in den Bayerischen Wald zu gelangen. Er war mehrere Tage unterwegs. In den Briefen meiner Mutter, die teilweise von Anfang Dezember stammten, befanden sich erneut Brotmarken, für die ich nunmehr dankbar war. Ich teilte sie mit meinen Freunden. Die Essenrationen wurden von Tag zu Tag nicht nur kleiner, sondern das Essen wurde auch zunehmend schlechter. Anscheinend konnten die benötigten Lebensmittel von der Lagerleitung nicht mehr in ausreichender Menge beschafft werden.

Im Januar 1945 lag der Schnee über einen Meter hoch, und es war empfindlich kalt. Das Thermometer zeigte minus 20 Grad. Die Freizeit wurde noch immer zum Skifahren genutzt, was allerdings zu Ende war, als die ganze Lagermannschaft bei eisiger Kälte zum Schneeräumen und Eispickeln auf der Bahnstrecke von Titisee nach Bärental eingesetzt wurde. Bei der unzureichenden Verpflegung empfanden wir diesen Einsatz als besonders hart.

Am 24.2.45 führte ein Bombenangriff auf den Bahnhof von Titisee zur Zerstörung von Waggons, die Wehrmachts-Proviant enthielten. Alle Lagerinsassen beteiligten sich an der Plünderung, die von unseren Lehrern nicht gutgeheißen wurde. Uns scherte das nicht, denn wir konnten uns endlich wieder einmal sattessen. Wenige Tage danach erlebten wir aus unmittelbarer Nähe einen Angriff von Jagdbombern auf Fahrzeuge, die sich auf der Straße von Titisee nach Bärental bewegten. Die Straße lag nur etwa zweihundert Meter von der Jugendherberge entfernt, und wir konnten sogar die Piloten in den Kanzeln der Flugzeuge erkennen.

**Emil Röckel** schildert einen solchen Angriff, den er mit seiner Mutter erlebte: *Wir befanden uns ganz allein auf der Straße, als wir am Ortsrand von Tauberbischofsheim von einem Jagdbomber mit Maschinengewehrfeuer angegriffen wurden. Da niemand sonst auf der Straße war, konnten nur wir das Ziel sein. Wir rannten in Panik zu dem ersten in der Nähe befindlichen Haus und klopften dort an das Haustor. Niemand öffnete. Inzwischen hatte der Jabo gewendet und kam erneut in geringer Höhe auf uns zu. Wir warfen uns neben der Hauswand auf den Boden und wurden auch diesmal nicht von den in der Nähe einschlagenden Maschinengewehrgarben getroffen. Ich meine, dass wir damals großes Glück hatten. Meine Mutter machte nach dem Vorfall den Bewohnern des Hauses, an dem wir ohne Erfolg geklopft hatten, Vorhaltungen. Ob sie uns nicht gehört oder bewusst nicht reagiert hatten, weiß ich nicht.* [150]

Die Schilderung zeigt, dass die Piloten der Jagdbomber alles unter Beschuss nahmen, was sich auf den Straßen und Schienen bewegte.

Eine von Goebbels Ende Februar 1945 gehaltene Ansprache scheint mich besonders beeindruckt zu haben, denn ich vermerkte in meinem Tagebuch, dass er die Lage zwar als ernst beschrieb, dass jedoch noch immer genügend Aussichten beständen, den Krieg zu gewinnen. Ich habe ihm offensichtlich geglaubt, denn da steht der Satz: *Wir werden aushalten.* Mit neuen Waffen begründete ich erneut meinen Optimismus.

Mein Lagerdasein wurde am 8.3.45 unterbrochen, als ich zusammen mit einem Mitschüler zu einem Führernachwuchslehrgang der Hitlerjugend nach Triberg abkommandiert wurde. Damals waren bereits Köln und fast das ganze linksrheinische Gebiet Deutschlands besetzt. Die französischen Truppen hatten Colmar eingenommen. Auschwitz war zu diesem Zeitpunkt längst befreit. Von dem, was dort entdeckt worden war, haben wir natürlich in unseren Nachrichten nie etwas erfahren. Was wir hörten, das waren immer wieder Durchhalteparolen und die unveränderte Siegeszuversicht, die laufend verbreitet wurde. Es ist kaum zu glauben, dass zu diesem Zeitpunkt noch Lehrgänge der Hitlerjugend stattfanden, bei denen die jahrelang ausgegebenen Parolen noch immer Geltung hatten.

Das Lager war in einem Hotel in Triberg in der Nähe des Wasserfalls untergebracht. Sport, Singen, Geländespiele und immer wieder Schulungen standen auf dem Programm. Themen der Schulungen: „Verhalten gegenüber Ausländern", „Ausschmücken von Stuben", „Basteln", „Benehmen in der Öffentlichkeit", „Gesundheitsdienst", „Feind hört mit", „Vererbungslehre", „Rassenkunde". Der behandelte Stoff wurde ständig schriftlich geprüft.

Das Essen war die ganze Zeit über schlecht. Es gab fast nur Suppe und Brot. Zur Auflockerung der Schulungen sprachen Offiziere mit Fronterfahrung mit uns. Die meisten hatten schwere Verwundungen erlitten. Alle waren Führer der Hitlerjugend gewesen und glaubten wie wir noch immer an den „Endsieg". Und all dies geschah etwa sechs Wochen vor der Kapitulation. Es ist unfassbar, wie naiv ich und viele andere gewesen sind.

Einige Zeit zuvor sind Manfred Bittlingmaier und Rolf Henn auch in dem Führernachwuchslehrgang in Triberg gewesen. Von ihnen gibt es nachstehende Schilderungen. **Manfred Bittlingmaier** schildert seine Erlebnisse wie folgt: *Heute hört es sich wohl wie ein Witz an, dass man einen Kameraden und mich etwa Ende Januar 1945, wenige Wochen vor Kriegsende, auf einen Führernachwuchslehrgang nach Triberg schickte. Nach meiner Erinnerung brauchten wir für die relativ kurze Strecke mit der Bahn zwei oder drei Tage, ständig auf der Hut vor den Jagdbombern,* *die im Tiefflug alles angriffen, was sich bewegte, selbst einzelne Bauern auf dem Feld.*

*Als wir nach diesem Lehrgang, auf dem man „Kommandieren" lernen und ideologisch aufgerüstet werden sollte, wieder wohlbehalten in Bad Boll ankamen, war der Krieg schon bedrohlich nahe gekommen.*[151]

**Rolf Henn** berichtet: *Nach gut überstandenem Schanzeinsatz im Elsass nahe der Schweizer Grenze wurde ich im Februar oder März 1945 zu einem Lehrgang in das Führernachwuchslager in Triberg abkommandiert. Ich als Vierzehnjähriger war natürlich sehr stolz auf diese Ehre, denn zuvor waren nur Schüler der Jahrgänge 1929 und 1930 dorthin geschickt worden. Da Schönwald nicht weit von Triberg entfernt liegt, konnte ich zu Fuß zu dem Kurhaus „Waldlust" unterhalb des Wasserfalls gelangen, in welchem der Lehrgang stattfand.*

*Meine Kameraden, einige waren Elsässer, deren Heimat bereits von den Franzosen besetzt war, kamen ausnahmslos aus KLV-Lagern angereist, die sich im Schwarzwald befanden. Alle kamen sie in der schwarzen Jungvolk-Winteruniform. Einer der Kleinsten unter ihnen war ich.*

*Der Dienst, für den es stets einen neuen Tagesspruch gab, war strenger als im KLV-Lager. Ich hatte nichts anderes erwartet, denn schließlich gehörten wir ja zu den „Auserwählten", die ihre Tüchtigkeit unter Beweis zu stellen hatten. Ich selbst hatte keine der Tagessprüche in Erinnerung, konnte jedoch einige aus dem Tagebuch eines Absolventen entnehmen, der offensichtlich kurz nach mir in Triberg war. Hier einige Kostproben:*

| | |
|---|---|
| *Des Volkes Wehr* | *Dem deutschen Soldaten ist nichts unmöglich* |
| *Danzig* | *Danzig ist deutsch und wird immer deutsch bleiben* |
| *Paul von Hindenburg* | *Nur wer gehorchen kann, darf später auch befehlen* |
| *Hölderlin* | *Uns ist nicht gegeben, auf einer Stätte zu ruh'n* |
| *Helmut von Moltke* | *Auf die Dauer hat nur der Tüchtige Glück* |
| *Friedrich der Große* | *Die Stärke der Staaten liegt an den großen Männern, die ihnen zur rechten Zeit geboren werden* |

*Die Tage vergingen mit allen möglichen Schulungen, bei denen es nicht nur um Ideologie, sondern auch um Verhaltensweisen ging. Allerdings standen die Nationalgeschichte und die Geschichte der Partei im Vordergrund. Auch Kommandieren stand auf dem Programm. Es gab Geländespiele und Mannschaftsaufgaben, z.B. wie abgeschossene feindliche Flieger zu suchen seien. Das wurde praktisch mit Durchkämmen des Waldes geübt. Auch Wanderungen wurden gemacht, bei denen wir wiederholt an den beeindruckenden Triberger Wasserfällen vorbeikamen. Das Singen der üblichen Lieder wechselte mit dem Sport ab.*

*An den Leiter des Nachwuchslagers kann ich mich nicht mehr erinnern, jedoch an den Hauptverantwortlichen der Nachwuchsschulungen und Beauftragten des Gaus Baden für die KLV-Lager, den Stammführer Nicolai, der gelegentlich auftauchte und gefürchtet war. Ob er damals noch siegesgewiss war, möchte ich bezweifeln. Wie viele andere tat er jedoch so.*[152]

Die Sorge um die Angehörigen war während unserer Kinderlandverschickung ständig vorhanden. Bei mir bezog sie sich wegen der Luftangriffe auf meinen Vater und auf meine Verwandten in Mannheim und in Mainz. Um meine Mutter und um meinen Großvater machte ich mir keine Gedanken, denn im Bayerischen Wald waren sie vor den Bombenangriffen sicher. Dass es dort zu Kampfhandlungen kommen könnte, war unwahrscheinlich. Ab Ende März 1945 konnte ich mit keiner Post von meinem Vater mehr rechnen, da Mannheim inzwischen besetzt war. Auch von meiner Mutter kam keine Post mehr an.

**Hans Bittlingmaier** schreibt über das, was ihn und seine Mitschüler im KLV-Lager Bad Boll in den letzten Monaten vor dem Kriegsende bewegte: *Ohne Strom konnten wir keine Radionachrichten empfangen. Deshalb mussten täglich am Nachmittag zwei Schüler zum Gasthof „Grüner Baum" im Dorf Boll aus der Schlucht aufsteigen, um den Wehrmachtsbericht aufzunehmen, der täglich, langsam zum Mitschreiben, wiederholt wurde. Was sie aufschrieben, mussten sie dann beim Abendessen im Kerzenschein vorlesen, sodass wir wenigstens einigermaßen wussten, was sich an den Fronten abspielte. Auf diese Weise erfuhren wir auch, ob unsere Heimatstadt wieder und immer noch das Ziel von Terrorangriffen geworden war. Natürlich war dies immer mit der bangen Frage verknüpft, ob die Familien diese Angriffe wohlbehalten überstanden hatten, denn bis ankommende Post uns Gewissheit verschaffte, vergingen immer ein paar Tage.*
*Aber auch auf traurige Art wurden wir mit den Kriegsereignissen konfrontiert. Eines Tages kam ein Sohn unseres Lagerleiters und Bruder des Lagermannschaftsführers auf Besuch, ein schneidiger junger Offizier, der uns auch von seinen Kriegserlebnissen erzählte, was wir natürlich begierig aufnahmen. Denn an den Endsieg und den unmittelbar bevorstehenden kriegsentscheidenden Einsatz der Wunderwaffen haben sicher die allermeisten von uns fest geglaubt. Nur wenige Tage nach seiner Abreise fiel der junge Offizier an der Westfront, die durch die Invasion der Alliierten in der Normandie entstanden war. Wir alle waren tief betroffen, als uns sein Vater mit mühsamer Beherrschung seinen Tod mitteilte, während wir beim Abendbrot saßen, unvergesslich auch der verzweiflungsvolle Schmerz der Mutter.*[153]

Nur eines der KLV-Lager der Mannheimer Mittelschule wurde vor dem Einmarsch der Amerikaner in Mannheim aufgelöst. **Ilse Hagmann** schreibt: *Kurz vor Kriegsende wurde das Lager aufgelöst. In einem Möbelwagen wurde ich mit allen meinen Mitschülerinnen am 5.3.45 nach Mannheim transportiert. Wegen eines Fliegeralarms mussten wir bei der Ankunft in der Augustaanlage gleich einen Luftschutzkeller aufsuchen. Zu Fuß ging ich dann mit meinem Koffer durch die zerstörten Straßen nach Neckarau, wo ich mein Elternhaus als Ruine vorfand. An der Ruinenmauer stand mit Kreide angeschrieben: Glocker, Skagerrakplatz 10. Dort hatte der Bruder meiner Mutter meine Eltern in seinem unbeschädigten Haus aufgenommen. Man hatte alle Möbel einer evakuierten Familie in einem Raum zusammengestellt und in der Küche* *und einem Zimmer hauste unsere Familie. Nachdem nun auch ich dazukam, waren wir zu siebt, hatten kaum Mobiliar und schliefen auf dem blanken Fußboden. So waren unsere Wohnverhältnisse, als die Amerikaner in Mannheim einrückten.*[154]

Einige von uns waren in den letzten Monaten vor dem Kriegsende entschlossen, nach Mannheim zurückzukehren. Sie wollten zu ihren Eltern. Zu ihnen zählte **Theo Frey**, der Anfang 1945 das Lager Titisee ohne Erlaubnis verließ. Er berichtet: *Aus dem abends abgeschlossenen Haus zu kommen, war nicht schwierig. Jeder kannte die Schlupflöcher. Am frühen Morgen, als alle noch schliefen, zog ich mich leise an und schlich mich aus dem Haus. Zu Fuß ging ich von der Jugendherberge aus über den mir bekannten Weg nach Hinterzarten, von wo aus ich mit der Bahn nach Mannheim fahren wollte. Der Bahnverkehr war damals durch die Jagdbomberangriffe der Amerikaner stark eingeschränkt. Die meisten Züge fuhren nachts. Ich hatte Glück und kam in den Morgenstunden mit einem Zug nach Freiburg. Dort hatte ich einen direkten Anschluss nach Karlsruhe, wo ich den Rest des Tags und die Nacht im Bahnhof zubrachte. Am Morgen kam ich dann mit der Bahn schneller als erwartet in Mannheim an.*[155]

Theo Frey traf seine Mutter in Neckarau an, kurz bevor sie sich zu ihrem Mann nach Wilhelmshaven auf den Weg machte. Sie schickte ihn zurück ins Lager, wo er damit rechnete, Probleme zu bekommen, was jedoch nicht der Fall war. Der Lagerleiter hatte damals vermutlich andere Sorgen.

Die meisten Schülerinnen und Schüler sind nach dem Kriegsende mit Lastwagen, die von den Amerikanern zur Verfügung gestellt wurden, nach Mannheim zurückgekehrt. Einige Ungeduldige haben den Heimweg vorher angetreten. **Manfred Bittlingmaier** tat sich mit einem seiner Mitschüler zusammen. Er berichtet: *Eines Tages fassten wir den Entschluss, uns auf den Weg nach Hause zu machen. Das war leichter beschlossen als ausgeführt. Abends galt ein strenges Ausgangsverbot, und um eine so große und weite Reise anzutreten, brauchte man die Genehmigung der örtlichen Militärbehörden. Sie zu erlangen, versuchten wir erst gar nicht. Im Juni 1945 war es dann so weit, wir machten uns auf den Weg. Ausgestattet mit selbst hergestellten Rucksäcken, die wir uns aus einer Decke genäht hatten, ohne Karte, ohne Ausweise, mit nur einer ungefähren Vorstellung von der Richtung, die wir einzuschlagen hatten, aber begleitet von den guten Wünschen der Gasteltern, die insgeheim sicher erleichtert waren, zogen wir los, immer quer durch den Wald, und immer bemüht, nicht einer französischen Militärpatrouille in die Arme zu laufen.*
*Nach sieben Tagen und allerlei Erlebnissen war unsere Wanderung zu Ende, wir waren in Mannheim. Die Stadt sah bei unserer Ankunft fürchterlich aus.*
*Unvergesslich bleibt mir der ungläubige Ausdruck im Gesicht meiner Mutter, als sie nach meinem Läuten aus dem Fenster schaute und mich, zwar abgerissen und müde, aber sonst wohlbehalten an der Haustür stehen sah. Die Eltern hatten seit etwa Mitte*

*Die zerstörte Mannheimer Innenstadt*

*März 1945 von mir nichts mehr gehört. Als dann im Oktober 1945 mein älterer Bruder aus englischer Gefangenschaft gesund zurückkehrte, war die Familie endlich wieder vereint.*[156]

Im April 1945 fand bei uns im KLV-Lager Titisee noch immer der Unterricht statt, so als ob nichts gewesen wäre. In den Monaten zuvor waren einige von uns in Wehrertüchtigungslager geschickt worden, wo sie durch verwundete Wehrmachtsangehörige an Schusswaffen ausgebildet wurden und ihnen das zum Überleben an der Front notwendige Verhalten beigebracht worden war. Anfang April war kein Mitschüler des Jahrgangs 1928 mehr im Lager. Alle waren beim Militär.

Ich glaubte damals noch immer, dass ein Wunder uns den Sieg bescheren würde. Der Tod Roosevelts wurde am 13.4.45 in den Nachrichten gemeldet. *Gott sei Dank, ein Schweinehund weniger auf der Welt*, ist einer der letzten Sätze in meinem Tagebuch. Die langjährige Erziehung im Sinne des Systems funktionierte noch immer. Wer nicht so dachte, den hielt ich für einen Verräter. Genauso hatte man uns das immer wieder eingehämmert. Wahrscheinlich nicht bei allen, aber bei mir mit nachhaltigem Erfolg.

# Der Kriegseinsatz der Freiwilligen und Wehrpflichtigen

In der Weimarer Republik war die Wehrpflicht abgeschafft worden. Sie wurde 1935 wieder eingeführt, womit für alle Männer ab dem 18. Lebensjahr die Verpflichtung zum Wehrdienst bestand. Eine Verweigerung war nicht möglich. Die Befristung auf zwei Jahre wurde während des Krieges aufgehoben. Parallel zur Wehrpflicht wurde durch eine gesetzliche Regelung der Reichsarbeitsdienst geschaffen, zu dem alle 18- bis 25-Jährigen verspflichtet wurden. Dieser „Ehrendienst" sollte ursprünglich sechs Monate dauern, wurde dann aber weiter ausgedehnt und galt schließlich als eine Vorbereitungszeit auf den Wehrdienst.

Einer, der zunächst zum Arbeitsdienst eingezogen wurde und dann auch sofort zur Wehrmacht kam, war **Walter Spagerer**. Von ihm gibt es nachstehende Schilderung: *Im April 1938 wurde ich zum Arbeitsdienst nach Regensburg eingezogen. Es war ein Barackenlager, in welchem wir untergebracht waren. Schon kurze Zeit, nachdem wir das Exerzieren mit dem Spaten gelernt hatten, waren wir im Gelände im Einsatz. Wir mussten Wasserabflussgräben auf einem großen Wald- und Wiesengelände ausheben. Die tägliche Arbeitsleistung war vorgeschrieben. Vorgesetzte waren mit Stoppuhren zugange. Wir arbeiteten im Akkord.*

*Als am 1.10.38 der Einmarsch ins Sudetenland begann, wurden wir dorthin abkommandiert. Auf Fahrzeugen der Wehrmacht saßen wir in unserer Uniform und mit den blank geputzten Spaten auf den seitlich angebrachten Bänken und fuhren mit den Einheiten des Militärs von einem Ort zum anderen. Von der Bevölkerung wurden wir überall jubelnd begrüßt. Es war eine Demonstration der Macht, an der wir als eine Mustereinheit des RAD beteiligt waren. Durch diesen Sondereinsatz wurde meine Arbeitsdienstzeit um einen Monat verlängert. Anfang 1939 war dann Schluss mit dem Arbeitsdienst. Ich war noch keine 14 Tage zu Hause, als ich meinen Einberufungsbefehl erhielt.*

*Bei einem Luftnachrichtenregiment in Stuttgart-Möhrungen begann meine militärische Laufbahn als „Strippenzieher". Aus meinem Soldbuch ist zu ersehen, dass ich als Angehöriger der Luftnachrichtenregimenter 13 und 23 den Krieg mitmachte. Unzählige Kilometer Telefonkabel habe ich zusammen mit meinen Kameraden sowohl beim Einsatz in Frankreich, in Jugoslawien, in Polen und an der Ostfront verlegt, teils in harter körperlicher Arbeit, teils als Fahrer und später als Vorgesetzter mit entsprechender Verantwortung. Überwiegend ging es bei unseren Einsätzen darum, Gespräche zwischen Flugplätzen und zwischen Dienst- und Frontstellen zu Flugplätzen zu ermöglichen, was*

*natürlich meist hinter der Front geschah. Dadurch waren wir weniger als viele andere im Gefahrenbereich. Gefährdet waren wir mitunter durch feindliche Tiefflieger, die oft unvermittelt angriffen. In Russland machten uns Partisanen zu schaffen, die unsere Nachrichtenverbindungen zerstörten, Minen legten und uns bei Reparaturarbeiten angriffen, sodass auch wir Verluste hatten.*[157]

**Erwin Haag** kam im Februar 1941 zum Arbeitsdienst. Er schreibt: *Bereits beim Arbeitsdienst wurden wir am Karabiner 98 ausgebildet, dem Standardgewehr der Deutschen Wehrmacht. Schießübungen standen neben dem Arbeitseinsatz im Straßenbau auf dem Programm.*[158]

Ab Oktober 1941 war er dann Soldat. Von ihm gibt es nachstehende Schilderung seines Fronteinsatzes: *Anfang 1942 wurde unsere Einheit nach Russland verlegt. Ich war da gerade mal 20 Jahre alt. Mit der Bahn, mit LKWs, Pferdegespannen und zuletzt zu Fuß ging es nach Alupka, einer kleinen Stadt an der Südküste der Insel Krim, wo unsere Ausbildung fortgesetzt wurde. Es folgte der Einsatz vor Sewastopol, der mir in schrecklicher Erinnerung geblieben ist. Seit Monaten wurde die Festung mit ihren Forts ohne Erfolg belagert. Wir sollten nun dazu beitragen, den Ring um das Bollwerk zu sprengen. Etwa sechs Wochen lang lagen wir nur notdürftig gegen Feindbeschuss geschützt in Erdlöchern auf freiem, etwas hügeligem Gelände vor der Stadt. Wellblech und Planen dienten zum Schutz gegen Regen. Es gab keine Möglichkeit, sich zu waschen oder die Kleider zu wechseln. Trinkwasser konnten wir uns nur nachts von einer etwa zwei Kilometer weit entfernten Wasserstelle holen. Ständig lagen wir unter dem Beschuss der russischen Artillerie und von Scharfschützen. Manchmal hatte ich überhaupt keine Zeitvorstellungen mehr und wünschte mir den Tod herbei, um von all dem befreit zu werden, was ich täglich erlebte. Verwundete und Tote gehörten ständig zum Tagesgeschehen.*[159]

Nach einer Verwundung und anschließendem Lazarettaufenthalt kam Erwin Haag erneut an die Ostfront. Er schreibt: „*Die letzte Strecke bis zu unserem Einsatzort, einer Bunkerstellung, mussten wir zu Fuß zurücklegen. Der Weg nahm kein Ende. Nur mühsam konnten wir unsere Granatwerfer und Maschinengewehre durch den tiefen Schnee bis dorthin schleppen. Mein Pech dabei: Ich hatte Filzstiefel an, die keine feste Sohle hatten und sich daher total verformten.*

*Die Russen lagen uns in einer Entfernung von etwa 60 Metern gegenüber. Kampf-handlungen gab es fast keine. Ständiges Wacheschieben war angesagt. Nachts erhellten Leuchtkugeln gespenstisch die Schneelandschaft. Beide Seiten lagen auf der Lauer.*

*Es begann dann der beschwerliche Rückzug meist zu Fuß in tiefem Schnee, was mit unserem schweren Kriegsgerät und der Kälte unmenschliche Anstrengungen erforderte. Eines Tages hieß es, wir seien eingeschlossen und jeder solle sich auf eigene Faust durch-schlagen. In kleinen Gruppen machten wir uns unter Zurücklassung der Granatwerfer auf den Weg durch die feindlichen Linien. Plötzlich erhielt ich einen Schlag ins Genick und fiel bewusstlos um. Kameraden schleppten mich weiter, teilweise auf einem behelfs-mäßig zusammengebauten Schlitten. Alle atmeten auf, als wir nach einigen Stunden die eigenen Reihen erreichten. Im Lazarett stellte man bei mir eine Verletzung durch einen Granatsplitter im Genick fest. Überlebt hatte ich nur durch den Einsatz meiner Kameraden.*

*Nach erneut langem Lazarettaufenthalt befand ich mich Mitte 1944 wieder in der Goebel-Kaserne in Trier. Von dort wurde ich nach Idar-Oberstein geschickt, wo eine neue Granatwerfer-Kompanie aufgestellt wurde. Inzwischen waren die Alliierten bereits mitten in Frankreich angekommen. Bei Fresnes kamen wir noch zu einem kurzen Einsatz. Danach waren wir ohne Feindberührung ständig auf dem Rückzug. Einen Teil unseres Kriegsgerätes mussten wir beim überhasteten Rückzug vor den Amerikanern zurücklassen.*

*In einem versprengten Haufen von Landsern kam ich schließlich in Saarlautern an, nur noch bewaffnet mit einer Pistole. Als die Amerikaner dort einrückten, verkrochen wir uns zu dritt in einem Keller. Und wieder hatte ich großes Glück, denn als eine Handgranate in den Keller geworfen wurde, war ich der einzige Überlebende. Mit erhobenen Händen kam ich aus dem Keller heraus und musste als Erstes meine Hose herunterlassen, eine gängige Methode, um Fluchtversuche zu verhindern. Das Krim-schild riss mir der vor mir stehende GI einfach von der Uniform ab, erst danach sah er, dass ich verwundet war. Mein Rücken war blutig, ich hatte schwere Verletzungen an der Schulter. Ich kann mich dann nur noch daran erinnern, dass ich mit einem LKW zu einem Flugplatz gefahren wurde. Danach lag ich wie drei oder vier andere deutsche Soldaten auf einer Bahre in einem kleinen Flugzeug. Ein schwarzer US-Soldat bot mir eine Zigarette an. Über meinen Hinweis auf das Schild „No Smoking" lachte er nur und bedeutete mir, dass dies nicht für ihn und mich gelte. Unser Reiseziel war das US-Lazarett von Moreton in England. Dort wurden die Splitter aus meiner Schulter entfernt, angeblich alle, was sich jedoch Jahrzehnte später als ein Irrtum herausstellte. Nach etwa drei Wochen kam ich dann in das Kriegsgefangenlager von Gloucester und war nunmehr in englischem Gewahrsam.*[160]

**Hermann Grimm** kam 1940 zum Arbeitsdienst und danach zur Grundausbil-dung bei der Wehrmacht in die Mannheimer Lorettokaserne. Nach seiner Ausbil-dung zum Feuerwerker war er in Russland im Einsatz. Er berichtet: *Meine Abord-nung nach Russland ließ nicht lange auf sich warten. Ich kam zu einer Einheit nach*

Smolensk, wo wir längere Zeit Quartier bezogen. In der Freizeit hatte ich hinter der Front genügend Möglichkeiten der Zerstreuung. Fußballspielen und Leichtathletik standen häufig auf dem Programm. Neben den Sportfesten gab es auch immer wieder Fußballspiele mit Militärmannschaften, die sich Tiernamen zugelegt hatten. Ich bewarb mich bei den „Rennpferden" und spielte wiederholt erfolgreich gegen die „Löwen" und die „Panther". Es gab aber auch Russenmannschaften, die gegen unsere Militärmannschaften antraten. Sie setzten sich aus jungen Burschen der Stadt und gefangenen Russen zusammen, die sich freiwillig zu Transportarbeiten gemeldet hatten und Hiwis (Hilfsdienstleistende) genannt wurden.

Während ich normalerweise meine Arbeit als Feuerwerker hinter der Front zu verrichten hatte, geriet ich beim Rückzug aus Russland gelegentlich auch ins Kampfgeschehen. Über Minsk, Bialystok und Ostrolenka kamen wir nach Ostpreußen. Vollkommen unerwartet kam unsere Einheit bei den Masurischen Seen in das verlassene ehemalige Führerhauptquartier. Den rußgeschwärzten Raum, in dem am 20.6.44 das Attentat auf Hitler verübt worden war, hatte man offensichtlich unverändert gelassen.

In den Tagen, die wir dort verbrachten, blieb unsere Küche kalt, denn die vorgefundenen Vorräte an Champagner, Büchsenfleisch, Schokolade und anderen Köstlichkeiten versetzten uns in ein Traumland mit kaum glaublichen Genüssen.

Mit viel Glück überstand ich den Angriff mehrerer russischer Jagdflugzeuge, als ich eines Tages aus meinem Schützenloch zum Kompaniechef gerufen wurde und der Weg dorthin über eine große Wiese führte. Die Kugeln schlugen sehr nahe bei mir ein. Außer Atem kam ich etwas verspätet bei meinem Chef an. Bevor ich etwas sagen konnte, herrschte er mich an: „Stehen Sie stramm. Ich befördere Sie hiermit laut Regimentsbefehl zum Oberfeldwebel."– Meine Beförderung hätte die Ursache für meinen Tod sein können. Ich erinnere mich daran, dass ich vor mich hinmurmelte: „Ihr habt vielleicht Sorgen."[161]

**Egon Reiter** berichtet: *Bereits im Oktober 1944 endete meine Zeit beim Arbeitsdienst. Wir wurden an der Front gebraucht. Eigentlich wäre ich am liebsten zur Marine gegangen, aber da hätte ich mich freiwillig melden müssen, was ich nicht wollte. Bei der Musterung hat man mich der Infanterie zugeteilt. Eingezogen wurde ich jedoch zur Luftwaffe. Ich hatte mich auf dem Feldflugplatz in Wengerohr bei Wittlich zu melden. Die Einkleidung und die ärztlichen Untersuchungen zogen sich mehr als 14 Tage hin. Schließlich sollte ich auf eine Blindflugschule geschickt werden. Dazu kam es jedoch nicht, denn ich wurde zu den Fallschirmjägern nach Gifhorn in der Nähe* *von Hannover abkommandiert. Unsere Einheit wurde von dort ohne jede vorherige Ausbildung nach Holland geschickt, wo inzwischen heftige Kämpfe mit US-Truppen stattfanden." Bedingt durch ein gefährliches eitriges Geschwür am Hals kam ich jedoch zunächst in ein Lazarett in Hangeloo, wo ich mit Schwerverwundeten in einem Zimmer lag, die alle Todeskandidaten waren.*

*Als ich dann endlich wieder zu meiner Einheit zurückkam, hatte ich noch immer keine Ausbildung am Karabiner oder an einem anderen Kriegsgerät erfahren. Wir wurden nun einer Panzerabwehr-Einheit zugeordnet, deren Ausrüstung aus den soge-nannten Ofenrohrgeschützen bestand, einer Art großen Panzerfaust mit Zieleinrichtung und starkem Feuerstrahl nach hinten beim Abschuss. Die Front war inzwischen in Deutschland angelangt, und unser erster Einsatz erfolgte bei Düren. Als amerikanische Panzer auf das Deckungsloch zurollten, in dem ich mich zusammen mit einem Kame-raden befand, und die Aufforderung kam, uns zurückzuziehen, blieben wir einfach liegen. 16 Panzer zählten wir, die einige Zeit später an unserem Deckungsloch vorbei zurückrollten. Mit unseren vier Schuss Munition verhielten wir uns ganz ruhig.*

*Einige Tage später lagen wir nach harter Arbeit mit Pickel und Spaten erneut in Deckungslöchern. Mein Kamerad, ein Obergefreiter, mit dem ich mich angefreundet hatte und der lange im Osten eingesetzt war, hatte im Gegensatz zu mir Grünschnabel große Angst. Vermutlich waren es negative Erfahrungen, von denen ich bisher verschont geblieben war, die ihn bewegten. Wir lagen in zwei nahe beieinanderliegenden recht-winklig angelegten Gräben. Da es regnete, hatten wir Zeltplanen über die Gräben gelegt. Ich war eingeschlafen und wurde durch Geräusche wach. Als ich Stimmen hören konnte, war mir sofort klar, dass es Amerikaner waren, die auf meinen Graben zuliefen. Ich nahm beim Wegschieben meiner Plane sofort die Hände hoch, was mir das Leben rettete, denn im gleichen Moment warf einer der GIs eine Handgranate in das Loch, in welchem mein Kamerad lag. Er war sofort tot, nahm ich an, als ich von den Ameri-kanern vom Tatort weggeführt wurde. Bei der Leibesvisitation gab es einen kurzen Schreckmoment für meinen Bewacher. Ich gab ihm zu verstehen, dass ich eine Eier-handgranate in der Tasche hatte, was ihn veranlasste, sofort einige Meter weit zurück-zuspringen. Lachend zog ich die gesicherte Handgranate aus der Tasche und übergab sie ihm.*[162]

**Robert Hagmann** war in Afrika im Kriegseinsatz. Er schreibt: *Als ich 1942 nach dem Arbeitsdienst zum Militär eingezogen wurde, meldete ich mich, um nicht nach Russland zu kommen, freiwillig zum Afrikakorps. Ich wollte unbedingt der Kälte entgehen. Zunächst wurde ich in Wiesbaden als Funker ausgebildet. Unsere Einklei-dung und die Ausbildung im Hinblick auf die besonderen Gegebenheiten in Nordafrika erfolgten in Bitsch im Elsass.*

*Anfang Januar 1943 befand sich unsere Einheit in Palermo, wo wir auf die Über-fahrt nach Tunesien warteten. Am 8.1.43 wurde das gesamte Bataillon auf drei Zerstö-rern untergebracht. Die Fahrzeuge und das Kriegsmaterial wurden auf ein Transport-schiff verladen. Zusätzlich begleitete unseren Transport ein Kreuzer. Wir waren in der folgenden Nacht nicht lange unterwegs, als unser Konvoi von U-Booten angegriffen wurde. Der Kreuzer, der Transporter und einer der Zerstörer wurden von ihnen versenkt, der zweite Zerstörer stark beschädigt. Ich befand mich zum Glück auf dem dritten Zerstörer, er hieß „Corraziere", der keinen Schaden nahm.*

*Als am nächsten Tag Land in Sicht kam, dachte ich, dass wir bald in Tunesien seien. Dem war jedoch nicht so, denn wir kamen wieder zurück nach Sizilien. Als am folgenden Tag Sold ausgegeben werden sollte, wollte ihn keiner von uns annehmen. Wozu, war die Frage, wir können ja doch nichts mehr damit anfangen. Uns saß noch die Angst im Nacken.*

*Unsere stark reduzierte Truppe wurde eine Woche später mit nur wenigen Geräten in Trapani eingeschifft, und am 17.1.43 kamen wir ohne Zwischenfall in Bizerta an. Als*

*Funker stand mir ab dann ein Eselskarren zur Verfügung, auf dem ich mein Funkgerät unterbrachte. Zu Fuß marschierte ich neben meinem Eselskarren her. Tagesmärsche bis zu 30 Kilometer waren zu bewältigen. Den Umgang mit dem störrischen Esel lernte ich recht schnell. Als ich ihn nach gutem Zureden ohne Erfolg mit einem Prügel heftig traktiert hatte, musste ich ihm nur noch den Prügel zeigen, und sofort legte er sich ins Zeug.*

*Über Tunis, Sousse und Sfax kamen wir schließlich an der Grenze zu Libyen an, wo die Alliierten bereits auf uns warteten. Uns gegenüber lagen US-Amerikaner, Briten und Franzosen, denen wir nicht viel entgegenzusetzen hatten. Unsere Angriffe bei Sidi-bou-Zid am 14.2.43 und bei Gared Hadid am Tag danach verliefen buchstäblich im Sand. Es fehlte nicht nur an Nachschub, sondern eigentlich an allem. Die sogenannte Schlacht von Tunesien war eine Farce. Der Misserfolg war voraussehbar, und auch ich war mit meinem Funkgerät und dem Eselskarren unmittelbar daran beteiligt.*[163]

Neben den Wehrpflichtigen gab es von Beginn des Krieges an junge kriegsbegeisterte Männer, die sich freiwillig zum Militär meldeten. Zu ihnen zählten viele der Hitlerjugendführer. Die meisten Eltern dieser jungen Leute waren nicht davon angetan, dass ihre Söhne vorzeitig in den Krieg zogen.

Von **Wolfgang Butzer** gibt es nachstehende Schilderung seiner Freiwilligen-Meldung: *Es war für mich naheliegend, dass ich mich im Oktober 1940 kurz nach meinem 17. Geburtstag freiwillig zum Wehrdienst meldete. Zusammen mit einem Schulfreund ging ich zur Meldestelle, dem Wehrkreis-Ersatzkommando, das sich in der Philosophenstraße 18 befand. Wir waren nicht die Einzigen, die dort vorsprachen. Als* *wir endlich an der Reihe waren, war unsere Überraschung groß, denn vor uns saß ein Hauptmann, den wir gut kannten. Es war einer unserer ehemaligen Lehrer, von dem wir wussten, dass er seit Kriegsbeginn beim Militär war.*

*Wir hatten erwartet, dass unsere freiwillige Meldung zum Militär mit Freude und Hochachtung entgegengenommen werden würde. Dem war jedoch nicht so, denn Professor August Rettich versuchte, uns von unserer Bewerbung abzuhalten. Als Erstes fragte er, ob unsere Eltern Bescheid wüssten, was nicht der Fall war. Er warnte vor einem vorzeitigen Schulabbruch und meinte, dass es später auch noch Zeit sei, zum Militär zu kommen. Er versuchte uns zu überzeugen, dass wir noch zu jung seien, und dabei sprach er uns mit „ihr Buwe" an. Aber gerade das wollten wir nicht sein. Seine Bemühungen waren vergeblich. Sie waren mutig, weil sie keineswegs im Sinne des Systems waren. Es wäre durchaus möglich gewesen, dass er damit Schwierigkeiten bekommen hätte, wenn sie an eine entsprechende Adresse gelangt wären.*

*Bei uns war es die Angst, dass der Krieg ohne unsere Beteiligung zu Ende gehen könnte, die uns darauf bestehen ließ, als Kriegsfreiwillige angenommen zu werden. Wir befürchteten, zu spät zu kommen.– Das Kopfschütteln des Herrn Hauptmann konnten wir nicht verstehen.*

*Mein Vater war damals bereits beim Militär. Meine Eltern erfuhren von meiner Aktion erst durch den Stellungsbefehl. Sie fielen aus allen Wolken.*[164]

**Helmut Weidner**, der kein Anhänger des Nazi-Regimes war, berichtet darüber, weshalb er sich freiwillig zum Militär meldete, und wie es dann weiterging: *Im Frühjahr 1940 sollte meine Klasse das Abitur ablegen. Ich hatte keinerlei Zweifel am Bestehen dieser Prüfung und wollte danach Germanistik, Romanistik und Geschichte für den höheren Schuldienst studieren. Um möglichst wenig Zeit zu verlieren, meldete ich mich wie einige andere meiner Klasse im Juli 1939 freiwillig zum Militär. Wir rechneten damit, nach dem Abitur eingezogen zu werden, als Freiwillige den Arbeitsdienst umgehen zu können, um dann nach zweieinhalb Jahren Wehrdienst mit dem Studium beginnen zu können. Leider ging unsere Rechnung nicht auf, denn am 1.9.39 begann mit dem Einmarsch in Polen der zweite Weltkrieg.*

*Diejenigen meiner Mitschüler, die sich für die aktive Offizierslaufbahn beworben hatten, wurden bei Kriegsbeginn sofort gemustert und eingezogen. Ich wurde Anfang Januar 1940 zur Musterung einbestellt. An diesem Tag war in der letzten Stunde eine Französischarbeit angesagt, für die ich mich gut vorbereitet hatte. Ich wollte sie unbedingt mitschreiben, da das Ergebnis beim Abitur mitzählen sollte. Am frühen Morgen ging ich zur Musterung und schaffte es tatsächlich, rechtzeitig in der Schule zurück zu sein. Als ich ins Klassenzimmer kam, teilte Professor Day gerade die Hefte aus. Er wusste, dass ich bei der Musterung gewesen war, und fragte mich nach der Waffengattung. Als ich ihm sagte: „Infanterie", war seine spontane Antwort: „Armes Schwein." Als Kriegsteilnehmer am Ersten Weltkrieg wusste er, was vermutlich auf mich zukommen würde.*

*An der Abiturprüfung nahm ich nicht mehr teil, denn ich wurde am 15. Februar 1940 nicht zur Infanterie, sondern zur Panzerjäger-Ersatzabteilung 33 nach Rawitsch in*

*Polen eingezogen. Wie alle anderen Mitschüler, die noch vor der Prüfung den Dienst fürs Vaterland antreten mussten, erhielt ich den Reifevermerk, der die spätere Zulassung zum Studium bedeutete. Keiner von uns ahnte, wie lange es dauern würde, bis wir die Uniform ausziehen konnten.*[165]

**Otto Flegler** wurde bei Kriegsbeginn eingezogen. Er schreibt: *Nach der Grundausbildung bei der Marine und einem anschließenden Fachlehrgang fand ich mich 1940 abkommandiert auf dem Hilfskreuzer mit dem Decknamen „Schiff 10" in Hamburg wieder. Es handelte sich dabei um das umgebaute Handelsschiff „Santa Cruz", einen Früchtetransporter, der mit Kanonen, Torpedos und einem Flugzeug ausgestattet worden war. Mit diesem Schiff habe ich während des Krieges mit Ausnahme des nördlichen Eismeers alle Ozeane einschließlich der Antarktis befahren. Streckenmäßig waren es etwa 130.000 Kilometer, die ich ohne jede Unterbrechung auf dem Schiff verbrachte. Meine Odyssee dauerte insgesamt sechs Jahre, in denen ich nicht zu Hause war, davon fünf Jahre ohne jede Post.*

*Wie viele tausend Tonnen „feindlichen Schiffsraum" wir versenkt haben, darüber will ich nicht berichten, denn ich bin nicht stolz darauf. Wie viele andere in diesem verdammten Krieg habe ich vor Todesangst in die Hosen gemacht und nach Vater, Mutter und Gott gerufen. In all den Jahren bis zum Untergang unseres Schiffes angesichts des Fudschijama hatten wir keinen einzigen Hafen angesteuert, da dies der englischen Admiralität sofort zur Kenntnis gelangt wäre und unser vorzeitiges Ende bedeutet hätte. Wir waren nicht auffindbar, weshalb man uns in den Kreisen der britischen Marine das Geisterschiff nannte.*

174

*Das Schicksal ereilte uns auf der Reede von Yokohama, dem ersten Hafen, den wir Ende 1942 in freudiger Erwartung angelaufen hatten. Eine gewaltige Explosion, deren Ursache nie geklärt wurde, führte zum Tod vieler meiner Kameraden. Ich hatte Glück und wurde aus dem Wasser gefischt. Es folgten einige Monate Aufenthalt in Japan, wo wir vorübergehend bei deutschen Familien untergebracht waren. Danach kamen wir in ein Sammellager, und schließlich wurden die Überlebenden unseres Schiffes außer dem technischen Personal, zu dem auch ich zählte, in Richtung Heimat verfrachtet. Nicht alle sind angekommen. Die meisten gerieten in Gefangenschaft.*[166]

**Rudolf Clausing**, der 1942 zum Militär eingezogen wurde, kam nach seinem Einsatz in Russland und einer Fleckfiebererkrankung nach Iserlohn in ein Lazarett. Er berichtet von einem Sondereinsatz: *Von Iserlohn aus war ich mit einigen meinen Kameraden bei zwei Einsätzen ungewöhnlicher Art. In der Nacht vom 16. auf den 17.5.43 zerstörten britische Bomber die Möhnetalsperre. Die Wassermassen ergossen sich ins Tal. Durch eine über zwölf Meter hohe Flutwelle wurde das Dorf Himmelspforten mit seinem Kloster fortgerissen. Über 1.200 Menschen kamen dabei ums Leben, zum größten Teil russische Kriegsgefangene, die in einem Lager beim Kloster untergebracht waren. Mit der Bergung von Leichen hatten wir zwar*

*nichts zu tun, wohl aber mit der Beseitigung von Schlamm aus Häusern im Tal bis zum Stadtrand von Schwerte.*

*An den zweiten Einsatz habe ich schreckliche Erinnerungen. Ende Mai 1943 fand ein schwerer Angriff alliierter Bomber auf Wuppertal-Elberfeld statt. Am Tag nach dem Angriff hatten wir den Auftrag, Zugang zu verschütteten Kellerräumen in einer Straße zu schaffen, die fast vollkommen zerstört war, und in der es überall noch qualmte. Abgesehen von einigen Schaufeln und einem kleinen Bagger, der die größeren Betonbrocken beseitigte, standen uns nur die eigenen Hände zur Verfügung. Noch nicht einmal Handschuhe hatten wir an beim Graben. Retten konnten wir aus den qualmenden Trümmern niemanden, denn als wir einen Keller nach dem anderen öffneten, kam uns jeweils ein Schwall bis zu 80 Grad heißer Luft entgegen. Die Keller waren erst nach Stunden begehbar, teilweise nur unter Verwendung der mitgeführten Gasmasken. Den Anblick vollkommen verschmorter, mumifizierter Leichen werde ich nie vergessen. Niemand konnte identifiziert werden, weshalb wir an den Leichen Zettel mit der Straße und Hausnummer befestigten. Unser Einsatz dauerte mehrere Tage. Vollkommen erschöpft kamen wir abends in der Kaserne an, wo wir uns zunächst einer intensiven ärztlichen Untersuchung unterziehen mussten und für unseren Sondereinsatz eine Flasche Schnaps für jeweils zwei Mann erhielten.*[167]

**Wolfgang Butzer** befand sich ab Ende 1941 in Russland im Einsatz. Er berichtet über die Bekanntschaft, die er unfreiwillig mehrmals mit dem Kriegsgericht machte: *Während meines Kriegseinsatzes in Russland musste ich als Unteroffizier und später auch als Kompanieführer insgesamt drei Mal vor einem Kriegsgericht erscheinen. Der Schreck war zunächst immer groß, wenn eine Vorladung eintraf. Das Gericht tagte einige Kilometer hinter der Front, und Angeklagte wie Zeugen wurden schriftlich zum Erscheinen aufgefordert. Ich weiß leider nicht mehr, welchen Dienstgrad die Richter bekleideten. Stets waren es höhere Offiziere, die einem die Fragen stellten und das Urteil verkündeten.*

*Der erste Fall betraf den Tod eines mir unterstellten MG-Schützen, der beim Reinigen des geladenen Maschinengewehrs an den Abzug kam. Ich war als Unteroffizier sein Vorgesetzter, und es ging um die Frage, ob Selbsttötung vorlag, oder ob es sich um einen Unfall handelte. Außerdem stand die Frage im Raum, ob ich die Aufsichtspflicht verletzt hatte.*

*Dass es sich nicht um Selbstmord gehandelt hatte, konnte ich glaubhaft darlegen, denn dagegen sprachen die Lebenseinstellung und das bisherige Verhalten des Getöteten. Ein mit Munition bestücktes Kriegsgerät zu reinigen, war natürlich ungewöhnlich. Dass eine geladene Waffe gefährlich war, wusste schließlich jeder. Dafür bedurfte es keiner Dienstvorschrift. Bezüglich der Aufsichtspflicht war den Richtern bekannt, worum man sich an der Front als Vorgesetzter kümmern musste. Formalitäten waren Nebensache und auf alle denkbaren Unachtsamkeiten zu reagieren, war nicht möglich. Es gab daher, wie zu erwarten war, keinen Schuldspruch. Vermutlich war es für die Hinterbliebenen wegen der Versorgungsansprüche wichtig, dass es sich um einen Unfall und nicht um Selbstmord gehandelt hatte.*

*Als ich erneut vor dem Kriegsgericht stand, ging es um einen Bagatellfall. Zwei meiner Leute, die ich zur Beschaffung von Ersatzteilen zu einem Waffenlager geschickt hatte, nutzten die Gelegenheit, auf dem Weg dorthin, sich an einem Tag mehrere Verpflegungsrationen bei verschiedenen Truppenteilen zu verschaffen, die auf ihrem Weg lagen. Es war lachhaft, dass dafür eine Gerichtsverhandlung stattfand, denn das „Organisieren" war nicht nur an der Front gang und gäbe. Schwindeln war im Falle der Beschaffung zusätzlicher Verpflegung für einen Frontsoldaten kein Delikt. Aber trotzdem musste ich natürlich die Vorladung ernst nehmen und ihr zusammen mit den zwei Sündern Folge leisten. An die Strafe für meine beiden Männer kann ich mich nicht mehr erinnern. Angesichts der lebensbedrohenden Situationen, denen Frontsoldaten ständig ausgesetzt waren, betrachteten sie und auch ich die Verhandlung als Farce. – Aber Ordnung muss eben sein. Wo kämen wir denn hin, wenn sich alle Soldaten Lebensmittel erschwindeln würden?*

*Bei dem dritten Fall handelte es sich um einen äußerst bedauerlichen, sehr tragischen Unfall. Meine Leute hatten beim Rückzug in einigen noch vorhandenen Häusern eines russischen Dorfes Quartier bezogen. Zwei Landser hatten sich eine Schlafgelegenheit in einer Kate zurechtgemacht. Einer von ihnen ging nachts nach draußen, was der andere nicht bemerkt hatte. Als plötzlich die Tür knarrte, schreckte er aus dem Schlaf hoch und*

sah eine Gestalt im Türrahmen stehen. Da er
seinen Kameraden schlafend neben sich wähnte,
vermutete er, dass es sich bei dem Mann an der
Tür um einen Russen handelte. Er griff zur
Pistole und schoss in Panik auf den vermuteten
Eindringling, der sofort tot war. Als er bemerkte,
dass er seinen eigenen Kameraden erschossen
hatte, war er fassungslos. Er tat mir sehr leid. Ich
konnte ihn jedoch nicht trösten. Tagelang war er
kaum ansprechbar und beteuerte immer wieder
seine Unschuld. Er machte sich Vorwürfe, zu
schnell zur Waffe gegriffen zu haben.

Das Gericht nahm ihm die Schilderung des
Vorgangs ab. Er konnte glaubhaft darstellen,
dass er sich im Halbschlaf bedroht gefühlt hatte.
– Er oder ich, so war das oft im Krieg. Wer weiß,
wie viele Soldaten irrtümlich von den eigenen
Leuten erschossen wurden? Mehr, als man glaubt. In den wenigsten Fällen erfuhren
davon die Hinterbliebenen.

Vermutlich hatten die meisten „Täter" ihr Leben lang an ihrem Irrtum zu tragen.[168]

**Erwin Pfeffer** wurde 1941 eingezogen und kam als Fallschirmjäger zu seinem
ersten Einsatz. Er berichtet: *Am 20.5.41 begann die verlustreiche deutsche Landung
auf der griechischen Insel Kreta. Zwei Tage später befand ich mich zusammen mit den
anderen Neulingen und mit den von uns bewunderten älteren Mitkämpfern in einer
JU 52 im Anflug auf die Insel. Beim Absprung konnte ich feststellen, dass ich wirklich
nichts Besonderes tun musste. Ein Stoß, vielleicht auch ein Tritt beförderte mich aus
dem Flugzeug, der Fallschirm öffnete sich von selbst, und ich schwebte zu Boden. Ich
erinnere mich noch heute an das wunderbare Gefühl des Schwebens, und auch der
herrliche Blick auf die näher kommende Landschaft ist mir deutlich in Erinnerung
geblieben. Die vielen kleinen Wölkchen beachtete ich nicht. Ich hatte den Eindruck,
dass sie einfach dazu gehörten, obgleich es explodierende Geschosse waren. Erst nach
der unsanften Landung in einem Weinberg wurde mir die Gefahr bewusst, denn wir
wurden sofort unter heftigen Beschuss genommen.*

*Mit dem mitgeführten Sturmgewehr war ich genau wie alle anderen sofort einsatz-
fähig. Innerhalb weniger Stunden eroberte unsere Einheit den Flugplatz von Maleme,
dem unser Einsatz galt. Kurze Zeit später landeten dort deutsche Transportmaschinen
mit Truppen und Material. Unser Einsatz war bald beendet, denn die Insel Kreta
wurde von dort aus in kurzer Zeit erobert.*

*Unser nächster Einsatzort war Tunis, wo es hieß, dass unsere Einheit Malta erobern
sollte. Warum gerade wir drei Mannheimer, die den Kreta-Einsatz gut überstanden
hatten, nunmehr ausgesondert und zum Afrikakorps überstellt wurden, ist ebenso*

rätselhaft wie unsere Versetzung zu den Fallschirmjägern. Wir waren zunächst nicht sehr glücklich, unsere so sehr bewunderten Kameraden verlassen zu müssen. Für Trauer und Nachdenken blieb jedoch keine Zeit, denn wir waren nun auf dem Vormarsch nach Tobruk, nach dessen Eroberung der Siegeszug in Richtung Alexandria weiterging.

Schließlich lag ich bei El Alamain mit einem Maschinengewehr in einem Loch, das wir in den Sand gegraben hatten. Hier hatte ich großes Glück, denn als eine Granate unmittelbar vor meinem Deckungsloch explodierte und ich mit Sand vollkommen zugeschüttet wurde und das Bewusstsein verlor, waren einige Kameraden in der Nähe und konnten mich sofort ausgraben. Ich hatte keinerlei Verletzungen, wäre jedoch ohne ihre Hilfe bestimmt im Sand erstickt. Der Schock war schnell überwunden, und ich tat wie zuvor weiterhin den befohlenen Dienst hinter dem MG. Jeden zweiten Tag war ich mit einem Stoßtrupp oder Spähtrupp nachts unterwegs. Bei diesen nächtlichen Unternehmungen gab es fast immer Tote. Von zehn Mann kehrten meist nur acht oder neun Mann zurück.

Und dann begann der Rückzug. Der Sand und die glühende Hitze waren schwer zu ertragen. Von Kameraden, die in Russland im Einsatz waren, gab es die Aussage: „Lieber Kälte als Hitze." Tagsüber konnte sich wegen der ständigen Fliegerangriffe niemand bewegen. Der Rückzug war nur nachts möglich. Es mangelte an Nachschub, und die Verluste auf unserer Seite nahmen ständig zu. Verwundete konnten wegen der mitunter zu großen Entfernung nicht bis zum nächsten Lazarett gebracht und rechtzeitig versorgt werden. Als einer unserer Vorgesetzten, ein junger Leutnant, bei einem Angriff der Engländer an der Hüfte und an den Beinen verletzt wurde, sagte er vor dem Abtransport zu mir: „Pfefferle, ich hab's geschafft." Vermutlich dachte er, dass er mit seiner Verwundung nicht mehr zum Fronteinsatz kommen würde. Einige Tage später erfuhr ich, dass er gestorben war. Viele Verwundete starben damals an Wundstarrkrampf.[169]

Von **Siegfried Laux** gibt es folgende Schilderung seines Kriegseinsatzes: *Kaum zwei Monate Ausbildung, und schon waren wir als Kanonenfutter gut genug, und das brauchte man dringend an der Eifelfront, wo General Pattons Soldaten bereits die ersten Westwallbunker erreicht hatten.*

*So kam, was kommen musste. Am 12.9.44 marschierten wir als Teil der Kampfgruppe Kühne, wie die Lastesel mit Kriegsgerät beladen, durch die Eifelnacht Richtung Front. Nach wenigen Tagen hatte ich mein erstes Fronterlebnis, und mit ihm schlug das Tor hinter meiner Jugend, sozusagen hinter einer Hitler-Jugend, zu. Tagelang irrten wir ohne Feindberührung durch die regennassen Wälder, stets von US-Hubschraubern*

überflogen, die das Granatwerfer-Feuer auf uns leiteten. Die Kampflage war für uns nicht erkennbar. So hat uns wieder einmal eine Nacht in den Wäldern der Schnee-Eifel verschluckt. Und da liegen wir entlang einer Waldstraße, immer zwei Mann in einer Erdmulde. Mit bloßen Händen, Löffeln oder Stöcken mussten wir die Löcher graben. Wir hatten keine Spaten, auch keine Stahlhelme oder Zeltbahnen, nur Gewehre, Modelle des Ersten Weltkriegs. So hatte man uns in den Krieg geschickt, und die Versorgung klappte auch nicht.

Da, mit einem Schlag ist der Teufel los. Diesmal sind wir dran. Die Granaten schlagen immer näher ein und dabei passiert es. Eine große Fichte stürzt genau über das Erdloch meines Kameraden und verletzt ihn fürchterlich. – Kurze Pause, und so schnell wir können, schleppen wir den Stöhnenden zu viert auf einer Decke zum Verbandsplatz, einer armseligen Hütte, die sie „Villa Waldfriede" getauft haben. Dort wird er langsam still und ist dann für immer in den Frieden eingegangen.[170]

**Helmut Weidner** berichtete ausführlich über seine Erlebnisse im Frankreich-feldzug, in Jugoslawien und in Russland. Bemerkenswert ist seine Schilderung, welche die beiden Wehrmachtspfarrer seiner Einheit betreffen. Er schreibt: *Eine sehr positive Erinnerung habe ich an die beiden Geistlichen, die damals bei unserer Truppe waren. Als ein Landser vor einem Angriff zu dem katholischen Geistlichen sagte: „Sie sind im Gegensatz zu Ihrem evangelischen Amtsbruder immer vorn zu finden", meinte der: „Ich habe im Gegensatz zu ihm ja keine Familie, daher macht er die vielen Schreibarbeiten und außerdem, warum soll ich nicht in der vordersten Linie sein, ihr seid ja auch hier." Kasak und Esak waren übrigens die Abkürzung für die beiden Pfarrer, übersetzt hieß das „Katholische bez. Evangelische Sündenabwehr-kanone".*

Als Kompanieführer, ausgezeichnet mit dem EK I, war Helmut Weidner nach schweren Verwundungen zuletzt als Ausbilder für Offiziersanwärter im Einsatz.[171] Hier ist seine Schilderung, wie für ihn der Krieg endete: *Im April 1944 kam ich als Ausbilder für Fahnenjunker, alles 17-jährige freiwillige Offiziersanwärter, nach Braunschweig. Es folgte im November 1944 die Verlegung unserer Einheit zur Heeres-Unteroffiziersschule nach Kolberg. Die Front rückte näher, und im Januar 1945, ich war nun gerade mal dreiundzwanzig Jahre alt, kam ich mit meinen jungen Leuten als Kompanieführer bei Deutsch-Kron in Pommern zum Einsatz gegen die angreifenden Russen. Schließlich sollten wir noch die Festung Schneidmühl, die von den Russen einge-kesselt wurde, bis zum letzten Atemzug verteidigen, so lautete der Hitler-Befehl. Der Festungskommandant, ein junger Oberst, ordnete schließlich am 13.2.45 befehlswidrig den Ausbruch an, der uns tatsächlich gelang. Aber bereits am 18.2.45 befand ich mich in polnischer Kriegsgefangenschaft, aus der ich erst am 28.8.49 entlassen wurde.*

*Als ich zur Wehrmacht einrückte, war ich 18 Jahre alt, jetzt war ich 28. Der Krieg hatte mich, wie viele meiner Generation, geprägt. Endlich konnte ich mein Studium und ein normales Leben beginnen.*[172]

**Ernst Helmstädter** berichtete unter dem Titel „Als Kradmelder bei den Pionieren" ausführlich über seinen Einsatz im Osten. Über die letzten Tage schreibt er: *Am 19.4.45 hat es mich dann in Österreich erwischt. Ich fuhr mit Oberleutnant Felix*

*Sander auf dem Sozius und dem Kompanietruppführer im Beiwagen zu einem Sprengkommando an der Brücke bei St. Veit an der Gölsen. Die Ortschaft war wie ausgestorben. Am Ortsausgang sahen wir plötzlich an die zwanzig Russen am Wegesrand stehen. Ehe wir uns versahen, ratterten die russischen Maschinenpistolen. Ich startete sofort durch und steuerte dann das Motorrad die rechte Straßenböschung hinunter. Wir flogen in hohem Bogen durch die Luft. Meine Maschine rollte noch ein ganzes Stück von alleine weiter. Wir rannten über die Wiese zu einem Bach, bei dessen Durchquerung eine Kugel meinen rechten Ellenbogen durchschlug. Die Schießerei verstummte erst, nachdem wir endlich ein nahe gelegenes Waldstück erreicht hatten, wo wir uns in Sicherheit fühlten und erst einmal verschnaufen konnten. Nach einem längeren Marsch fanden wir schließlich zu unserer Kompanie zurück.*

*Dies war am Vorabend von Hitlers letztem Geburtstag. Aus diesem Anlass gab es eine alkoholische Sonderzuteilung. Auch meine Verwundung wurde mit Alkohol behandelt. Im großdeutschen Rundfunk waren aufmunternde Parolen zu hören. Es war immer noch von Wunderwaffen und vom großen Endsieg die Rede. Daran glaubten wir jedoch längst nicht mehr.*[173]

Von **Hans Günther Haaß** gibt es nachstehende Schilderung über seinen Kriegseinsatz: *Vom Februar 1943 bis Februar 1944 war ich bei der 3,7-Zentimeter-Flak in Mannheim und Ludwigshafen im Einsatz. Es folgte eine Vierteljahr Arbeitsdienst, und am 20.7.44 erhielt ich meinen Stellungsbefehl zu den Panzerjägern nach Landau. Wie bedeutend dieser geschichtsträchtige Tag auch für uns junge Menschen war, geht aus folgenden nüchternen Zahlen hervor: Bis Ende Juli 1944 war von meiner Klasse mit 27 Schulabgängern noch keiner gefallen; in der Zeitspanne von September 1944 bis Mai 1945 fielen neun unserer Klassenfreunde, ein unglaublich hoher Blutzoll, den das Attentat vom 20. Juli hätte verhindern können, wenn es gelungen wäre.*

*Ab Ende Oktober 1944 nahm ich an einem mehrmonatigen Lehrgang für Reserve-Offiziers-Bewerber in der Schwetzinger Panzerkaserne teil, hierzu war auch die Erlangung eines Panzerführerscheins erforderlich, wozu ein kurioses Fahrzeug Verwendung fand. Da wir in Deutschland kein Benzin mehr hatten, baute man den nur für Übungszwecke verwendeten Panzerwagen auf Holz-Gas-Betrieb um.*

*Der Übungspanzer mit Holz-Gas-Betrieb*

Inzwischen kam die Front immer näher, Frankreich war bereits verloren. Bei günstigem Wind konnte man das Grummeln des Artilleriefeuers von der Kampflinie hören und nachts im Westen den entsprechenden Lichtschein sehen. Der letzte große Luftangriff auf unsere Heimatstadt fand am 1. März 1945 statt; von Schwetzingen aus konnte ich das grausame Schauspiel beobachten.

Am 15.3.45 gab es für unsere Einheit in Schwetzingen Alarm, wir rückten nach Speyer ab, wo wir den Brückenkopf jenseits des Rheins verteidigen sollten. An uns vorbei strömte die zurückflutende deutsche Armee, darunter unglaublich viele Pferdegespanne. Für zwei Tage war ich Geschützführer einer Panzerabwehrkanone, jedoch war diese nicht einsetzbar, da wir die falsche Munition geliefert bekommen hatten, was jedoch ein großes Glück für uns war, denn die bald darauf anrückenden amerikanischen Panzer hätten uns in Grund und Boden geschossen. Da unsere Pioniere hinter unserem Rücken die Speyerer Rheinbrücke in die Luft gesprengt hatten, mussten wir bei Germersheim mit Sturmbooten über den Rhein setzen. Zuvor waren wir noch kurz am Westrand von Speyer in Kampfhandlungen verwickelt. Dies war auch noch ein paar Tage auf dem anderen Rheinufer gegenüber von Speyer der Fall, wo wir gründlich Zunder von der gegnerischen Artillerie bekamen.

Es folgte der Rückzug. Teilweise zu Fuß, teilweise auf dem Trittbrett eines LKWs, dann weiter hinten auf dem Kohlenwagen einer Dampflokomotive oder dem Puffer eines Eisenbahnwaggons gelangten wir über Heilbronn, Stuttgart und Passau nach Prag. Von dort ging es weiter auf den etwa 60 Kilometer östlich davon gelegenen Truppenübungsplatz Milowicz, wo ein neuer Truppenteil zusammengestellt werden sollte.

181

*Noch am 20.4.45, Hitlers letztem Geburtstag, waren wir angetreten, um zu hören, wie das Großmaul Goebbels seine Geburtstagsrede hielt. Er rief: „Berlin bleibt Deutsch, Wien wird wieder Deutsch werden." Eine Woche später wurden wir an die deutsche Grenze zurückverlegt und hatten unsere Unterkunft in einem kleinen Bauerndorf im Sudetenland bei Pilsen. Als ich am frühen Morgen des 2. Mai zur Wasserpumpe im Hof ging, um mich zu waschen, kam der tschechische Bauer aus seinem Haus und rief: „Hitler tot." Unsere Gruppe brach in lauten Jubel aus. Am Tag darauf wurden wir von unserem Kommandeur auf den neuen Reichskanzler Großadmiral Dönitz vereidigt, da unser Führer „auf dem Feld der Ehre gefallen" war. Dass er sich selbst umgebracht hatte, erfuhren wir erst später. Am selben Tag mussten wir zu Fuß insgesamt 25 Kilometer tippeln, um in Pilsen entlaust zu werden. In dieser Stadt gab es noch einige deutsche Militärbehörden, vor diesen hing doch tatsächlich die Reichskriegsflagge auf Halbmast. Es gibt wohl nicht viele Menschen, die aufgrund von Hitlers Tod die Hakenkreuzfahne auf Halbmast wehen sahen.* [174]

**Werner Amend** hatte mit neun Jahren beim Spielen ein Auge verloren und kam dadurch erst mit neunzehn Jahren zum Arbeitsdienst. Im Juli 1941 begann sein Militärdienst bei der Marine-Artillerie. Sein Kriegseinsatz bestand aus Wacheschieben und Schreibtischtätigkeit. Er erlebte kurz vor dem Kriegsende den Bombenangriff der Engländer auf die Insel Wangerooge, den er wie folgt schildert: *Am 25.4.45 gab es wie so oft Fliegeralarm. Obgleich einige Tage zuvor Helgoland angegriffen worden war, glaubte niemand an einen Luftangriff auf Wangerooge. Erst als zu sehen war, dass viermotorige Bomber der Royal Airforce auf die Insel zusteuerten und die ersten Bomben fielen, suchte ich Deckung hinter einer Mauer. Meine Brille wurde durch den Luftdruck heruntergerissen. Obwohl der Angriff nicht von langer Dauer war, meinte ich, während ringsumher die Bomben explodierten, es höre nicht mehr auf.*

*Wie ich später erfuhr, sollen damals etwa 6.000 Sprengbomben auf die Insel abgeworfen worden sein. Der Angriff hatte vor allem den Geschützstellungen gegolten. Dort kamen mehr als 100 deutsche Soldaten um, ebenso viele Zwangsarbeiter, die in den Stellungen beschäftigt waren, und denen es verboten war, in die Bunker zu gehen. Die meisten befanden sich zum Zeitpunkt des Angriffs in einem Barackenlager. Im Befehlsbunker kamen der Insel-Kommandant und einige Offiziere, die dort Schutz gesucht hatten, ums Leben. Es gab viele Verletzte, die zum Festland gebracht wurden. Bei dem Angriff wurden mehrere Bomber abgeschossen.*

*Ein Hauptfeldwebel unserer Kompanie hatte einige Wochen zuvor seine Familie in Wangerooge untergebracht. Er erzählte mir, er sei froh, dass er sie aus Essen evakuieren konnte, wo sie den ständigen Luftangriffen ausgesetzt war. Kurz nach dem Angriff verließ er uns, um nach seiner Familie zu sehen. Es war für mich unfassbar, als ich erfuhr, dass sich unter den wenigen getöteten Einwohnern des Dorfes auch seine Frau und die beiden Töchter befanden. Er hatte im Garten des Hauses, in dem sie wohnten, eine Art Unterstand gebaut. Dort gähnte nach dem Angriff nur noch ein großes Loch.* [175]

**Ludwig Wirthwein** kam 1944 zum Militär. Für ihn endete der Krieg in den Ardennen. Er berichtet: *Um der Einberufung zur SS zu entgehen, hatte ich mich freiwillig zur Marine gemeldet, nichts ahnend, dass ich eines Tages doch unter dem Kommando einer SS-Einheit in den Ardennen das Vaterland verteidigen würde.*

*Ende März 1944 wurde ich nach Belgien zum Marinestammregiment Beverloo eingezogen. Bereits nach einer dreiwöchigen Ausbildung wurden 30 Mann von uns zur SS abgestellt. Wir erhielten feldgraue Uniformen und wurden sofort bei Dinan zur Bekämpfung von Partisanen eingesetzt. Unser bunt gemischter Haufen aus allen Waffengattungen erlebte die andauernden Angriffe der US-Lufwaffe auf alles, was sich am Boden bewegte, und schließlich standen die ersten US-Panzer in Reichweite. Ich erlebte schlimme Tage mit vielen Toten auf beiden Seiten.*

*Der Weg in die Gefangenschaft verlief undramatisch. Wir lagen zu dritt in einem Waldstück, als ein Wagen auf dem vor uns liegenden Weg vorbeifuhr. Ich sah deutsche Stahlhelme, sprang auf die Straße und rief: „Kumpels, nehmt uns mit." Der Wagen hielt an, und erst als wir davor standen, sahen wir, dass da zwei Amerikaner mit Maschinenpistolen standen, die uns mit „let's go, hurry up" in Gewahrsam nahmen. Nach etwa zwanzig Minuten übergaben sie uns einer belgischen Partisanen-Einheit, die uns in einem Leichenwagen in das Zuchthaus von Dinan brachte.*[176]

**Karlheinz Martus** gehörte zu denen, die noch kurz vor dem Kriegsende zum Arbeitsdienst eingezogen wurden. Er berichtet ausführlich über das, was er in den letzten Kriegstagen erlebt hat: *Im Februar 1945 wurde ich bei der Musterung in Heidelberg kriegsdienstverwendungsfähig geschrieben, so hieß die offizielle Bezeichnung. 14 Tage später kam der Stellungsbefehl, und am 16. März, einen Tag vor Vollendung meines 16. Lebensjahres, musste ich mich im Arbeitsdienstlager in Herrenalb melden. Mein Vater war darüber empört, dass man zu diesem Zeitpunkt noch Jugendliche einzog, ich jedoch fand das damals interessant.*

*Als die Front von Frankreich her immer näher kam, wurden wir alle mit Fahrrädern ausgestattet. Gegen Ende März 1945 räumten wir das Lager, es ging unter ständigen Tieffliegerangriffen über den Dobel durch das zerstörte und da und dort noch brennende Pforzheim Richtung Sinsheim. Einmal lagerten wir in einem Wald, wo wir endlich etwas zu trinken fanden. Ein kleiner Tümpel, mit einer grünen Schicht überzogen, wurde nach Reinigung der Oberfläche zur stark frequentierten Trinkquelle für die Truppe. In Mosbach führte man uns an einem erhängten Flak-Unteroffizier vorbei, wohl als Warnung.*

*Wir zogen weiter Richtung Bad Mergentheim. Es hieß, dass wir bei Kassel zum Einsatz kommen sollten. Sowohl der Mannschaftsbestand als auch die Zahl der Fahrräder verringerten sich allmählich etwas, denn einige der Kameraden hatten Verwandte in der Gegend, und einige Fahrräder wurden gegen Essen getauscht und als „gestohlen" gemeldet. Oberfeldmeister Jagoda, der sich nach Kriegsende erschossen haben soll, schimpfte über die Schande, welche die Fahnenflüchtigen über unsere Einheit gebracht hätten. Er stellte uns als Vorbilder die Hitlerjungen von Breslau vor, die heroisch ihre Heimat verteidigt hätten, einer habe sogar das Ritterkreuz aus der Hand des Führers bekommen.*

*In Tag- und Nachtmärschen, bei denen wir um Verpflegung bei den Bauern bettelten, ging es weiter in Richtung Allgäu. In Rondsberg an der Iller gab uns zwar kein Bauer etwas zu essen, jedoch erhielten wir von einer dorthin evakuierten Frau aus dem Ruhrgebiet, die gerade eine Sonderzuteilung Bücklinge bekommen hatte, die Hälfte ihrer Ration. So etwas bleibt verständlicherweise in guter Erinnerung. Dann kam der letzte Akt. In Unterthingau bezogen wir Quartier. Wir sollten mit vielen anderen die „Alpenfront" aufbauen. Während wir bei einem Bauern um Essen bettelten, der uns übrigens gut versorgte, fuhr ein schwarzer Mercedes mit SS-Kennzeichen vorbei, auf dessen Rücksitzen größere Mengen Butter zu sehen waren. Auch so etwas behält man in Erinnerung. Immer wieder tauchten Gerüchte über Wunderwaffen auf, welche noch die Wende herbeiführen sollten. Mitunter glaubten wir daran.*[177]

Damals haben viele Menschen mit Bangen auf eine Nachricht von ihren Angehörigen gewartet, die sich im Kriegseinsatz befanden, besonders dann, wenn man wusste, dass sie an vorderster Front waren. Briefe und Postkarten führten immer wieder zur Erleichterung in den Familien. Aber es kamen auch Mitteilungen an über den Tod an der Front und bei Aktionen im Hinterland oder auch bei Bombenangriffen.

**Theo Frey** erinnert sich an die Benachrichtigung vom Tod seines Bruders: *Im Oktober 1942 erhielt meine Mutter die Nachricht, dass mein Bruder in Russland gefallen ist. Überbringer der Nachricht war einer meiner ehemaligen Lehrer, der zusammen mit einem unbekannten Herrn in unsere Wohnung kam. Beide waren Parteifunktionäre. Der Schrei meiner Mutter bei der schrecklichen Nachricht ist mir noch heute in den Ohren. Einige Zeit später kam ein kleines Feldpostpäckchen mit den Orden meines Bruders bei uns an.*[178]

Der Vater von **Irmgard Helmstädter** wurde 1943 eingezogen. Sie berichtete, dass sie froh darüber war, dass ihr Vater nicht nach Russland und nicht auf den Balkan beordert, sondern nach Frankreich geschickt wurde. Er hatte in Frankreich als Eisenbahner Kontrollen im Bahnbetrieb durchzuführen. Zuletzt war er in Südfrankreich im Einsatz und machte sich wegen der Bombenangriffe Sorgen um seine Familie. Dann aber geschah Folgendes: *Am Abend des 6.7.44 erfolgte auf dem Bahnhofsgelände von Valence/Portes die erste Detonation. Eine Lokomotivenhalle wurde in die Luft gesprengt. Danach gab es für die Eisenbahner den Befehl, das Bahnhofsgelände nach weiteren Sprengsätzen abzusuchen. Es folgten noch weitere Explosionen. Auch das Bahnhofsgelände, in dem sich mein Vater befand, ging in die Luft. Er starb unter den Trümmern am 7.7.44 um null Uhr zwanzig. In dieser Minute war seine Taschenuhr stehen geblieben. Seine Zeit war abgelaufen.*[179]

Wie sehr manche Familien vom Krieg getroffen waren, ist der Schilderung von **Hermann Grimm** unter der Überschrift „Eine von vielen Familien im Krieg" zu entnehmen. *Wir waren fünf Brüder, die alle während des Krieges die Uniform anziehen mussten.*

*Helmut, Jahrgang 1911, studierte zu Kriegsbeginn und wurde zwei Jahre danach eingezogen. Er kam nach Griechenland als Besatzungssoldat und wurde von Partisanen erschossen. Näheres darüber konnten wir nicht erfahren.*

*Wolfgang, Jahrgang 1917, hatte noch im Frieden seine zweijährige Dienstzeit bei einer Nachrichteneinheit abgeleistet. Er wurde auf verschiedenen Kriegsschauplätzen eingesetzt und kam unverwundet nach Hause. Seine Gesundheit war jedoch durch die langjährigen Strapazen so geschwächt, dass er 1955 bei einer Herzoperation starb.*

*Hubert, Jahrgang 1921, war mit mir zusammen im Arbeitsdienst und in der Rekrutenausbildung. Wir wurden dann getrennt, er kam zu einer Infanterie-Einheit nach Russland, wo er in der Ukraine bei Tscherkassy gefallen ist.*

*Gerhard, Jahrgang 1927, wurde nach einem Notabitur 1943 als Flak-Helfer in Mannheim bei vielen Fliegerangriffen eingesetzt. Kurz vor Kriegsschluss kam er ins Vogtland an die Front und wurde bei Plauen von den Amerikanern gefangen genommen. Er kam nach Bad Kreuznach in das berüchtigte Hungerlager, von wo er halbverhungert nach Hause entlassen wurde. Er hatte sich in der Gefangenschaft eine schwere Gelbsucht zugezogen, an deren Nachwirkungen er zeit seines Lebens zu kämpfen hatte, und an deren Folgen er viel zu früh 1998 verstarb.*

*Ich selbst wurde im April 1939 zum Arbeitsdienst eingezogen. Nach der Ausbildung zum Feuerwerker war ich ständig in Russland im Einsatz. Es ist fast ein Wunder, dass ich bei den vielen Einsätzen alle Gefahren überstand, und dass ich mich kurz vor Kriegsende in den Westen durchschlagen konnte, wo ich in amerikanische Gefangenschaft geriet. Ich hatte das große Glück, bereits am 1.8.45 nach Hause entlassen zu werden.*

*Ein Behinderter, der trotz seiner schweren Behinderung stets guter Laune war, sagte mir einmal: „Die schlechten Erlebnisse vergesse ich ganz schnell, dann stören sie mich nicht weiter." Das hat damals einen tiefen Eindruck auf mich gemacht, und so habe ich das auch für mich versucht. Ich habe vermieden, besonders tragische und hässliche Kriegsbilder zu schildern, wie sie oft besonders auf dem Rückzug aus Russland meist in Verbindung mit Zivil-Flüchtlingen zu sehen waren.*[180]

# Die Feldpostbriefe – Dokumente besonderer Art

Feldpostbriefe vermitteln Zeitgeschichte auf ihre eigene Art. Sie dokumentieren sowohl die Geschichte des privaten Lebens als auch Kriegsgeschichte, darüber hinaus jedoch auch Familiengeschichte. Wie wichtig die Feldpost während des Krieges war, ist vielen Schilderungen zu entnehmen. Die Freude über den Erhalt und die Enttäuschungen beim Ausbleiben werden vielfach beschrieben. Postsperren, die es mitunter gab, wurden immer als unmenschlich betrachtet.

Dass Feldpostbriefe in größerem Umfang von Mannheimer Zeitzeugen heute noch eingesehen werden können, ist den Archiven des TSV Mannheim von 1846 und des Mannheimer Rudervereins „Amicitia" zu verdanken. Während die an den TSV gerichteten Briefe des Ersten und Zweiten Weltkriegs als Originale im Stadtarchiv Mannheim, Institut für Stadtgeschichte, zur Verfügung stehen, wurden die Briefe Mannheimer Ruderer der „Amicitia" an einen ihrer Kameraden geschrieben und von diesem als Rundbriefe an alle Beteiligten weitergegeben. Die Originale sind zwar nicht vorhanden, wohl aber die Kopien der maschinengeschriebenen Rundbriefe. Sie wurden in dem Buch „Meisterruderer im Krieg" veröffentlicht.[181]

Wie im Ersten Weltkrieg stand der Vorstand des TSV Mannheim von 1846 auch im Zweiten Weltkrieg von Beginn an in engem Briefkontakt mit seinen Mitgliedern, die sich beim Militär befanden. In vielen dieser Briefe erfährt man neben dem persönlichen Erleben einiges über die Meinungen zur Politik und zum Kriegsgeschehen.

Einer der ersten Briefe an den TSV stammt von **Hermann Ahlrichs**. Er schreibt wenige Monate nach Kriegsbeginn am 17.12.39: *Dank für das Weihnachtspäckchen. Es ist immer ein herrliches Gefühl, wenn man so sieht, wie aufmerksam die Heimat der Front gegenüber ist. Letzten Endes sind wir ja alle an der Front, wenn nicht im Felde, umso mehr daheim. Nur durch diese enge Verbundenheit wird es unserem lieben Führer gelingen, sein Werk zu vollenden.*

Am 20.7.41 schreibt Hermann Ahlrichs aus Russland: *Wie so viele habe auch ich den Marsch in das rote Paradies angetreten. Wie schön das ist, werdet ihr mittlerweile schon erfahren haben. Ich jedenfalls schätze mich glücklich, es lieber heute als morgen von hinten zu sehen. Die Hauptsache ist jedoch, dass ein für alle Mal der rote Terror ausgeschaltet wird. Wenn auch der Kampf in Russland noch einige Zeit dauert, so steht es doch heute schon fest, dass der Sieg unser ist. Nachdem nun die deutsche Wehrmacht auch im Osten ihre Schlagkraft und Unbesiegbarkeit bewiesen hat, wird die Abrechnung mit England nicht mehr fern sein.*

186

**Wolfgang Butzer** hat ausführlich über seinen Kriegseinsatz berichtet.[182] Er wurde mehrfach verwundet und erlebte das Kriegsende nach seinem letzten Einsatz in der Ardennen-Offensive in einem Lazarett in der Nähe von Bayrisch Zell. Während des Krieges stand er in engem brieflichen Kontakt mit seinem Turnverein: *21.10.41 Russland. Im Augenblick liegen wir mit unserer Abteilung in einem der bekannten russischen Dörfer fest, da die einzige Straße, die hier durch das große Sumpf- und Waldgebiet führt, ein einziger grundloser Morast geworden ist. Unser am 2.10. begonnener Vormarsch brachte uns bei schönem Wetter die ganze Zeit über rasch vorwärts, bis vor einigen Tagen harte Kälte und starker Schneefall einsetzten. Dadurch hatten wir beim weiteren Vorgehen wohl ziemliche Schwierigkeiten zu überwinden, aber wir kamen doch wenigstens weiter. Aber seit zwei Tagen ist es ganz aus, denn wir haben nun Tauwetter und unaufhörlichen Regen, die den Schnee im Nu hinwegfegten und wie erwähnt die Straßen unpassierbar machten. Wir hängen nun leider etwas zurück, hoffen aber mit Erreichung der Hauptstraße wieder rasch Anschluss zu finden. Für uns, wie für alle mit uns eingesetzten Kameraden, ist es eine Enttäuschung, hier verharren zu müssen, da wir genau westlich von Moskau stehen und den nächsten Weg in die Stadt hatten. Aber so hat uns das Wetter diesen Streich gespielt. Na, aber dafür gehen die anderen Kameraden rechts und links auf den besseren Straßen vor, und wir haben immer noch Hoffnung, bald folgen zu können. Sonst geht es mir noch gut.*

*29.5.43 Im Osten. Von dem mittleren Frontabschnitt der Ostfront sende ich Euch allen die herzlichsten Grüße. Ich liege mit meinem Panzerjägerzug in einem kleinen russischen Dörfchen in großen hellen Erdbunkern und warte, bis es wieder weiter geht. Der Russe lässt kaum etwas von sich hören und auch wir verhalten uns noch schön ruhig. Ich habe hier im Ort ein Reck aufgetrieben – vielleicht war es früher eine Art Teppichstange – und turne morgens 80 m hinter der HKL. Da wir hinter dem Hang liegen, sind wir vom Russen nicht einzusehen und können uns dies erlauben. Am liebsten würde ich mal wieder ein scharfes Handballspiel machen, aber dazu ist ja hier keine Gelegenheit. Vielleicht im nächsten Urlaub. – Es grüßt alle Kameraden herzlichst Wolfgang Butzer.*

Am 25.8.43 bedankt sich Wolfgang Butzer für die Vereinsnachrichten. Er freut sich, dass er dadurch Informationen über Kameraden erhielt, von denen er bisher nichts gehört hatte. Er will die Anschrift des in Gefangenschaft in Australien befindlichen Klassenkameraden Edgar Grünewald erhalten, da er ihm schreiben möchte. Den Verein lobt er für seine sportlichen Aktivitäten.

Von Georg Bosecker gibt es eine Vielzahl von Briefen und Postkarten an den Verein. Der erste

Brief ist vom Oktober 1940. In Paris traf er im Januar 1941 einen seiner Turnfreunde; Anlass, um dem Vereinsvorstand ein Foto zu schicken, das die beiden unter dem Eiffelturm zeigt.

**Dr. Aletter**, der als Stabsarzt den Russlandfeldzug mitmachte, war sowohl Mitglied des TSV als auch der „Amicitia". Von ihm liegen mehrere Schreiben an den Vorstand des Turnvereins vor. Er war einer derjenigen, die bis zuletzt an den deutschen Sieg glaubten.

*17.7.42 O.U. Im Hakenkreuzbanner vom Schauturnen gelesen. „Solange die Heimat im vierten Kriegsjahr noch solche Leistungen vollbringt, braucht niemand um die Zukunft unseres Volkes besorgt zu sein. – Glückwünsche zum Erfolg."*

In seinem Schreiben vom 11.2.43 wird das Verschwinden des Winters von ihm herbeigesehnt. Er schreibt*: ... nicht etwa, weil wir unter der Kälte zu leiden haben, sondern weil damit zu rechnen ist, dass dann der Führer wieder zum großen Gegenschlag ausholen kann und dass dann die Helden von Stalingrad gerächt werden können. Vielleicht hat sich der Russe nun doch an Menschen und Material verausgabt, denn dann wäre damit zu rechnen, dass der Krieg im Osten vielleicht doch noch in diesem Jahr zu Ende gehen könnte. Stalingrad wird auch in den Reihen des Vereins wieder böse Lücken gerissen haben! – Recht herzliche Grüße insbesondere an den Führerstab.*

Es folgt nachstehendes Schreiben: *3.9.43 im Osten. Leider nimmt auch dieser Brief wieder einen großen Teil an Mitteilungen über gefallene Kameraden ein. – Die Schlacht hier im Osten hat in diesem Sommer Ausmaße angenommen, wie wir sie noch nie erlebt haben. Was der deutsche Soldat an Heldentum, Leistungen und Strapazen vollbringt und übersteht, ist unbeschreiblich. Wenn auch zur Vermeidung von Verlusten Frontverkürzungen vorgenommen werden, so steht dennoch die Front und ist guter Stimmung. – Die Verluste auf der Gegenseite sind erheblich, einmal werden sich die Sowjets auch totlaufen.*

**Adolf Bischoff**, Oberstfeldmeister beim Arbeitsdienst, schreibt an den Vereinsvorstand: *2.4.43 Westen. Nicht zuletzt darf ich dem Verein einen Teil meiner Erfolge in der 10-jährigen Erziehungsarbeit in der Schule der jungen Nation im Reichsarbeitsdienst zuschreiben. 10 Jahre lang eine selbstlose Hingebung für unser höchstes Gut des Volkes, unsere Jugend, gab mir die Kraft, die ich zuletzt aus meiner früheren Tätigkeit im Verein schöpfen durfte.*

*Ich stehe heute mit meiner Abteilung im Einsatz an der Atlantikküste, um mit die starke Abwehrfront auszubauen, um unsere Heimat zu schützen.*

Es folgen Erfolgswünsche für den Verein in der *Schicksalszeit unseres Völkerringens.*

In einem Schreiben des Vereins an Kurt Brechter vom 5.3.43 wird nicht nur ausführlich über die Vereinsaktivitäten berichtet, sondern es wird auch eine Aussage zu abgebrochenen Verbindungen zu Vereinsmitgliedern gemacht, die in Stalingrad als vermisst gelten: *Der furchtbare Kampf um Stalingrad hat große Opfer gefordert. Von einigen Kameraden, die in diesem Hexenkessel drin standen, fehlt uns bis jetzt jede Nachricht. Nur von Kamerad Grumer, der in letzter Stunde schwer verwundet aus Stalingrad herauskam, haben wir Nachricht erhalten. Es wird im Osten noch einen schweren Kampf kosten, um diese Macht endgültig zu brechen.*

Das Schreiben endet wie alle anderen mit guten Wünschen und dem üblichen Gruß „Heil Hitler!".

Von **Kurt Brico**, der in Afrika im Einsatz war, gibt es eine Reihe von Schreiben an den Verein: *24.5.42 Afrika. Von hier kann ich Euch berichten, dass wir wieder unsere Räder besonders gut geschmiert haben, und zwar noch um einiges besser als beim letzten Mal, und somit das Afrika-Korps auch trotz der Hitze seinen Mann stehen wird. Herzliche Grüße aus der Wüste.*

*2.7.42 Im Felde. Von unsren harten, aber stets siegreichen Kämpfen über Tobruk weiter durch Massa Matruk auf Alexandria zu sende ich Euch allen herzliche Grüße aus dem heißen Afrika.*

Kurt Brico berichtet in diesem Schreiben, dass er leicht verwundet und mit dem EK II ausgezeichnet wurde. Am 14.7.42 gratuliert ihm der Verein zu seiner Auszeichnung und berichtet von großen Zugängen an Schülerinnen und Schülern. Es wird erwähnt, dass „die Grenze von 3.000 Mitgliedern" überschritten wurde.

Zwischen dem Verein und **Willi Braun** bestand ab November 1942 ein lebhafter Briefverkehr. Am 18.7.43 schreibt er: *Auf alle Fälle hoffen wir hier im Westen, dass wir dem Tommy alles nun bald heimzahlen dürfen. Ihr könnt euch gar nicht vorstellen, was es wohl für ein Gefühl ist, wenn man den Tommy in der Nacht über einem hinweg jagen sieht und am nächsten Tag hört, dass er unser schönes Mannheim mit Eiern belegt hat. Aber das muss er ja alles einmal büßen.*

Das nachstehende Schreiben an ihn vom August 1944 zeigt die Verbundenheit des Vereins mit seinen Mitgliedern. Der Satz *Nun treibt ja der Krieg seinem Höhepunkt entgegen und wir wollen hoffen, dass die kommende Entscheidung recht bald zu unseren Gunsten ausfällt* zeigt, dass man im August 1944 noch daran glaubte, dass der Krieg für Deutschland ein gutes Ende nehmen würde.

In einem Schreiben von Willi Braun vom 7.10.44 ist zu lesen: *Wir wollen zuversichtlich weiterkämpfen.* Und in dem Antwortschreiben des Vereins vom 9.10.44 steht: *Deine feste Zuversicht und Dein tiefer Glaube für den Sieg Deutschlands hat uns gut getan.*

Mannheim, den 21.8.44.

Lieber Kamerad !

Dein liebes Schreiben vom 11.6. haben wir mit herzlichem
Dank erhalten. Besonders erfreut waren wir darüber, daß
Du trotz aller eigenen schweren Sorgen und Strapazen noch
so viel Interesse für unseren Verein hast. Wir können Dir
auch sehr wohl nachfühlen, daß Du immer so ein kleines
Heimweh hast, wenn Du aus unseren Feldpostbriefen von dieser
oder jener Zusammenkunft etwas vernimmst. Du glaubst aber
auch gar nicht wie eng wir uns mit Euch Kameraden an den
Fronten verbunden fühlen. In jeder Übungsstunde merken wir
ja an dem schwachen Besuch, daß uns so und so viele Kameraden
fehlen und dabei denkt man dann unwillkürlich an Euch an den
Fronten. Nun treibt ja der Krieg seinem Höhepunkt entgegen
und wir wollen hoffen, daß die kommende Entscheidung recht
bald z u unseren Gunsten fällt. Dann, lieber Kamerad Willi,
kommt Ihr bald wieder zurück in den alten trauten Sportkreis
und wir werden dann wieder einen Turn- und Sportbetrieb
aufziehen der sich sehen lassen kann. Voraussetzung dabei
ist natürlich, daß unser schönes Vereinshaus stehen bleibt.
Bis jetzt haben wir ja damit großes Glück gehabt. Wenn auch
der Spielplatz heute so gut wie unbenutzbar ist, da hier ja
alles vernichtet wurde, so glauben wir doch, daß wir mit
vereinten Kräften nach Beendigung dieses Krieges unseren Platz
wieder noch schöner herrichten können. Heute muß natürlich
jede Kraft und alles Arbeiten für den Sieg dieses schweren
Ringens eingesetzt werden, und da müssen eben solche Arbeiten
zurückgestellt werden. Das ist auch im Moment nicht so
schlimm, weil ja letzten Endes niemand mehr hier ist um den
Platz sportlich auszunützen.

Nun,lieber Kamerad Willi, bleibe weiterhin gesund und munter.

Mit den herzlichsten Turnergrüßen und

          H e i l   H i t l e r !
       Turnverein Mannheim von 1846
          Die Vereinsführung:

Der Verein erhält natürlich auch Mitteilungen über den Tod von Vereinsmitgliedern. Unter den Dokumenten befinden sich einige Schreiben des Vorstandes, mit
denen er Mitgliedern den Tod von Vereinskameraden mitteilt und auch Dienststellen informiert, wie z.B. die Unterrichtung des Sportkreisführers über den Tod
des U-Boot-Fahrers Josef Joas.

Herrn Sportkreisführer

Ludwig Stalf

Mannheim - Neckarau

Schmiedgasse 9


Mannheim,den 2.3.1943.

Wir setzen Sie davon in Kenntnis, daß unser lieber
Kamerad
        Josef J o a s
        Mesch.-Obergefreiter bei der Kriegsmar.

im blühenden Alter von 22 Jahren ( geb. 3.6.21)
den Heldentod starb.

Die Anschrift der Mutter ist: Frau Maria Joas Wtw.
Mannheim-Käfertal, Forsterstrasse 16.

                H e i l   H i t l e r !
                Turnverein Mannheim von 1846
                Die Vereinsführung:


M. Joas Ww.                    Mannheim, den 24.Mai 1943.

                        An den
                        Turnverein Mannheim
                            von 1846,
                        M a n n h e i m .

**Betrifft:**
**Eingeg.: 2 5. MAI 1943 Erledigt:**
**TURNVEREIN**
**MANNHEIM**
**VON 1846**
**Dat.:**
**durch:**

Für Jhre überaus trostreichen Worte, sowie des Gedenkens
meines Sohnes in Jhrer Zeitung möchte Jch Jhnen hiermit noch
meinen innigsten Dank aussprechen.
Jn tiefem Schmerz grüsst Sie mit

                        Heil Hitler !


P.S. Vielleicht interessiert Sie zu wissen, dass mein Sohn
     als U-Bootfahrer im Januar 1942 mit bei den Ersten an
     der amerik.Küste war und infolge Beteiligung einer
     Beteiligung Sondermeldung das U-Boot-Kriegsabzeichen
     erhielt. Die Tour war stets nach der Karibischen See,
     in welcher auch die gesamte Besatzung den Tod fand.
                        D.O.


Es sind auch Antworten von Angehörigen der Gefallenen an den Vorstand des TSV vorhanden.

191

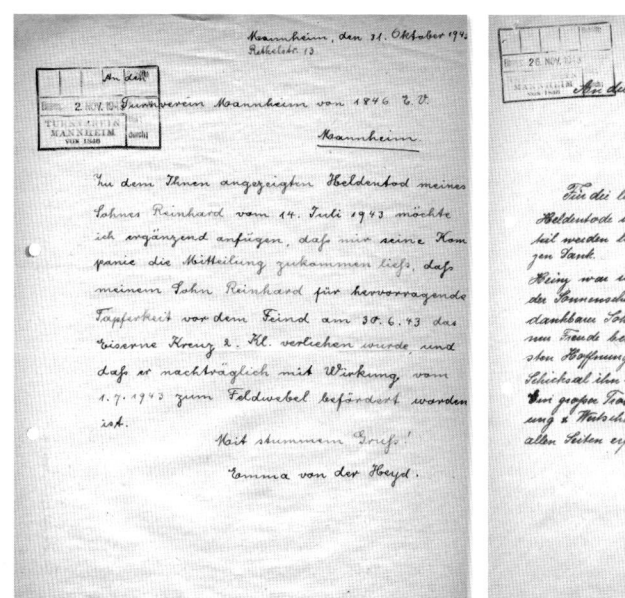
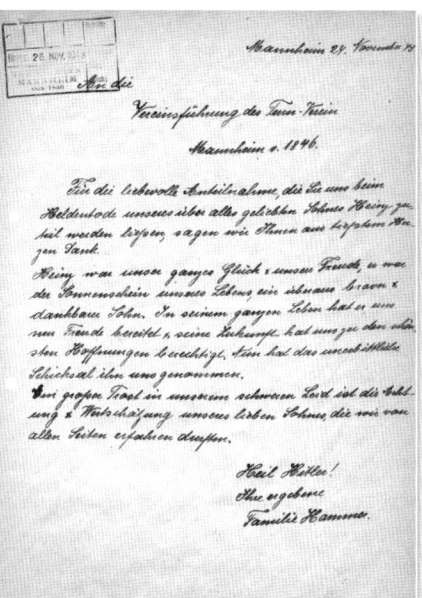

Die nachstehende Mitteilung des Verlustes zweier Söhne an den Verein zeigt, wie sehr manche Familie vom Krieg betroffen war.

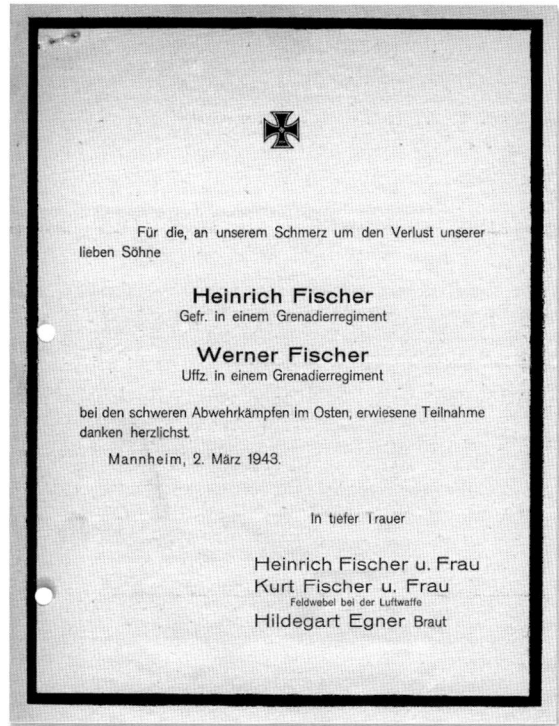

**Edgar Holzner** wurde Anfang 1940 eingezogen. Von ihm gibt es einen umfangreichen Briefwechsel mit dem TSV. Er berichtet unter anderem über seine Ausbildung bei der Luftwaffe und über seine Beförderungen. Sein letztes Schreiben an den Verein trägt das Datum 13.4.43. Er schreibt: *Nach einer unendlichen Reise bin ich nun in Italien gelandet. Nun habe ich auch den ersten Feindflug glücklich hinter mich gebracht. Wenn alles andere genauso gut geht, bin ich zufrieden.*

Einen Monat später fand er den Tod. Das Kondolenzschreiben des Vereins vom 25.5.43 an seine Familie lautet:

*Mit tiefem Bedauern haben wir heute aus der Tagespresse ersehen, dass Ihr lieber, hoffnungsvoller Sohn, unser treuer Kamerad*

*Edgar Holzner*
*Technischer Offizier und Flugzeugführer der Luftwaffe*

*im blühenden Alter von 22 Jahren für die Zukunft und die Freiheit Deutschlands den Heldentod erlitten hat.*

Über das Schicksal der vielen Menschen, die das Kriegsende zwar lebend, jedoch mit körperlichen Schäden erlebt haben, gibt es nur wenige Erzählungen. **Friedrich Humpfer** ist in Russland schwer verwundet worden. Nach seiner Genesung nahm er sein Studium an der Universität in Heidelberg wieder auf. Von ihm gibt es nachfolgendes Schreiben: *11.12.43. Heidelberg. Infolge einer Verwundung, ich bin ja mit nur noch einem Bein aus Russland nach Haus gekommen, wurde ich vor kurzer Zeit nun endlich aus dem Wehrdienst entlassen und kann nun meine schon vor langer Zeit begonnene Berufsausbildung fortsetzen.*
*Natürlich wird jetzt aus aller Mund die Frage nach meinem Ergehen und Befinden kommen. Auch mit nur einem Bein kann man mit beiden Füßen im Leben stehen, wenn auch durch diese neuen Verhältnisse auf einiges Verzicht geleistet werden muss. Aber in der doch langen Zeit meiner Verwundung konnte ich Stunden erleben, wie ich sie auch früher nicht herrlicher erfühlen konnte. Ich möchte dies für alle die Kameraden sagen, die sich auch durch die Folgen dieses Krieges schon in ihrer Jugend in irgendeiner Weise behindert fühlen müssen.*

Dies ist die Schilderung von einem, der sein Leben lang unter seinen Verwundungen aus dem Krieg zu leiden hatte. Unzählige sind es gewesen, die mit schweren Schäden aus dem Krieg zurückgekehrt sind. Körperliche und psychische Schäden haben aber nicht nur diejenigen erlitten, die an den Fronten im Einsatz gewesen waren, sondern auch viele, die den Bombenkrieg, die Flucht, die Vertreibung oder die Gefangenschaft überstanden haben. Nicht alle hatten die Kraft zum Weiterleben.

Es ist der enge Kreis von „Meisterruderern"
der „Amicitia" und des Mainzer Rudervereins,
mit denen Seppl Schneider während des Krieges
in Kontakt blieb, d.h. derjenigen Ruderer, die
deutsche Meisterschaften und Olympiasiege
errungen hatten. Er selbst zählte zu dieser
Gruppe von 17 Ruderern der „Amicitia" und
ihrem Trainer Fritz Gwinner. Unermüdlich hat
er seine Ruderkameraden immer wieder aufgefordert, über ihre Erlebnisse zu berichten, und
er hat sie dann in seinen Rundbriefen allen
Beteiligten weitergegeben. Erst Ende 1943
wurde er eingezogen. Danach hat der frühere
Vereinsvorsitzende Max Camphausen die

Korrespondenz weitergeführt. Der letzte Rundbrief wurde von ihm im Juli 1944
verschickt.

In den Rundbriefen sind neben den persönlichen Anmerkungen und Rückerin-
nerungen an gemeinsame Erlebnisse beim Sport auch viele, zum Teil sehr ausführliche Schilderungen von Kriegserlebnissen enthalten. Von fast allen Kriegsschauplätzen wird berichtet, auch über den Tod einiger der Ruderkameraden und über
die Kontakte zu deren Hinterbliebenen. Der Glaube an den „Endsieg" ist in den
Briefen fast bei allen bis zuletzt spürbar.

Von den vielen Briefen, die Seppl Schneider erhielt, sei hier nur einer heraus-
gegriffen, weil er einen Satz enthält, der aufhorchen lässt. Seppl Schneider hatte
in seinem Schreiben vom 5.10.40 Walter Flinsch begeistert zum EK I gratuliert.

Seine Freude über die Erfolge seines Vereinskameraden, der bei der Luftwaffe im Einsatz war
und bereits viele Feindflüge hinter sich hatte,
ist verständlich. Er verehrte ihn, der einer der
erfolgreichsten deutschen Ruderer war. Zu
dem Zeitpunkt, als er ihm gratulierte, war das
EK I noch keine alltägliche Auszeichnung.

In dem Antwortschreiben von **Walter
Flinsch** vom 24.11.40 aus Paris findet sich
nachstehende Passage, die wegen der geäu-
ßerten moralischen Bedenken ungewöhnlich
ist, die Bescheidenheit des Schreibers deutlich
macht und ganz und gar nicht der vorherr-
schenden Meinung entsprach:

*Danke Dir und Steffi für Eure Glückwünsche zu meiner „hohen Auszeichnung (?)"*
*– Das EK II und jetzt das EK I ist aber für uns draußen schon so etwas Selbstverständli-*
*ches oder besser: Geläufiges und Gewohntes geworden, dass wir uns gar nichts besonderes*
*dabei denken. Nur, dass wir es als eine kleine Anerkennung für alles, was wir durchma-*
*chen mussten, betrachten. Denn, glaube mir, das „Durchmachen" ist was Eigenartiges*
*für jeden. Je nach den verschiedenen Gemütern empfindet man die „Entbehrungen",*
*„Strapazen", „Gefahren" oder auch ethischen Grundsätze verschieden. – Leider werden*
*Letztere durch den Krieg aber meistens sehr vermindert. So verdiene ich in Wirklichkeit*
*Deine hohe Achtung gar nicht, denn meine „Pflicht" tue ich ja nur zwangsläufig.*

*Du wirst das vielleicht kaum verstehen. Leider kommt man aber durch den Krieg*
*dazu, ein Werkzeug der Vernichtung von Menschenleben und Werten gegen seinen*
*Willen zu sein.*

*Wie viel lieber wäre ich wie Du zu Hause im Büro reklamiert! Jeder muss aber auf*
*seinem Posten aushalten. Wenn die Heimat durchhält, muss uns der Sieg ja gelingen. Ihr*
*zu Hause habt's ja schwerer mit wenig Verpflegung, Bekleidung, Wärme und Schlaf.*[183]

Walter Flinsch war zehnfacher Deutscher Rudermeister und Silbermedaillen-
gewinner bei den Olympischen Spielen von 1932 in Los Angeles. Alle, die ihn
kannten, waren von seiner Geradlinigkeit und Bescheidenheit angetan. Für viele
war er ein Vorbild. Vor dem Krieg war er als Fluglehrer und Flugzeugkapitän der
Lufthansa tätig und von Kriegsbeginn an zunächst als Aufklärungs- und Bomber-
pilot im Einsatz. 1943 wurde er nach Warnemünde abkommandiert, wo er als Test-
pilot von Kampfflugzeugen bei einem Absturz den Tod fand. Auch sein jüngerer
Bruder ist im Krieg gefallen.

Einer der ehemaligen Meisterruderer, mit denen Seppl Schneider in Briefkontakt
stand, war Dr. Wolfgang Heidland, der spätere Landesbischof von Baden. Er war
von Kriegsbeginn an als Wehrmachtspfarrer in Polen und später in Russland im
Einsatz. Ausgezeichnet mit dem EK I war er nach einer Verletzung Pfarrer in einem
Lazarett in Hamburg.

**Seppl Schneider** hat nach dem Krieg ein Buch veröffentlicht, in dem seine
Begeisterung für den Rudersport zum Ausdruck kommt. Er hat darin auch die
Kriegsbriefe erwähnt. Unter der Überschrift „Ausklang" schreibt er: *Ich schrieb auf*
*der Reise, ich schrieb in den Ferien, ich schrieb in den Mannheimer Bombennächten,*
*ich schrieb, inzwischen selbst Soldat geworden, von irgendeinem Kommando, zu dem*
*ich mich meldete, wenn mein Spürsinn dort eine Schreibmaschine entdeckt hatte.*

Die Freude über das Echo, das seine Rundbriefe fanden, wurde immer wieder
getrübt durch die vielen Todesmeldungen. Er schreibt: *Robert Huber vermisst, Walter*
*Flinsch tödlich abgestürzt, Köbes Becker (ein Mainzer Ruderkamerad) gefallen, Heinz*
*Bender gefallen, Hans Maier vermisst, Georg Fellner (ein Mainzer Ruderkamerad)*

*gefallen. – Fast in jedem Rundbrief schlugen mir der Tod und das Unheil die Leier, die ich für die Freunde anstimmen wollte, aus der Hand. Immer mehr der düsteren Schatten senkten sich auf den kleiner und kleiner werdenden Kreis. Anstelle der Toten nahmen wir den Vater hinzu, die Gattin, die Schwester, umgaben sie mit der Wärme des Mitgefühls. Es begann der Geist der Bootskameradschaft zu leben über ein fernes Grab hinaus. Waren die Toten nicht doch alle unter uns, mit uns zusammen in unserer heimlichen Welt.*[184]

Diese Worte bringen tief empfundene Gefühle all derer zum Ausdruck, die an der im Krieg aufrechterhaltenen Gemeinschaft teilhatten. In den Rundbriefen war immer wieder die Rede von einer fröhlichen gemeinsamen Feier am Ende des Krieges. Dazu konnte es nach all dem, was geschehen war, nicht kommen. Der Letzte, der aus dem Kreis der ehemaligen Meisterruderer der „Amicitia" aus russischer Gefangenschaft zurückkehrte, war Gustav Maier. Am 8.10.53 war er endlich wieder daheim. Er war 35 Jahre alt, als er in den Krieg zog, und 49, als er aus der Kriegsgefangenschaft entlassen wurde.

# Der Kriegseinsatz der Luftwaffenhelfer

Grundlage für die Einberufung Jugendlicher zur sogenannten Heimatflak war der „Erlass über den Kriegshilfseinsatz der Jugend bei der Luftwaffe" vom Januar 1943. Bereits im Februar 1943 wurden in Mannheim die ersten Oberschüler des Geburtsjahrgangs 1926 zu den Einheiten des Flak-Regiments 49 eingezogen, das für die Luftabwehr im Raum Mannheim zuständig war. Die meisten von ihnen kamen im Frühjahr 1944 zum Reichsarbeitsdienst oder zum Militär. Es folgten die Geburtsjahrgänge 1927 und 1928. Teilweise wurden Schüler, die sich in der Kinderlandverschickung befanden, von dort zur Heimatflak eingezogen.

**Siegfried Laux** gehörte zu den ersten Luft- waffenhelfern. Er schreibt: *1943 wurde ich im Alter von 17 Jahren Luftwaffenhelfer. Der Einsatz in der Flakstellung am Rande des Flug- hafens Mannheim-Neuostheim brachte die erste Trennung vom Elternhaus mit sich. Wir galten zwar noch als Schüler, waren jedoch im Übrigen wie Soldaten eingesetzt. Untergebracht waren wir in Holzbaracken, in denen auch die regulären Flaksoldaten wohnten. Zu diesen und unseren Vorgesetzten bestand im Allgemeinen ein gutes Verhältnis. Es gefiel uns jedoch weniger, dass wir als Luftwaffenhelfer weiterhin als Hitlerjungen in den militärischen Betrieb eingebunden waren.*

*Zu unserer Einheit gehörten auch russische Kriegsgefangene, die als sogenannte Hilfswil- lige Dienst taten. Sie schleppten die schweren Granaten und schoben sie bei den Angriffen in die Geschütze. Ansonsten waren sie hinter Stacheldraht eingesperrt. Sie trugen ihre russischen Uniformen, es mutete aber seltsam an, dass sie dazu ein deutsches Koppel hatten. Dessen Schloss trug die Aufschrift „Gott mit uns". Wir Jungen hatten ein gutes Verhältnis zu ihnen, so malten Talente unter ihnen Ölbildchen im Austausch mit etwas Margarine oder Kunsthonig. Im Gespräch erfuhr ich von einem Russen, dass er aus Baku stammte, er spielte sogar einmal auf dem Klavier in unserer Kantinenbaracke. Natürlich wurde dies bald unterbunden.*

*Tief eingeprägt haben sich mir die Bilder des brennenden Mannheim, insbesondere nach den Nachtangriffen der Jahre 1943/44, von denen ich die meisten in unserer Stel- lung erlebte. Amerikanische und britische Bomber waren damals von England aus im Einsatz. Zuvor hatten sie mit Leuchtraketen, den sogenannten Christbäumen, ihre Ziele abgesteckt. Ein damals erzählter Witz beschrieb treffend die Situation: „Die Alliierten werfen die Christbäume ab, das Volk sitzt im Keller, und Goebbels erzählt dazu das Weihnachtsmärchen."*

*Ein trauriges Bild boten damals die auf der Autobahn in Richtung Heidelberg an unserer Flakstellung vorbeiziehenden Ausgebombten, welche zum Teil auf Handwagen ihre gerettete Habe mit sich führten. Wir Luftwaffenhelfer meinten, dass wir in unserer Stellung gegenüber der Zivilbevölkerung besser dran seien. In den Luftschutzbunkern saßen Mütter und Kinder, ohnmächtig den Schrecken ausgesetzt, wohingegen wir hinter den Geschützwällen uns relativ sicher fühlten.*

*Bei einem Nachtangriff, ich glaube, es war am 9.8.1943, fiel unser Batteriechef Oberleutnant Rist aus Rostock. Am Abend zuvor hatte er uns noch auf dem Flughafengelände Neuostheim strafexerzieren lassen, da wir irgendwie gegen die Disziplin verstoßen hatten. Wir waren wütend auf ihn, da er auch sonst ziemlich arrogant war. Auch hatte es uns empört, dass wir bei Angriffen die Köpfe nicht einziehen durften, und ausgerechnet in dieser Nacht kostete es ihn durch einen Bombensplitter seinen Kopf. Ein Soldat unserer Einheit zimmerte für ihn am folgenden Tag einen Notsarg, und ich vergesse nie den Anblick, wie er sich zur Probe in diesen legte, um festzustellen, ob die Größe ausreichte, denn unser Chef war sehr groß.*

*Bei dem Bombenangriff waren mehrere Luftwaffenhelfer in der Nachbarbatterie umgekommen. Vermutlich war es die Totenfeier, bei der ich die Klagen der Eltern über ihre toten Kinder hörte, verbunden mit Vorwürfen, die sich teilweise gegen das Regime richteten, welches Kinder in den Krieg schickte. Ihre lauten Klagen werde ich nie vergessen.*[185]

*Die zerstörten Unterkunftsbaracken der Batterie nach dem Angriff*

Anfang 1944 kamen Mannheimer Mittelschüler zur „Schweren Flak" im Neckarauer Niederfeld und zur „Leichten Flak", die beim Großkraftwerk ihre Stellungen hatte. Sie erhielten sowohl in der Ausbildungszeit als auch danach Schulunterricht. In ihrem Versetzungszeugnis vom Juli 1944 wurden nicht nur ihre schulischen Leistungen beurteilt, sondern auch ihre Einsatzbereitschaft und ihre soldatischen Qualitäten. Unterschrieben war das Zeugnis von dem Klassenlehrer, einem Vertreter des Stadtschulamtes und von dem Batterieführer.

*Fünfzehnjährige Luftwaffenhelfer und Flaksoldaten an einem Flakgeschütz am Kuhbuckel*

Über die Ausbildung und die Eingliederung der Schüler in die Batterien der Fliegerabwehr gibt es eine Reihe von Erzählungen. Die meisten berichten, dass sie begeistert waren, im Dienst für das Vaterland an den Kanonen zu stehen. Sie ersetzten Soldaten, die zum Einsatz an der Front kamen.

Von **Dieter Wolf**, der wie ich ein begeisterter Mitmarschierer im Jungvolk war, gibt es nachstehende Schilderung seines Einsatzes in der Neckarauer Stellung: *Im Januar 1944 begann ich mit dreißig meiner Kameraden der Mittelschule Mannheim meinen Dienst als Luftwaffenhelfer in der 2. Batterie der gemischten Flakabteilung 491. Zwei Drittel der seit 1941 im Neckarauer Niederfeld stationierten 120 Mann starken Einheit waren Flaksoldaten, den Rest stellten russische Hilfswillige und Luftwaffenhelfer des Jahrgangs 1926, die dem Heidelberger Kurfürst-Friedrich-Gymnasium angehörten.*
*Das Ziel unserer Ausbildung war, in der von einem Oberleutnant geführten Batterie, die sechs Geschütze 8,8-Flak L56, ein Kommandogerät EM 40 und ein Funkmessgerät Würzburg D zur Verfügung hatte, die Funktionen möglichst vieler Flaksoldaten*

*Ruhepause am Geschütz*

zu übernehmen und die 1943 herangezogenen Luftwaffenhelfer zu ersetzen. Es dauerte drei Monate, bis wir so weit waren. Schwierigkeiten hatte ich nur mit der Disziplin gegenüber manchem Vorgesetzten, was mir prompt Kasernenarrest samt einer entsprechenden negativen Beurteilung im Schulzeugnis einbrachte, doch ich schaffte es trotzdem, den begehrten Posten eines Richtkanoniers zu erringen. Da es mich interessierte, hatte ich sehr schnell begriffen, wie man ein tonnenschweres Geschütz mithilfe eines Handrads so ausrichtet, dass im Team mit sieben weiteren Kanonieren die Chance besteht, ein Flugziel zu treffen, das sich mit der Geschwindigkeit von 120 Metern pro Sekunde am Himmel bewegt. Als Fünfzehnjähriger war ich darüber überaus stolz.[186]

**Emil Ziegler** gehörte zu den Mittelschülern, die bei der Leichten Flak ihren Dienst taten. Von ihm stammt die nachstehende Schilderung: *Auf die Kinderlandverschickung im Elsass folgte bereits im Januar 1944 für uns Mannheimer Mittelschüler des Einschulungsjahrgangs 1939 der Einsatz bei der Fliegerabwehr in Mannheim. Wir waren damals 15 und 16 Jahre alt. Der Einberufung war eine Musterung in Mühlhausen vorausgegangen. Dabei sein wollten eigentlich alle.*

*Luftwaffenhelfer bei einer Übung an der „Leichten Flak"*

200

Wir bezogen zwei Stellungen in unmittelbarer Nähe des Großkraftwerks, das durch uns gegen Tieffliegerangriffe geschützt werden sollte. Die Stellung, in der ich mich befand, hatte ihren Standort auf dem Gelände der Firma Propfe, einer chemischen Fabrik, die neben dem Kohlelager der Firma Hengstenberg lag. Diesen Standort fanden wir ideal. Wir hatten ausreichend Brennmaterial zur Verfügung, mussten also im Winter nicht frieren.

Der Schulbetrieb ging zu Beginn unseres Einsatzes in begrenztem Umfang weiter, zunächst in der nahe gelegenen Wilhelm-Wundt-Schule, später auch in unserer Stellung. Die Anweisung lautete, dass der Unterricht stattfinden soll, soweit es die Feuerbereitschaft der Batterie zulässt. Verständlicherweise war unsere Einsatzbereitschaft mit der Zunahme der Luftangriffe immer mehr gefordert, sodass an einen geregelten Unterricht nicht mehr zu denken war. Die Vernebelung des Großkraftwerks bei der Annäherung feindlicher Flugzeuge war für uns, wenn wir von der Schule im Laufschritt zu unserer Stellung eilten, stets ein großes Ärgernis. Der beißende Nebel bewirkte heftiges Husten und Brennen in den Augen.

Nach einigen Wochen kamen wir in eine andere Stellung, die zwischen dem Becken Ost und Mitte des Rheinauhafens lag. Während wir bis zur Kinderlandverschickung die Luftangriffe in den Kellern der Häuser oder in einem Luftschutzbunker erlebt hatten, waren wir bei unserem Kriegseinsatz stets im Freien, wenn die feindlichen Flugzeuge ihre Bombenlast abwarfen. Die Angst war jedoch nicht größer als zuvor. Im Gegensatz zu dem Eingesperrtsein in einem kleinen Kellerraum und dem Bangen um Bombeneinschläge konnten wir die Bombenabwürfe im Freien beobachten und glaubten, darauf reagieren zu können. Ich meine, dass ich weniger Angst hatte als zuvor im Luftschutzkeller.

In unseren beiden Stellungen haben wir bis Ende März sämtliche Tages- und Nachtangriffe der feindlichen Flugzeuge auf Mannheim erlebt. Bei unzähligen Alarmen waren wir auf den Beinen und davon überzeugt, dass der Dienst am Vaterland notwendig war.

Im Gegensatz zur schweren Flak waren unsere leichten Flakgeschütze für den Erdkampf nicht geeignet. Einige meiner Kameraden kamen noch zu der schweren Batterie im Morchfeld. Die anderen, zu denen ich gehörte, wurden zunächst in den Dossenwald bei Rheinau verlegt und erlebten noch die Plünderungen im Rangierbahnhof, bei denen es drunter und drüber ging. Dann begann der Rückzug mit den noch immer einsatzfähigen Geschützen über Wiesloch, Tübingen, Bieberach bis in die Alpen. Meistens waren wir wegen der Tieffliegerangriffe nachts und auf Nebenstraßen unterwegs. Schließlich kamen wir in Füssen im Allgäu an. Da alle Verbindungswege durch Brückensprengungen versperrt waren, gab es kein Weiterkommen. Wir warfen daher unsere Geschütze und die gesamte Ausrüstung in den Lech. Wenig später folgte dann für uns alle die Kriegsgefangenschaft.[187]

**Albert Hitzfeld** berichtet: *Am 10.1.44 wurde ich als Sechzehnjähriger zusammen mit den gleichaltrigen Schülern des Moll-Gymnasiums als Luftwaffenhelfer eingezogen. In der Käfertaler Flakkaserne wurden wir als Erstes einquartiert, erhielten dort* theoretischen Unterricht in Ballistik und den ersten Schliff auf dem Kasernenhof. Es folgte unser Gelöbnis, welches wie folgt lautete:

> Ich verspreche,
> als Luftwaffenhelfer
> allzeit meine Pflicht zu tun,
> treu und gehorsam,
> tapfer und einsatzbereit,
> wie es sich für einen Hitlerjungen geziemt.

Den Hinweis auf die Hitler-Jugend fand ich eigenartig, denn wir unterstanden ausschließlich dem Kommando der Luftwaffe, zu der die Fliegerabwehr gehörte. Unsere Eltern waren zuvor mit einem Schreiben über die Notwendigkeit unseres Einsatzes informiert worden, dem eine ausführliche Beschreibung unseres Dienstverhältnisses beilag. Entziehen konnte sich der Einberufung niemand.

Zur praktischen Ausbildung an den optischen und elektrischen Geräten und an den 8,8-Zentimeter-Flakgeschützen marschierten wir jeden Vormittag zum Kuhbuckel in die dortige Großbatterie der Flakabteilung 636. Zunächst wollte jeder an den Kanonen ausgebildet werden. Ich war enttäuscht, als ich der Mess-Staffel zugeteilt wurde und somit bei den Alarmen in der Leitstelle der Batterie im Einsatz war.

Nach sechs Wochen wurden wir der schweren Flakbatterie auf der Friesenheimer Insel zugeteilt, die dem Schutz der Anilin, der heutigen BASF, und anderer nahe gelegener kriegswichtiger Fabriken dienen sollte. Dort standen uns Wohnbaracken und eine Kantine zur Verfügung. Wir waren die Ablösung der ein Jahr zuvor eingezogenen Schüler, die inzwischen zu Luftwaffen-Oberhelfern befördert und teilweise zu anderen Batterien gekommen oder zum Militärdienst eingezogen worden waren. Einer von ihnen war Hans Rössling, der spätere Opernsänger am Mannheimer Nationaltheater.

Bei den zunehmenden Bombenangriffen auf Mannheim und Ludwigshafen war unsere Batterie wie alle anderen rund um die beiden Städte stark gefordert. Spreng- und Brandbomben schlugen in der Nähe ein. Zum Glück gab es bei uns weder Verletzte noch Tote. Inwieweit wir tatsächlich dem Schutz der beiden Städte dienten, ist schwer zu sagen. Ob unsere Batterie Abschüsse zu verzeichnen hatte, weiß ich nicht, zumal die Zuordnung von Abschusserfolgen sehr schwer möglich war.

Aus meinen Tagebuchaufzeichnungen ist zu ersehen, dass ich am 22. Juni 1944 mit einigen meiner Kameraden nach Feudenheim geschickt wurde, wo wir bis spät in die Nacht hinein beim Einbau von Flakgeschützen in eine neue Stellung mithelfen mussten. Zwei Tage später kam ich zu der Großbatterie in Sandhofen. Fast täglich gab es nun Alarme. Die ständigen Arbeitseinsätze und Gefechtsübungen in der Batterie wurden immer wieder durch Infanterieausbildung und noch bis Dezember 1944 gelegentlich durch Schulunterricht in der Kantine unterbrochen. Dieser wurde stundenweise von den älteren Professoren unserer Schule abgehalten.[188]

# Das Leben in der zerstörten Stadt

Vor der Besetzung Mannheims durch die Amerikaner lebten immer noch viele Menschen in der Stadt. Hierzu zählte auch mein Vater, der bis zum Kriegsende bei der BASF arbeitete. Während meine Mutter nach der Evakuierung mit meinem Großvater im Bayerischen Wald in Sicherheit war und ich mich im Kinderlandverschickungslager befand, erlebte er alle Luftangriffe auf Mannheim. Mehrmals musste er sein Notquartier wechseln. Nur kurze Zeit war er zum Ausheben von Schützengräben und dem Bau von Panzersperren in der Nähe von St. Avold in einem Kriegseinsatz, welchen Jugendliche und nicht kriegsdiensttaugliche Männer in den letzten Kriegsmonaten leisten mussten. Als die Rheinbrücke gesprengt war, konnte er seine Arbeitsstätte nicht mehr aufsuchen. Er wartete auf das, was nun kommen würde.

Ob mein Vater etwas von dem Konzentrationslager in Sandhofen wusste, weiß ich nicht. Leider habe ich mit ihm nach meiner Rückkehr aus der Kriegsgefangenschaft über seine Erlebnisse und über sein Wissen, was in Mannheim in den letzten Kriegsmonaten alles geschah, nicht gesprochen. Heute frage ich mich: „Warum nicht?"

Von **Adolf Müller**, der mit seiner Mutter und seinem Bruder im Oktober 1944 aus dem Elsass, wo sie evakuiert waren, nach Mannheim zurückkam, gibt es eine Aussage, welche das Konzentrationslager in Sandhofen betrifft: *Was in dem KZ vor sich ging, weiß ich nicht. Ich sah allerdings manchmal abends die Insassen des Lagers von ihrer Arbeit zurückkommen. Mitunter wurden sie beim Marsch durch die Straßen von den Wachmannschaften mit deren sechsstriemigen Lederpeitschen zur Eile angetrieben. Sie hatten gestreifte Hosen und Jacken an. Die auffallende Kleidung war aus dünnem Stoff. Bei kaltem und regnerischem Wetter haben sie bestimmt gefroren. Die Wachmannschaften trugen die feldgraue Uniform der Waffen-SS mit schwarzem Kragen. Sie hatten Stahlhelme auf und trugen Karabiner oder Maschinenpistolen.*
*Große Gedanken über die Lebensumstände der KZ-Leute, und warum man sie wie Verbrecher behandelte, habe ich mir als Jugendlicher nicht gemacht. Ich erinnere mich, dass die Erwachsenen bei ihrem täglichen Marsch durch die Straßen von Sandhofen nicht stehen blieben und auch nicht hinschauten. Sie taten so, als ob sie nicht sehen würden, was da vor sich ging. In meiner Familie wurde auch nicht über sie gesprochen. Von der Hinrichtung im Schulhof habe ich natürlich wie alle Sandhofener Bürger gehört. Sie fand in aller Öffentlichkeit im Hof der Schule statt. Es wurde erzählt, dass der erhängte Pole Sabotage betrieben habe. Außerdem war die Rede davon, dass er Lichtsignale an Flugzeuge gegeben habe.*[189]

*Morgens auf dem Weg zur Daimler-Benz-Fabrik*
*Zeichnung von Mieczyslaw Wisniewski*

Zu dem Bild gibt es folgende Beschreibung: *Oft mussten die Gefangenen von Sand-hofen zu Fuß zur Daimler-Benz-Fabrik gehen. Dieser Marsch fand zwischen fünf und sechs Uhr morgens statt – da es im Winterhalbjahr war, oft bei Regen, Wind oder Schnee wie hier auf dem Bild. Von daher ist verständlich, dass viele trotz Verbot irgend-etwas unterzogen, um wenigstens die Nieren zu schützen: einen alten Lumpen, den man gefunden hatte, oder Teile eines Zementsackes. Wer damit erwischt wurde, riskierte Schläge.*

*Die Gefangenen mussten auf der Straße gehen. Die warm angekleideten Wachleute gingen auf dem Bürgersteig.*

*Die fünf Kilometer waren für viele ein sehr kräftezehrender Tagesbeginn. Einige Kapos oder Wachleute machten sich einen Spaß daraus, die Gefangenen anzutreiben oder im Marschieren exerzieren zu lassen.*[190]

Im September 1944 wurde auf dem Fliegerhorst Sandhofen ein Außenlager des KZ Hinzert eingerichtet. Bis zu 180 Häftlinge mussten dort Bombentrichter einebnen, Unterstände betonieren und Schäden beseitigen.

Die meisten der in Mannheim Zurückgebliebenen suchten bei Fliegeralarm auch tagsüber einen der Bunker auf. Dass nicht jeder zugelassen wurde, darüber berichtet **Irmgard Salzmann**, die Ende 1944 aus der Kinderlandverschickung nach Mannheim zurückkehrte. Um eine Lebensmittelkarte zu bekommen, musste sie eine Arbeit nachweisen, die sie problemlos bei ihrem Großvater fand, der ein Baugeschäft betrieb.

Sie schreibt: *Der einzige deutsche Bauhandwerker, den mein Großvater beschäftigte, war mein Großonkel, der damals wie mein Großvater bereits über 60 Jahre alt war. Er war der Polier, der auf allen Baustellen im Einsatz war. Alle übrigen Beschäftigten waren Ausländer, Gefangene oder ausländische Zwangsarbeiter, die in verschiedenen Quartieren, meist in Nebensälen von Wirtschaften, untergebracht waren. Von dort holte ich sie morgens ab, um sie zu den Baustellen zu bringen. Und abends musste ich sie dort wieder abholen. Probleme gab es dabei keine. Allerdings erinnere ich mich an einen Zwischenfall, der sich bei einem Fliegeralarm ereignete. Als die Sirenen ertönten, war ich mit einem französischen Kriegsgefangenen unterwegs. Wir rannten zum nächstgelegenen Bunker, wurden jedoch am Eingang von dem Bunkerwart aufgehalten. Er verweigerte meinem Begleiter mit den Worten, dass Ausländer hier nichts zu suchen hätten, den Zutritt. Da ich ihn nicht alleine lassen wollte, blieb ich mit ihm bis zum Ende des Alarms in der am Bunkereingang befindlichen weniger geschützten Gasschleuse. Zum Glück für uns beide fielen keine Bomben, und wir konnten unseren Weg fortsetzen.*[191]

*Der Wasserturm - nur noch ein trauriges Wahrzeichen*

Dass das Leben auch in der zerstörten Stadt irgendwie weiterging, ist aus der Schilderung von **Werner Brehm** zu entnehmen, der ab Oktober 1944 in der Melanchthon-Gemeinde in der Neckarstadt zum Konfirmandenunterricht ging:

Kirchen und Gemeindehäuser waren damals teilweise zerstört oder nicht mehr zu nutzen. Unser Pfarrer erteilte daher den Unterricht an die zehn oder zwölf Buben und Mädchen, die sich noch in seiner Pfarrei befanden, in seiner privaten Wohnung in der Schimperstraße. Sie befand sich in der Nähe unserer „Notunterkunft", einem kleinen Raum hinter unserem Laden, in dem ich mit meiner Mutter tagsüber wohnte, und von wo aus wir im Falle eines Alarms in den Luftschutzbunker rennen konnten.

Einmal wurde unser Unterricht mittags zwischen vier und fünf Uhr ohne vorherigen Alarm durch einen Tieffliegerangriff abgebrochen. Zwei Splitterbomben brachten zwei Menschen um und verletzte viele, die gerade auf dem Weg zum Bahnhof Neckarstadt und zu den noch funktionierenden Straßenbahnen waren. Das war das zweite Mal, dass ich Kriegstote sah. Sie lagen auf der Straße. Zuvor hatte ich mehrere Leichen beim Räumen zerstörter Wohnungen auf dem Lindenhof gesehen. Wir waren dort im Auftrag der Hitlerjugend nach einem der Großangriffe mit unserem Jungzug im Einsatz. Ich weiß allerdings nicht mehr genau, wann das war, vermutlich 1943.

Im Unterricht lernten wir aus geliehenen Büchern und schrieben unsere Konfirmandensprüche ab. Druck und Vervielfältigung gab es nicht. Auch wurde unsere Konfirmandenstunde mitunter durch Luftwarnung oder Vollalarm unterbrochen. Wir lernten im Rahmen der gegebenen Möglichkeiten. Schließlich wurde der Termin der Konfirmation auf den 4. März 1945 festgesetzt. Der Ablauf der kirchlichen Handlungen wurde sehr gerafft, und die Vorstellung der Konfirmanden vor der Gemeinde, die eigentliche Konfirmationsfeier und das dann anschließende Abendmahl sollten alle am gleichen Tag stattfinden. Vorbereitungen zum Fest waren nicht viel zu machen. Die ganze Familie war in Auflösung, entweder irgendwo in die Umgebung verschickt oder beim Militär. Von den vier Brüdern meiner Mutter waren zwei schon gefallen, und zwei waren an der Front. Nur mein Freund Hartwig und seine Mutter waren als Gäste vorgesehen.

Der Beginn des Gottesdienstes wurde auf sieben Uhr morgens festgelegt. Die Feier sollte im Gemeindehaus in der Zellerstraße stattfinden, das mehr als zwei Kilometer vom Marktplatzbunker entfernt lag, wo wir behelfsmäßig wohnten. Und diese Entfernung war zwischen Trümmergrundstücken und wegen der Verdunkelung ohne Licht am frühen Morgen zurückzulegen. Meine Mutter war nicht zu Unrecht etwas ängstlich.

Am 1. März ging aber noch einmal einer der schlimmsten Luftangriffe über Mannheim nieder. Bis zum Tage meines Festes war die Stromversorgung in der Neckarstadt noch nicht intakt. Die Morgentoilette im Bunker mit neuem hellgrauen Konfirmandenanzug fand also im Halbdunkel bei Kerzenlicht statt. Die Beleuchtung über Notstrom wurde erst später in Betrieb gesetzt. Rasieren war ja noch nicht notwendig, aber die geliehene Krawatte musste gebunden werden, was schwierig war. Im Morgengrauen wanderten wir dann zum Ersatz-Gotteshaus. Von Ferne war Geschützdonner zu hören. Wir waren nur von dem Gedanken beherrscht: Hoffentlich gibt es nicht schon wieder einen Bombenangriff. Auch vor Tieffliegern hatten wir Angst.

Der Ablauf der kirchlichen Handlung ging ohne Störung vor sich. Es herrschte sogar eine sehr friedliche Stimmung. Erst als wir das Gotteshaus verließen, erfuhren wir, dass es während des Gottesdienstes zweimal Voralarm gegeben hatte, was ich unter der Spannung der Prüfung und dem Lied der Gemeinde gar nicht wahrgenommen hatte. Die Erwachsenen hatten den Alarm vermutlich ignoriert.

In den folgenden drei Wochen wurden in Mannheim, auch direkt vor unserem Laden am Capitol, noch unnötige Panzersperren gebaut. Auch wurden die Brücken gesprengt, Eisenbahnwaggons und Vorratsräume aufgebrochen. Diebstähle waren an der Tagesordnung. Und dann waren die Amerikaner da.[192]

**Irmgard Salzmann** berichtet: *Jeden Tag ging ich am späten Abend zusammen mit meiner Großmutter, meiner Mutter und der Tante in den Bunker bei der Feuerwache.*

*Wir hatten dort eine feste Unterkunft in einer Zelle, die wir mit zwei weiteren Frauen teilten. In einem der dreistöckigen Betten hatte ich ganz oben meine Schlafstatt. Wenn ich im Bunker war, fühlte ich mich absolut sicher. Den anderen wird es ebenso gegangen sein. Ein Problem waren lediglich die Wanzen, die mitunter unseren Schlaf störten. Jeden Morgen gingen wir in die Dammstraße zurück, wo mein Großvater die*

*Die gesprengte Friedrichsbrücke*

*Nacht über geblieben war, ganz gleich, wie viel Alarme und Bombenangriffe es gegeben hat. Er schlief auf der bereits erwähnten Liege. Zum Glück wurde das ausgebrannte Haus nicht erneut getroffen.*

*Einige Zeit vor der Einnahme Mannheims durch die Amerikaner baute der Volkssturm in der Dammstraße unmittelbar vor unserem Haus eine Panzersperre auf. Zuvor waren die Brücken gesprengt worden. Für uns war dies das Signal, Mannheim zu verlassen und im Odenwald bei dem Bruder meiner Großmutter Zuflucht*

*zu suchen. Dieser hatte in Mannheim ein Antiquitätengeschäft, zählte also zu den „besseren Leuten", und besaß in Steinbach bei Fürth ein schönes Haus. Er hatte sich schon einige Zeit zuvor abgesetzt und war bereit, uns aufzunehmen. All unsere Habe wurde auf ein „Tempo" geladen, ein dreirädriges Kraftfahrzeug, auf dem auch für uns Frauen noch Platz vorhanden war. Die Männer blieben noch einige Tage in Mannheim. Sowohl mein Großvater als auch mein Onkel kamen einige Tage später mit ihren Fahrrädern nach.[193]*

**Albert Hitzfeld** fand nachstehende Eintragungen in seinem Tagebuch: *2.2.45:* *„Um 14.30 in der Batterie. Alle entlassen. Ich selbst muss noch bis Sonntag in der Batterie bleiben. Mit Unteroffizier Holzer auf Autobahnbrücke und Kirchturm Sand-hofen: Ansichtsskizzen zeichnen. 22.30 bis 24.00 Vollalarm. Angriff auf Mannheim.“* Es folgt ein weiterer Eintrag am 3. Februar: *„Appell mitgemacht. 10.00 Uhr auf Kirch-turm Sandhofen, Skizzen gemacht.“* – Ich kann mir bis heute nicht erklären, wozu meine Zeichnungen dienten, mit denen ich auch noch in den folgenden Tagen beschäf-tigt war. *„Ansichtsskizzen zur Ermittlung der Schusswerte für Erdbeschuss“*, vermerkte ich bei einer späteren Aufzeichnung. Ob das eine Erklärung ist, und wenn ja, ob das wirklich etwas Sinnvolles war, weiß ich nicht.

*8.2.45: „Um 15 Uhr auf Ausgang, um meine Sachen zur Entlassung zu holen.“* Auf dem mir vorliegenden Kriegsurlaubsschein vom 9.2.45 ist zu lesen: *„Erholungs-urlaub vom 10.2.45 bis einschließlich 23.2.45, 24 Uhr, nach Edingen. Sang- und klanglos konnte nun auch ich, wie einige Tage zuvor alle anderen, nach Hause gehen. Allerdings musste ich, wie vermutlich alle meine Kameraden, nach Ablauf des Urlaubs das Wehrmeldeamt aufsuchen. Dort teilte man mir mit, dass ich innerhalb von zehn Tagen zum Arbeitsdienst eingezogen werden würde. Dazu kam es jedoch nicht, denn die angekündigte schriftliche Einberufung erreichte mich erst nach dem Einmarsch der Amerikaner.*[194]

**Mathilde Weidner** lebte mit ihrer Mutter bis zum 2.3.45 in Mannheim. Sie berichtet: *Bei dem letzten schweren Bombenangriff auf Mannheim am 1.3.45 war ich unterwegs in die Firma. Meine Mutter ging wie üblich in einen der nahe gelegenen Bunker, hatte jedoch in der Aufregung das Behältnis mit den wichtigen Unterlagen und den wenigen noch verfügbaren Kostbarkeiten in der Wohnung liegen lassen. Nach dem Alarm eilte ich nach Hause. Von Weitem sah ich schon, dass das Haus am Schwetzin-gerplatz 1 in Flammen stand. Ich suchte in den Bunkern nach meiner Mutter, fand sie schließlich und ging mit ihr zurück zur Wohnung, von der nichts mehr übrig geblieben war. Das Haus war vollkommen zerstört. Nichts als das, was wir anhatten, war uns verblieben.*

*Wir übernachteten bei Bekannten in Neuostheim und machten uns am nächsten Tag zu Fuß auf den Weg nach Berolzheim, wo sich meine zukünftige Schwiegermutter mit einer ihrer Töchter befand. Viele Mannheimer verließen in diesen Tagen aus Angst vor den Angriffen und den anrückenden feindlichen Truppen die Stadt. Als meine Mutter schon nach wenigen Minuten zu weinen anfing, tröstete ich sie mit den Worten: „Guck emol, was die Leit alles schleppe, un mir hawe die Händ frei.“ Damit konnte ich sie trösten. Vermutlich hatte sie einen Horror vor dem weiten Weg, der vor uns lag. Wir hatten jedoch ein fast nicht zu glaubendes Glück, denn schon in Seckenheim nahm uns ein Lastwagen auf, der uns direkt nach Berolzheim brachte. Ein mehr als 100 Kilometer langer Fußmarsch blieb uns dadurch erspart.*

*Wir fanden Unterkunft in einem Bauernhof, in welchem wir uns nützlich machen konnten. Auf Drängen der Mutter meines Verlobten und dessen Schwester, mit der ich mich sehr gut verstand, begab ich mich noch einmal zurück nach Mannheim, um die zweite Schwester meines Verlobten zu bewegen, auch nach Berolzheim zu kommen. Ich konnte sie in dem herrschenden Chaos kurz vor der Besetzung Mannheims ausfindig machen, und wir fuhren beide mit vollbepackten Fahrrädern los. Zwei Tage lang waren wir unterwegs, tagsüber immer wieder von Jagdbombern angegriffen, die auf alles schossen, was sich auf den Straßen bewegte. Wiederholt sprangen wir von unseren Rädern, ließen sie einfach mit dem ganzen schweren Gepäck auf die Seite fallen und sprangen in Deckungsgräben, die an den Straßengräben ausgehoben worden waren. Wir waren heilfroh, als wir endlich in Berolzheim ankamen. Auf der letzten Wegstrecke schlossen sich uns zwei desertierte Soldaten in Zivilkleidern an. Einige Tage blieben sie versteckt hinter Kartoffelsäcken auf dem Bauernhof. Als öffentlich verkündet wurde, dass auf die Unterstützung und Aufnahme von Deserteuren die Todesstrafe steht, verschwanden sie, weil sie uns anscheinend nicht in Gefahr bringen wollten.*

*Dass es sich nicht um leere Drohungen handelte, erfuhren wir kurz danach, als einige Deserteure am Ortsrand von Berolzheim an Bäumen erhängt wurden. Wir wohnten am Ortsrand, und ich konnte die Toten von unserem Fenster an den Bäumen hängen sehen. Zum Glück gab es in der unmittelbaren Umgebung keine Kampfhandlungen mehr. Als die ersten Amerikaner vor dem Ort auftauchten, hängte ich ein weißes Tuch aus dem Fenster. Die ersten feindlichen Soldaten, die ich sah, waren alles Schwarze, an deren Anblick wir uns schnell gewöhnten.*[195]

**Christina Braselmann** erlebte kurz bevor die Amerikaner kamen ein Drama, über das sie unter der Überschrift „Es geschah in den letzten Kriegstagen" berichtet: *Einige Tage vor der Besetzung Mannheims durch die Amerikaner hatte ich an einem Abend in unserer Wohnung in der Kronprinzenstraße ein Treffen mit Pater Sebastian vereinbart. Wir wollten über die Vorbereitungen zur Erstkommunion in St. Bonifaz sprechen, die in Anbetracht der unsicheren Verhältnisse vorgezogen werden sollte. Ich musste lange auf ihn warten. Als er endlich eintraf, war er fast nicht ansprechbar. Schließlich berichtete er mir, was sich ereignet hatte und der Grund für seine Verspätung war.*

*Am späten Nachmittag war bei ihm ein Offizier erschienen, der ihn darum bat, in die nahe gelegene Artillerie-Kaserne, die vormalige Kaiser-Wilhelm-Kaserne, zu kommen, um dort dem Wunsch zweier zum Tod verurteilten Soldaten zu erfüllen. Die beiden hatten sich von der Truppe entfernt. Sie wohnten in der Pfalz und hatten versucht, sich in Zivilkleidern nach Hause zu begeben. Dabei waren sie erwischt worden. Auf Desertion stand bekanntlich die Todesstrafe, die auch noch in diesen letzten Kriegstagen unerbittlich von Schnellgerichten verhängt wurde. Die beiden Verurteilten waren nach Pater Sebastians Auffassung höchstens zwanzig Jahre alt. Helfen konnte er ihnen nur insoweit, als er ihren Wunsch nach Beichte und Absolution erfüllen konnte. Sie hatten ihm Briefe an ihre Eltern mitgegeben. Er war tief erschüttert und verzweifelt, weil er als Priester nicht mehr als seinen geistlichen Beistand leisten konnte. Die Exekution sollte am folgenden Morgen stattfinden.*

*Ich war sehr betroffen und konnte in der Nacht kaum schlafen. Wir wohnten in unmittelbarer Nähe der Kaserne, und ich glaubte immer wieder, Schüsse zu hören. Ob die beiden in dieser Nacht oder am frühen Morgen tatsächlich hingerichtet wurden, weiß ich nicht. – Was mir blieb, war das Gebet für die beiden und die Fürbitte für alle Menschen, die sich in Not befinden.*[196]

Bis zuletzt wurde die Fahnenflucht rigoros mit dem Tod bestraft. Am 19.3.45 unterzeichnete Hitler einen seiner letzten Erlasse, den sogenannten „Nero-Befehl", mit dem bei einem Rückzug die Zerstörung aller Anlagen auch auf dem Reichsgebiet befohlen wurde. Die Politik der „verbrannten Erde", wie sie im Osten schon seit 1943 üblich war, galt nun auch im Deutschen Reich. Sie wurde zum Glück nicht mehr von allen befolgt.

Am 26.3.45 erzwangen amerikanische Einheiten bei Sandhofen den Rheinübergang. Die Beschießung der Stadt von Ludwigshafen aus ging am 27. und 28. März noch weiter.

Was in diesen Tagen in Mannheim noch geschah, ist unfassbar. *Während schon über die Übergabe verhandelt wird, fordert der Nationalsozialismus weitere Opfer. Trotz des allgemeinen Durcheinanders in diesen Tagen war der Befehl Himmlers auf dem Polizeipräsidium eingetroffen, dass alle Männer vom 14. Lebensjahr (!) an sofort zu erschießen seien, wenn sie in Häusern mit weißen Fahnen angetroffen würden. Das Ufa-Palast-Hochhaus in N 7 ist eines der Häuser, auf dem eine weiße Fahne gehisst ist. Im Keller des Gebäudes spürt Polizei den Fabrikationsleiter Hermann Adis, den Expeditionsleiter Erich Paul und den Hausmeister Adolf Doland auf. Sie werden ergriffen und sofort in den Lauerschen Gärten standrechtlich erschossen.*[197]

# Die Ankunft der US-Armee in Mannheim

Als die Amerikaner am 27.3.45 in Mannheims Innenstadt ankamen, war ich noch immer im Schwarzwald in der Kinderlandverschickung. In meinem Tagebuch habe ich erstaunlicherweise darüber keine Eintragung gefunden. Über den Wehrmachtsbericht hatten wir das jedoch ganz bestimmt erfahren.

**Werner Brehm** befand sich mit seiner Mutter in Mannheim, als die Amerikaner kamen. Er berichtet: *Wenn ich mich richtig erinnere, war der 27.3.45 der Tag, an dem amerikanische Truppen mit kleinen Sturmgewehren und Schuhen mit dicken Gummisohlen durch den Bunker, der schon seit Monaten unser sicheres Nachtquartier war, durchgezogen sind. Bisher hatten für mich Soldaten in meiner Vorstellung große Karabiner und Knobelbecher mit Stahlnägeln und Hufeisen an den Sohlen. Viele der ersten einziehenden Kampftruppen waren dunkelhäutig und lösten Furcht und Angstgefühle aus. Aber sie waren es auch, die den wenigen Kindern, die noch in Mannheim geblieben waren, auf der Straße Schokoladetäfelchen oder Kaugummi schenkten. Dies geschah, obwohl „Fraternisation" verboten war und diese ersten in Erscheinung tretenden US-Soldaten vielleicht auch noch durch mögliche „Werwolf-Aktionen" und durch den Volkssturm verunsichert waren.*

*Schnell war die Panzersperre vor unserem Haus in der Waldhofstraße beseitigt. Die von Norden her kommenden amerikanischen Truppen wollten die Innenstadt schnell einnehmen, wozu es erforderlich war, eine Pontonbrücke vom Neckarufer zur Stadt zu schlagen. Alle Mannheimer Brücken waren ja gesprengt und ihre Reste lagen im Wasser.*[198]

*Amerikanischer Panzer an der Pontonbrücke über den Neckar*

*Freigelassene Gefangene aus früheren deutschen Gefangenenlagern und auch KZ-Häftlinge in gestreiften Uniformen zogen durch die Straßen. Bei manch einem entstanden Schuldgefühle, die meist schnell verdrängt wurden. Es gab auch Angst vor eventuellen Übergriffen der Freigelassenen, die nicht unberechtigt war. Amerikanische Soldaten machten Hausdurchsuchungen nach versprengten Soldaten und versteckten Waffen. Die Militärregierung verhängte Ausgangssperren, und man durfte anfangs nach 19 Uhr die Straßen nicht mehr betreten. Auch morgens war ein Zeitlimit gesetzt. Es dauerte nicht lange, und es musste nicht mehr verdunkelt werden.*[199]

*Die damaligen Tagesgespräche sind mir noch in Erinnerung. Man hörte, dass am Rangierbahnhof mehrere Waggons mit Dreifingerhandschuhen und grauen Socken standen und dass dort auch geplündert wurde. Im Jungbusch, hieß es, sollten Menschen in einer Kellerei im ausgelaufenen Wein ertrunken sein. Auch ein undefiniertes Öl, das man sehr gut zum Backen von Kartoffelpfannkuchen verwenden konnte, war im Gespräch. Es konnte angeblich im Rangierbahnhof aus Waggons herausgeschöpft werden. Man war der Meinung, dass man dort eigentlich auch hinkommen müsste. Allerdings war auch zu hören, dass Plünderer erschossen wurden.*[200]

Dieter Wolf, der bis zur Einnahme von Mannheim als Luftwaffenhelfer im Einsatz war, berichtet sehr nüchtern, wie er die Ankunft der Amerikaner erlebte: *Ich hatte Glück, alles ohne körperliche Schäden zu überstehen, auch den Einsatz gegen die 7. US-Armee, die im März 1945 Mannheim besetzte. Ich war einer der Jungspunde, die selbst nach dem Verlust unserer Kanonen glaubten, amerikanische Panzer aufhalten zu können. Als Angehöriger eines Panzervernichtungstrupps kam ich zwei Tage nach der Besetzung der Stadt in Gefangenschaft. Zwei Wochen später, als im Schwarzwald gekämpft wurde und Schüler aus den Lagern der Kinderlandverschickung geholt wurden, um zu retten, was nicht mehr zu retten war, befand ich mich schon in Frankreich. Nicht als strahlender Sieger, sondern als Kriegsgefangener der Amerikaner.*[201]

Dramatisch verlief die Rückkehr dreier Schüler des Moll-Gymnasiums, die sich von Furtwangen aus nach Mannheim auf den Weg machten: *Zu dritt beschlossen Walter Koch, Heinz Schertel und ich, gegen den Rat unserer Lehrer auf eigene Faust nach Mannheim zurückzukehren. Mit der Bahn kamen wir bis Karlsruhe. Von dort erreichten wir zu Fuß unser Ziel, allerdings mit einigen Unterbrechungen durch Tieffliegerangriffe. Die angreifenden Flugzeuge, meistens vom Typ Thunderbolt, schossen auf alles, was sich bewegte. Unsere Rückkehr hätte da schon schiefgehen können.*
*Als wir am 27.3.45 in dem zerstörten Mannheim ankamen, war in der Innenstadt kein Mensch zu sehen. An der Adolf-Hitler-Brücke, der heutigen Ebert-Brücke, sahen wir auf der Neckarstädter Seite einige Soldaten. Auf dem Weg über die Brücke merkten wir an ihren lauten Zurufen, dass da etwas Ungewöhnliches im Gang war. Als wir bei ihnen ankamen, hätten sie uns beinahe verprügelt, denn sie waren gerade dabei, die*

212

Brücke zu sprengen, über die wir gerade nichtsahnend recht sorglos gegangen waren. Glück gehabt, wir hätten mit der Brücke in die Luft fliegen können, und unsere Lehrer hätten mit ihren Bedenken recht gehabt. Wir standen danach am Ufer und sahen in aller Ruhe bei der Sprengung zu. Von den Soldaten erfuhren wir, wie weit die Amerikaner inzwischen bereits gekommen waren. Sie sollten angeblich am Nordrand von Sandhofen angelangt sein. Genau dorthin wollten wir.

Mit etwas mulmigem Gefühl gingen wir am Altrhein entlang in Richtung Sandhofen. Noch vor der Jutespinnerei stießen wir auf Volkssturm-Männer, die dort mit ihren Gewehren hinter primitiven Schutzwällen lagen. Es waren überwiegend Leute aus Sandhofen, von denen wir einige kannten. Ich kannte auch den Führer der Gruppe, der uns sagte, dass am „Stich" noch die Wehrmacht sei, was zutreffend war. Da wir nicht aufgehalten werden wollten, gingen wir durch die Zielgasse, immer eng an den Häusern entlang. Vorsichtig pirschten wir uns in den Ort hinein. Niemand war zu sehen. Die Sandhöfer, die im Ort geblieben waren, saßen zu diesem Zeitpunkt alle in ihren Luftschutzkellern oder befanden sich im Luftschutzbunker. An der Ecke der Kalthorststraße stießen wir auf deutsche Soldaten, die, wie auch eine andere Gruppe, an der Kreuzung Ziegelgasse/Deutsche Gasse mit ihren Maschinengewehren Stellung bezogen hatten. Sie konnten sich durch Rufe verständigen.

Als wir den Soldaten erklärten, dass wir zu meinen Eltern und zu denen von Heinz Schertel wollten, die nicht weit weg in der Dorfstraße und in der Untergasse wohnten, also gleich um die nächste Ecke, erklärten sie uns: „Ihr lauft jetzt da runter, aber auf der rechten Seite, denn wir schießen links an der Ziegelgasse entlang." So geschah es dann auch. Während wir die Straße entlangrannten, sahen wir das MG-Feuer mit Leuchtspurmunition auf der gegenüberliegenden Straßenseite. Oben an der Kriegerstraße standen bereits die Amerikaner, die jedoch zum Glück nicht das Feuer erwiderten. Außer Atem erreichten wir unser erstes Ziel, nämlich zunächst das Haus meiner Eltern in der Dorfstraße 15. Alle Türen standen offen. Wir schauten in den Keller hinunter, wo zerbrochene Einmachgläser lagen, auf die offenbar geschossen worden war. Von meinen Eltern keine Spur. Erst später erfuhr ich, dass sie Tage zuvor in den Odenwald geflüchtet waren.

Wir drei waren unter den wenigen Sandhöfern, die einige Tage nach unserer Ankunft an der Beerdigung von Hans Kremer teilnahmen, der bewaffnet mit einer Panzerfaust die Amerikaner aufhalten wollte und dabei den Tod fand. Er war ein Jahr jünger als wir, die wir damals fünfzehn Jahre alt waren. Sandhofen war der einzige Vorort von Mannheim, in dem Kampfhandlungen stattfanden. Es gab dabei mehrere Tote, die einige Tage nach der Beerdigung von Hans Kremer auf dem Friedhof von Sandhofen beigesetzt wurden.

Wenn ich heute über unser damaliges Unternehmen nachdenke, dann kommt es mir fast unwirklich und unglaublich vor. Vor allem das Verhalten der Soldaten, die uns von dem gefährlichen Unterfangen in den Straßen von Sandhofen nicht abhielten, ist nicht zu verstehen. Wir hätten alle leicht den Tod finden können, und das kurz vor dem Kriegsende in unmittelbarer Nähe unserer Eltern und Verwandten. Mitten in

Sandhofen hatten wir leichtsinnig unter dem Feuerschutz der deutschen Wehrmacht die Front gewechselt. Wir hatten viel Glück, dass uns dabei nichts passiert ist.[202]

Von **Paul O. Farny** gibt es unter der Überschrift „Die letzten Kriegstage" nachstehende Schilderung: *Am 29.3.45 wurde Mannheim von den Amerikanern besetzt. Kurz zuvor hatte die Wehrmacht alle Zugangsbrücken nach Ilvesheim gesprengt. Kanonen- und Gewehrfeuer der nach Heidelberg vorrückenden amerikanischen Truppen veranlassten die Bewohner von Ilvesheim, sich in die Keller ihrer Wohnhäuser zu begeben. Und so saß auch meine Mutter mit meiner Schwester und mir verängstigt im Keller unseres Hauses.*

*Während der Feuerpausen schlich sich meine Mutter auf den Speicher, um nach den amerikanischen Panzern jenseits des Neckar-Kanals Ausschau zu halten. Als sie zum dritten Mal von dort zu uns zurückkehrte, machte sie einen verstörten Eindruck. Der Schreck saß ihr in den Gliedern. Wie wir später erfuhren, hatte ein amerikanischer Scharfschütze auf den vermeintlichen Beobachtungsposten gezielte Schüsse abgegeben, welche den Rand der Blecheinfassung des Dachfensters durchsiebten. Unvorstellbar, was aus uns Kindern geworden wäre, wenn meine Mutter damals ums Leben gekommen wäre.*

*Am folgenden Morgen sah ich, dass drei meiner Spielkameraden zum Kanaldamm rannten. Ich wollte da unbedingt auch dabei sein. Bis ich jedoch meiner Mutter entwischen konnte, waren die drei bereits auf dem Damm, und einer von ihnen, unser Rädelsführer Ludwig Fuchs, den ich besonders verehrte, schwenkte eine weiße Fahne. Ich war noch ungefähr einhundert Meter von meinen Kameraden entfernt, als ein Schuss fiel. Die weiße Fahne fiel zu Boden, mein Freund taumelte den Hang hinunter und blieb unten bewegungslos liegen. Seine beiden Begleiter und auch ich rannten schreiend zu unseren Wohnungen zurück.*

*Von dem jenseits des Kanals stehenden amerikanischen Panzer, dem mein Freund mit der weißen Fahne zugewinkt hatte, wurde kurz danach eine Granate auf das Haus abgefeuert, aus dem der Schuss gekommen war. Die obere Etage dieses Hauses wurde vollkommen zerstört.*

*Was damals geschehen war, wurde erst später aufgeklärt. In dem Haus, aus dem der Schuss kam, hatten sich zwei Hitlerjungen verschanzt, offenbar bereit, noch immer für den „Endsieg" zu kämpfen. Einer von ihnen hatte den tödlichen Schuss abgegeben. Vermutlich hatten sie auch auf den Panzer geschossen. Nachbarn berichteten, dass die beiden danach mit Fahrrädern geflüchtet waren.*

*Am gleichen Tag noch sahen wir die ersten Amerikaner. Ich erinnere mich, dass meine Mutter mit einem weißen Taschentuch zwei amerikanischen Soldaten zuwinkte, die schwer bepackt mit schussbereitem Gewehr und einem seltsamen, mir zuvor nicht bekannten Stahlhelm an unserem Gartenzaun vorbeikamen. Einer von ihnen hob die Hand zu einem lässigen Gruß.*

*Der Tod meines Freundes am Ende des Krieges war für mich schwer zu verkraften. Wie schrecklich muss das für seine Eltern gewesen sein.*[203]

214

**Irmgard Helmstädter** schreibt über die Ankunft der US-Soldaten in Friedrichsfeld: *Mit dem Beginn der letzten Märzwoche 1945 ahnte man bereits, dass die Front immer näherrückte, und der Vormarsch der feindlichen Truppen nicht mehr lange aufzuhalten war. Wir wohnten in der Calvinstraße in Friedrichsfeld.*

*Über dem Hutgeschäft von Fräulein Diana Blum in der Calvinstraße 6 wehte die erste weiße Fahne. Das war in dieser kritischen Situation kein geringes Wagnis. Schließlich folgten auch noch andere dem gewagten Vorbild und hängten Bett- oder weiße Tischtücher zum Fenster hinaus. Im Radio gab es weiterhin Durchhalteparolen. Es war immer noch vom großen Kampf, von Wunderwaffen und einem baldigen Endsieg die Rede, an den nur noch wenige glaubten. Von Stunde zu Stunde belebte sich unsere Straße. Von Mund zu Mund ging bereits das Gerücht, dass die Amerikaner alsbald hier sein können. Woher diese Informationen kamen, ist mir nicht bekannt. Doch muss es mutige Leute gegeben haben, die sich auch trauten, einen Feindsender abzuhören. Zu jenen Couragierten gehörten wir mit unserem Volksempfänger nicht. Am Himmel zeigten sich Flugzeuge, die nicht mehr auf uns schossen. Wir waren mutig und wagten uns immer weiter vor, hin zum Zentrum, bis zur Schiller-Apotheke. Von diesem Standort aus hatte man den besten Überblick in verschiedene Richtungen.*

*Mit zunehmender Spannung blickten wir die Straße in Richtung Neckarhausen entlang. Von dorther sollten die Amerikaner kommen. Wir entdeckten in der Ferne feldgraue Fahrzeuge, die sich uns im Schritttempo näherten und auf mich einen beängstigenden Eindruck machten. Schließlich war auch der weiße Stern auf den Panzerfahrzeugen deutlich zu erkennen. Jetzt gab es keinen Zweifel mehr. „Das sind die Amis!" Sie rollten ganz langsam auf uns zu, die Kanonenrohre geradeaus gerichtet. Die Spannung war groß. Man konnte nicht sicher sein, ob da nicht aus dem Hinterhalt ein Besessener doch noch auf eine dumme Idee kommen könnte.*

*Auf den folgenden Panzern war die obere Einstiegsklappe bereits geöffnet. Daraus guckten schwarze Gesichter. Das waren die ersten Neger, die ich in meinem Leben gesehen habe. So allmählich löste sich unsere Angst. Nachfolgende Soldaten kamen bereits zu Fuß, ihre Gewehre schussbereit. Einige lächelten und winkten uns sogar zu. Das machte uns etwas verlegen. Zurückwinken – durfte man das überhaupt? Dann taten wir's. Erst zaghaft und dann befreit und voller Begeisterung. Und plötzlich, na so was, das hatte ich noch nie gehört, auch nicht von unseren Soldaten: „Hallo, Frolein!"* Ich war 15 Jahre alt.[204]

Mein Schulkamerad **Arno Bienstock** war im August 1944 zur Ausbildung in ein Lager der Waffen-SS eingezogen worden. Er berichtet darüber, wie er von dort wegkam und die Ankunft der Amerikaner in Mannheim erlebte: *Schließlich kamen wir geschlossen ohne Verluste in Siegburg an, dem damaligen Sitz der übergeordneten Waffen-SS-Einheit. Dort schaffte ich es, mich wegen eines vorgetäuschten Fliegerschadens beurlauben zu lassen. In Wirklichkeit waren nur alle Fenster und ein Teil der Türen zerstört. Ich konnte ein Schreiben meiner Mutter vorlegen, dass unser Haus beschädigt worden war, und durfte nach Mannheim fahren. Da inzwischen das KLV-Lager von*

St. Pilt nach Titisee verlegt worden und ich immer noch dort als Schüler gemeldet war, bin ich zunächst unauffindbar gewesen. Das Problem war die Verpflegung. Ich meldete mich zum Kriegseinsatz der in Mannheim noch verbliebenen oder von der Kinderland-verschickung zurückgekehrten Schüler. Eingesetzt wurde ich in der Armaturenfabrik Bopp & Reuther auf dem Waldhof und erhielt dadurch eine Lebensmittelkarte.

Drei meiner engsten Freunde waren inzwischen ebenfalls nach Mannheim zurück-gekehrt. Sie traf ich nunmehr wieder. Hansel vom Haus gegenüber war wie ich bei den Fliegerangriffen aus Neugierde oft im Hof. Eines Tages bekam er einen Bombensplitter in den Kopf und war sofort tot. Mein Spielkamerad „Sir", so nannten wir ihn, trat beim Einmarsch der Amerikaner vor die Tür des Tiefbunkers auf dem Luzenberg und wurde von einer amerikanischen Maschinengewehrsalve niedergemäht. Wenige Tage zuvor hatten mein Freund Hans Veit und ich, wir waren beide 15 Jahre alt, die Einberufung zur Wehrmacht erhalten. Offensichtlich war ich nicht mehr bei der SS registriert. Am Tag der Abreise zu unserer Einheit lag ich mit hochfiebriger Grippe im Bett. Ich konnte beim besten Willen nicht mitreisen. Hans kam noch zum Einsatz, wurde am Auge verwundet, in einem deutschen und danach in einem amerikanischen Lazarett behan-delt und kehrte einige Wochen nach Kriegsende zu seinen Eltern zurück.[205]

*Blick vom Turm der Konkordienkirche über die Q-, R- und S-Quadrate am Kriegsende*

**Trude Wittemann** war nach dem beschriebenen unehrenhaften Weggang aus dem KLV-Lager Kurhaus am Kriegsende bei ihren Eltern in Neckarau. Sie berichtet:

Die Ankunft der US-Truppen wurde in unserer Familie mit großer Erleichterung aufgenommen. Zuvor hatten wir Angst, dass es in Mannheim noch zu Kampfhandlungen
kommen würde, was glücklicherweise nicht geschehen ist. Endlich war der Krieg vorbei.
Es waren nicht nur wir, die darüber froh waren, sondern auch diejenigen, die bis zum
Schluss hinter dem NS-System gestanden hatten. Die Alarme und Bombenangriffe
waren vorbei, und es bestand die Hoffnung auf bessere Zeiten.

*US-Soldaten beim Durchkämmen der Straßen*

Die ersten amerikanischen Soldaten sah ich im Niederfeld, wohin ich mit meinen
Eltern mit den Fahrrädern gefahren war. Wir waren neugierig. Eine Kolonne zog im
Gänsemarsch an uns vorbei. Das Erste, was mir auffiel, waren die Kaubewegungen
während ihres äußerst wachsamen Gehens. Sie hatten anscheinend gerade etwas zu essen
bekommen, dachte ich zuerst. Die Idee, dass alle Kaugummis im Mund hatten, kam
mir erst später.[206]

Über die Plünderungen auf dem Mannheimer Rangierbahnhof gibt es von Trude
Wittemann eine ausführliche Schilderung. Sie spricht von einem Fest mit unver-
gesslichen Eindrücken.[207]

# Das letzte Aufgebot

Am 19.10.44 habe ich in mein Tagebuch einen Artikel der Mannheimer Tageszeitung „Hakenkreuzbanner" eingeklebt. Auf der Vorderseite der Zeitung stand in großen Buchstaben

### Die Antwort der Nation auf den feindlichen Vernichtungshass: Der deutsche Volkssturm tritt an!

Der Erlass Hitlers zur Bildung des Volkssturms wird in vollem Text wiedergegeben. Er beginnt wie folgt: *Nach fünfjährigem schwersten Kampf steht infolge des Versagens aller unserer europäischen Verbündeten der Feind an einigen Fronten in der Nähe oder an den deutschen Grenzen. Er strengt seine Kräfte an, um unser Reich zu zerschlagen, das deutsche Volk und seine soziale Ordnung zu vernichten. Sein letztes Ziel ist die Ausrottung des deutschen Menschen.*

Die Erwähnung, dass unsere europäischen Verbündeten versagt haben, soll sicherlich zum Ausdruck bringen, dass wir, die Deutschen, an der derzeitigen Situation nicht Schuld sind. In dem Erlass findet sich nachstehender Satz, der an die bereits Anfang 1943 gehaltene Rede von Goebbels anknüpft. *Dem uns bekannten Vernichtungswillen unserer jüdisch-internationalen Feinde setzen wir den totalen Einsatz aller deutschen Menschen entgegen.*

Auf die Frage in der Rede von Goebbels „Wollt ihr den totalen Krieg" hatten damals die Teilnehmer der Veranstaltung laut „Ja" gebrüllt. Wie erwähnt, habe ich mich gut an diese mitreißende Rede erinnert. Das geschah natürlich auch, als ich nun die Zeitungsseite in mein Tagebuch eingeklebt habe. In dem an den Erlass anschließenden Artikel ist von der Verteidigung des Heimatbodens die Rede. Er nimmt Bezug auf den Landsturmeinsatz von 1813 und die Völkerschlacht von Leipzig und trägt die Überschrift

### „Und nun Volk ans Gewehr!"

Zu einem Zeitpunkt, als der Krieg längst verloren war, standen noch immer viele Menschen hinter dem NS-System, hinter dem Führer Adolf Hitler. Ich zählte auch dazu.

Wie diese Bereitschaft der Deutschen zum Kampf bis zum Letzten im Nachhinein zu sehen ist, zeigt ein Kommentar, der die Folgen verdeutlicht.

*Als sich 1945 die katastrophale Niederlage bedrohlich abzeichnete, hörte man die Deutschen manchmal sagen, sie sähen „lieber ein Ende mit Schrecken als einen*

*Schrecken ohne Ende". Ein Ende mit Schrecken erlebten sie nun tatsächlich, und das auf eine Weise und in einem Ausmaß, wie es die Geschichte noch nie gesehen hatte. Dieses Ende brachte Zerstörungen und Verluste von Menschenleben in gigantischen Dimensionen mit sich. Ein großer Teil davon hätte vermieden werden können, wenn Deutschland bereit gewesen wäre, sich den Bedingungen der Alliierten zu beugen. Die Weigerung, vor Mai 1945 eine Kapitulation in Erwägung zu ziehen, war daher für das Reich und das NS-Regime nicht nur zerstörisch, sondern auch selbstzerstörerisch.*

*Leiden sollte man nicht und kann man nicht auf bloße Opferzahlen reduzieren. Dennoch vermittelt allein der Gedanke, dass sich die Verluste (Tote, Verwundete, Vermisste und Gefangene) der Wehrmacht – diejenigen der Westalliierten und der Roten Armee nicht gerechnet – in der letzten Kriegsphase auf 350.000 Mann pro Monat beliefen, ein Gefühl für das totale Gemetzel an den Fronten, das weit schlimmer war als im Ersten Weltkrieg. Auch im Kerngebiet Deutschlands war der Tod allgegenwärtig. Der größte Teil der etwa eine halbe Million Opfer der alliierten Bombardements kam bei Angriffen auf deutsche Städte in den allerletzten Kriegsmonaten um. In ebendiesen Monaten kamen Hunderttausende von Flüchtlingen ums Leben, die sich vor der Roten Armee in Sicherheit bringen wollten. Nicht zuletzt hatten die schrecklichen Todesmärsche von Häftlingen der Konzentrationslager, die sich größtenteils von Januar bis April 1945 abspielten, und die sie begleitenden Gräuel dazu geführt, dass etwa eine Viertelmillion Menschen durch Unterkühlung, Unterernährung, Erschöpfung und willkürliches Gemetzel umkamen. Das Ausmaß, in dem sich Deutschland in den letzten Monaten des Dritten Reiches in ein riesiges Leichenhaus verwandelt hatte, lässt sich kaum vorstellen."*[208]

Ich, ein Jugendlicher mit noch nicht ganz 16 Jahren, habe diese Zeit wie viele meiner Generation mit ganz anderen Augen und ohne das Wissen von dem erlebt, was vorstehend beschrieben wird.

Friedrich Stolz, der eine Lehre bei Bopp & Reuther absolvierte, hatte sich mit 17 Jahren zur Waffen-SS gemeldet und war ab Ende 1942 in Russland im Einsatz. Seine Aussage steht für viele andere. Auf die Frage, wie lange er an den deutschen Sieg geglaubt habe, antwortete er: *Ich habe an den Sieg geglaubt bis zum Schluss. Erst als ein Russe mit angeschlagenem Gewehr hinter mir stand und ich in Gefangenschaft geriet, kriegte ich Zweifel. Das war 1945, als der Russe bereits in Deutschland einmarschiert war. In Russland hatte man uns seinerzeit noch in die Köpfe eingehämmert: Die Wunderwaffe! Wir kämpfen bis zum Endsieg! Der Sieg ist unser!*[209]

Während Mannheim schon längst besetzt und inzwischen auch unsere Schulkameraden des Jahrgangs 1928 im Kriegseinsatz waren, ging – wie berichtet – bei uns im KLV-Lager Titisee der Unterricht weiter. Über den Rundfunk waren wir über den Frontverlauf stets informiert. Ich zeichnete ihn am 16.4.45 auf einer Karte ein, die ich in mein Tagebuch eingeklebt habe.

Einen Tag später, am 17.4.45, kam für uns Schüler des Jahrgangs 1929 der „Ruf zu den Waffen". Anfang April hatten wir zu einer ärztlichen Tauglichkeitsuntersuchung in einem Lazarett in Titisee für einige Stunden den Unterricht unterbrechen müssen. Ein Mitschüler, der etwas schwächlich war, wurde ausgesondert. Er hat geweint, als man ihm mitteilte, dass er nicht mit uns in den Krieg ziehen dürfe. Ich selbst und vermutlich die meisten meiner Mitschüler waren davon angetan, nun endlich zum Einsatz zu kommen. Wir waren bereit, das Vaterland zu verteidigen.

Der Lagerleiter verabschiedete uns mit den salbungsvollen Worten: „Nun ziehet dahin und lebet wohl, kämpfet tapfer für das Vaterland und kehret gesund wieder." Ob er, ein Anhänger der Partei, zu diesem Zeitpunkt noch immer vom „Endsieg" überzeugt war, ist schwer zu sagen. Die Kinderlandverschickung war jedenfalls für uns nunmehr zu Ende, und es begann der militärische Einsatz von uns damals 15- und 16-Jährigen, der jedoch nicht lange dauern sollte.

In der Nacht vom 17. auf den 18.4.45 fuhren wir mit der Bahn von Titisee nach Donaueschingen und von dort nach Villingen. Zu Fuß ging es weiter bis nach Triberg, wo wir im „Schwarzwaldhotel" einquartiert wurden. Die französischen Truppen waren zu diesem Zeitpunkt nicht mehr weit von dort entfernt. In aller Eile hat man uns in etwas ungewöhnliche olivfarbene Uniformen gesteckt, die vermutlich aus Beständen der „Organisation Todt" stammten. Nach einer kurzen Ausbildung am Karabiner und an der Panzerfaust durch einen Unteroffizier begann unser Abmarsch nach Schonach. Die Einheit, zu der wir zählten, nannte sich „HJ-Panzervernichtungsregiment 21 – Baden". Sie bestand ausschließlich aus Jugendlichen unseres Jahrgangs. Außer uns Mittelschülern gehörten auch Jugendliche aus dem Schwarzwald zu diesem „letzten Aufgebot". Unsere Vorgesetzten waren Unteroffiziere und Offiziere der Wehrmacht. Wir folgten ihren Befehlen, so wie wir das jahrelang in der Hitlerjugend gelernt hatten. Die derbe Sprache und auch die Lautstärke störten uns nicht, denn wir waren beides gewöhnt.

In Schonach gab es eine kurze Unterbrechung unseres Marsches. Wir mussten uns in einem Schulhof aufstellen und wurden am 20.4.45, also am Geburtstag Hitlers, auf Führer, Volk und Vaterland vereidigt. Den nachstehenden Text mussten wir mit zum Schwur erhobener Hand nachsprechen.

## Der Fahneneid des deutschen Soldaten

Ich schwöre bei Gott diesen heiligen Eid, daß ich dem Führer des Deutschen Reiches und Volkes, Adolf Hitler, dem Obersten Befehlshaber der Wehrmacht, unbedingten Gehorsam leisten und als tapferer Soldat bereit sein will, jederzeit für diesen Eid mein Leben einzusetzen.

Die Ansprache unseres Kompaniechefs war kurz. Was hätte er auch Besonderes sagen sollen? Er sprach von dem Siegeswillen der deutschen Jugend, vom bevorstehenden Einsatz neuer Waffen und wie üblich vom Endsieg, der gewiss sei. Natürlich habe ich laut und feierlich gelobt, mich für „Führer, Volk und Vaterland" einzusetzen. Der Glaube an Hitler und an den Sieg bestand bei mir noch immer. Schlagworte kamen mir in den Sinn.

„Viel Feind, viel Ehr",
„Totaler Krieg",
„Durchhalten bis zum Letzten",
„Ja, die Fahne ist mehr als der Tod."

Es ist schwer zu sagen, was ich damals empfand. Ich wollte bestimmt kein Feigling sein und auch kein Drückeberger. Die langjährige Erziehung im Sinne des Systems funktionierte bei mir und vielen anderen noch immer.

Am späten Nachmittag des 20.4.45 marschierten wir los. Wohin, das war jedem klar: nach Süden in Richtung Allgäu, in die „Alpenfestung". Die sollten wir verteidigen, und von dort aus sollte Deutschland zurückerobert werden. Auch das glaubte ich, denn eine Niederlage war für mich unvorstellbar. Der Marsch in dieser ersten Nacht schien endlos zu sein. Zwischendurch hieß es, die Franzosen hätten bereits Orte in der Nähe unserer Route besetzt. Der LKW, auf dem anfangs unser Gepäck befördert wurde, blieb im Gelände stecken. Wir marschierten unverdrossen weiter. Die Müdigkeit wurde zunehmend größer, fast im Schlaf wurden die letzten Kilometer zurückgelegt. Auf dem Boden einer Turnhalle – den Ort weiß ich nicht mehr – konnten wir am Morgen endlich einige Stunden schlafen.

Eine Gruppe unserer Einheit, für die ein LKW organisiert worden war, erhielt während der Fahrt den Befehl, einen Ort zu beschießen, in dem weiße Fahnen gehisst worden waren. Ab Singen hatten endlich auch wir wieder einen LKW zur Verfügung, der uns bis zur Fähre nach Konstanz brachte, mit der wir nachts nach Meersburg übersetzten. Unterkunft fanden wir dort im Hotel „Schiff", wo wir endlich ausschlafen konnten.

Bereits am Nachmittag des 24.4.45 ging es dann weiter in Richtung Süden. Bei dem Nachtmarsch am Bodensee entlang sahen wir am jenseitigen Ufer die Lichter Schweizer Ortschaften. Für uns, die wir seit Jahren die Verdunkelung wegen der Fliegerangriffe gewohnt waren, war das wie ein kleines Wunder. Ich hatte auf einmal den Wunsch, dort drüben zu sein und damit weg von allen Belastungen, denen wir ausgesetzt waren.

Ich erinnere mich daran, dass plötzlich vom See her Hilferufe zu hören waren. Wir erfuhren später, dass ein Mann aus dem See gezogen worden war, der in die Schweiz schwimmen wollte, jedoch mitten im See wahrscheinlich am Ende seiner Kräfte war und Angst bekommen hatte zu ertrinken. Sollte es ein Soldat oder ein Volkssturm-Mann gewesen sein, so ist er bestimmt standrechtlich erschossen worden, denn so lautete der Befehl bei Desertion. Man kannte da kein Pardon, auch nicht bei Jugendlichen.

In einem kleinen Ort hinter Hagnau erteilte uns einer der Unteroffiziere den Befehl, Fahrräder zu requirieren. Wir holten die Leute aus dem Schlaf und ließen uns trotz heftiger Proteste ihre Fahrräder herausgeben. Ein Fahrrad war damals ein kostbares Gut, und die Betroffenen wehrten sich verständlicherweise gegen unsere Aktion. Ihre Proteste halfen jedoch nicht, wer sich weigerte oder gar handgreiflich werden wollte, sah sich der Pistole des Unteroffiziers gegenüber.

Ein Teil der Truppe, überwiegend Fußkranke, und unsere Ausrüstung wurden auf einen LKW verladen. Wir Radfahrer begannen am folgenden Tag bei schönem Wetter unsere „militärische Frühjahrs-Radtour" am Bodensee entlang. Von Lindau ging es über Isny nach Maierhöfen, wo wir bei Bauern in Scheunen untergebracht wurden. Als einer von uns, der in der Nacht als Wache eingeteilt war, einschlief und dabei von einem der Unteroffiziere erwischt wurde, gab es ein Strafgericht. Der Betreffende wurde einen Tag lang ohne Essen eingesperrt und bei dem angeordneten Strafexerzieren bis zur totalen Erschöpfung gequält. Die Disziplin wurde auch in den letzten Kriegstagen unerbittlich aufrechterhalten, und es wurde auch weiterhin der „Ernstfall" geprobt. Tarn- und Schießübungen standen auf unserem Tagesprogramm.

Am 29.4.45 wurde ein Teil unsere Einheit in Marsch gesetzt. Bei Nacht marschierten wir am Alpsee entlang. In Immenstadt konnten wir einige Stunden in einem Hotel schlafen, wurden dann gegen Morgen geweckt und marschierten bewaffnet mit Panzerfäusten, Maschinengewehren und Karabinern zu unserem Einsatzort, wo wir auf den Feind, so hieß es, stoßen sollten. Ich kann mich noch gut daran erinnern, dass uns ältere Landser in einer Kneipe mitleidig begrüßten, als wir dort Verpflegung holten. Über ihre Anmerkung, dass nunmehr auch noch Kinder in den Krieg geschickt werden, waren wir äußerst empört. Wir fühlten uns damals schon sehr erwachsen und durchaus in der Lage, für das Vaterland zu kämpfen. Den Landsern haben wir unterstellt, dass sie dazu nicht mehr bereit waren, was wahrscheinlich zutreffend gewesen ist. Sie warteten möglicherweise nur noch auf einen günstigen Moment, um zu kapitulieren.

Von einem Unteroffizier wurden wir noch am gleichen Tag auf einer Anhöhe postiert, und als in dem vor uns liegenden Ort Fahrzeuge auftauchten, wurde uns der Befehl zum Schießen erteilt. Pflichtgemäß haben wir mit unseren Gewehren das Feuer eröffnet. Angeblich waren es französische Militärfahrzeuge, die wir unter Beschuss nahmen. Sie fuhren sofort weg. Als wir danach in das Dorf kamen, fanden wir dort mehrere vermutlich von uns erschossene junge Leute. Möglicherweise wurden die im Dorf stationierten Arbeitsdienstleute von den Franzosen abgeholt, um in ein Gefangenenlager transportiert zu werden. Denkbar ist jedoch auch, dass sie mit deutschen Fahrzeugen an einen anderen Ort gebracht werden sollten.

Wer waren diese jungen Leute, die so kurz vor dem Kriegsende den Tod fanden? – Waren sie von uns getötet worden? – Wenn ja, aus welchen Gewehren stammten die tödlichen Schüsse? Die Anonymität des Tötens im Krieg ist mir erst später bewusst geworden. Den genauen Sachverhalt haben wir nie erfahren. Zu unserem Glück kam in der Nacht und am folgenden Tag keine französische Einheit in den Ort. Wir hatten Wachen aufgestellt, und wir hätten das Dorf ganz bestimmt verteidigt. Was dabei mit uns „unerfahrenen Kriegern" geschehen wäre, ist gut vorstellbar.

Am nächsten Morgen, es war der 30.4.45, vergnügten wir uns damit, mit unseren Karabinern auf anfliegende Jagdbomber einige Schüsse abzugeben. Das waren „Kinderspiele", die wir mitten im Kriegsgeschehen der letzten Tage betrieben. Am Nachmittag des 30.4.45 wurden wir nach Blaichach geschickt, wo uns freigelassene Häftlinge, die an ihren gestreiften Anzügen zu erkennen waren, mitten auf der Straße unsere Waffen abnehmen wollten. Woher diese Leute in Sträflingskleidern kamen, wussten wir damals nicht. Dass sich in Blaichach ein Konzentrationslager befand, erfuhr ich erst nach dem Krieg.

Ein Wehrmachtsoffizier, der zufällig vorbeikam, verscheuchte unsere Widersacher mit seiner Pistole und befahl uns, unsere Karabiner endlich von der Schulter zu nehmen und sie schussbereit in den Händen zu halten. Er nahm uns mit zu einer Verpflegungsstelle der Wehrmacht.

Gegen 17 Uhr fuhren französische Panzerspähwagen in Blaichach ein und begannen, mit Maschinengewehren das Feuer auf das Gebäude zu eröffnen, in dem wir uns befanden. Wahrscheinlich waren sie von den Häftlingen auf diesen Standort aufmerksam gemacht worden. Ich sah, wie ein Offizier durch ein Fenster hechtete, und folgte ihm in Panik. Unter Maschinengewehrfeuer rannte ich über die hinter dem Haus liegende Wiese in den nahe gelegenen Wald. Auf einem in die Berge führenden Pfad traf ich kurze Zeit später auf drei meiner Schulfreunde, die genau wie ich unter dem MG-Feuer der Franzosen geflüchtet waren.

Mit der Angst im Nacken rannten wir bergaufwärts. Das MG-Feuer war schon bald nicht mehr zu hören, und ich fühlte mich bereits in Sicherheit, als kurz hinter mir ein Schuss fiel. Erstarrt blieb ich stehen und dachte, dass nunmehr mein letztes Stündlein geschlagen hätte. Als ich mich mit erhobenen Armen umdrehte, stand mein Freund Gerd lachend hinter mir. Er hatte auf einen Hasen geschossen, der von uns aufgeschreckt über den Weg gelaufen war. Gerd hatte wirklich starke Nerven. Er erzählte uns, dass er beim Einfahren der französischen Panzerspähwagen in den Ort als Wache vor dem Gebäude gestanden hatte. Als das erste Fahrzeug an der Straßenecke zum Vorschein kam, hat er noch eine Panzerfaust abgeschossen, jedoch das Ziel verfehlt. Bei seiner Flucht in den Wald bekam er ein Loch in den Ärmel seiner Uniformjacke geschossen. Der Schuss hätte tödlich sein können. Wir waren damals wahrscheinlich alle dem „Heldentod" sehr nahe gewesen, näher, als wir das wahrgenommen haben.

Auf dem Weg den Berg hoch warfen wir unsere Karabiner und die Munition weg. Ich kann mich daran erinnern, dass ich dabei ein schlechtes Gewissen hatte, denn ich hatte ja geschworen, das Vaterland zu verteidigen bis in den Tod. Da war er noch einmal, der Satz aus der Hymne der Hitlerjugend:

**Die Fahne ist mehr als der Tod!**

Spät am Abend fanden wir in einer Hütte, die mit deutschen Offizieren voll belegt war, einen vorläufigen Unterschlupf. Sie akzeptierten uns jedoch nur für eine Nacht. Wir sahen, dass sie mit Verpflegung reichlich versorgt waren. Es fiel ihnen jedoch nicht im Traum ein, uns davon etwas abzugeben. Hungrig verkrochen wir uns ins Heu und verließen, wie von den unfreundlichen Gastgebern verlangt, am folgenden Morgen die Hütte.

Unser Marsch bergaufwärts endete bei sonnigem Winterwetter in Schnee und Eis. Es gab keinen Weg mehr. Da wir unter keinen Umständen umkehren wollten, stapften wir bis zu einem Bergkamm weiter. Von dort aus konnten wir, was wir gehofft hatten, weit unten im Tal einen Weg erkennen. Aber bis dorthin ging es steil abwärts, und der Hang war schneebedeckt. Mutig setzten wir uns auf unsere Mäntel und rutschten zu Tal. Wir hatten Hunger und nur noch das Bestreben, irgendwohin zu kommen, wo es etwas zu essen gab. An Gefangenschaft dachten wir in diesem Augenblick nicht. Wir wussten auch nicht, in welcher Gegend wir nach unserer abenteuerlichen Überquerung der Berge angelangt waren.

Unser Weg führte ebenso wie der vieler anderer Soldaten, die mangels Verpflegung genau das gleiche Ziel wie wir hatten, talauswärts. Um die Mittagszeit tauchte das Ortsschild Steibis auf, und unmittelbar an diesem Schild standen zwei französische Soldaten mit Maschinenpistolen. Unsere Gefangennahme ging absolut undramatisch vor sich, denn wir hatten uns nur zu den anderen Uniformierten aller Waffengattungen und auch des Arbeitsdienstes zu stellen, die bereits am Ortseingang versammelt waren. Sie hatten vermutlich genauso wie wir Jugendlichen an die „Verteidigung der Alpenfestung" geglaubt. Als etwa dreißig Mann zusammengekommen waren, befahl einer der Franzosen den Abmarsch, und wir trotteten gemächlich vor ihm her bis nach Oberstaufen. So begann am 1.5.45 unsere Kriegsgefangenschaft.

Am 8.5.45, dem Tag der Kapitulation, befand ich mich bereits mit sechs meiner Mitschüler im Gefangenenlager Tuttlingen und zwei Wochen später in Tulle, der Hauptstadt des Departement Corrèze. Wir kamen fast verhungert und verdurstet dort an.

Mein Mitschüler **Helmut Graf** erlebte das Kriegsende ähnlich wie ich. Er schreibt: *Nach einer zweitägigen Ausbildung in Triberg, die in der Hauptsache darin bestand, uns mit der Handhabung von Karabiner und Panzerfaust vertraut zu machen, wurden wir am darauffolgenden Tag, an Hitlers Geburtstag, dem 20. April, zusammen mit anderen Gleichaltrigen aus dem Schwarzwald als Angehörige des „Panzervernichtungsregiments der Hitlerjugend Gebiet 21 – Baden" in Schonach auf Führer, Volk und Vaterland vereidigt. Noch in der Nacht erfolgte der Abmarsch zu Fuß in Richtung Bodensee. Man sagte uns, dass wir zur Verteidigung der Alpenfestung eingesetzt* werden würden, was wir in dem unerschütterlichen Glauben an den Sieg mit Stolz vernahmen. Auf dem Weg dorthin befanden wir uns mehrmals hinter der Front, weil die französischen Truppen uns überrollt hatten.

In der Nähe von Donaueschingen zog ich mir beim Passieren einer Panzersperre Quetschungen zu, die mir das Laufen schwer machten. Ich durfte deshalb auf einem LKW unserer Einheit mitfahren, der mit Gegenständen aller Art, darunter Gewehren und Panzerfäusten, voll beladen war. Auf der Ladung saßen bereits zwei Fußkranke von uns. Transportbegleiter war ein mit Pistole bewaffneter und mit dem Eisernen Kreuz erster Klasse dekorierter Unteroffizier. Auf seinen Befehl mussten wir von einer Anhöhe aus ein Dorf beschießen, dessen Einwohner weiße Fahnen gehisst hatten. Die Fahrt war nicht von langer Dauer, denn schon am folgenden Tag, kurz vor Einbruch der Dunkelheit, blieb der LKW auf einem morastigen Waldweg stecken, auf den man aus Sicherheitsgründen gewechselt war. Notgedrungen mussten wir unter der Führung unseres Unteroffiziers, jedoch ohne den Fahrer, zu Fuß weiterziehen, meist im Wald und lautlos, um nicht französische Spähtrupps auf uns aufmerksam zu machen. Zu tragen hatten wir dabei nicht nur unseren um einiges leichter gemachten Tornister, sondern befehlsgemäß auch unseren schweren Karabiner samt Munition. Zum Glück wurde uns die Mitnahme einer Panzerfaust nicht zugemutet. Nach drei Tagen erreichten wir total erschöpft Singen, wo wir einquartiert wurden und einige Zeit danach zusammen mit Soldaten und Angehörigen des Volkssturms ins Allgäu transportiert wurden.

In Maierhöfen trafen wir schließlich wieder auf den Rest unserer Einheit, die der Spieß tags darauf in Sonthofen für aufgelöst erklärte, da der Krieg verloren sei. Jeder könne gehen, wohin er wolle, Entlassungspapiere gab es allerdings nicht. Wir waren schockiert und ratlos. Unser Spieß blieb dagegen ungerührt und beorderte nochmals dreizehn von uns zu einem Sondereinsatz in die Gegend von Tiefenbach bei Oberstdorf. Dieser bestand darin, Lebensmittel, Getränke und einige andere Dinge, die vermutlich allesamt von ihm requiriert waren, auf eine Almhütte zu schaffen, die er und einige andere Wehrmachtsangehörige als Zufluchtsort in Beschlag genommen hatten. Es war eine äußerst strapaziöse Arbeit, denn die mehrmals zu bewältigende Strecke war sehr lang und ziemlich steil, und zu allem Übel lag noch hoher Schnee. Gleichwohl erledigten wir den uns erteilten Auftrag ohne groß zu klagen, weil wir glaubten, in dieser Hütte ebenfalls unterkommen zu können, was uns zuvor versichert worden war. Ein Trugschluss, denn wir wurden nach getaner Arbeit einfach vor die Tür gesetzt. Man händigte uns lediglich eine angemessene Marschverpflegung aus, verbunden mit dem Rat, uns in den Bregenzer Wald durchzuschlagen, der zu Österreich gehöre.

Unsere Verbitterung war verständlicherweise groß, wir fühlten uns wie heimatlose Waisen. Keiner hatte zunächst eine Idee zum weiteren Vorgehen. Schließlich kamen wir überein, nicht zusammenzubleiben, sondern uns in drei Dreiergruppen und eine Vierergruppe aufzuteilen, um leichter voran- und vor allem auch unterkommen zu können. Ich gesellte mich zu meinen Klassenkameraden Walter Müller und Albert

226

Waas, und wir machten uns zeitversetzt auf den Weg. Wir drei stießen schon bald auf einen Mann, der einen Hörnerschlitten belud. Als Einheimischer konnte er uns eine Wegbeschreibung in Richtung Bregenzer Wald geben, bezeichnete unser Vorhaben allerdings unter Hinweis auf die Jahreszeit für undurchführbar, was wir jedoch in unserem jugendlichen Leichtsinn ignorierten. Uneinsichtig stapften wir weiter durch den hohen Schnee in die aufgezeigte Richtung. Noch vor Einbruch der Nacht kamen wir zu einem großen Heuschober, in dem sich bereits eine Gruppe von SS-Männern einquartiert hatte, die zu ihrer Uniform Turbane trugen. Es handelte sich um Angehörige der indischen Legion der Waffen-SS, die als Söldner der Engländer beim Afrikafeldzug in deutsche Gefangenschaft geraten waren.

Bei unserem Weitermarsch am nächsten Tag erblickten wir nachmittags an einer Lichtung, von der aus man ins Tal sehen konnte, eine Straße, auf der Panzer fuhren. In diesem Augenblick wurde uns bewusst, dass wir uns verfranzt hatten und einundeinhalb Tage lang im Kreis gelaufen waren. Wie sich später herausstellte, handelte es sich um die Straße von Kempten nach Oberstdorf. Enttäuscht und mutlos überwanden wir unsere Furcht und gingen auf die Straße hinunter. Wider Erwarten konnten wir in umgekehrter Richtung als das französische Militär unbehelligt bis kurz vor Blaichach laufen. Dort wurden wir von bewaffneten Leuten in Sträflingskleidung festgehalten und französischen Soldaten übergeben. Dies war der Beginn unserer Gefangenschaft.

Wir waren noch immer zu dritt und erlebten in Lindau am 8. Mai 1945 die bedingungslose Kapitulation Deutschlands, was verständlicherweise bei unseren Bewachern einen wahren Freudentaumel auslöste. Mit allen möglichen Waffen schossen sie nicht nur in die Luft, sondern auch in bedrohlicher Weise über uns hinweg. Uns blieb nichts anderes übrig, als mehrere Stunden lang flach auf dem Boden liegen zu bleiben, um nicht getroffen zu werden. Wir wagten nicht einmal, den Kopf anzuheben.

Über die nun offenkundige Niederlage Deutschlands waren wir, die bis zuletzt noch an den Sieg geglaubt hatten, zwar unglücklich, gleichzeitig aber auch froh, dass der Krieg zu Ende war, und weil wir hofften, bald zu unseren Eltern heimkehren zu können, von denen wir im Oktober 1943 getrennt worden waren. Unsere Hoffnung fußte auf einer immer wieder zu hörenden Parole, dass die Gefangenen unter 16 Jahren bald freigelassen werden würden. Dies war jedoch nur ein Gerücht, wie wir leidvoll erfahren mussten. Wir konnten nicht ahnen, dass der Krieg für uns persönlich definitiv erst in zwei Jahren mit unserer Entlassung aus der Kriegsgefangenschaft ein Ende haben würde.

Am Tag nach der Kapitulation wurden wir nach Tuttlingen in ein großes Sammellager mit mehr als 30.000 Gefangenen gebracht. Trotz der unüberschaubaren Menschenmenge stießen wir dort total überrascht und überglücklich auf vier Schulkameraden, mit denen wir bis vor der Auflösung unserer Einheit in Maierhöfen zusammen gewesen waren. Sie hatten noch einen kurzen Kriegseinsatz bei Blaichach und sind in Oberstaufen in Gefangenschaft geraten. [210]

*Der Eingang zum Durchgangslager Tuttlingen*

Von jungen Leuten, die wie mein Schulfreund Helmut Graf und ich zum „letzten Aufgebot" gehörten und in den letzten Kriegstagen noch zur Verteidigung des Vaterlandes eingesetzt wurden, gibt es eine Reihe von Erzählungen.

**Hans Bindner** berichtet: *Als die Westfront näherrückte, wurden wir im Spätjahr 1944 von Ruffach in die Napola nach Rottweil verlegt. Mein Bruder war zu diesem Zeitpunkt natürlich nicht mehr in Rottweil, sondern schon längst beim Militär. Er hatte sich freiwillig zur Luftwaffe gemeldet, war Offiziersbewerber und gegen Ende des Krieges als Jagdflieger im Kriegseinsatz. Seine Briefe zeigte ich stolz meinen Kameraden.*

*In Rottweil ging es enger zu als in Ruffach, allerdings nur so lange, bis die älteren Schüler zum Kriegsdienst eingezogen wurden. Unser Jahrgang wurde nunmehr nachmittags immer stärker mit militärischen Erfordernissen vertraut gemacht. Wir lernten mit dem Karabiner umgehen, machten Schießübungen, übten das Werfen von Handgranaten, und schließlich kam die damals für uns tollste Sache: Wir lernten, eine Panzerfaust zu bedienen. Geschossen wurde damit zwar nicht, aber im Ernstfall würden wir in der Lage sein, damit umzugehen. Als Ausbilder waren überwiegend verwundete Unteroffiziere im Einsatz.*

*Der Ernstfall kam schneller als gedacht. Beim letzten Fahnenappell in Rottweil wurden wir noch einmal auf unsere Aufgabe als dem Führer ergebene Jugendliche eingeschworen. Wir sollten dazu beitragen, den Endsieg zu erringen. Ich war dazu bereit,*

228

denn eine Niederlage war für mich unvorstellbar. Ich glaubte noch immer an den Sieg.

Wir wurden auf mehrere LKWs verladen. Unser Kompaniechef war einer unserer Ausbilder, ein Feldwebel der Luftwaffe, ein sehr netter Mann, der rücksichtsvoll mit uns umging. Wohin unsere Reise gehen sollte, wussten wir nicht. Viel gesprochen haben wir nicht. Ich glaube, es war doch etwas Angst vor dem Kommenden, die sich unter unserem Heldenmut breitmachte und unsere anfängliche Begeisterung stark eindämmte. Hinzu kam, dass vier Wochen zuvor mein Bruder bei einem Luftkampf im Ruhrgebiet abgeschossen worden war und dabei den Tod gefunden hatte. Für mich war es damals unvorstellbar, dass er nicht mehr am Leben war.

Kurz vor Balgheim befahl uns unser „Kompanie-Chef" abzusteigen und unsere Waffen mitzunehmen. Die anderen LKWs fuhren weiter. Sie sollten ebenfalls an der Straße in Stellung gehen. Wir hatten neben den Karabinern und Handgranaten drei Panzerfäuste, von denen ich eine zu tragen hatte.

Gut verschanzt und sehr aufgeregt warteten wir auf den Gegner, den es zu vernichten galt. Aber der ließ sehr lange auf sich warten, und wir bedauerten, vielleicht gar nicht zum Schuss zu kommen. Aber dann ging alles sehr schnell. Kettenrasseln war auf einmal ganz leise zu hören, wurde immer lauter, und plötzlich waren sie da. Französische Panzer, die, ohne aufgehalten zu werden, die Straße entlangfuhren. Auf jedem saßen zwei oder drei Soldaten, die auf diese Weise schneller vorankommen wollten. „Feuer", schrie unser Kompaniechef, und wir schossen, wie wir es gelernt hatten: Die erste Panzerfaust hatte den zweiten Panzer zu treffen, so wurde dem Ersten der Rückzug versperrt. Das war meine Aufgabe. Der zweite Schuss dann auf den ersten Panzer, und die dritte Panzerfaust sollte dann eingesetzt werden, wenn die beiden ersten Fehlschüsse waren. Die ersten Schüsse saßen aber beide. Von unserer Seite wurde danach das Gewehrfeuer eröffnet und die Franzosen zurückgeschlagen. Wir hatten gesiegt!

Aber dann wurden wir aus unserer Euphorie in die harte Wirklichkeit zurückgeholt. Es gab Verletzte und sicher auch Tote unter den französischen Soldaten. Wir hörten ihre Rufe und Schreie, das war grausam anzuhören. Waren wir jetzt zu gemeinen Mördern geworden?

Unser Feldwebel rief uns nach dieser Aktion kurz zusammen und befahl uns, in den Wald zu flüchten. Er sagte: „Macht euch schleunigst auf den Weg nach Hause." Er hatte unsere Unsicherheit, Angst und Ratlosigkeit erkannt; sicher auch die Unsinnigkeit des Kriegsspielens kurz vor dem Chaos eingesehen. Die Franzosen zogen sich zurück und beschossen danach den nahe gelegenen Ort. Unsere Truppe zerstreute sich schnell.

Es folgte die Flucht in den Wald unter Zurücklassung aller Waffen. Zusammen mit zwei meiner Kameraden stieg ich hoch auf den in der Nähe liegenden Dreifaltigkeitsberg. Zwei Tage später wurden wir von Franzosen gefangen genommen. Niemand fragte uns nach unserer „letzten Heldentat". Über das Sammellager Kehl, wo wir drei Tage und Nächte unter freiem Himmel in Erdlöchern aushalten und die bittere Kälte ertragen mussten, ging es nach Frankreich. In einem endlos lange dauernden Marsch wurden wir unter den Schmährufen der Bevölkerung durch Straßburg getrieben. Wir waren die Verlierer, die Unmenschen, die dreckigen „Boches".[211]

**Kurt Opitz** berichtet unter der Überschrift „Von der Kinderlandverschickung zum Kriegseinsatz bei der Waffen-SS": *Als Ende 1944 Werber in das KLV-Lager Schönwald kamen, wurden fast alle meine Mitschüler, die sich nicht zuvor bereits freiwillig zu einer anderen Waffengattung gemeldet hatten, zum Eintritt in die Waffen-SS überredet. Und so kam es, dass ich am 22.3.45 zusammen mit fast allen Klassenkameraden des Jahrgangs 1929 den Marschbefehl mit Zielort Erlangen erhielt. Von Triberg aus fuhren wir mit der Bahn nach Ulm. Unterwegs verbrachten wir wegen einer durch Jagdbomber beschädigten Lokomotive fast zwei Tage in einem Tunnel. Bei unserer Ankunft in Ulm erfuhren wir, dass Erlangen bereits in amerikanischer Hand war. Neues Ziel war Mittenwald. Zwischen Ulm und Mittenwald wurden wir in einem Ort, dessen Name ich vergessen habe, eingekleidet. Wir trugen ab da die Uniform der Waffen-SS.*

*In Mittenwald begann unsere Ausbildung, bei der es nur um das Verhalten im Gelände ging. Es gab keine Waffenausbildung. Mitte April 1945 sollten wir dann mit der Bahn und bewaffnet mit Beutegewehren und Panzerfäusten, welche so schwer waren, dass einige von uns sie nicht tragen konnten, an die Front befördert werden. Dabei gerieten wir bei Pfaffenhofen in einen Tieffliegerangriff, bei dem es mehrere Tote und Verletzte gab. Zum Glück befand sich keiner meiner Mitschüler unter ihnen. Ich erinnere mich, dass ich mich mit einem Sprung über eine Friedhofsmauer aus der Gefahrenzone brachte. Eine ähnliche sportliche Höchstleistung ist mir seither nie wieder gelungen. Auf der Fahrt nach Norden mussten wir Jugendlichen aus dem KLV-Lager übrigens unsere Adler auf dem Jackenärmel der Uniform entfernen. Weshalb das von uns verlangt wurde, weiß ich nicht. Wir waren nicht vereidigt.*

*In Ingolstadt wurden wir in Kompanien eingeteilt. Unterscharführer Held, ein von uns natürlich sehr bewunderter Ritterkreuzträger, war unser Kompaniechef. Seine erste Ansprache werde ich nie vergessen. Er sagte: „Buben, wenn es schießt, dann seid ihr zu weit vorn. Und wenn der Ami in ein Dorf reinfährt, müsst ihr spätestens am anderen Ende raus." Offensichtlich hatte er keine Siegeszuversicht mehr und wollte nur noch überleben. Wir verdanken diesem Mann sehr viel, und ich bedaure, dass ich nach dem Krieg keinen Versuch unternommen habe, ihn ausfindig zu machen, um ihm dafür zu danken.*

*Über Dachau und München erreichten wir schließlich Oberwössen im Chiemgau. Dort ließen wir es uns einige Tage gut gehen. Die dortigen Bauern, bei denen wir einquartiert waren, gaben uns reichlich zu essen. Wir erfuhren hier vom „Heldentod" unseres geliebten Führers und mussten Salut schießen. Es gab ein heftiges Geknatter, da nicht alle gleichzeitig abdrückten. Das Gleiche geschah bei einer standrechtlichen Erschießung. Ein Angehöriger unserer Einheit hatte die Uniform gegen Zivilkleider getauscht, war erwischt worden und, soweit ich weiß, von einem ordentlich zusammengesetzten Standgericht wegen Fahnenflucht zum Tod verurteilt worden. Wann das geschah, kann ich nicht genau sagen, aber es muss schon Mai gewesen sein. Die Disziplin wurde bis in die letzten Kriegstage rigoros aufrechterhalten.*

*Nach Kriegsende gab es dann einen letzten Appell. Unterscharführer Held empfahl uns, nicht in die Wehrwolf-Organisation, von der wir bis dahin nichts wussten, einzutreten, und wünschte uns für unseren Heimweg viel Glück. Er gab uns noch den Rat, unsere Schulausbildung zu beenden und zu studieren, da Deutschland nach dem, was geschehen war, dringend gut ausgebildete Leute bräuchte.*

*Mit drei meiner Klassenkameraden machte ich mich auf den Heimweg. Schon nach wenigen Kilometern hielt ein amerikanischer Lastwagen mit deutschen Kriegsgefangenen neben uns an. Wir wurden aufgefordert aufzusteigen, und innerhalb von vier Tagen wurden wir über Traunstein, Prien und Ulm nach Heilbronn verfrachtet. Dort kampierten wir einige Tage mit vielen anderen auf freiem Feld, bis wir ordentliche Zelte erhielten. Die Ernährung war anfangs schlecht, kein Wunder bei der Masse der Kriegsgefangenen. Nach dem Besuch des Lagers durch schwedische Offiziere wurde ich zusammen mit meinen drei Klassenkameraden in ein Jugendlager verlegt, wo wir mit süßem Brei gemästet wurden, der allerdings nicht allen schmeckte.*

*Schon Ende Juni begannen die Entlassungen. Gefragt wurde gebietsbezogen nach bestimmten Berufen. Wir waren alles, was gerade gefragt war: Kaminfeger, Schlosser, Landwirt und Lokführer. Schließlich wurden wir mit einigen anderen als Landwirte aus dem Raum Würzburg entlassen und erhielten am 5.8.45 unsere Entlassungsscheine mit 30 Mark Besatzungsgeld.*

**Oskar Bischoff** wurde kurz vor der Ankunft der Amerikaner noch rekrutiert. Er schreibt: *Kurz vor dem Einmarsch der Amerikaner wurde ich wegen meiner Asthma-Erkrankung aus der Kinderlandverschickung nach Mannheim entlassen. Ich wurde, als sie am 22.3.45 bei Oppenheim bereits den Rhein überquert hatten, als Helfer für die Wehrmacht einberufen. So wie ich waren noch zwanzig etwa Gleichaltrige in Hitlerjuduniform an dem vorgegebenen Treffpunkt eingetroffen. Ich hatte schreckliche Angst vor dem, was auf uns zukommen würde. Allerdings war ich noch immer ein pflichtbewusster Hitlerjunge, der meinte, sein Vaterland verteidigen zu müssen.*

*Nach einem kurzen Einsatz in einer Flakstellung in Hockenheim befanden wir uns ständig auf dem Rückzug. Auf einen Nachtmarsch von mehr als vierzig Kilometern folgte in Wengen eine freudige Überraschung. Als wir in einem Bauernhof einquartiert wurden, habe ich sofort gerochen, dass da ein besonderes Ereignis stattfand. Es wurde nämlich das letzte Schwein des Hofes, natürlich ohne behördliche Erlaubnis, geschlachtet. Außer den Hofbesitzern und Nachbarn durfte auch ich an diesem freudigen, vor allem aber nahrhaften Fest teilnehmen. Nach dem Kohldampfschieben der Tage zuvor habe ich das dampfende Schweinefleisch und die Wurst sehr genossen.*

*Der nächste Tag sollte die letzte Etappe unseres Rückzuges werden, denn hier erlebten wir unsere einzige Feindberührung, sofern man einen Tiefliegerangriff so bezeichnen kann. Es geschah am vierten Mai, als der Krieg in den meisten Gebieten Deutschlands bereits zu Ende war. Wir marschierten auf einer Landstraße in der Nähe von Oberstaufen in Richtung Süd-Osten, als wir die uns bekannten typischen Geräusche von Tiefliegern hörten. Wir rannten weg von der Straße den Berg hinauf, aber die Angreifer hatten uns bereits im Visier und beschossen uns mit ihren Bordwaffen. Rechts und links von mir Einschläge, und ich sah, wie neben mir einer von uns getroffen wurde. Für ihn kam jede Hilfe zu spät. Er muss sofort tot gewesen sein.*

*Ab jetzt war uns klar, dass der Krieg und damit auch unser Rückzug zu Ende gewesen ist. Wir versuchten nun, alle Nazi-Embleme von unseren HJ-Uniformen abzutrennen. Schlimm empfand ich es, dass ich mich von meinem Fahrtenmesser trennen musste. Ich hatte mir das Geld zum Kauf dieses Schmuckstücks auf dem Neckarauer Tennisplatz verdient, indem ich dort als Balljunge tätig war. Es zeigte sich, dass unser Handeln richtig war, denn sofort nach Abschluss unserer Aktion wurden wir von einer französischen Infanterieeinheit aufgegriffen und gefangen genommen. Da wir ja keine richtigen Soldaten in Wehrmachtsuniform und mit Soldbuch waren, hätten wir alle aufgrund der Genfer Konvention nach Hause geschickt werden müssen. – Dem war jedoch nicht so.*

*Wir mussten uns in einer Reihe aufstellen, und es wurde taxiert, welche Arbeitsleistung jeder Einzelne von uns wohl erbringen könne. Drei meiner Kameraden hatten das Pech, für eine weitere Verwendung aussortiert zu werden. Sie wurden tatsächlich zum Arbeitseinsatz nach Frankreich geschickt und kamen erst nach einigen Jahren wieder in die Heimat zurück. Wir, die Kleineren und Schwachen, erhielten eine schriftliche Genehmigung zur Heimreise. Da keine öffentlichen Verkehrsmittel zur Verfügung standen, mussten wir nun auch den Heimweg zu Fuß antreten. Wir wählten fast den gleichen Weg zurück nach Mannheim, wo wir am 13. oder 14.5.45 ankamen. Die Stadt sah bei unserer Rückkehr verheerend aus.* [212]

*Die Mannheimer Innenstadt am Kriegsende*

**Adolf Sickinger** gehörte zu denen, die sich im KLV-Lager Bad Boll freiwillig zur Waffen-SS gemeldet hatten. Er schreibt: *Meinen Gestellungsbefehl erhielt ich* im Januar 1945. In München-Freimann sollte ich mich in der dortigen SS-Kaserne melden. Ich packte meine „sieben Sachen" in meinen Koffer und stellte ihn im Badhaus von Bad Boll ab. Als Marschgepäck hatte ich einige Kleidungsstücke im Tornister, dazu die Marschverpflegung im Brotbeutel und in der Feldflasche. Schweren Herzens machte ich mich auf die ungewisse Reise, die im Bahnhof von Donaueschingen ein überraschendes Ende fand. Als nämlich der Zug nachts dort einfuhr, wurden alle Militärpersonen aufgefordert, sich in der Bahnhofshalle zu melden. Ich bezog diese Durchsage nicht auf mich, denn ich war ja immer noch ein „kriegsmutwilliger Pimpf", der noch seine Winteruniform der Hitlerjugend trug. Zwei Militärpolizisten, Kettenhunde genannt, überprüften meine Papiere und erklärten mir, dass die Aufforderung auch für mich gelte. Mein Marschbefehl blieb unbeachtet, und ich stieg mit klopfendem Herzen aus.

In der Bahnhofshalle traf ein buntes Häuflein Landser verschiedener Waffengattungen und auch die Aspiranten, wie ich einer war, zusammen. Ein Leutnant und ein Feldwebel führten das Kommando und „ohne Tritt" ging es in die Nacht hinaus. In einer Kaserne wurden uns Schlafstätten zugewiesen. Um sechs Uhr morgens schrillten die Trillerpfeifen zum Wecken.

Nach dem Frühstück erklärte uns ein Major beim Appell mit markigen Worten die militärische Lage. Im Raum Donaueschingen-Engen-Gottmadingen sollte ein Sperrriegel aufgebaut werden, um den Vormarsch der 1. französischen Armee zu stoppen. Die Rede war von Pflichterfüllung, Kampfeswille, Kampf bis zum Äußersten, und schließlich wurde auch die Alpenfestung erwähnt, die es zu verteidigen galt. Die altgedienten Landser nahmen die Ansprache skeptisch auf. Von manchen war zu hören: „Phrasen und dummes Geschwätz." Zu uns Freiwilligen sagten einige: „Der Krieg ist verloren, es ist nur noch eine Frage der Zeit, bis wir kapitulieren müssen. Buben, haltet euch zurück, damit ihr davonkommt. Tote Helden können den Trümmerhaufen nicht beseitigen und Neues aufbauen."

Nach etwa vier Wochen waren wir offensichtlich frontdienst-verwendungsfähig. Unsere Truppe wurde nach Singen beordert und dort in einer Schule einquartiert. Nach ein paar Tagen ging es weiter nach Gottmadingen, wo wir in Bereitschaft lagen, so hieß es. Für uns junge Burschen war die Hauptsache, dass die Verpflegung klappte. Nach einigen weiteren Tagen wurden wir auf den Randen verlegt, dem Höhenzug südlich von Blumberg. Hier vernahmen wir zum ersten Mal Gefechtslärm. Zum Schutz gegen die ständigen Jagdbomberangriffe mussten wir uns eingraben. Wir hatten hier die ersten Verluste, woraufhin die exponierte Stellung aufgegeben wurde. Beim Rückzug von dort geriet unsere kleine LKW-Kolonne unter Beschuss durch französische Panzer.

Wir erlebten nunmehr die Auflösung der deutschen Armee. Alles ging drunter und drüber. Es waren chaotische Zustände. Die Kampfmoral war auf dem Nullpunkt. Mit unseren LKWs erreichten wir schließlich Riedheim, wo wir in die dortige Verteidigungslinie eingewiesen wurden. Wir hatten dort eine Straße zu sichern, ein sinnloses Unterfangen. Bei uns allen war inzwischen die Kampfmoral auf dem Nullpunkt angelangt. Keiner wollte noch ein Risiko eingehen. An die Stelle des Mottos: „Kampf bis zum letzten Atemzug" trat nun „Rette sich, wer kann."

*Als ich mich auf der Suche nach Wasser von der Truppe entfernte und einen Bauernhof betrat, nahte für mich das Ende meiner Militärzeit. Der Bauer ging mit mir in die Küche, und wir unterhielten uns über die Lage. Nach all den ereignisreichen Tagen hatte ich überhaupt keine Zeitvorstellung mehr. Ich erfuhr nun, dass heute der 30. April sei. Als ich dem Bauern sagte, dass ich morgen Geburtstag habe und dann 17 Jahre alt sei, wunderte er sich, dass Hitler so junge Buben zu Soldaten gemacht hatte.*

*Es war schon gegen Abend, als plötzlich vom Ortsrand von Riedheim her heftiger Gefechtslärm zu hören war. Als der Lärm verstummte, war das Rasseln von Panzerketten zu hören, danach herrschte Stille. Kurze Zeit später flog plötzlich die Tür auf und zwei französische Soldaten standen mit ihrer Maschinenpistole im Türrahmen. Ich erinnere mich an die Worte: „Fini la guerre, Hitler kaputt.“ Mein Sturmgewehr, das auf einem Stuhl lag, wurde konfisziert, ebenso die beiden Ersatzmagazine, die ich am Koppel trug. Die beiden Franzosen verlangten etwas zum Trinken, woraufhin der Bauer einen Krug Most holte und zwei Gläser einschenkte. „Non, non“, sagten sie und verlangten drei weitere Gläser. Wir mussten zuerst trinken und die beiden tauschten mit der Bäuerin und mir die Gläser. Anscheinend hatten sie Angst, vergiftet zu werden. Es folgte der Ruf. „Vive la France, vive de Gaulle“, in den wir alle einstimmen mussten. Danach verließen die beiden den Hof, nicht ohne mich in ihre Mitte zu nehmen. So ging ich am 30. April 1945, einen Tag vor meinem 17. Geburtstag, in Riedheim in Gefangenschaft, als Soldat, der im Chaos der letzten Kriegstage nicht vereidigt worden war.*[213]

# Das bittere Ende

Die bedingungslose Kapitulation der Deutschen Wehrmacht fand am 8.5.45 statt. Der Krieg war damit offiziell zu Ende, und für diejenigen, die überlebt hatten und danach wieder in ihre Heimat zurückkehren konnten, war das eine riesengroße Erleichterung. Es war der Start in ein neues Leben. Kein Sirenengeheul mehr, keine Granaten- und Bombeneinschläge, keine Angst mehr vor Repressalien. In den ersten Monaten nach dem Kriegsende sind bereits viele Evakuierte in ihre Heimat zurückgekehrt. Familien fanden wieder zusammen, die der Krieg getrennt hatte. Es gab aber auch mehrere Millionen Vertriebene, für die der Neubeginn schwer gewesen ist. Und es gab Millionen von Deutschen, die sich in der Kriegsgefangenschaft befanden.

**Werner Amend**, der sich am Kriegsende bei einer Marineeinheit auf Wangerooge befand, erlebte das Kriegsende wie folgt: *Bis zur Kapitulation konnte ich mit unserem Rundfunkempfänger alle Nachrichten empfangen. Am 1.5.45 hörte ich noch das Wunschkonzert, und am 3. Mai, dem Tag, als Hamburg besetzt wurde, war zu hören: „Wir bringen nun zum letzten Mal das Deutsche Volkskonzert" und nach dem Konzert „Hamburg verabschiedet sich und wünscht dem deutschen Volk alles Gute". Es folgte das Deutschlandlied. Während ich den Sender Hamburg nicht mehr einstellen durfte, denn er war ab dann ein Feindsender, war das Hören des Senders Flensburg erlaubt. Das Letzte, was ich am 8.5.45 von dort hörte, war der Wehrmachtsbericht aus dem Quartier des Großadmirals Dönitz.*

*Am selben Tag wurde bei einem Appell von dem Kommandanten die Kapitulation bekannt gegeben. Es gab einige Hurra-Rufe, aber auch viele bedenkliche Gesichter. Ein Feldwebel hat sich spontan mit seiner Pistole erschossen. Niemand wusste, was nun mit uns geschehen würde. Abwarten hieß die Parole. Die Besetzung der Insel geschah erst am 20. Mai 1945. Zuvor hatte mir der Kompaniechef befohlen, alle vorhandenen Unterlagen zu verbrennen. Ich folgte diesem Befehl, wobei ich jedoch mein Führungsbuch zuvor an mich nahm. Inzwischen hatte sich jeder mit den reichlich vorhandenen Lebensmitteln versorgt. Als wir mit einem Schiff nach Wilhelmshaven abtransportiert wurden, sahen wir im Hafen einige U-Boote mit schwarzen Fahnen liegen.*[214]

Hans **Günther Haaß** befand sich kurz vor dem Kriegsende in der Tschechoslowakei. Er schreibt: *Am 5. Mai standen die Amerikaner vor Pilsen und die Russen etwa 30 Kilometer östlich davon. Die Tschechen wurden unruhig und griffen deutsche Soldaten an, dabei wurde einer unserer Unteroffiziere erschossen. Die Panzerabteilung rückte ab, wobei ich mein gesamtes Gepäck verlor. Am 6. Mai wurde unsere Einheit von unserem Kommandeur, einem alten Fuchs mit Ritterkreuz, dem es gelungen war, uns vor den Russen zu bewahren, an die Amerikaner übergeben.*

*Die amerikanischen Truppen verhielten sich uns deutschen Kriegsgefangenen gegenüber hervorragend. Als ein sowjetischer Offizier mit einem größeren Trupp russischer Soldaten in unser Lager kam und die Übergabe der Gefangenen verlangte, verweigerte dies der amerikanische Lagerkommandant. Er ließ uns antreten, um die verständlicherweise eingetretene Unruhe unter uns zu beschwichtigen, indem er sein Wort dafür gab, uns auf keinen Fall an die Russen auszuliefern. Die Amerikaner standen auch zu dieser Aussage, zwar mussten wir hungern, aber die Versorgung von mehreren Tausend Soldaten, die bei der Kapitulation im Bereich der tschechischen Grenze in Gefangenschaft kamen, ließ sich ja kaum bewältigen.*

*Bereits am 15. Mai durften wir die Entlassungsformulare ausfüllen, und am Pfingstsonntag, den 20.5.45, um 7.00 Uhr wurden die in Mannheim und Umgebung Wohnenden auf insgesamt acht LKWs verladen und quer durch Deutschland über Pilsen, Weiden, Nürnberg, Ansbach und Heilbronn nach Mannheim gefahren. Wir trafen um 21.00 Uhr in Mannheim-Käfertal ein und übernachteten im dortigen Bunker. Am nächsten Morgen, dem Pfingstmontag, 21. Mai, hielt der damalige Oberbürgermeister Braun eine kurze Ansprache und übergab uns im Namen der Amerikaner die Entlassungsscheine. Um 8.00 Uhr läutete ich zu Hause in der Mollstraße. Ich war der erste entlassene Kriegsgefangene, der das südliche Neckarufer in Mannheim betrat. Meine Mutter konnte gar nicht glauben, dass das wirklich wahr sei.*[215]

Für **Rudolf Clausing** begann die Gefangenschaft erst am 11.5.45, als er zusammen mit einigen Kameraden von tschechischen Jugendlichen gefangengenommen wurde. Er berichtet: *Am 8.5.45 lag unsere Einheit ca. 50 Kilometer östlich von Iglau in der Tschechoslowakei entfernt. Hier erreichte uns die Nachricht von der Kapitulation, und wir fragten uns: „Was wird jetzt kommen?" Bereits einen Tag später fuhren wir mit unseren Panzern als geschlossene Einheit in Richtung Westen. Wir stellten zunächst noch immer eine beachtliche Kampfgruppe dar, die jedoch schon bald im Chaos der Flucht auseinandergerissen wurde. Vor einem Hohlweg, der nach Iglau führte und durch den sich Wehrmachtsfahrzeuge und Soldaten zu Fuß drängten, hielten wir an, unschlüssig, angesichts der Verstopfung weiterzufahren. In diesem Augenblick begann ein heftiges Granatwerferfeuer, das aus Iglau kam. Unbeschreibliche Szenen spielten sich vor unseren Augen in dem vor uns liegenden Hohlweg ab. Viele Soldaten und Zivilisten fanden den Tod oder wurden verwundet. Es war ein nicht für möglich gehaltenes schreckliches Geschehen nach der Kapitulation.*

*Uns war klar, dass wir mit unserem Panzer nicht mehr sehr weit kommen konnten. Wir ließen ihn im Wald stehen und machten uns zu dritt zu Fuß auf den Weg in Richtung Westen. Ich erinnere mich noch gut daran, dass ich Tränen in den Augen hatte, als ich mich von meinem so zuverlässigen Gefährt trennte, das mir und der übrigen Besatzung über sehr lange Zeit als Aufenthaltsort, Wohnung und schutzbietende Unterkunft gedient hatte. Es war zwar ein Kriegsgerät, aber es war für uns an der Front auch ein „Stück Heimat".*

236

*Wir waren nicht mehr weit von der Moldau entfernt, als am 11.5.45 unsere Flucht zu Ende war. Wir wurden von 15-jährigen tschechischen Jungen, die mit deutschen Gewehren bewaffnet durch die Wälder streiften, entdeckt und gefangen genommen. Alte Hasen wie wir mussten sich von Jugendlichen gefangen nehmen lassen. Obgleich ich noch eine Pistole besaß, habe ich beim „Händehoch" die Arme nach oben gehoben, die in diesem Augenblick so schwer waren wie nie zuvor. Ich bin heute noch froh, dass ich von meiner Waffe keinen Gebrauch machte, was mir allerdings schwerfiel. Möglicherweise hätten wir die jungen Leute überwältigen können, aber wir wären vermutlich nicht mehr viel weitergekommen.*

*Die Jugendlichen führten uns in das nächste Dorf, wo uns der Bürgermeister freundlich begrüßte und uns mit Verpflegung aus deutschen Wehrmachtsbeständen versorgte, die zurückgelassen worden waren. An dem Brunnen vor dem Spritzenhaus ließ er uns trinken, und wir durften unsere Feldflaschen füllen. Auch Zigarren aus den Beständen der zurückgelassenen Trossfahrzeuge bot er uns an. Als wir uns gestärkt hatten, erklärte er uns, dass er uns den Russen übergeben müsse, da er gegen die vorliegende Bekanntmachung, die dies befahl, nicht verstoßen könne. Es klang fast wie eine Entschuldigung, als er uns dies eröffnete. Eskortiert von unseren jugendlichen Bewachern wurden wir ins nächste Dorf geführt und dort den Russen überstellt. Wir kamen in eine Scheune, wo bereits etwa 300 Landser einquartiert waren. Es folgte eine vierundeinhalbes Jahr dauernde, teilweise nur schwer zu ertragende Kriegsgefangenschaft in Russland, aus der ich zum Glück ohne große körperliche Schäden nach Mannheim zurückkehrte. Die seelischen Schäden wurden mir erst viel später bewusst.*[216]

Ein glückliches Ende erlebte **Walter Wassermann** bei der Befreiung des Konzentrationslagers Theresienstadt. Er schreibt: *Ich war unter den etwa 40 Mannheimern, die am 13.2.45, als die Amerikaner bereits am Rhein standen, in das Konzentrationslager Theresienstadt in der Tschechoslowakei deportiert wurden. Am 8.5.45, am Tag der Kapitulation Deutschlands, wurden wir von der Roten Armee befreit. Vierzehn Tage zuvor hatte die SS das Konzentrationslager an das Rote Kreuz übergeben. Ab da waren wir, die noch lebenden Insassen des Lagers, gerettet. Über Nacht waren alle Bewacher und Peiniger verschwunden. Einer von ihnen hatte aus nichtigem Anlass kurz zuvor einen neben mir stehenden Häftling mit der Pistole erschossen. Auch ich hätte das sein können.*

*Das Gefühl, das nach der Befreiung erst ganz allmählich hochkam, war überwältigend. Ich hatte überlebt, war tatsächlich frei, und das Leben nach der langen Zeit der Fremdbestimmung und der ständig vorhandenen Angst konnte nunmehr beginnen. Dass da mitunter spontan ein Freudensprung fällig war, ist verständlich.*

*Zunächst durfte wegen der Quarantänevorschriften niemand das Lager verlassen. Es bestand Typhusgefahr. Am 6.6.45 machte ich mich zusammen mit zehn Mannheimer Jugendlichen, die mit mir nach Theresienstadt deportiert worden waren, auf den Weg nach Hause. Begleitet wurden wir von einem älteren Mitgefangenen, Adolf Frankfurter, der für uns eine Vaterfigur war. Probleme gab es nur zu Beginn, bis wir die deutsche Grenze erreicht hatten. Da wir deutsch sprachen, hielten uns die Tschechen für Angehörige der Wehrmacht. Der Ausweis des Roten Kreuzes verhinderte jedoch unsere Gefangennahme. Zehn Tage lang waren wir unterwegs, bis wir endlich in Mannheim ankamen. Auf dem langen Weg kam bei uns allen immer wieder Freude darüber auf, dass wir es geschafft hatten zu überleben. Von dem, was in den Kriegsjahren in den Konzentrationslagern alles geschehen war, wussten wir noch nichts. Dass meine Groß-eltern väterlicherseits, die nach Gurs deportiert worden waren, später in Auschwitz umgebracht wurden, war mir noch nicht bekannt, auch nicht, dass die Eltern meines Stiefvaters das gleiche Schicksal erlitten hatten.*

*Am 29.6.45 sind wir alle wohlbehalten in Mannheim angekommen.*[217]

Walter Wassermann hat die schlimme Zeit gut verkraftet und danach in Mann-heim ein unauffälliges, normales Leben geführt. Der Satz „Ohne die Guten hätte ich nicht überlebt" ist eine Aussage von ihm, die für jemanden, der als Jude die Nazizeit überstanden hat, außergewöhnlich ist. Wie viele Gute es in seinem Sinne gab, ist schwer zu ermessen. Sicher zu wenige, aber für ihn doch einige mehr, als man denkt.

**Hans Weckesser** schreibt: *Ich erinnere mich auch noch sehr gut an den 8.5.45, als meine Mutter in der Küche stand und beim Bügeln Radio hörte. Ich spielte im Hof vor dem Fenster, da rief meine Mutter mir plötzlich zu: „Komm schnell rein." Mit Tränen in den Augen fiel sie mir um den Hals und sagte, dass soeben eine Durchsage gekommen sei, dass der Krieg aus ist. Es war an ihrem Geburtstag, und vermutlich war diese Nach-richt das schönste Geschenk, das sie sich vorstellen konnte. „Wir müssen nun keine Angst mehr haben", war ihre frohe Botschaft. Diese Aussage hörte ich auch in den folgenden Tagen von vielen anderen Leuten.*[218]

Bei Kriegsende befanden sich noch viele Deutsche in der Tschechoslowakei. Während die dort evakuierten Reichsdeutschen sofort ausgewiesen wurden, hatten alle anderen zunächst die Hoffnung, in ihrer Heimat bleiben zu dürfen. Aber die Hoffnung hat sich bald zerschlagen.

Unter der Überschrift „Ausweisung und Heimkehr" berichtet **Greta Knecht**: *Die Dorfbevölkerung von Außergefild bestand ausschließlich aus Deutschen, die sich vor Jahrhunderten im deutsch-tschechischen Grenzgebiet angesiedelt hatten. Wir gehörten wie einige andere Evakuierte zu den Zugereisten, die sich zwar von den Einheimi-schen nicht unterschieden, jedoch für die Tschechen, die zu den Siegern zählten, die Ersten waren, die sie loswerden wollten. Etwa sechs Wochen nach dem Kriegsende kam aus heiterem Himmel die Nachricht, dass wir innerhalb von 24 Stunden das Dorf zu verlassen hätten. Wie das geschehen sollte, war uns erst klar, als amerikanische Militär-lastwagen auftauchten. Mit geringem Handgepäck bestiegen wir, die Reichsdeutschen, die Fahrzeuge und wurden in das nahe gelegene Winterberg verfrachtet. Der Transport* bestand ausschließlich aus Frauen und Kindern. In einer Schule fanden wir Unterkunft, verpflegt wurden wir von den Amerikanern. Etwa eine Woche später ging unser Transport erneut mit einem amerikanischen LKW weiter. Wohin, wusste niemand.

Nach einer mehrstündigen Fahrt kamen wir am späten Abend in Bamberg an. Der Fahrer des LKWs hielt mitten in der stark zerstörten Innenstadt an und befahl uns abzusteigen. Danach fuhr er einfach weg, und wir standen alleingelassen auf der Straße. Jammern und Lamentieren half nichts. Da wir gemeinsam nirgends unterkommen konnten, machten sich die Familien allein auf die Suche nach einer Bleibe. Wir fanden schließlich Aufnahme in einem durch Kriegseinwirkungen zerstörten unbewohnten Gasthaus. Ich weiß nicht mehr, wie wir nach der Abreise von Außergefild täglich etwas zu essen bekamen. In Erinnerung sind mir lediglich die kleinen Rationen der Amerikaner in den Blechdosen mit Keksen und Schokolade.

Meine Mutter versuchte nun, zusammen mit einer anderen Frau eine Transportmöglichkeit nach Mannheim ausfindig zu machen. Es waren zwar bereits wieder Züge unterwegs, aber sie waren total überfüllt. Schließlich konnten sie jemanden finden, der ihnen behilflich war, einen in südlicher Richtung abgehenden gedeckten Güterwagen mit uns Kindern zu besteigen. Ich erinnere mich lediglich an das Gedränge beim Einsteigen und an den Schmutz im Wageninneren. Wo wir in andere Züge umstiegen, und wie wir schließlich unser Ziel erreichten, weiß ich nicht mehr. Erinnern kann ich mich lediglich daran, dass wir unterwegs wiederholt Nahrungsmittel und Getränke von amerikanischen Soldaten erhielten.

Schließlich kamen wir mit einem Güterzug auf dem Mannheimer Rangierbahnhof an und fanden Aufnahme bei einer Tante, die in Rheinau wohnte. Besondere Ansprüche an Wohnung, Kleidung und Nahrung hatten wir nicht. Wir waren endlich wieder daheim und hatten ein Dach über dem Kopf. Die Wohnungsnot in Mannheim war damals sehr groß. Nicht nur in der Innenstadt, sondern auch in den Vororten waren viele Häuser zerstört. Auch Neckarau war davon stark betroffen.[219]

**Irmgard Laux** lebte am Kriegsende mit ihrer Familie in Brünnlitz, einer deutschen Sprachinsel in der Tschechoslowakei, die später durch den Film „Schindlers Liste" bekannt wurde. Sie berichtet: *Der Ort wurde Anfang Mai 1945 von den Russen, die aus Krakau angerückt waren, besetzt. Kampfhandlungen fanden bei Brünnlitz nicht statt. Wir durften zunächst in unserem Haus bleiben.*

*Als ich einmal mit meiner Mutter unterwegs war, grüßte ich ganz stolz mit dem Hitlergruß. Erschrocken riss mir Mutter den Arm herunter und sagte, ich soll still sein. Offensichtlich hatte ich als Kind den Umschwung noch nicht mitbekommen. Am Kriegsende war ich sechs Jahre alt und sollte eigentlich in die Schule gehen. Die deutschen Schulen wurden aber geschlossen, und ich saß nun in einer tschechischen und verstand kein Wort. Das Problem löste sich durch die spätere Vertreibung.*

*In unserem Haus waren ein russischer Offizier und ein Koch einquartiert. Sie waren sehr freundlich. Meine Eltern sprachen tschechisch mit ihnen. Da ich nach Ansicht meiner Mutter zu dünn war, bat sie den Koch, mir etwas zuzubereiten, wovon ich zunehmen würde. Dieser mischte mir auch bereitwillig ein Tränklein aus Hefe, Milch und anderen Zutaten, welches ich mit Genuss trank, aber leider nicht zunahm.*

*In diesen unsicheren Zeiten machte meine Mutter im Garten eine Grube und versteckte darin eingewecktes Fleisch und andere wertvolle Lebensmittel. Obenauf kam ein Holzdeckel, auf den zur Tarnung Salat gepflanzt wurde. Wenn sie etwas brauchte, hob sie einfach den Deckel hoch und holte sich die Lebensmittel. An eine Fichte im Wald hinter unserem Haus hängten meine Eltern geräucherten Schinken und Dauerwürste für etwaige Notfälle nach einer erhofften Rückkehr. Dass wir aus der Heimat endgültig vertrieben werden könnten, daran wollten meine Eltern anfangs nicht glauben.*

*Am 1.3.46 wurden die deutschen Männer, darunter mein Vater und mein Onkel, einige Wochen im Gefängnis von Chrudim eingesperrt. Meine Mutter röstete Brotwürfel in Speck und schickte diese durch einen tschechischen Nachbarn meinem Vater. Das beruhigte uns alle, denn wir konnten uns schon vorstellen, wie dort gehungert wurde.*

*Das Schlimmste stand uns jedoch noch bevor, denn Anfang Mai 1946 hieß es plötzlich, wir müssten am 15.5.46 aussiedeln, sodass uns nur noch wenige Tage blieben. Mein Vater ließ drei große Kisten anfertigen, denn wir durften 50 kg pro Person mitnehmen. Federbetten, Kleider, Geschirr und viele uns wichtig erscheinende Dinge wurden eingepackt. Meine Spielsachen mussten zurückbleiben, und so machte ich mir aus einem Taschentuch eine Puppe, ein Knoten war der Kopf. Nachts kamen immer wieder tschechische Nachbarn, um sich zu verabschieden, und brachten Würste und haltbare Lebensmittel mit. Sie versicherten uns immer wieder, dass wir keine Angst haben müssten, uns würde nichts passieren, unser gutes Verhältnis zu den Tschechen war ja bekannt. Tröstlich für meinen Vater war zu wissen, dass sein ehemaliger deutscher Schulfreund, der mit einer Tschechin verheiratet war und deshalb nicht aussiedeln musste, sein Haus übernehmen würde. Besonders schwer war der Abschied von unserem Hund Waldi. Meiner Tante, welche mit einem Tschechen verheiratet war und die dort bleiben durfte, übergaben wir unseren Schmuck, hauptsächlich Goldschmuck mit Granaten, da wir keinen Schmuck mitnehmen durften.*

*Am Abreisetag mussten wir uns alle im Schulhof einfinden. Ich trug, wie die anderen, einen schweren Rucksack, verlor unterwegs das Gleichgewicht und fiel in den Straßengraben, aus dem mich meine Mutter wieder herauszog. Mit unserem Gepäck ging es zum Bahnhof, wo wir in leere Waggons einstiegen. Diese wurden dann zugenagelt, sodass wir unterwegs nur durch Astlöcher hinaussehen konnten. Die Notdurft wurde in Eimer verrichtet. Für mich war dies alles ein großes Abenteuer, Angst hatte ich keine. Ich genoss es, mit anderen Kindern und Leuten zusammen zu sein, denn mein Leben verlief bisher sehr eintönig. Ich weiß nicht mehr, wie viele Tage wir unterwegs waren, bis wir im Lager Iglau ankamen.*

*Nach einiger Zeit ging es bei Furth im Walde über die Grenze und weiter bis Regensburg. Von dort aus wurden wir über die einzelnen Ortschaften in der Oberpfalz verteilt.*[220]

240

**Franz Motzko** berichtet: *Wir Kinder wurden zwischen 1941 und 1945 im südlichen Böhmerwald, einem Teil des Sudetenlandes, geboren. Budweis und Krummau an der Moldau waren die nahe liegenden Zentren in der von Forst- und Landwirtschaft geprägten Kulturlandschaft. Meine Eltern bewirtschafteten in Neustift, einem Ort mit sechs Gehöften und einem Bahnhof, einen Hof mit 72 Hektar Ackerland und zwölf Hektar Wald. 500 Jahre lang war der Hof im Besitz der Familie. Als Folge des Zweiten Weltkrieges mussten wir unsere Heimat verlassen.*

*Der Exodus begann im Sommer 1946 und führte uns zuerst ins Flüchtlingslager „Teufelsklinge" in der Nähe von Mosbach, danach nach Eschelbronn bei Sinsheim. Hier lebte unsere siebenköpfige Familie mehrere Jahre lang in einem Raum von 20 qm mit einem winzigen Nebenraum, der als Elternschlafecke diente. Eigentlich unglaublich. Als Vater Franz Arbeit beim „Benz" in Mannheim gefunden hatte, zogen wir 1952 nach Mannheim-Schönau um, ich war gerade sieben Jahre alt.*[221]

Von den Emigranten, die sich der Verfolgung durch das Nazi-System entzogen haben und nach einem meist schwierigen Neubeginn viele Jahre im Ausland lebten, sind einige nach dem Krieg wieder in ihre Heimat zurückgekehrt. Zu ihnen zählt **Max Diamant**, der mit seiner Familie in Mexiko gelebt hatte. [222]

**Luz Born**, dessen Eltern in die USA emigriert waren, während er das Kriegsende in England erlebte, kam 1967 nach Deutschland zurück. [223]

**Henny Dreifuss**, deren Bruder in Majdanek und deren Eltern in Auschwitz umgekommen sind, erlebte die Befreiung in Lyon und kehrte 1945 nach Deutschland zurück.[224]

Für diejenigen, die sich in der Kriegsgefangenschaft befanden, war der Krieg zwar auch zu Ende, aber sie lebten fremdbestimmt in den Gefangenenlagern und in Einsatzkommandos außerhalb der Lager, oft unter miserablen Bedingungen. Im Gewahrsam der Siegermächte sind viele nicht nur in Russland, sondern vor allem in Frankreich und anfangs auch in mehreren Lagern in Deutschland gestorben. Einige kehrten krank von dort zurück. Die Sorge um die Gefangenen hat in vielen Familien noch lange angedauert. Während die meisten Gefangenen der Amerikaner, Engländer und Franzosen bis 1948 entlassen wurden, kamen die letzten Deutschen in russischer Gefangenschaft erst 1955 nach Hause. Ihr **Weg bis zum bitteren Ende** hat lange gedauert. Er war bei vielen mit Hunger, Qualen und Erniedrigung verbunden.[225]

Das Schicksal derjenigen, die noch am Kriegsende als vermisst galten, konnte in den meisten Fällen nicht mehr geklärt werden. Viele Angehörige weigerten sich, die seit Jahren Vermissten für tot erklären zu lassen. Dazu zählten auch die Großeltern meiner Frau, deren Sohn Hans in Afrika als vermisst galt. Das Schreiben seines

Kompaniechefs lautete: *Die Kompanie erfüllt die traurige Pflicht, Ihnen mitteilen zu müssen, dass Ihr Sohn, der Panzergrenadier Hans Maier, seit dem 6.3.43 vermisst wird. Die Kompanie befand sich am Spätnachmittag des 6. März im Angriff gegen die Höhe 188 am Djebel el Lebene ungefähr 20 km nordwestlich Medenin. Panzergrenadier Hans Maier hat sich heldenhaft und tapfer am Angriff beteiligt, bis er durch einen kleinen Granatsplitter am Kinn zum Aussetzen gezwungen wurde. Er wurde verbunden und zum Arzt zurückgeschickt. Seither wurde er nicht mehr gesehen. Es ist anzunehmen, dass er bei dem kurz darauf einsetzenden feindlichen Artillerie-Sperrfeuer ums Leben kam. Als sich die Kompanie nach Einbruch der Dunkelheit löste und das Gebiet absuchte, blieb alles umsonst. Dass Panzergrenadier Hans Maier in Feindeshand gefallen sein könnte, ist nicht anzunehmen ...*[226]

Trotz dieser auf den Tod hindeutenden Aussage hat seine Mutter noch bis zu ihrem Tod an die Heimkehr ihres jüngsten Sohnes geglaubt.

**Oskar Bischoff** schildert die Weigerung seiner Mutter, ihren Mann für tot erklären zu lassen: *„Mein Vater kehrte von seinem Kriegseinsatz nicht zurück. Tag für Tag verging, ohne dass wir wussten, ob er tot oder in Gefangenschaft geraten war. Wie in vielen Familien musste das Leben auch bei uns ohne den Ernährer weitergehen. Für meine Mutter ergaben sich bei Kriegsende viele Probleme, aber auch viele Ängste über die zukünftige materielle Versorgung der Familie.*

*Ihre Hoffnung auf ein gutes Ende wurde immer wieder durch die Rückkehr von Kriegsteilnehmern aus der Gefangenschaft und von Vermissten bestärkt. Sie blieb daher eisern bei ihrer Weigerung, den notwendigen Antrag zu stellen. Bei allen möglichen Organisationen, die sich um die Suche nach Vermissten kümmerten, war sie um die Klärung des Schicksals meines Vaters bemüht. Immer wieder klammerte sie sich an vage Meldungen über späte Heimkehrer, und solange noch Erspartes da war und die Familie einigermaßen versorgt werden konnte, war sie nicht bereit, die Hoffnung aufzugeben, dass mein Vater noch lebend zurückkehren würde.*

*Schließlich stellte meine Mutter unter dem Druck der Verhältnisse und in Anerkennung der Argumente ihrer Kinder im Spätjahr 1947 endlich den Antrag auf die Todeserklärung. 1948 konnte sie dann ihre, wenn auch durch viele gesetzliche Einschränkungen gekürzte, Altersversorgung in Anspruch nehmen. Wir Kinder atmeten auf, denn von nun an ging es aufwärts in unserer Familie.*[227]

Unübersehbar waren nach dem Krieg die vielen Kriegsinvaliden, die ihr ganzes Leben lang unter den Einschränkungen körperlicher Art und Krankheiten gelitten haben. Es gab Kriegswaisen, die einen Elternteil oder beide verloren hatten. Und es gab auch Kinder, die längere Zeit völlig alleingelassen umherirrten. Ganz abgesehen von den materiellen Schäden, die viele zu verkraften hatten, waren die körperlichen und seelischen Beeinträchtigungen und das Elend, welches das unbarmherzige, brutale System Hitlers über Deutschland und über andere am Krieg beteiligte Länder gebracht hatte, allgegenwärtig.

# Das Erwachen

Nicht alle haben sich nach dem Krieg mit der Aufarbeitung des Geschehenen und ihrer Beteiligung beschäftigt. Und nicht alle standen zu dem, was sie anderen angetan hatten. Für mich ist es schwer gewesen, all das zu verkraften, was ich erstmals in der Gefangenschaft mit meinen damals noch nicht ganz 16 Jahren erfahren habe.

Ich war mit meinen sechs Schulkameraden noch zusammen, als wir in Tulle eintrafen. Den äußerst feindseligen Empfang unseres Gefangenentransports in dieser Stadt wird keiner jemals vergessen, der ihn erlebt hat. Wir wurden vom Bahnhof bis in das auf einer Anhöhe liegende Gefangenlager geprügelt. Den Grund für das Geschehen erfuhren wir am nächsten Tag. In Tulle wurden nämlich am 7.6.44 99 Männer von Angehörigen der SS-Division „Das Reich" vor ihren Angehörigen mitten in der Stadt an Laternenpfählen und Balkonen aufgehängt. 149 Männer wurden deportiert, von denen nur 48 die Konzentrationslager in Deutschland überlebten. Das Massaker war eine Vergeltungsaktion für den Angriff einer Einheit der französischen Widerstandsbewegung auf eine deutsche Kaserne. Vor unserer Ankunft in der Stadt war verbreitet worden, dass ein Gefangenentransport mit SS-Soldaten eintreffen würde. Die Reaktion der Bevölkerung schien mir durchaus verständlich zu sein. [228]

*Der Eingang zum Gefangenenlager Tulle*

Strafaktionen wie die in Tulle, die Judenmorde und all die schrecklichen Gräueltaten erfuhren wir in den Tagen nach unserer Ankunft im Gefangenenlager aus den angeschlagenen Zeitungen, auch das, was inzwischen in Deutschland geschehen war. Erste Bilder aus den Konzentrationslagern und Berichte über die Judenmorde und die Massaker von Oradour und Tulle vermittelten Geschehnisse, die für mich unvorstellbar waren. Andere können so etwas tun, wir Deutsche doch nicht, so hatte ich das gelernt.

Zunächst konnte ich das alles nicht glauben. Aber die ausführlichen Schilderungen und vor allem auch die Bilder ließen keinen Zweifel zu. Es war für mich ein schreckliches Erwachen, und ich war sehr deprimiert. Nichts von all dem gewusst zu haben, konnte ich kaum fassen. Was hatte man mit uns angestellt, die wir treu und brav an die Rechtmäßigkeit des Systems und an die Notwendigkeit des Krieges geglaubt hatten. Wie konnte es sein, dass man Millionen unschuldiger Menschen umgebracht hatte. Jahrelang hatten wir stets nur eine Seite der Medaille gesehen. Wir kannten nur die Gräueltaten der anderen. Was Deutsche während des Krieges in ganz Europa angerichtet hatten und was mit den Juden geschehen war, das erfuhren meine Kameraden und ich erst jetzt. Es war für uns alle unfassbar.

**Helmut Graf** war einer meiner Mitschüler, welche die Ankunft unseres Gefangenentransports in Tulle erlebten. Auch ihm fiel es schwer, das zu glauben, was an Schlimmem geschehen war. Er schreibt: *Aus Zeitungen und bebilderten Schautafeln, die im Lager angebracht waren, erfuhren wir erstmals von der Existenz von Konzentrationslagern in Deutschland und vom Holocaust wie auch von den Strafaktionen der SS nicht nur in Tulle, sondern auch in Oradour-sur-Glane. Es dauerte lange, bis ich mich durchgerungen hatte, diese Geschehnisse als Tatsache zu akzeptieren und nicht mehr als „Feindpropaganda" zu betrachten, so wie es uns permanent eingebläut worden war.*[229]

**Dieter Wolf** befand sich nach seinem letzten Einsatz in der Nähe seiner Heimatstadt Mannheim bereits im März 1945 in französischer Gefangenschaft. Er berichtet Folgendes: *Von der Kapitulation der deutschen Wehrmacht erfuhr ich in einem Gefangenenlager, das die US-Armee in der Nähe von Marseille eingerichtet hatte. Meine Welt brach zusammen. Wo waren die angekündigten deutschen Wunderwaffen, an die ich geglaubt hatte? Gezeigt wurden uns Bilder von abgemagerten KZ-Häftlingen mit Bergen von Leichen. Täglich gab es neue Berichte von deutschen Gräueltaten. Ich konnte nicht glauben, dass meine Landsleute so etwas tun. War ich von klein auf belogen worden? Hatten meine Eltern, meine Verwandten und auch die Kirche nichts davon gewusst?*[230]
*Gegen die Vorstellung, ein verbrecherisches System unterstützt zu haben, sträubte ich mich lange.*
*Ehe ich, ohne Entlassungspapiere, 1947 wieder nach Mannheim kam, hatte ich unter sehr unterschiedlich gearteten Menschen mehrere Kriegsgefangenenlager in Frankreich kennengelernt. Nutzlos waren diese Erkenntnisse nicht. Sie halfen, auch eigene Schuld zu erkennen und Schamgefühl zu empfinden.*[231]

**Hans Bindner**, ein Schüler der Nationalpolitischen Erziehungsanstalt, der wie ich als 15-Jähriger in französische Gefangenschaft geraten war, hat dazugelernt. Er schreibt: *Die Franzosen waren für uns Deutsche immer der Erzfeind, den es zu besiegen galt. So hatten wir das in der Schule gelernt. Die Zeit der Gefangenschaft hat mich eines anderen belehrt und mir die Augen geöffnet, nicht alles zu glauben, was einem so vorgesetzt wird. Ich habe nicht nur eine schwere Nachkriegszeit überlebt, sondern auch große Menschlichkeit erfahren von den „Erzfeinden". Mit meinem Vater, der im Ersten Weltkrieg gegen Frankreich gekämpft hat, war es nach meiner Heimkehr nicht einfach, ihn von meiner Meinung zu überzeugen. Aber in manchen Gesprächen ist es dann doch gelungen, mit mir einig zu sein, dass man Ressentiments beseitigen kann, wenn man aufeinander zugeht und den anderen als Mensch betrachtet.* [232]

**Emil Ziegler** geriet in Bayern in Gefangenschaft. Er schreibt: *Die Siegesfeier der Amerikaner nach der Kapitulation dauerte mehrere Tage. Für mich ging damals, wie für viele andere, ein Traum zu Ende, der zum Schluss ein Albtraum gewesen war. Erstmals wurde ich mit den Gräueltaten von Landsleuten in den besetzten Gebieten und mit dem unfassbaren Geschehen in den Konzentrationslagern konfrontiert. Die Erkenntnis, von einem unmenschlichen System missbraucht worden zu sein, war bitter.* [233]

Bei der Aufarbeitung des im Namen des Deutschen Volkes Geschehenen haben mir mein erster Patron und seine Frau, bei denen ich nach dem Aufenthalt im Lager Tulle als Gefangener gearbeitet habe, sehr geholfen. Von Anfang an waren beide darum bemüht, mich so zu behandeln, als gehörte ich zur Familie. Ich erhielt von ihnen Zivilkleidung und bekam täglich reichlich und gut zu essen. Am Ende der Mahlzeit stand immer die Frage, ob ich denn satt geworden sei. Kein Wunder, dass ich mich bei ihnen sehr wohl fühlte.

Der viel geschmähte Französischunterricht, von dem in meinem Tagebuch wiederholt die Rede war, machte sich bezahlt. Er ermöglichte es mir, mich mit meinem wissbegierigen Patron zu unterhalten und mit ihm zu diskutieren. Bis in die Nacht hinein haben wir mitunter geredet. Er wollte von mir wissen, wie das denn mit dem Nationalsozialismus war, was uns in der Schule und in der Hitlerjugend beigebracht wurde, wie es zum Militärdienst von uns Jugendlichen kam. Und er berichtete mir das, was in Frankreich und in den anderen Ländern im Krieg geschehen war. Das Vichy-Regime, Oradour, Tulle, die Widerstandsbewegung in Frankreich, die vielen Gräueltaten in den besetzten Gebieten, die Judenmorde waren einige der Themen.

Es war Roger Soirat, der mir glaubhaft das Geschehen im Krieg vermittelte. Dafür bin ich ihm sehr dankbar, denn durch ihn begann für mich eine sehr frühe Aufarbeitung. Es wurde mir klar, was mit uns Jugendlichen, aber auch mit gutgläubigen Erwachsenen geschehen war, die bis zuletzt einem verbrecherischen System auf

dem Weg **bis zum bitteren Ende** gefolgt waren. Ich wünschte, dass auch andere, so wie ich, einen solchen Gesprächspartner gehabt hätten. Das Eingestehen von Schuld und Versagen ist leider bei vielen, die an dem damaligen Geschehen an unterschiedlichen Stellen beteiligt waren, zu kurz gekommen.

Ich werde Roger Soirat und seine Frau nie in meinem Leben vergessen, weil sie ohne große Worte Menschlichkeit zeigten, und das zu einem Zeitpunkt, als in Frankreich die Deutschen als Barbaren und Erbfeinde galten. Für sie war ich ein Mensch wie jeder andere.

Im Februar 1947 wurden meine sechs Mitschüler und ich aus der Gefangenschaft entlassen. Wir hatten alle die annähernd zwei Jahre unseres Aufenthalts in Frankreich mehr oder weniger gut überstanden. Erst als wir wieder bei unseren Eltern waren, ist auch für uns der Krieg zu Ende gewesen.

*Wir sieben Mannheimer Mittelschüler im Lager Tulle vor der Heimkehr*

Mannheim sah bei unserer Rückkehr im Vergleich zu dem Zustand bei Kriegsende bereits etwas aufgeräumt aus.

246

*Der Blick in die bereits vom Schutt befreiten Planken*

Im Juli 2004 bin ich dann Michel Trésallet erstmals begegnet. Er ist der Sohn eines nach Dachau verschleppten Einwohners der Stadt Tulle, der Ende 1944 in Deutschland im Konzentrationslager Hersbruck gestorben ist. Der Verlust seines Vaters muss sein Leben in starkem Maße geprägt haben. Die auf seinem Arm eintätowierte Gefangenen-Nummer des Vaters und seine sichtliche Nervosität bei unserem ersten Zusammentreffen anlässlich der Dreharbeiten für den Film des SWR „Lehrjahre beim Feind", lässt dies vermuten. Den gemeinsamen Weg durch Tulle, der Stadt, in der am 9.6.44 die SS-Division „Das Reich" 99 Männer von der Straße weg an Balkonen und Laternenpfählen aufgehängt hat, und den Besuch des Mahnmals werde ich trotz der Ablenkung durch die Filmarbeiten niemals vergessen, auch nicht seine Aussage „Ich werde niemals nach Deutschland gehen", mit der er deutlich machte, dass er mit Deutschen nichts zu tun haben wollte.

Inzwischen war Michel mehrmals mit seiner Frau Yvette zu Besuch bei mir zu Hause. Ohne unsere Begegnung in Tulle und die danach folgenden Gespräche wäre er bestimmt nicht nach Deutschland gekommen. Es fehlte uns nie an Diskussionsstoff, und ich meine, es hat sich gelohnt, über die Verführbarkeit von Menschen zu reden. – Wir sind Freunde geworden und sind uns darüber einig, dass es „noch nie einen guten Krieg oder einen schlechten Frieden", gegeben hat.[234] Einigkeit besteht zwischen uns auch darüber, dass alles getan werden muss, um die Demokratie und damit die Meinungs- und Pressefreiheit zu erhalten.

Dass Franzosen und Deutsche, die sich jahrhundertelang feindlich gegenüberstanden, heute in Freundschaft miteinander leben, ist für mich beglückend, und dass sich Jugendliche in ganz Europa kennenlernen und frei miteinander reden können, ist von unschätzbarem Wert. Es ist viel mehr, als man erwarten konnte, nach all den Gräueln, die im Namen des Deutschen Volkes geschehen sind, auf

**dem Weg bis zum bitteren Ende.**

# Nachwort

Zu nahezu allem, was sich in Deutschland von der Machtübernahme Hitlers bis zum Kriegsende ereignet hat, gibt es eine Vielzahl von Veröffentlichungen. Die Geschichtswissenschaft hat sich intensiv mit dem Nationalsozialismus und seinen Folgen beschäftigt, und sie wird das auch noch weiter tun. Daneben gibt es Tagebuchaufzeichnungen und viele persönliche Dokumente und Berichte, die über das Erleben und die Schicksale von Zeitzeugen Auskunft geben.

Meinen Weg durch die damalige Zeit habe ich vor einigen Jahren niedergeschrieben und versucht, auch andere dazu zu bewegen, einen Beitrag zur Geschichte des privaten Lebens zu leisten. Bei einigen ist mir dies gelungen. Sie ergänzen in der vorliegenden Veröffentlichung meine Aufzeichnungen. Alle haben offen ihre Erinnerungen weitergegeben und darüber gesprochen, was sie damals erlebten, was sie dachten, was mit ihnen und anderen, denen sie begegnet sind, geschehen ist, und in welchem Maße sie an dem damaligen Geschehen aktiv Anteil hatten. Es gibt nicht nur ernsthafte und dramatische Schilderungen von außerordentlichen Erlebnissen, sondern auch von Alltäglichem. Auch im Alltäglichen kommt die Zeit des Nationalsozialismus sehr deutlich zum Ausdruck.

Die Geschichte des privaten Lebens, die „kleine Geschichte" und die „große Geschichte" ergänzen sich, daran besteht für mich kein Zweifel. Mein Dank gilt allen, die mit „ihrer Geschichte" zu dieser Ergänzung beigetragen haben.

# Bildnachweis

## Bilder des Stadtarchivs Mannheim – Institut für Stadtgeschichte

Alle anderen Bilder haben Bezug zu den jeweiligen Schilderungen. Sie stammen aus dem Archiv von Hubert Güthlein oder aus dem Privatbesitz der berichtenden Personen.

# Quellennachweis und Anmerkungen

1   Karl Heinz Mehler, Davongekommen, Mannheim 1999
2   Karl Heinz Mehler, Zwischen Weltwirtschaftskrise und totalem Krieg – Mannheimer Zeitzeugen erzählen über ihr privates Leben, Mannheim 2009
3   Karl Heinz Mehler, Zwischen Trümmerschutt und Wirtschaftswunder – Mannheimer Zeitzeugen erinnern sich an die Nachkriegszeit, Mannheim 2012
4   Anneliese Volle, Band 1, S. 415
5   Ilse Wolf, Band 1, S. 463
6   Erwin Haag, Band 1, S. 172 ff
7   Irmgard Breiner, Erinnerungen an eine Kindheit 1929-1945, Landau 1997, S. 20 ff.
8   Hubert Güthlein, Band 1, S. 168
9   Richard Grimminger, Band 1, S. 162
10  Kurt Oppitz, Band 1, S. 313
11  Werner Amend, Band 1, S. 28
12  Anneliese Volle, Band 1, S. 416
13  Waldemar Hildebrand, Band 1, S. 230
14  Egon Reiter, Band 1, S. 347
15  Karlheinz Martus, Bans 1, S. 284
16  Lothar Steinbach, Mannheim – Erinnerungen aus einem halben Jahrhundert, Stuttgart 1984, S. 377
17  Anneliese Volle, Band 1, S. 416
18  Anneliese Volle, Band 1, S. 416
19  Helmut Graf, Band 1, S. 152 f
20  Siehe hierzu IHK-Wirtschaftsmagazin Rhein-Neckar 11/2005, S. 7
21  Das bereits im März 1933 erlassene Gesetz zur Gleichschaltung verlangte von allen Verbänden und Organisationen eine Änderung ihrer Satzung.
22  Heft 7 der Vereinsmitteilungen der „Amicitia" vom September/Oktober 1933
23  Heft 2 der Vereinsmitteilungen vom März/April 1934
24  Vgl. Bernett, Hajo, Der Weg des Sports in der nationalsozialistischen Diktatur, Schorndorf 1983, S. 13
25  Jörg Schadt, Michael Caroli, Mannheim unter der Diktatur, Mannheim 1997, S. 205
26  Luz Born, Band 1, S. 74
27  Luz Born, Band 1, S. 75
28  Luz Born, Band 1, S. 75 f.
29  Helmut Weidner, Band 1, S. 427
30  Irmgard Breiner, a.a.O. S. 28
31  Erwin Pfeffer, Band 1, S. 340
32  Friedrich Schüttler, Band 1, S. 374 f.
33  Robert Hagmann, Band 1, S. 203
34  Die unglaubliche Kaltblütigkeit und die Unmenschlichkeit, mit der die Vernichtung der Juden betrieben wurde, ist in dem Film „Shoah" von Claude Lanzmann dokumentiert. Zeitzeugen kommen dort zu Wort, durch die das Geschehen auf eine ganz persönliche Weise zum Ausdruck kommt.
35  Eine ausführliche Darstellung des Schicksals jüdischer Unternehmer, die in Neckarau lebten, findet sich in der Chronik von Hansjörg Probst, Neckarau vom Absolutismus bis zur Gegenwart, Mannheim 1989, S. 303 ff.
36  Kurt Oppitz, Band 1, S. 318 f.
37  Kurt Oppitz, Band 1, S. 319
38  Victor Klemperer, Ich will Zeugnis ablegen bis zum letzten (Tagebücher 1933–1945), Berlin 1995
39  Arno Bienstock, Band 1, S. 52 f.
40  Anneliese Volle, Band 1, S. 416 f.
41  Karla Spagerer, Band 1, S. 401 f.
42  Ruth Gottschlich, Band 1, S. 143 f.
43  Siegfried Laux, Band 1, S. 259
44  Karlheinz Martus, Band 1, S. 284
45  Henny Dreifuss, Band 1, S. 111 f. – Henny Dreifuss arbeitete ab Januar 1943 für die Résistance. Ihre Eltern sind in Auschwitz umgekommen. Sie ist 1945 nach Deutschland zurückgekehrt.
46  Doris Diamant de Siebert, Band 2, S. 121 f.
47  Trude Wittemann, Band 1, S, 449
48  Siehe hierzu: Hansjörg Probst, Neckarau vom Absolutismus bis zur Gegenwart, Mannheim 1989, S. 302 f.
49  Karlheinz Martus, Band 1, S. 283 f.
50  Trude Wittemann, Band 1, S. 450
51  Gertrud Zahnleiter, Band 1, S. 475
52  Vgl. Lohrer, E., Gerweck, E., a.a.O., Heft IV, S. 404
53  Hitler, A., Mein Kampf, München 1932, S. 465 f.
54  Paulina Haag, Band 1, S. 182

55 Helmut Weidner, Band 1, S. 425
56 Werner Amend, Band 1, S. 26 f.
57 Egon Reiter, Band 1, S. 348
58 Karlheinz Martus, Band 1, S. 285 f.
59 Das Jahr voller Freude, Das Buch des Kindes im Gesamtunterricht des ersten Schuljahres, Kempten, Leipzig 1936
60 Arno Bienstock, Band 1, S. 52
61 Steinbach, a.a.O., S. 378
62 Christina Braselmann, Band 1, S. 80
63 Werner Amend, Band 1, S. 29
64 Wolfgang Butzer, Band 1, S. 97
65 Hans Günther Haaß, Band 1, S. 187
66 Erwin Pfeffer, Band 1, S. 339
67 Egon Reiter, Band 1, a.a.O., S. 349
68 Karlhwint Martus, Band 1, S, 286
69 Barbara Berndt, Band 1, S. 36
70 Mathilde Weidner, Band 1, S. 436 f.
71 Mathilde Weidner, Band 1, S. 437 f.
72 Walter Pahl, Band 1, S. 329 f.
73 Robert Hagmann, Band 1, S. 201
74 Robert Hagmann, Band 1, S. 203 f.
75 Christina Braselmann, Band 1, S. 81
76 Helmut Weidner, Band 1, S. 426
77 Helmut Weidner, Band 1, S. 429
78 Lothar Steinbach, a.a.O., S. 377
79 Hubert Güthlein, Band 1, S. 170
80 Karl Heinz Mehler, Dieter Wolf, a.a.O. S. 14
81 Vgl. Oppenheimer, M., Der Fall Vorbote – Zeugnisse des Mannheimer Widerstandes, Frankfurt 1969.
   Das Buch schildert die Geschichte der Widerstandsgruppe, die Umstände ihrer Verhaftung und den Prozessverlauf.
   Abgedruckt sind auch die letzten Briefe der Verurteilten an ihre Familienangehörigen.
82 Karl Heinz Mehler, Die Mittelschule in Mannheim 1939-1947. Mannheim 1995, S. 32
83 Siehe hierzu: Hansjörg Probst, Neckarau vom Absolutismus bis zur Gegenwart, Mannheim 1989, S. 300 ff.
84 Karla Spagerer, Band 1, S 399 f.
85 Lothar Steinbach, a.a.O., S. 361 f.
86 Christina Braselmann, Band 1, S. 83
87 Siehe: Reiner Albert, Günther Saltin, Zwischen Konformität und Gewissen, Ostfildern 2003, S. 151 ff.
88 Siehe: Gertrud Zahnleiter, Band 1, S. 471 ff.
89 Egon Reiter, Band 1, S. 351 ff.
90 Karl Heinz Mehler, Dieter Wolf, a.a.O., S. 11
91 Karl Heinz Mehler, Dieter Wolf, a.a.O., S. 18
92 Siehe Gertrud Zahnleiter, Band 1, S. 475
93 Siehe Zeitungsartikel im „Hakenkreuzbanner" vom 13.4.1939
94 Karl Heinz Mehler, Dieter Wolf, a.a.O., S. 13 f.
95 Ruth Sebastian, Band 1, S.378 ff.
96 Irmgard Breiner, a.a.O., S. 68
97 Helmut Graf, Band 1, S. 152
98 Anneliese Volle, Band 1, S. 417
99 Irmgard Helmstädter, Band 1, S. 225 f.
100 Deutsches Lesebuch für Mittelschulen „Dich ruft Dein Volk", Bielefeld 1941
101 Wassermann, Band 2, S. 429 f.
102 Siegfried Laux, Band 1, S. 260
103 Karl Heinz Mehler, Dieter Wolf, Verführte Jugend – Zeitzeugen berichten über ihre Jugend im Nationalsozialismus,
   Mannheim 2008, S. 15
104 Otmar Sester, Band 1, S. 382
105 Irmgard Breiner, a.a.O., S. 68 f.
106 Arno Bienstock, Band 1, S. 53
107 Emil Ziegler, Band 1, S. 479
108 Ruth Sebastian, Band 1, S. 376
109 Irmgard Breiner, a.a.O., S. 57
110 Arno Bienstock, Band 1, S. 53 f.
111 Otmar Sester, Band 1, S. 386
112 Rudolf Clausing, Band 1, S. 107
113 Steinbach, a.a.O., S. 384 f.
114 Dieter Wolf, Band 1, S. 455 f.
115 Ursula Mehler, Band 1, S. 303 f.
116 Paulina Haag, Band 1, S. 182 f.

117  Ruth Gottschlich, Band 1, S. 141 f.
118  Theo Frey, Band 1, S. 123
119  Siehe hierzu: Dieter Wolf, Luftkriegsereignisse in Mannheim 1939-1945, Online-Publikation des Stadtarchivs Mannheim –
      Institut für Stadtgeschichte.
120  Karl Heinz Mehler, Dieter Wolf, a.a.O., S. 18
121  Robert Lehle, Band 1, S. 270
122  Adolf Müller, Band 1, S. 308
123  Emil Röckel, Band 1, S. 359
124  Ursula Mehler, Band 1, S. 304
125  Werner Brehm, Band 1, S. 90 ff.
126  Steinbach, a.a.O., S. 368
127  Anneliese Volle, Band 1, S. 418 f.
128  Irmgard Helmstädter, Band 1, S. 222 f.
129  Albert Hitzfeld, Band 1, S. 237 ff.
130  Robert Lehle, Band 1, S. 270 f.
131  Adolf Müller, a.a.O., S. 310 f.
132  Wilma Gilbert-Winnes, Band 1, S. 131
133  vgl. Dabel, G., Die erweiterte Kinder-Landverschickung, Freiburg 1981
134  Trude Wittemann, Band 1, S. 451
135  Waldemar Hildebrand, Band 1, S. 231 f.
136  Otmar Sester, Band 1, S. 382
137  Schreiben des Badischen Ministers des Kultus und Unterrichts vom 20. Oktober 1943
      Quelle: Generallandesarchiv Karlsruhe Signatur 235/35268
138  Arno Bienstock, Band 1, S. 56
139  Arno Bienstock, Band 1, S. 57
140  Manfred Bittlingmaier, Band 1, S. 69
141  Kurt Oppitz, Band 1, S. 321
142  Hans Bichelmeier, Band 1, S. 46
143  Hans Bindner, Band 1, S. 60 f.
144  Manfred Bittlingmaier, Band 1, S. 63 ff.
145  Manfred Bittlingmaier, Band 1, S. 66 f.
146  Marianne Zimmermann, Band 1, S. 489 ff.
147  Ilse Hagmann, Band 1, S. 198
148  Siehe Karl Heinz Mehler, Die Mittelschule in Mannheim 1939-1947. Mannheim 1995
149  Trude Wittemann, Band 1, S. 451 f.
150  Emil Röckel, Band 1, S. 362
151  Manfred Bittlingmaier, Band 1, S. 70
152  Rolf Henn, Band 1, S. 228
153  Manfred Bittlingmaier, Band 1, S. 69
154  Ilse Hagmann, Band 1, S. 199
155  Theo Frey, Band 1, S. 125
156  Manfred Bittlingmaier, Band 1, S. 71 f.
157  Walter Spagerer, Band 1 S. 403 ff.
158  Erwin Haag, Band 1, S. 176
159  Erwin Haag, Band 1, S. 178
160  Erwin Haag, Band 1, S. 179 f.
161  Hermann Grimm, Band 1, S. 157 f.
162  Egon Reiter, Band 1, S. 355 f.
163  Robert Hagmann, Band 1, S.204 ff.
164  Wolfgang Butzer, Band 1, S. 97 f.
165  Helmut Weidner, Band 1, S. 429 f.
166  Otto Flegler, Band 2, S. 132 f.
167  Rudolf Clausing, Band 1, S. 108 f.
168  Wolfgang Butzer, Band 1, S. 98 ff.
169  Erwin Pfeffer, Band 1, S. 343 ff.
170  Siegfried Laux, Band 1, S. 264 ff.
171  Helmut Weidner, Band 1, S. 430 f.
172  Helmut Weidner, Band 1, S. 435
173  Ernst Helmstädter, Band 1, S. 216 f.
174  Hans-Günther Haaß, Band 1, S. 189 ff.
175  Werner Amend, Band 1, S. 33
176  Ludwig Wirthwein, Band 2, S. 475 f.
177  Karlheinz Martus, Band 1, S. 289 ff.
178  Theo Frey. Band 1, S. 123 f.
179  Irmgard Breiner, a.a.O., S. 97

180 Hermann Grimm, Band 1, S. 160 f.
181 Karl Heinz Mehler, Meisterruderer im Krieg – Das Schicksal der Ruderer des Mannheimer Rudervereins „Amicitia" im Spiegel der Rundbriefe von Seppl Schneider, Mannheim 2001
182 Wolfgang Butzer, Band 1, S. 100 ff.
183 Karl Heinz Mehler, Meisterruderer ..., a.a.O., S. 35
184 Seppl Schneider, Kameraden im Boot, Mannheim 1950, S. 107
185 Siegfried Laux, Band 1, S. 261 ff.
186 Dieter Wolf, Band 1, S. 456 f.
187 Emil Ziegler, Band 1, S. 483 ff.
188 Albert Hitzfeld, Band 1, S. 241 ff.
189 Adolf Müller, Band 1, S. 308 f.; Über das KZ Sandhofen gibt es unter dem Titel „Eine Schule als KZ" eine ausführliche Dokumentation des Vereins der KZ-Gedenkstätte Sandhofen e.V., in der u.a. Zeitzeugenberichte von Häftlingen zu finden sind. Siehe auch: Kostrzenski, Wladislaw, Meine Flucht, Mannheim 2011 und Mieczyslaw Wisniewski, Das ist meine Straße, Mannheim 2012
190 Mieczyslaw Wisniewski, Das ist meine Straße, Mannheim 2012, S. 16
191 Irmgard Salzmann, Band 1, S. 368
192 Werner Brehm, Band 1, S. 94 ff.
193 Irmgard Salzmann, Band 1, S.369 f.
194 Albert Hitzfeld, Band 1, S. 143 f.
195 Mathilde Weidner, Band 1, S. 441 f.
196 Christina Braselmann, Band 1, S. 86
197 Joachim Irek, Mannheim in den Jahren 1945 bis 1949, Stuttgart 1983, S. 30 f.; Der Polizeihauptmann und SS-Hauptsturmführer Böse, der die Erschießung veranlasste, wurde 1947 zunächst zu zwei Jahren, 1948 bei einer zweiten Gerichtsverhandlung zu drei Jahren Gefängnis verurteilt. Die beiden Männer des Erschießungskommandos wurden freigesprochen.
198 Werner Brehm, Band 2, S. 78
199 Werner Brehm, Band 2, S. 79
200 Werner Brehm, Band 1, S. 93
201 KHM/DW, a.a.O., S. 21
202 Willy Adrian, Band 1, S. 23 f.
203 Paul O. Farny, Band 1, S.115 f
204 Irmgard Helmstädter, Band 2, S. 213 ff.
205 Arno Bienstock, Band 1, S. 58 f.
206 Trude Wittemann, Band 1, S. 452 f.
207 Trude Wittemann, Band 1, S. 453 f.
208 Ian Kershaw, Das Ende, München 2011, S. 11 und 16
209 Lothar Steinbach, a.a.O., S. 388
210 Helmut Graf, Band 2, S. 150 ff.
211 Hans Bindner, Band 1, S 61 f.
212 Oskar Bischoff, Band 2, S. 37 f.
213 Adolf Sickinger, Band 1, S. 393 ff.
214 Werner Amend, Band 1, S. 34
215 Hans Günther Haaß, Band 1, S. 191
216 Rudolf Clausing, Band 1, S. 109 f.
217 Walter Wassermann, Band 2, S. 429 f.
218 Hans Weckesser, Band 2, S. 437
219 Greta Knecht, Band 1, S. 256 ff.
220 Irmgard Laux, Band 2, S.282 ff.
221 Franz Motzko, Band 2, S. 329
222 Doris Diamant, Band 2, S. 121 ff.
223 Luz Born, Band 1, S. 78
224 Henny Dreifuss, Band 1, S. 114
225 Siehe Rudolf Clausing, Band 2, S. 109 ff.
226 Karl Heinz Mehler, Meisterruderer ..., a.a.O., S. 100
227 Oskar Bischoff, Band 2, S.
228 Siehe: Michel Trésallet, Cahiers pour la mémoire, Tulle 2007
229 Helmut Graf, Band 2, S. 156
230 Karl Heinz Mehler, Dieter Wolf, a.a.O., S. 23
231 Karl Heinz Mehler, Dieter Wolf, a.a.O., S. 24
232 Hans Bindner, Band 1, S. 53
233 Emil Ziegler, Band 2, S.488
234 Zitat Benjamin Franklin

# MANNHEIMER ZEITGESCHICHTE

## Mannheimer Zeitzeugen – Band 1
von Karl Heinz Mehler – 496 Seiten, Euro 29,80

Mit einer Vielzahl persönlicher Geschichten erzählen 72 Menschen, die alle in Mannheim aufgewachsen sind, von den Ereignissen und von ihren persönlichen Erlebnissen ab Mitte der zwanziger Jahre bis zum Ende des Zweiten Weltkrieges. Der Älteste ist 1918, der Jüngste 1939 geboren. Sie stammen aus unterschiedlichen Schichten der Mannheimer Bevölkerung und waren altersbedingt mehr oder weniger stark von dem politischen Geschehen und den Kriegsereignissen betroffen. Mit ihren unterschiedlichen Erzählungen leisten alle Beteiligten einen facettenreichen Beitrag zur Zeitgeschichte.

## Mannheimer Zeitzeugen – Band 2
von Karl Heinz Mehler – 496 Seiten, Euro 29,80

In Band 2 der „Mannheimer Zeitzeugen" erzählen 54 in Mannheim aufgewachsene Menschen von den Ereignissen und den persönlichen Erlebnissen in der Zeit nach dem Krieg. Dabei kommt nicht nur die Kriegsgeneration zu Wort. Es berichten auch Frauen und Männer, die während des Krieges oder in der Zeit danach zur Welt kamen, über ihre Erinnerungen an die damalige Zeit. In Ergänzung zur „Großen Geschichte" wird das private Leben in der Nachkriegszeit festgehalten.

**www.wellhoefer-verlag.de**

# MANNHEIMER ZEITGESCHICHTE

## Meine Flucht
### von Władysław Kostrzeński – 320 Seiten, Euro 17,90

Władysław Kosstrzeński hatte ein gutes Gespür für deutsche Mentalitäten, als er am Tag vor Heiligabend 1944 aus dem KZ-Außenlager Mannheim-Sandhofen floh. Die intensive Freiheit der Fluchtzeit endete schon kurz nach Weihnachten. In Bayreuth wieder ins Gefängnis eingeliefert, geriet er ins Gestapo-Straflager Langenzenn, entging dort wegen der herannahenden Front gerade noch der Hinrichtung und kam ins KZ Flossenbürg.
Dort wurde er als Todkranker befreit und überlebte.

## Die Welt der kleinen Leute
### von Friedrich Alexan – 320 Seiten, Euro 12,80

Friedrich Alexans autobiografischer Roman erzählt aus der Sicht eines Jugendlichen vom Alltag an der „Heimatfront" in Mannheim im Ersten Weltkrieg. Dieser war sowohl von Leid und Entbehrung geprägt, als auch von den kleinen Hoffnungen und Sehnsüchten nach einem glücklicheren Leben.

*Ich behaupte, dass dieses Buch zu den stärksten und eindringlichsten Arbeiten des freien deutschen Schrittums gehört.*
Oskar Maria Graf, 1937

**www.wellhoefer-verlag.de**

# Mannheimer Zeitgeschichte

## In Transit
**von Helen Marvill-Steiner– 448 Seiten, Euro 14,95**

Die Autobiografie von Helen Marvill-Steiner führt den Leser in die dramatische Zeit der Jahre 1930 bis 1945. Als Halbjüdin von den aufziehenden Repressalien des Nazi-Regimes betroffen, flüchtet die damals jugendliche Helen mit ihrer Familie in das vermeintlich sichere Spanien. Nicht ahnen konnte die Familie, dass dies die erste Station eines Leben „in transit – auf der Durchreise" sein würde. Die Familie gerät in die Wirren des Zweiten Weltkriegs, der Alltag wird mehr und mehr zum Überlebenskampf. 1943 flieht Helen Marvill-Steiner zurück in das kriegszerstörte Mannheim.

## Promises Kept
**von Ernest W. Michel – 408 Seiten, Euro 17,90**

Promises Kept erzählt die Lebensgeschichte von Ernest W. Michel.
1923 in Mannheim geboren, überlebte Michel die NS-Vernichtungslager und wanderte in die USA aus. Er berichtet von seinen brutalen Erlebnissen in der NS-Zeit, vom Leid und der Hölle von Auschwitz und dem Verlust vieler geliebter Menschen. Doch Michel erzählt auch von persönlichem Mut, von seiner Befreiung und seinem Schritt hinaus in ein Leben voller Energie und Tatkraft für seine Mission. Rund um die ganze Welt half er den Überlebenden der Shoah und machte es sich zur Aufgabe, die Erinnerung an die Geschehnisse wachzuhalten.

**www.wellhoefer-verlag.de**